实用管理工具大全系列
Encyclopedia of Management Tools

Management Tools
of
Procurement and
Logistics Department

采购与物流实用工具大全

沈欣　滕宝红　主编

[实战精华版]

化学工业出版社

·北京·

《采购与物流实用工具大全》一书，从采购计划与预算管理、采购认证与供应商管理、招标采购管理、采购价格与成本控制、采购订单跟踪、物流仓储规划、物品入出库管理、仓库储存管理、仓储安全卫生管理、物流配送管理工具10个方面对采购与物流管理中常用的管理工具进行了详解。

每章以"要点＋流程＋制度＋表格＋文案"的形式，深入解析采购与物流管理所需技巧，使整个采购与物流管理知识体系一目了然。读者可以结合自身企业的实际情况随时拿来修改、运用，形成企业个性化的文本。

《采购与物流实用工具大全》一书，可供采购主管、物流主管及一线操作人员日常使用，也可供企业培训师、咨询师及大专院校相关专业师生阅读参考。

图书在版编目（CIP）数据

采购与物流实用工具大全/沈欣，滕宝红主编.
北京：化学工业出版社，2016.5
（实用管理工具大全系列）
ISBN 978-7-122-26590-6

Ⅰ.①采… Ⅱ.①沈…②滕… Ⅲ.①采购-物资管理 Ⅳ.①F252

中国版本图书馆CIP数据核字（2016）第058673号

责任编辑：陈 蕾　　　　　　　　装帧设计：尹琳琳
责任校对：王素芹

出版发行：化学工业出版社（北京市东城区青年湖南街13号　邮政编码100011）
印　　装：三河市万龙印装有限公司
787mm×1092mm　1/16　印张28¼　字数748千字　2016年7月北京第1版第1次印刷

购书咨询：010-64518888（传真：010-64519686）　售后服务：010-64518899
网　　址：http://www.cip.com.cn

凡购买本书，如有缺损质量问题，本社销售中心负责调换。

定　价：98.00元　　　　　　　　　　　　　　　　　　　　版权所有　违者必究

FOREWORD 前言

Management Tools
采购与物流 实用工具大全

采购是企业的利润之源、质量之本和效率之始。要保证企业物流系统的良性运行，就必须加强和重视采购和物流管理，系统地进行采购决策，全面考虑各个环节的成本，进而有效地控制采购物流成本。

采购管理的目标是为了保证企业的物资供应，通过实施采购管理应做到：在确保适当质量下，能够以适当的价格，在适当的时期从适当的供应商那里采购到适当数量的物资和服务。良好的采购管理，是降低成本的基础，采购物流管理是否有效，对整个物流费用能否降低、物流经营效率能否提高，乃至整个企业的经营成本，有着非常重要的影响。

然而，随着经济全球化的到来和市场竞争的日益加剧，现代物流管理也面临新的机遇和挑战，如何有效地运用物流采购供应链及资源是物流面临的重大难题之一。同时，全面改善和大力提升企业整体管理水平在企业经营战略中占有至关重要的地位，采购成本管理在企业和供应链上的地位也发生重大变化。然而，如今大部分企业采购与物流管理比较薄弱，采购成本不断攀升，质量不稳定，资金占用有增无减，业务漏洞难以封堵。

基于此，我们组织编写了《采购与物流实用工具大全》一书，从采购计划与预算管理、采购认证与供应商管理、招标采购管理、采购价格与成本控制、采购订单跟踪、物流仓储规划、物品入出库管理、仓库储存管理、仓储安全卫生管理、物流配送管理工具10个方面对采购与物流管理中常用的管理工具进行了讲述，以期从事采购与物流的管理者从中找到更好的、更有效的管理方法。读者可以结合所在企业的实际情况随时拿来修改、运用，形成个性化的文本。

为了便于阅读和查找资料，我们在每章前加了引言作为阅读提示，同时提炼了本章的学习目标，通过表格的形式把本章内容汇总出来便于阅读；每章结尾，设置学习总结的栏目，通过学习，读者可以根据自己企业的特点、实际情况，对所学内容进行补充完善，学以致用。

本书由沈欣、滕宝红主编，其中第一章至第九章由沈欣编写，第十章由滕宝红编写。在编写过程中，获得了许多朋友的帮助和支持，其中参与编写和提供资料的有丁红梅、王红、王纪芳、王月英、王群国、王建伟、陈秀琴、陈运花、陈宇、刘建忠、刘俊、刘雪花、刘作良、刘奕、刘少文、刘云娇、李敏、李宁宁、张丽、张桂秀、张巧林、马丽平、冯永华、杜小彦、郑时勇、江长勇、罗玲、齐艳茹、赵艳荣、何春华、黄美、杨飞、邢艳、骆振中、杨华、匡仲潇。在此对他们一并表示感谢！

本书实操性、可读性非常强，文中提供了大量的范本、制度与表单，读者在使用本书的过程中，可根据本工厂的实际情况和具体要求，做一些个性化的修改，以便于更切合实际，但切不可照搬照用。由于时间仓促，加上编者水平有限，如有不妥之处，敬请指正！

编　者

CONTENTS 目录

第一章 采购计划与预算管理工具

采购计划是执行公司采购预算的重要组成部分和环节。认真编制采购计划是公司采购工作具有计划性和有序性的前提保证，是各部门、各单位提高自身理财水平和增强公司采购意识的有效途径。

002/ 第一节 采购计划与预算要点
002/ 要点1：了解采购计划的分类
002/ 要点2：编订采购数量计划
004/ 要点3：采购预算（用款计划）编制
005/ 要点4：制订采购订单计划
012/ 第二节 采购计划与预算管理制度
012/ 制度1：物资采购计划管理办法
013/ 制度2：物资采购计划管理规定
016/ 制度3：采购计划控制程序
018/ 制度4：采购预算编订办法
019/ 第三节 采购计划与预算管理表格
019/ 表格1：采购申请单
019/ 表格2：采购申请变更单
020/ 表格3：（　）项目采购申请单台账
020/ 表格4：年度（预测）采购需求计划表
020/ 表格5：批次（月度）采购需求计划表
021/ 表格6：（　）年第（　）批次集中采购需求审批表
021/ 表格7：月度物资需求计划审批表
022/ 表格8：月度采购需求计划表
022/ 表格9：项目月度采购计划（____年____月）
023/ 表格10：物资采购部____月份物资招标工作计划
023/ 表格11：采购计划
023/ 表格12：用料计划表
024/ 表格13：采购数量计划表
024/ 表格14：采购预算表

024/ 表格15：采购申请单
025/ 表格16：采购变更申请单
026/ 表格17：采购变更审批表
026/ 表格18：（零配件、经常性耗用物料）采购开发周期表
027/ 表格19：月份采购计划表
027/ 表格20：辅助材料采购预算表
027/ 表格21：物料需求分析表
028/ 表格22：供应商总体订单容量统计表
028/ 表格23：物料需求量表
028/ 表格24：物料需求展开表
029/ 表格25：订单采购计划表
029/ 学习总结

第二章 采购认证与供应商管理工具

采购认证是指企业采购人员对采购环境进行考察并建立采购环境的过程。对于需要与供应商合作开发项目的采购方来说，就有必要进行采购认证，而认证的最终结果就是要与供应商签订采购协议。

031/ 第一节 采购认证与供应商管理要点
031/ 要点1：初选认证供应商
033/ 要点2：对供应商样品的测试认证
034/ 要点3：中试认证
035/ 要点4：批试认证
036/ 要点5：采购协议签订
039/ 要点6：供应商评估管理
041/ 要点7：供应商违约管理
043/ 要点8：实施供应商激励
046/ 第二节 采购认证与供应商管理制度
046/ 制度1：潜在供应商资源信息库建设及管理办法
047/ 制度2：供应商选择程序
049/ 制度3：供应商认证管理规程
052/ 制度4：供应商生产件批准程序
055/ 制度5：原材料（零部件）采购协议
058/ 第三节 采购认证与供应商管理表格
058/ 表格1：潜在供应商基本情况调查表

059/ 表格2：供应商调查问卷
062/ 表格3：供应商准入与现场考察评价标准（设备专业）（生产商）
069/ 表格4：生产件提交保证书
070/ 表格5：零组件审核申请表
071/ 表格6：零组件评估报告书
071/ 表格7：供应商选样检验记录表
072/ 表格8：合格供应商名录
072/ 表格9：供应商供货情况历史统计表
072/ 表格10：A级供应商交货基本状况一览表
073/ 表格11：供应商交货状况一览表
073/ 表格12：供应商定期评审表
074/ 表格13：供应商分级评鉴表
075/ 表格14：供应商综合评价标准
076/ 表格15：供方评价报告
076/ 表格16：供应商年度综合评价表
077/ 表格17：供应商跟踪记录表
077/ 表格18：供应商异常处理联络单
078/ 表格19：供应商绩效考核分数表
078/ 表格20：合格供应商资格取消申请表
079/ 学习总结

第三章 招标采购管理工具

随着电子招标、无标底招标及集团集中招标等新采购模式的出现，极大地提高了企业采购的质量和效率。企业采购部须根据物资需求计划，确定是否需要招标采购及招标方式。凡在招标采购范围之内的，采购部应向企业管理层提出招标采购申请。

081/ 第一节 招标采购管理要点
081/ 要点1：收集采购相关信息
082/ 要点2：编制采购招标文件
083/ 要点3：招标采购工作审查
083/ 要点4：预估招标采购的费用
083/ 要点5：投标资格审查
085/ 要点6：开标管理
087/ 要点7：组织评标
089/ 要点8：签订中标合同

090/ 第二节 招标采购管理制度
090/ 制度1：招标采购管理制度
094/ 制度2：物资采购招标比价管理办法
097/ 制度3：评标管理办法
100/ 第三节 招标采购管理表格
100/ 表格1：采购招标工作的成本费用计划表
101/ 表格2：大宗物资采购市场情况调查表
102/ 表格3：物资招标采购供应方基本资料调查汇总表
102/ 表格4：投标邀请函
103/ 表格5：非招标项目审批表
103/ 表格6：____年（月）招标采购计划表
104/ 表格7：招标项目立项审批表
104/ 表格8：招标文件审批表
105/ 表格9：招标文件领取登记表
105/ 表格10：投标文件接收登记表
105/ 表格11：投标入围单位审批表
106/ 表格12：投标单位免于考察审批表
106/ 表格13：开标会议签到表
106/ 表格14：开标记录
107/ 表格15：符合性检查表
107/ 表格16：质量技术参数和化学成分比较表
108/ 表格17：商务评分表
109/ 表格18：技术评分表
110/ 表格19：价格评标比较表
110/ 表格20：评标汇总表
111/ 表格21：评标小组成员审批表
111/ 表格22：中标单位审批表
112/ 表格23：评审结论
112/ 表格24：中标通知书
113/ 表格25：未中标通知书
113/ 学习总结

第四章 采购价格与成本控制工具

采购成本控制是指对与采购原材料部件相关费用的控制，包括采购订单费、采购人员管理费及物流费等。控制采购成本对企业的经营业绩至关重要。采购成本下降不仅体现在企业现金流出的减少，而且还体现在产品成本的下降、产品利润的增加以及企业竞争力的增强。

115/ 第一节 采购价格与成本控制要点
115/ 要点1：采购成本的组成
116/ 要点2：供应商采购成本分析
117/ 要点3：采购成本控制方法
121/ 要点4：防止暗箱操作

122/ 第二节 采购价格与成本控制制度
122/ 制度1：采购价格管理制度
124/ 制度2：询价作业规定
125/ 制度3：原物料价格审核作业细则
125/ 制度4：采购成本管理制度
127/ 制度5：采购成本控制办法

128/ 第三节 采购价格与成本控制表格
128/ 表格1：询价单
129/ 表格2：物料采购询价单
129/ 表格3：比价、议价记录单
130/ 表格4：供应商产品直接比价表
130/ 表格5：材料、设备采购供应商报价对比表
131/ 表格6：物资（设备）比价表
131/ 表格7：物资采购招议标（比价）评审表
132/ 表格8：比价报告（同一物料不同供应商）
132/ 表格9：比价报告（批量）
133/ 表格10：报价核算表
133/ 表格11：价格变动原因报告表
134/ 表格12：供应商变价申请表
134/ 表格13：供应商新增商品提报表
134/ 表格14：报价成本分析表
136/ 表格15：采购成本分析表
136/ 表格16：冲压制品成本分析表
137/ 表格17：塑胶制品成本分析表
138/ 表格18：说明书、彩盒、目录单价明细表
139/ 表格19：采购成本计算表
139/ 表格20：采购成本汇总表
139/ 表格21：采购成本差异汇总表
140/ 表格22：采购成本比较表

140/ 学习总结

第五章 采购订单跟踪管理

采购订单的处理与跟踪是采购人员的重要职责，订单处理与跟踪的目的是促进合同正常执行、满足企业的商品需求、保持合理的库存水平。

142/ 第一节 采购订单跟踪管理要点
142/ 要点1：请购的确认
143/ 要点2：采购订单准备
143/ 要点3：选择供应商
144/ 要点4：签订订单
145/ 要点5：小额订单的处理
146/ 要点6：紧急订单的处理
146/ 要点7：采购订单的传递和归档
147/ 要点8：采购订单跟踪
148/ 要点9：物料交货控制
152/ 第二节 采购订单跟踪管理制度
152/ 制度1：采购订单运作流程规范
155/ 制度2：请购作业处理程序
156/ 制度3：订购采购流程规定
157/ 制度4：采购交期管理办法
160/ 制度5：采购进度及交期控制程序
161/ 制度6：进料接收管理办法
162/ 制度7：收料作业指导书
164/ 第三节 采购订单跟踪管理表格
164/ 表格1：请购单
164/ 表格2：临时采购申请单
165/ 表格3：采购订单
165/ 表格4：采购进度控制表
166/ 表格5：采购电话记录表
166/ 表格6：物料订购跟催表
166/ 表格7：催货通知单
167/ 表格8：到期未交货物料一览表
167/ 表格9：采购订单进展状态一览表
167/ 表格10：采购订单交期跟踪表
168/ 表格11：采购订单跟踪表
168/ 表格12：采购订单管制表
168/ 表格13：采购追踪记录表
169/ 表格14：交期控制表

169/ 表格15：来料检验日报表
170/ 表格16：不合格通知单
170/ 表格17：损失索赔通知书
171/ 学习总结

第六章 物流仓储规划工具

"仓库"是进行商品流通必要的基础设施，制造企业、分销企业及第三方物流都在各地有着众多分销仓库，是决定着企业成败的战略性业务实体，所以，仓储的设计、规划尤其重要。

173/ 第一节　物流仓储规划要点
173/ 要点1：储位规划
175/ 要点2：货位布置
177/ 要点3：货位编号
179/ 要点4：选择货架
180/ 要点5：仓储设备
183/ 要点6：仓储组织建立
184/ 要点7：配备仓管人员
185/ 要点8：大力应用先进技术
186/ 第二节　仓储规划管理制度
186/ 制度1：仓库规划制度
189/ 制度2：仓库储存区域划分细则
189/ 制度3：仓库分区与标识方案
195/ 制度4：仓储库位动态管理标准
197/ 制度5：仓库货位编号管理规程
198/ 制度6：货位管理制度
199/ 制度7：货位卡管理制度
199/ 制度8：物品编码管理规定
203/ 制度9：仓库人员培训计划
209/ 第三节　仓储规划管理表格
209/ 表格1：货位卡
209/ 表格2：物料编号资料表
210/ 表格3：库位调整单
210/ 表格4：日常盘点表
211/ 表格5：仓储稽核表
212/ 学习总结

第七章　物品入出库管理工具

物品入出库管理是物流与仓储管理的重要组成部分，做好入出库管理工作，物流仓储部门才能够及时为企业供应生产所需的物料，或者为客户发送产品。

214/　第一节　物品入库管理要点
214/　要点1：物品入库的准备工作要做好
215/　要点2：物品入库接收按流程进行
218/　要点3：办好物品入库交接手续
219/　要点4：入库登账
219/　要点5：物品退换作业

220/　第二节　物品出库管理要点
220/　要点1：按流程出库
224/　要点2：装车手续要办理
224/　要点3：做好出库台账管理

226/　第三节　物品出入库管理制度
226/　制度1：工厂出入库管理制度
228/　制度2：出入库管理制度
234/　制度3：物资入库验收管理制度
236/　制度4：物品验收异常问题处理规定
237/　制度5：成品入库制度
237/　制度6：货物入库操作规范
238/　制度7：仓库备料管理制度
239/　制度8：物资出库管理办法
240/　制度9：货物出库操作规范
241/　制度10：物料发放管理细则
242/　制度11：成品发货管理制度

244/　第四节　物品出入库管理表格
244/　表格1：到货交接表
245/　表格2：原材料验收单
245/　表格3：零配件验收单
246/　表格4：外协品验收单
246/　表格5：货物验收单
247/　表格6：物资验收日报表
247/　表格7：物品入库单
248/　表格8：入库单
248/　表格9：补货单

248/ 表格 10：保管区整理、整顿检查表
249/ 表格 11：库存表
249/ 表格 12：拣货单
249/ 表格 13：限额发料单
250/ 表格 14：物资提货单
250/ 表格 15：出库复核记录表
250/ 表格 16：材料借出记录表
251/ 表格 17：仓库发货通知单
251/ 表格 18：出货指示
251/ 表格 19：销售统计表
252/ 表格 20：出货记录表
252/ 表格 21：出库复核记录表
253/ 表格 22：物品出库账目表
253/ 表格 23：出货台账表
253/ 表格 24：产品收发存统计表
254/ 学习总结

第八章　仓库储存管理工具

仓库储存是企业物流系统的一个重要环节，是企业各种物资、产品周转储备场所，同时担负着物流管理的多项业务职能。它的主要任务是：保管好库存物资，做到数量准确、质量完好、确保安全、收发迅速、面向产销、服务周到、降低成本、加速资金周转。

256/ 第一节　物流储存管理
256/ 要点 1：储存作业的考量因素与策略
258/ 要点 2：物品堆放要合理
260/ 要点 3：加强仓储品日常巡视管理
261/ 要点 4：仓库的温湿度控制
263/ 要点 5：不同物品的保管要领
266/ 要点 6：储存日常质量监督
266/ 要点 7：仓储品定期盘点
267/ 第二节　物品储存管理制度
267/ 制度 1：仓储标准化管理规定
270/ 制度 2：物资储存保管制度
271/ 制度 3：仓储作业指导书
274/ 制度 4：仓库温湿度控制管理办法

274/ 制度5：化学危险物品储存管理办法
276/ 制度6：成品仓管理办法
280/ 制度7：仓库盘点作业管理流程
285/ 制度8：仓库月终盘点计划
286/ 制度9：库存物品账务处理办法

287/ 第三节　物品储存管理表格
287/ 表格1：随机储放人工储存记录表
288/ 表格2：随机储放电脑记录表
288/ 表格3：仓库巡查记录表
289/ 表格4：半年无异动滞料明细表
289/ 表格5：安全库存报警表
289/ 表格6：使用剧毒化学品登记表
290/ 表格7：暂存物资保管申请表
290/ 表格8：暂存物资出库单
290/ 表格9：暂存物资报表
291/ 表格10：库存盘点表
291/ 表格11：盘点传票样式
291/ 表格12：盘点卡
292/ 表格13：盘点架样式
292/ 表格14：盘点清册
293/ 表格15：盘点差异分析表
293/ 表格16：盘点异动报告表
294/ 表格17：库存盈亏明细表
294/ 表格18：盘盈（亏）库存账目调整表
294/ 表格19：盘盈（亏）保管卡调整表
295/ 表格20：物资盘查表
295/ 表格21：盈亏报告单

296/ 学习总结

第九章　仓储安全卫生管理工具

仓库一旦发生意外，轻则造成公司财产的损失，重则危及到现场人员的生命安全。因此，企业应对仓库安全的预防及维护工作予以特别重视。

298/ 第一节　仓储安全卫生管理要点
298/ 要点1：做好仓库消防安全管理

301/ 要点2：仓库机械设备操作安全
301/ 要点3：仓库电器设备安全
302/ 要点4：危险品安全操作要求
303/ 要点5：仓库治安保卫管理
304/ 要点6：仓管人员安全管理
305/ 要点7：加强仓库5S管理

311/ 第二节　仓储安全卫生管理制度
311/ 制度1：库房安全管理制度
314/ 制度2：仓库安全管理制度
316/ 制度3：仓库安全作业指导书
317/ 制度4：仓管员安全操作规程
319/ 制度5：仓库防火安全管理办法
320/ 制度6：仓库消防安全管理制度
322/ 制度7：仓库安全事故应急预案
325/ 制度8：仓库安全考核与奖惩方案
326/ 制度9：仓库清洁卫生标准操作规程
327/ 制度10：仓储5S管理规定

329/ 第三节　仓储安全卫生管理表格
329/ 表格1：仓储单位安全生产检查表
332/ 表格2：仓库安全情况检查记录表
332/ 表格3：危险化学品仓库检查表
336/ 表格4：危险化学品仓库检查记录表
337/ 表格5：仓库消防检查记录
337/ 表格6：防火检查记录
338/ 表格7：仓库防火管理检查表
338/ 表格8：消防安全活动记录
339/ 表格9：消防设施器材检查、维修保养记录
339/ 表格10：库区环境安全措施检查表
340/ 表格11：仓库卫生安全检查表
341/ 表格12：仓库安全巡查记录表
341/ 表格13：仓库清洁卫生检查记录表
342/ 表格14：仓库区域"5S"检查表
343/ 表格15：仓储部5S检查表
344/ 表格16：仓库5S检查表
346/ 表格17：事发单位突发事件报告记录表
346/ 表格18：仓库安全事故报告书

347/ 学习总结

第十章 物流配送管理工具

配送中心是公司营销体系部门之一，其具体职能是作为公司货品储备、配送中心，完成营销活动货品流通职能；保证货品准确、准时流通，以配合公司营销活动展开；协助营销部门作业，为公司营销体系提供基础保障。

349/　第一节　物流配送管理要点
349/　要点1：配送作业的内容
351/　要点2：进货作业
352/　要点3：订单处理
354/　要点4：拣货作业及补货
356/　要点5：出货作业
358/　要点6：配送作业
360/　要点7：加强配送中心的信息处理
362/　第二节　物流配送管理制度
362/　制度1：配送中心工作目标（方针）、员工行为规范
363/　制度2：配送中心组织架构与职责制度
371/　制度3：配送中心业务流程规范
372/　制度4：配送中心特殊业务作业办法
374/　制度5：商品进货管理制度
379/　制度6：商品出货管理制度
380/　制度7：运输车辆施封管理规范
381/　制度8：单货不符处理规定
383/　制度9：商品退货管理制度
385/　制度10：配送中心库存管理规定
386/　制度11：配送中心各类设备管理办法
389/　制度12：配送中心业务规范
403/　制度13：配送中心订货信息员作业指导书
406/　制度14：配送中心验收员作业指导书
408/　制度15：配送中心商检员作业指导书
409/　制度16：配送中心管理员作业指导书
410/　制度17：配送中心库管分拣员作业指导书
411/　制度18：配送中心冷藏配送作业指导书
412/　制度19：配送中心验收退货员作业指导书
412/　制度20：配送中心司机配送员作业指导书
414/　制度21：配送中心后勤管理制度
415/　制度22：设备人为损坏处罚标准

416/ 制度23：配送中心工作差错处罚规定
419/ 制度24：物流运输管理制度
421/ 第三节　物流配送管理表格
421/ 表格1：发货计划表
422/ 表格2：发货安排计划表
422/ 表格3：月度配送计划表
422/ 表格4：配送业务订货单
423/ 表格5：配送货物调运单
423/ 表格6：配送成品交运单
424/ 表格7：货源动态表
424/ 表格8：提货通知单
425/ 表格9：拣货单
425/ 表格10：拣货清单
425/ 表格11：配送中心拣货单
426/ 表格12：配送效率调查表
426/ 表格13：门店团购要货清单
426/ 表格14：转单收货清单
427/ 表格15：统配送带货交接单（非正式商品交接单）
427/ 表格16：赠品仓带货交接单
428/ 表格17：物料交接单（非正式商品交接单）
428/ 表格18：施封扣登记台账
428/ 表格19：门店退回配送中心单据汇总单
429/ 表格20：贵重商品流转单
429/ 表格21：门店归还常温配送周转箱交接单
429/ 表格22：周转箱无需当车带回通知单
430/ 表格23：货物运输通知单
430/ 表格24：汽车货物运输单
431/ 表格25：交运物品清单
431/ 表格26：货物运输记录表
431/ 表格27：货物运输月报表
432/ 表格28：车辆使用申请表
432/ 表格29：运输派车通知单
433/ 表格30：车辆调度登记表
433/ 表格31：物流配送车辆加油记录表
433/ 表格32：物流配送中心交通违章登记表
434/ 表格33：车辆事故报告表
434/ 表格34：物流配送中心车辆请修表
435/ 表格35：车辆保养维修记录表

435/ 学习总结

第一章 采购计划与预算管理工具

引言

采购计划是执行公司采购预算的重要组成部分和环节。认真编制采购计划是公司采购工作具有计划性和有序性的前提保证，是各部门、各单位提高自身理财水平和增强公司采购意识的有效途径。

本章学习指引

目标	了解采购计划与预算管理的要点，并能够运用所提供的范本，根据本企业的实际情况制订相应的管理制度、表格

学习内容

管理要点	• 了解采购计划的分类 • 编订采购数量计划 • 采购预算（用款计划）编制 • 制订采购订单计划
管理制度	• 物资采购计划管理办法 • 物资采购计划管理规定 • 采购计划控制程序 • 采购预算编订办法
管理表格	• 采购申请单 • 采购申请变更单 • （　　）项目采购申请单台账 • 年度（预测）采购需求计划表 • 批次（月度）采购需求计划表 • （　　）年第（　　）批次集中采购需求审批表 • 月度物资需求计划审批表 • 月度采购需求计划表 • 项目月度采购计划（＿＿年＿＿月） • 物资采购部＿＿月份物资招标工作计划 • 采购计划 • 用料计划表 • 采购数量计划表 • 采购预算表 • 采购申请单 ……

第一节　采购计划与预算要点

要点1：了解采购计划的分类

采购计划可以从不同角度进行分类。

（1）按计划期长短，可以把采购计划分为年度物资采购计划、季度物资采购计划、月度物资采购计划等。

（2）按物资使用方向，可以把采购计划分为生产产品用物资采购计划、维修用物资采购计划、基本建设用物资采购计划、技术改造措施用物资采购计划、科研用物资采购计划、企业管理用物资采购计划等。

（3）按物资自然属性，可以把采购计划分为金属材料采购计划、机电产品材料采购计划、非金属材料采购计划等。

（4）按采购计划程序分类——采购认证计划和采购订单计划。

（5）按采购层次分类——战略采购计划、业务采购计划和部门采购计划。

要点2：编订采购数量计划

（一）编订采购数量计划的目的

企业的经营自购入原料、物料开始，经加工制成或经组合装配成为产品，再通过销售过程获取利润。其中如何获取足够数量的原料、物料，即是采购数量计划的重点所在。因此，采购数量计划是在某一特定的期间内，应在何时购入何种材料及材料多少的估计作业。

总的来说，企业编订采购数量计划应达到以下目的。

（1）预估材料需用数量与时间，防止供应中断，影响产销活动。

（2）避免材料储存过多，积压资金，占用仓储空间。

（3）配合公司生产计划与资金调度。

（4）使采购人员事先准备，选择有利时机购入材料。

（5）确立材料耗用标准，以便控制用料成本。

（二）采购数量计划编订原则

企业在编订采购数量计划时应遵循如图1-1所示的原则。

原则一 连续性原则

比如，企业常备物料数量预算，必须参照上月销售实况与下月营运计划来决定，务使物料计划能互相衔接配合。

原则二 适时性原则

采购物料计划的编制须注意把握适当时机，如果编制得太早，由于物料市场变化太大，难以适时掌握商情，如果编制得太迟则因编制手续难，匆促估算难免有误，所以必须斟酌衡量实况，有计划地适时编制，以免影响采购

原则三 富弹性原则

采购物料数量的计划是一种概括性估计，误差势必难以避免，因此计划的编制须富弹性，以免临时追加或滥用，一般均提出计算总值5%作为补充备用

原则四 适量性原则

物料需要量应确定每单位标准用量，并算出必要的损耗率，求出合理损耗量，以建立标准化作业

原则五 适价性原则

购物计划有关价格与费用，须调查行情，预估市价，所预估的价格并非时价，而是实施预算时间内所可能适用的价格

原则六 周密性原则

计划编制或实施时，均应考虑市场供需、销售计划、营运周期及资金调度与方法，以免预算编制错误

原则七 技术性原则

科技日新月异，物料产品与技术不断更新，对物料数量计划编制、技术均应加强研究，配合时代进步，以免造成落伍

图 1-1　采购数量计划编订原则

（三）采购数量决定流程

采购数量决定流程如图1-2所示。

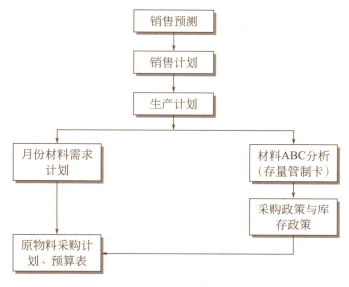

图 1-2　采购数量决定流程

（四）采购数量计划编订的方法

通常企业采购数量的多寡与营业量、销售量息息相关。也就是说，生产及营业预算编制完后才可着手编制物料的采购数量预算。现将采购数量编制的方法简述如下。

1. 将物料分类

首先必须将所需采购的物料依其本身重要性分类处理，通常可分四大类，如图1-3所示。

类别一	价值较高、价格较贵的物料，其需求数量又有时间性、季节性者，应预先予以估计，并应控制最低与最高存货量者
类别二	凡物料价值高但不必确定存货量者
类别三	预算采购数量已确定，但未决定需用时间者
类别四	仅在预算期间内列明采购总金额的其他项目

图1-3　物料的四大类别

2. 决定各类物料采购数量预算的步骤

一般决定物料采购数量预算的步骤如图1-4所示。

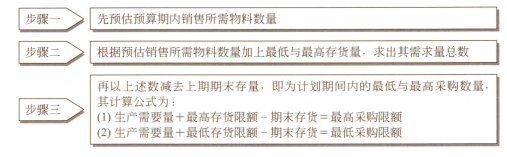

步骤一	先预估预算期内销售所需物料数量
步骤二	根据预估销售所需物料数量加上最低与最高存货量，求出其需求量总数
步骤三	再以上述数减去上期期末存量，即为计划期间内的最低与最高采购数量，其计算公式为： (1) 生产需要量＋最高存货限额－期末存货＝最高采购限额 (2) 生产需要量＋最低存货限额－期末存货＝最低采购限额

图1-4　决定各类物料采购数量预算的步骤

（五）采购数量的计算

综上所述，生产计划、用料清单或材料需求计划以及存量管制卡，是决定采购数量的主要依据，因而，可依以下公式计算采购数量：

$$本期应购数量＝本期生产需用材料数＋本期期末预定库存量－前期预估库存量－前期已购未入库数量$$

（六）填写采购数量计划表

用料计划表只表示某一物料某月份应予订购的总量，至于某一物料应在何时订购、订购多少及何时到货，则必须填写采购数量计划表。

要点3：采购预算（用款计划）编制

采购预算是指采购部门在一定计划期间（年度、季度或月度）编制的材料采购的用款计划。

（一）采购预算的目的

采购部门可以凭采购预算进行采购和控制采购用款支出，并使财务部门据此筹措和安排所需资金，协调采购与财务部门之间的关系。

（二）采购预算编制的内容

列入采购预算的各种材料的采购数量和金额，以企业进行生产和经营维修所需的原材料、零部件、备件等为主。设备更新和基本建设所需的机器设备和工程材料，则应另编单项采购预算，不包括在计划期间的采购预算内。

（三）采购预算编制的依据

采购预算通常根据如图1-5所示的依据编制。

依据一　计划期间生产和经营维修所需材料的计划需用量

> 由生产计划管理部门在销售计划的基础上根据所编制的生产计划，以及前期材料消耗资料和材料清单计算确定

依据二　预计本期期末库存量

> 预计本期期末库存量，加上由编制预算之日起至本期期末止这一期间的预计收入量再减去同期预计发出量来确定，预计本期期末库存量即为计划期期初库存量

依据三　计划期期末结转库存量

> 由仓管和采购部门根据各种材料的安全储备量和提前订购期共同确定

依据四　材料计划价格

> 由采购部门根据材料的当前市场价格，以及其他各种影响因素如国际政治经济因素来确定

图1-5　采购预算编制的依据

要点4：制订采购订单计划

采购订单计划是指在认证计划的基础上制订的实际采购清单。采购计划制订的主要环节有准备认证计划、评估认证需求、计算认证容量、制订认证计划、准备物料采购订单计划、评估物料采购订单需求、计算订单容量、制订订单计划，下面分别详细阐述这8个环节。

（一）准备认证计划

采购认证是指企业采购人员对采购环境进行考察并建立采购环境的过程。准备认证计划包括以下环节。

1.接收开发批量需求

开发批量需求是能够启动整个供应程序流动的牵引项，采购人员要想制订比较准确的认证计划，首先要做的就是非常熟悉开发需求计划。

（1）熟悉认证的物资项目。采购人员在拟订采购计划，与供应商接触之前，要熟悉认证的物料项目，如图1-6所示。

$$
\text{熟悉物料项目包括}\begin{cases}\text{涉及的专业知识范围}\\\text{认证的经验需求}\\\text{目前的供应状况}\end{cases}\begin{cases}\text{机械}\\\text{电子}\\\text{军用品}\\\text{工业用品}\\\text{软件}\\\text{设备}\end{cases}
$$

图1-6　熟悉认证的物资项目

采购人员在搞清采购项目属于那个专业范围之后，就应尽快熟悉该领域专业知识，这样才能做到在进行认证工作时得心应手。

（2）熟悉采购批量需求。采购人员要想制订较为准确的认证计划，要做到以下两点。

——必须对物料的需求进行分析，以确保熟知物料需求计划，因为物料需求计划确定了采购的规模、范围和时间。

——熟悉采购环境。开发采购环境的需求通常有两种情形，如图1-7所示。

| 情形一 | 是在以前或者是目前的采购环境中就能够挖掘到的物料供应，比如，若是以前所接触的供应商的供应范围比较大，就可以从这些供应商的供应范围中找到企业需要的批量物料需求 |

| 情形二 | 企业需要采购的是新物料，在原来形成的采购环境中不能提供，需要企业的采购部门寻找新物料的供应商 |

图1-7　开发采购环境需求的两种情形

2. 掌握余量需求

随着企业规模的扩大，市场需求也会变得越来越大，旧的采购环境容量不足以支持企业的物料需求；或者是因为采购环境有了下降的趋势从而导致物料的采购环境容量逐渐缩小，这样就无法满足采购的需求。以上这两种情况都会产生余量需求，这就产生了对采购环境进行扩容的要求。采购人员就要在市场调查的基础上选择新的采购环境。当然，在一些管理规范的大型企业中，采购环境容量的信息一般是由认证人员和订单人员来提供。

3. 准备认证环境资料

采购环境的内容包括认证环境和订单环境两个部分。有些供应商的认证容量比较大，但是其订单容量比较小；有些供应商的情况恰恰相反，其认证容量比较小，但是订单容量比较大。产生这些情况的原因是认证过程本身是对供应商样件的小批量试制过程，这个过程需要强有力的技术力量支持，有时甚至需要与供应商一起开发，但是订单过程是供应商规模化的生产过程，其突出表现就是自动化机器流水作业及稳定的生产，技术工艺已经固化在生产流程之中，所以订单容量的技术支持难度比起认证容量的技术支持难度要小得多。

4. 制订认证计划说明书

制订认证计划说明书也就是把认证计划所需要的材料准备好，主要内容如下。

（1）认证计划说明书（物料项目名称、需求数量、认证周期等）。

（2）开发需求计划。

(3)余量需求计划。
(4)认证环境资料等。

(二)评估认证需求

评估认证需求是采购计划的第二个步骤,其主要内容包括三个方面:分析开发批量需求、分析余量需求、确定认证需求。

1.分析开发批量需求

要进行物料开发批量需求的分析,采购人员不仅需要分析量上的需求,而且还要掌握物料的技术特征等信息。

开发批量需求的样式是各种各样的。

(1)按照需求的环节可以分为研发物料开发认证需求和生产批量物料认证需求。
(2)按照采购环境可以分为环境内物料需求和环境外物料需求。
(3)按照供应情况可以分为可直接供应物料和需要定做物料。
(4)按照国界可分为国内供应物料和国外供应物料等。

对于不同类别的开发批量需求,计划人员应该对开发物料需求作出详细的分析,有必要时还应该与开发人员、认证人员一起研究开发物料的技术特征,按照已有的采购环境及认证计划经验进行分类。

2.分析余量需求

分析余量需求要求首先对余量需求进行分类,并且提出应对之策。

余量认证的产生来源有两种:第一种是市场销售需求的扩大;第二种是采购环境订单容量的萎缩。这两种情况都导致了目前采购环境的订单容量难以满足用户的需求,因此需要增加采购环境容量。

对于因市场需求原因造成的,采购人员可以通过市场及生产需求计划得到各种物料的需求量及时间;对于因供应商萎缩造成的,采购人员可以通过分析现实采购环境的总体订单容量与原订单容量之间的差别,这两种情况的余量相加即可得到总的需求容量。

3.确定认证需求

认证需求是指通过认证手段,获得具有一定订单容量的采购环境。

采购人员可以根据开发批量需求及余量需求的分析结果来确定认证需求。

(三)计算认证容量

计算认证容量是采购计划的第三个步骤,它主要包括四个方面的内容:分析货源供应资料、计算总体认证容量、计算承接认证量、确定剩余认证容量。

1.分析货源供应资料

企业需要采购的物料是多种多样的,如机械、电子、软件、设备、生活日用品等物料项目,加工过程各种各样,非常复杂。作为采购主体的企业,需要认证的物料项目可能是上千种物料中的几种,熟练分析几种物料的认证资料是可能的,但是对于规模比较大的企业,分析上千种甚至上万种物料其难度则要大得多。所以,企业的采购人员要尽可能熟悉物料采购项目的认证资料。

2.计算总体认证容量

企业在认证供应商时,应该要求供应商提供一定的资源用于支持认证操作,或者一些供应商只做认证项目。总之,在供应商认证合同中,应说明认证容量与订单容量的比例,防止供应商只做批量订单，而不愿意做样件认证。计算采购环境的总体认证容量的方法是把采购环境中所有供应商的认证容量叠加即可，但对有些供应商的认证容量需要加以适当的系数。

3. 计算承接认证量

承接订单量即供应商正在履行认证的合同量。

认证容量的计算是一个相当复杂的过程，各种各样的物料项目的认证周期也是不一样的，因而，通常只要求计算某一时间段的承接认证量。最恰当、最及时的处理方法就是借助电子信息系统，模拟显示供应商已承接的认证量，以便认证计划决策使用。

4. 确定剩余认证容量

认证容量是指某一物料所有供应商群体的剩余认证容量的总和，其计算公式为：

$$物料认证容量＝物料供应商群体总体认证容量－承接认证量$$

以下通过一个企业的简单例子对确定剩余认证容量做一下说明。

某电机厂去年生产的某型号电机销量达到10万台，根据市场反映状况，预计今年的销量会比去年增长30%（为生产10万台电机，公司需采购某种零件40万件），公司供应此种零件的供应商主要有两家，A的年产能力是50万件，已有25万件的订单，B的年产能力是40万件，已有20万件的订单，求出认证过程。

解：第一步，分析认证需求。

今年销售预测：$10×（1+30\%）=13$ 万件。

该种零件的需求量：$13×4=52$ 万件。

第二步，计算认证容量。

A与B的供应量是：$（50-25）+（40-20）=45$ 万件。

$52-45=7$ 万件。

公司再采购7万件才能满足需求。

（四）制订认证计划

制订认证计划是采购计划的第四个步骤，在这一步骤中主要的工作包括对比需求与容量、综合平衡、确定余量认证计划、制订认证计划四个方面。

1. 对比需求与容量

通常来说，认证需求与供应商对应的认证容量之间总会存在一定的差异，对于这些差异按以下方法来处理。

（1）如果认证需求小于认证容量，则没有必要进行综合平衡，直接按照认证需求制订认证计划。

（2）如果认证需求量大大超出供应商容量，则要进行认证综合平衡，对于剩余认证需求需要制订采购环境之外的认证计划。

2. 综合平衡

综合平衡就是从全局出发，综合考虑市场、消费者需求、认证容量、商品生命周期等要素，判断认证需求的可行性，通过调节认证计划来尽可能地满足认证需求，并计算认证容量不能满足的剩余认证需求。

3. 确定余量认证计划

对于采购环境不能满足的剩余认证需求，采购人员应确定余量认证计划，并提交给采购认证人员分析并提出对策，并与之一起确认采购环境之外的供应商认证计划。对于采购环之外的社会供应群体，如果它们没有与企业签订合同，那么企业在制订认证计划时要特别小心，一定要由具有丰富经验的认证计划人员和认证人员联合操作。

4.制订认证计划

制订认证计划就是要确定认证物料数量及开始认证时间。确定认证物料数量及开始认证时间时可以按以下公式来计算：

$$认证物料数量＝开发样件需求数量＋检验测试需求数量＋样品数量＋机动数量$$
$$开始认证时间＝要求认证结束时间－认证周期－缓冲时间$$

（五）准备物料采购订单计划

准备物料采购订单计划的工作也包括预测企业的市场需求、确定企业的生产需求、准备订单环境资料、制订订单计划说明书四个方面。

1.预测企业的市场需求

市场需求是采购的牵引项，采购人员要想制订较为准确的订单计划，首先必须熟知市场需求计划，或销售计划。市场需求的进一步分解便得到采购需求计划。企业的年度销售计划在上一年年末制订，并报送至各个相关部门，下发至销售部门、计划部门、采购部门，以便指导全年的供应链运作；根据年度计划制订季度、月度的市场销售需求计划。

2.确定企业的生产需求

企业的生产需求对采购来说可以称之为生产物料需求。生产和物料需求的时间是根据生产计划确定的，通常生产物料需求计划是订单计划的主要来源。为了有利于生产和物料需求，采购计划人员需要熟知生产计划以及工艺常识。在MRP系统之中，物料需求计划是主生产计划的细化，它主要来源于主生产计划、物料清单和库存文件。

编制物料需求计划的主要步骤如下。

（1）决定毛需求。

（2）决定净需求。

（3）对订单下达日期及订单数量进行计划。

3.准备订单环境资料

在订单商品的认证计划执行完毕之后，便形成该项商品的采购环境（也可称之为订单环境），订单环境资料如下。

（1）订单商品的供应商信息。

（2）订单比例信息。对多家供应商的物料来说，每一个供应商分摊的下单比例称为订单比例，该比例由认证人员产生并给予维护。

（3）最小包装信息。

（4）订单周期，它是指从下单到交货的时间间隔，一般以天为单位。

4.制订订单计划说明书

制订订单计划说明书也就是准备好订单计划所需要的资料，主要内容如下。

（1）订单计划说明书（商品名称、需求数量、到货日期等）。

（2）市场需求计划。

（3）采购需求计划。

（4）订单环境资料等。

（六）评估物料采购订单需求

只有准确地评估订单需求，才能为计算订单容量提供参考依据，以便制订出好的订单计划。它主要包括分析市场需求、分析生产需求、确定订单需求三个方面的内容。

1. 分析市场需求

订单计划不仅仅来源于采购计划，因为订单计划除了考虑销售需求之外，还要兼顾市场战略、潜在的需求等，要对市场需求有一个全面的了解，远期发展与近期切实需求相结合。

2. 分析生产需求

分析生产需求是评估订单需求首先要做的工作。要分析生产需求，首先就需要研究生产需求的产生过程，然后再分析生产需求量和要货时间。以下通过一个企业的简单例子对分析生产需求做一下说明。

某企业根据生产计划大纲，对零部件的清单进行检查，得到部件的毛需求量。在第一周，现有的库存量是80件，毛需求量是40件，那么剩下的现有库存量为：

$$80-40=40（件）$$

则到第三周时，库存为40件，此时预计入库120件，毛需求量70件，那么新的现有库存为：

$$40+120-70=90（件）$$

每周都有不同的毛需求量和入库量，于是就产生了不同的生产需求，对企业不同时期产生的不同生产需求进行分析是很有必要的。

3. 确定订单需求

根据对市场需求和对生产需求的分析结果，就可以确定订单需求。通常来讲，订单需求的内容是通过订单操作手段，在未来指定的时间内，将指定数量的合格物料采购入库。

（七）计算订单容量

只有准确地计算好订单容量，才能对比需求和容量，经过综合平衡，最后制订出正确的订单计划。计算订单容量包括分析物品（项目）供应资料、计算总体订单容量、计算承接订单容量、确定剩余订单容量四个方面的内容。

1. 分析物品（项目）供应资料

在采购过程中，物料和项目是整个采购工作的操作对象。对于采购工作来讲，在目前的采购环境中，所要采购物料的供应商信息是非常重要的一项信息资料。如果没有供应商供应物料，那么无论是生产需求还是紧急的市场需求，一切都无从谈起。可见，有供应商的物料供应是满足生产需求和满足紧急市场需求的必要条件。比如，某家娱乐企业想设计一家练歌房的隔音系统，隔音玻璃棉是完成该系统的关键材料，经过项目认证人员的考察，该种材料被垄断在少数供应商的手中，在这种情况下，企业的计划人员就应充分利用好这些情报，在下达订单计划时就会有的放矢了。

2. 计算总体订单容量

总体订单容量是多方面内容的组合，一般包括两方面内容：一方面是可供给的物料数量；另一方面是可供给物料的交货时间。

A供应商在12月31日之前可供应5万个特种按钮（Ⅰ型3万个，Ⅱ型2万个），B供应商在12月31日之前可供应8万个特种按钮（Ⅰ型4万个，Ⅱ型4万个），那么12月31日之前

Ⅰ和Ⅱ两种按钮的总体订单容量为13万个,其中Ⅱ型按钮的总体订单容量为6万个。

3. 计算承接订单容量

承接订单容量是指某供应商在指定的时间内已经签下的订单量,但是,承接订单容量的计算过程较为复杂。

接上一例,A供应商在12月31日之前可以供给5万个特种按钮(Ⅰ型3万个、Ⅱ型2万个),若是已经承接Ⅰ型特种按钮2万个、Ⅱ型2万个,那么对Ⅰ型和Ⅱ型物料已承接的订单量就比较清楚,即2万个(Ⅰ型)+2万个(Ⅱ型)=4万个。

4. 确定剩余订单容量

剩余订单容量是指某物料所有供应商群体的剩余订单容量的总和,可以用下面的公式表示:

$$物料剩余订单容量＝物料供应商群体总体订单容量－已承接订单量$$

(八)制订订单计划

制订订单计划是采购计划的最后一个环节,也是最重要的环节。它主要包括对比需求与容量、综合平衡、确定余量认证计划、制订订单计划四个方面的内容。

1. 对比需求与容量

对比需求与容量非常重要,因为只有比较出需求与容量的关系才能有的放矢地制订订单计划。

(1)如果经过对比发现需求小于容量,即无论需求多大,容量总能满足需求,则企业要根据物料需求来制订订单计划。

(2)如果供应商的容量小于企业的物料需求,则应根据容量制订合适的物料需求计划,这样就产生了剩余物料需求,对于剩余物料需求,需要重新制订认证计划。

2. 综合平衡

综合平衡是指综合考虑市场、生产、订单容量等要素,分析物料订单需求的可行性,在必要的时候调整订单计划,计算容量不能满足的剩余订单需求。

3. 确定余量认证计划

在对比需求与容量的时候,如果容量小于需求就会产生剩余需求,对于剩余需求,采购人员应将之提交认证计划制订者处理,并确定能否按照物料需求规定的时间及数量交货。为了保证物料及时供应,此时可以通过简化认证程序,并由具有丰富经验的认证计划人员进行操作。

4. 制订订单计划

制订订单计划是开展各项工作的基础,是采购工作得以及时、有序进行的有利保证,因此企业应当充分重视。采购订单计划里,有两个关键指标:下单数量和下单时间。

$$下单数量＝生产需求量－计划入库量－现有库存量＋安全库存量$$
$$下单时间＝要求到货时间－认证周期－订单周期－缓冲时间$$

第二节　采购计划与预算管理制度

制度1：物资采购计划管理办法

××公司标准文件		××有限公司 物资采购计划管理办法	文件编号××-××-××	
版本	第×/×版		页　次	第×页

1　总则
1.1　为规范我公司采购计划管理，根据公司的采购工作实际，制订本办法。
1.2　本办法适用于公司各部门的采购计划管理工作。
1.3　公司采购计划管理工作应遵循"统一管理、规范准确、及时高效"的原则组织实施。

2　职责分工
2.1　财审部。
2.1.1　负责年初向各部门下达总经理办公会审核通过的各类资金支出计划及各部门费用计划指标。
2.1.2　控制各部门物资需求的资金使用，并严格按照该管理办法进行考核。
2.1.3　负责计划外项目资金的落实。负责月度物资材料稽核工作。
2.2　计划经营部。负责公司所有物资需求计划的审核工作并确定费用来源。
2.2.1　根据各部门费用计划及使用情况，监督各项资金的使用，并负责对各项年度费用计划定额提出修正意见，报公司总经理办公会批准；负责考核各部门需求计划的准确率。
2.2.2　负责审核公司废旧物资的处理工作。
2.3　安监部。
2.3.1　负责汇总、编报、审核公司各部门提报的安措、防汛等物资需求计划，并推荐符合要求的供货厂家。
2.3.2　负责汇总、编报审核消防器材物资需求计划，负责按照相关规定配备公司消防器材，并推荐符合要求的供货厂家。
2.3.3　参与安措、消防及消防器材等物资的验收工作。
2.4　人力资源部。负责汇总、编报、审核劳动保护物资需求计划；对公司各岗位人员劳动保护配备标准进行核定。
2.5　办公室。负责汇总、编报、审核各部门提报的办公用品物资需求计划；负责汇总、编报电脑、微机耗材、通信等物资需求计划；对公司各岗位人员办公用品配置标准进行核定。
2.6　生产技术部（工程管理处）。
2.6.1　负责基建（含小型基建）、生产维护、反事故措施、各项技术改造等所需的物资计划的汇总和审核工作。
2.6.2　负责基建、生产等设备物资合同技术协议的签订工作。
2.6.3　负责编写、绘制设备及备品的技术规范书、技术要求或图纸，同需求计划一并提供给集团公司相关部门。
2.6.4　负责推荐合格供货商。
2.6.5　负责设备、材料等物资的验收工作。
2.7　各物资需求部门。负责在规定的时间内按要求提报物资需求计划。
2.8　物资供应部。
2.8.1　物资供应部是公司物资采购计划的执行部门。负责汇总经生产技术处、人力资源部、安监部及办公室审核后的物资需求计划并报送计划经营部；负责配合集团物资部做好集中招标采购工作；负责公司采购权限范围内的自行采购工作；负责所有采购工作的催交催运、接卸验收及仓储管理工作。
2.8.2　负责汇总上报公司批次集中采购需求计划。
2.8.3　负责本单位采购完成情况的统计、分析和上报工作。

3　管理规定
3.1　采购计划内容及要求。
3.1.1　采购计划管理包括年度（预测）采购需求计划、批次集中采购计划、月度采购计划及单项需求计划等内容。计划范围涵盖各单位需求的生产类、基建类、服务类、办公用品类等全部采购项目。废旧物资处置计划列入计划管理内容。

续表

××公司标准文件		××有限公司 物资采购计划管理办法	文件编号××-××-××	
版本	第×/×版		页次	第×页

　　3.1.2　物资需求各部门应根据年度生产计划、基建计划、经营计划等，分析预测全年物资采购需求，编制年度（预测）物资采购需求计划。

　　3.1.3　批次集中物资采购计划、月度物资采购计划原则上依据年度（预测）物资采购需求计划编制，并按照填报要素、报送时间、报送程序等统一报送，准确反映项目名称、资金来源、概算金额、需求时间等信息。

　　3.1.4　物资需求部门负责业务范围内采购项目的编制，编制内容主要包括技术文件是否符合项目技术要求，确保项目技术规范书完整，要素齐全。

　　3.1.5　物资需求部门按设计大纲及市场信息编制预算，预算应有价格分解与说明，报送预算应严肃认真，以提高预算的准确性，避免预算偏离采购金额较大。

　　3.1.6　物资需求部门的采购项目内容发生变更或撤销时，应及时提出申请，经公司分管领导审批后由物资供应部报总公司物资部申请变更或撤销。

　3.2　采购计划流程。

　　3.2.1　物资需求部门编制年度物资需求计划和相应预算经生产技术处（工程管理处）或相关职能部门审核后，物资供应部汇总报送计划经营部落实费用来源，经公司总经理办公会审批后报送总公司物资部。

　　3.2.2　物资需求部门应根据批准的年度（预测）物资采购需求计划、招标采购范围及规模要求、总公司下达的集中批次采购时间安排，向物资供应部报送经生产技术处（工程管理处）审核、计划经营部落实费用来源及公司分管领导签批的批次集中采购需求及自行采购计划，物资供应部汇总编制批次集中采购计划，报送总公司物资部；物资供应部汇总、编制由公司自行组织招标的采购计划，经公司领导批准后报总公司物资部核备并组织实施。

　3.3　报送时间要求。

　　3.3.1　年度（预测）采购需求计划各需求单位应根据总公司要求报送的时间，提前5个工作日报送物资供应部。

　　3.3.2　物资需求单位在每月20日前报送下月月度采购需求计划。

　　3.3.3　各部门根据集团公司时间要求提前5个工作日报送本部门年度计划完成情况。年度完成情况统计截止时间为12月20日。

　　3.3.4　计划报送时间。属集团公司集中规模采购计划项目，按集团公司年度集中规模批次招标计划时间提前5个工作日报送。属公司自行招标采购项目计划，按公司月度采购计划时间报送。

　　3.3.5　凡属公司集中采购范围内的机组检修所需消耗材料采购，需提前3个月报送采购需求计划；对于设备及备品备件采购，需提前6个月报送采购需求计划；对于国内特殊成套设备及重要进口设备，需提前9个月报送采购需求计划。

拟订		审核		审批	

制度2：物资采购计划管理规定

××公司标准文件		××有限公司 物资采购计划管理规定	文件编号××-××-××	
版本	第×/×版		页次	第×页

1　目的

　　为规范公司物资采购计划、采购申请单和采购统计报表的管理，特制订本规定。

2　范围

　　规定了物资采购计划、采购申请单、物资采购统计报表的编制、执行与变更办法。

3　职责

　　3.1　项目采购经理负责编制项目采购计划、项目月度采购计划、项目月度招标计划和项目月度资金计划，并组织实施。

　　3.2　物资采购部统计核算员负责编制物资采购部资金计划。

　　3.3　项目经理部设计人员负责提出该项目的采购申请单和采购申请变更单；总经部负责提出公司生产和办公设备采购申请单；物资采购部计划员负责接受采购申请单、采购申请变更单，并建立相应台账，编制相关统计报表。

续表

××公司标准文件		××有限公司 物资采购计划管理规定	文件编号××-××-××	
版本	第×/×版		页 次	第×页

3.4 采购工程师按照采购计划和采购申请单的要求，承担具体采购工作。

4 程序

4.1 项目采购计划。

4.1.1 项目采购计划是项目采购经理根据项目计划的要求，为实现项目目标，对项目采购的目标任务、采购原则、采购程序、采购重点和方法等的总体构思而形成的书面文件。项目采购计划是项目计划在采购方面的深化和补充。

4.1.2 编制项目采购计划是项目初始阶段的工作，应当在项目初步（基础）设计审查会之后二周内完成。项目采购经理在项目经理和物资采购部部长的组织和指导下，编制项目采购计划。项目采购计划一般包括如下内容。

（1）描述项目采购任务的范围，明确公司与业主及施工单位在项目采购任务方面的分工及责任关系。

（2）说明业主对项目采购工作的特殊要求，以及公司的应对措施。

（3）对采购原则作出规定，包括经济原则、质量保证原则、安全保证原则、进度保证原则、进口设备材料的采购原则、分包原则等。

（4）费用、进度控制要求。项目采购的费用、进度控制目标，应服从整个项目的费用、进度控制目标。在项目采购计划中，应明确规定费用、进度控制的要求和目标。

（5）催交、监造、检验和运输要求。对关键设备应制订出明确的催交、监造计划，提出具体的检验要求，并对运输和包装作出计划。

（6）特殊问题的说明。如关键设备的采购、要求提前采购的设备、超限设备的采购和运输、现场组装的设备等。

（7）降低采购成本的具体措施。

（8）为完成项目采购任务的其他问题说明。

4.1.3 项目采购计划编制完成后，报物资采购部部长和项目经理。

4.1.4 项目采购经理每个月必须根据项目采购计划编制月度采购计划。

（1）月度采购计划是项目采购计划的细化，项目采购经理依据月度采购计划组织实施并检查项目采购工作，确保物资采购交货进度。

（2）项目采购经理每月26日提交下月月度采购计划。月度采购计划一般应包括当月采购设备的清单、采购方式的选择、采购工作具体时间及人员安排等内容。月度采购计划除包括当月计划安排外，还必须要对上月采购计划执行情况的总结、对执行偏差的分析和纠偏措施。

（3）月度采购计划经物资采购部部长批准后，报项目经理。

4.1.5 项目采购经理每个月依据月度采购计划，编制月度招标计划。

4.2 年度采购计划。

4.2.1 物资采购部部长在每年年末编制下一年度物资采购年度计划，报分管副总经理批准。

4.2.2 年度采购计划的编制依据为正在实施的工程项目的采购计划、项目管理部项目实施的实际进展情况、市场营销部对下一年度可能承接的工程项目的数量及规模的预测，在此基础上，对物资采购部下一年度采购工作进行总体构思和统筹策划而形成的书面文件。

4.2.3 由于市场预测的不确定性，计划采购按远粗近细的原则编制，年度采购计划的内容如下。

（1）全年采购任务：包括正在实施的项目在本年度的采购计划任务和预计将要承接的工程项目将在本年度实施的采购任务。

（2）采购工作的全年进度安排。

（3）采购资金计划平衡及时间进度安排。

（4）招标工作计划安排，可以安排捆绑招标的情况必须明确提出。

（5）可以发展为战略伙伴关系的供方情况、签订长期协议的设想、重点供方的考察建议、合格供方的评审计划等。

（6）员工队伍的建设。

4.3 采购申请单。

4.3.1 物资采购申请单是请购部门提交物资采购部进行物资采购的文件，是物资采购部进行采购活动的唯一有效的依据和指令。物资采购申请单应包括物资名称、数量、规格型号、技术要求、质量标准、交货期、交货地点等，并附上必需的技术文件，如图纸、数据表、技术规范等。请购部门可提出建议的供方名单或品牌并提出推荐理由。

续表

××公司标准文件		××有限公司 物资采购计划管理规定	文件编号××-××-××	
版本	第×/×版		页次	第×页

物资采购部门必须按采购申请单的要求,保质保量按期采购回所需物资以满足项目需求和生产经营所需。

4.3.2　项目设计人员,依据项目实施计划的要求针对项目进行设计和结构分解,直到提出采购申请单以及相应的技术规范书。

公司生产和办公设备由总经办提出采购申请单。

4.3.3　采购申请单必须有编号,编号应保证采购申请单有较强的可追溯性。

4.3.4　工程项目的采购申请单需经项目经理和物资采购部部长审核后报公司分管副总经理批准;公司内部生产和办公设备的采购申请单由总经理工作部部长和物资采购部部长审核后报公司总经理批准。

4.3.5　物资采购部计划员接收并归档经批准生效的采购申请单,并按项目、请购部门建立《采购申请单台账》。

物资采购部计划员按产品类别和项目月度采购计划,安排相关采购工程师负责有关的采购工作。

4.4　计划的执行与检查。

4.4.1　物资采购部计划员应根据物资采购申请单检查采购工作进度,并及时向物资采购部部长和请购部门反馈。

4.4.2　项目采购经理依据项目月度采购计划检查该项目采购工作进度,及时发现采购计划执行的偏差情况,采取有效的纠正措施,并将计划执行中的偏差情况和纠偏措施向项目经理和物资采购部部长汇报。

4.5　采购申请单的变更。

4.5.1　当采购申请单的有关内容如供货范围、交货期、技术要求等方面发生变更时,请购部门必须及时发出采购申请变更单。

4.5.2　项目采购申请变更单需经项目经理批准后生效。

4.6　采购统计报表的编制与审核。

4.6.1　每月25日前,物资部采购工程师按项目编制下月《资金计划》,分别报给相关采购经理,项目采购经理汇总整理所负责项目的《资金计划》,并与该项目费用控制工程师协商后拟订本项目的《资金计划》。

4.6.2　物资采购部计划员每月月末依据采购合同台账,按工程项目分别编制各项目的当月合同汇总表,经部长审核后报公司主管领导和各项目部。

4.6.3　物资采购部计划员每月月末依据采购申请单台账和采购合同台账,按工程项目编制当月《采购合同到货情况反馈表》、《采购申请执行情况反馈表》,经部长审核后报各项目部。

4.7　月计划会。

4.7.1　物资采购部部长每月末主持召开物资采购月计划会,总结当月采购工作,对物资采购部下月采购工作进行统筹安排和资源平衡,确定每个项目具体的采购工作进度和人员安排,确定每个项目的资金计划。

4.7.2　月计划会须对各项目报送的《资金计划》进行确认,物资采购部统计核算员每月月末汇总各项目《资金计划》,编制物资采购部下月《资金计划》,经部长审核后报经营计划部和分管副总经理。

5　记录

5.1　《采购申请单》。

5.2　《采购申请变更单》。

5.3　《项目月度采购计划》。

5.4　《项目采购申请单台账》。

5.5　《物资采购部月份物资招标工作计划》。

拟订	审核	审批

制度3：采购计划控制程序

××公司标准文件		××有限公司 采购计划控制程序	文件编号××-××-××	
版本	第×/×版		页 次	第×页

1 目的
为编制采购计划，配合公司采购计划管理制度的推行，特制订本程序。

2 适用范围
本公司采购计划的制订，除另有规定外，悉依本程序处理。

3 采购计划的编制

3.1 编制采购计划的作用。
（1）预估用料数量、交期，以防止断料。
（2）避免库存过多、资金积压、空间浪费。
（3）配合生产、销售计划的顺利达成。
（4）配合公司资金运用、周转。
（5）指导采购工作。

3.2 编制采购计划的依据。制订采购计划时，应考虑经营计划、物品需求部门的采购申请、年度采购预算、库存情况、公司资金供应情况等相关因素。对经营活动的急需物品，应优先考虑。

3.3 采购计划的种类。
（1）年度采购计划。根据公司年度经营计划，在对市场信息和需求信息进行充分分析和收集的基础上，依据往年历史数据的对比情况，权衡所制订的计划。
（2）月度采购计划。在对年度采购计划进行分解的基础上，依据上月实际采购情况、库存情况、下月度需求预测、市场行情等所制订的当月采购计划。
（3）日采购计划。在对月度采购计划进行分解的基础上，依据各部门每日经营所需物品的汇总，经审核后制订的采购计划。
（4）日常经营需求计划。根据每天的经营情况、物品日常消耗情况、库存情况，各部门向采购部报送的日采购需求计划。

3.4 采购申请的提出及审批权限。
（1）采购申请应注明物品的名称、数量、需求日期、参考价格、用途、技术要求、供应商（参考）、交货期、送货方式等。
（2）各种物品采购申请的提出及审批权限的相关规定见下表。

采购申请的提出及审批权限的相关规定

物品类别	采购申请提出人	申购依据	审核人	审批人
工程项目所需采购的材料、设备等	项目负责人	依据合同及设计任务书所做的预算表、工程进度表、材料及设备采购清单	部门负责人或授权人	工程副总经理
日常经营所需的材料、设备等	各部门	经营需求、加工要求	部门负责人或授权人	经营副总经理
工具及配件、器皿、劳保用品、量检具等	使用部门	月初提出采购申请	部门负责人或授权人	相关主管领导
经营、办公等需要的大件设备和工具（属于固定资产投资类）	使用部门	在年初编制固定资产采购申请		总经理
普通办公用品、劳保用品等	综合办公室	根据使用部门需求统一提出年度或月度采购申请	部门负责人或授权人	总经理
常备用料	采购计划专员（由库房管理员配合）	日常领料情况、库存情况		各部门经理
研究开发所需要的原料、辅助材料、工具、设备等	技术中心	根据需求时间提出月度或日采购申请	部门负责人或授权人	技术副总经理

××公司标准文件		××有限公司 采购计划控制程序	文件编号××-××-××	
版本	第×/×版		页　次	第×页

（3）表中所列各类物品如在年度预算外或超过年度预算，按超预算的审批程序办理，最终审批人为总经理。

（4）采购申请表应注明材料的名称、规格与型号、数量、需求日期、参考价格、用途、技术要求、安装尺寸、生产厂家（参考）、交货期、是否直发现场（若直发现场，应注明地址）。

（5）部门负责人或授权人审核本部门的采购申请表时，应检查采购申请表的内容是否准确、完整，若不完整或有错误则应予以纠正。

（6）经审批后的采购申请表由采购部审核汇总。审核内容包括采购申请表的各栏填写是否清楚、是否符合合同内容、是否在预算范围内、是否有相关负责人的审批签字，以及是否在审批范围内等。

3.5　编制采购计划的步骤。

3.5.1　明确销售计划。

（1）企业于每年年底制订次年度的营业目标。

（2）市场营销部根据年度目标、客户订单意向、市场预测等资料，进行销售预测，并制订次年度的销售计划。

3.5.2　明确生产计划。

（1）生产部根据销售预测计划，以及本年度年底预计库存与次年度年底预计库存，制订次年度的生产预测计划。

（2）物控人员根据生产预测计划、物料清单、库存状况，制订次年度的物料需求计划。

（3）各单位根据年度目标、生产计划、预估次年度各种消耗物品的需求量，编制预估计划。

3.5.3　编制采购计划。

（1）采购部汇总各种物料、物品的需求计划。

（2）采购部编制次年度采购计划。

3.5.4　编制采购计划时，应注意以下所列事项。

（1）采购计划要避免过于乐观或保守。

（2）企业年度目标达成的可能性。

（3）销售计划、生产计划的可行性和预见性。

（4）物料需求信息与物料清单、库存状况的确定性。

（5）物料标准成本的影响。

（6）保障生产与降低库存的平衡。

（7）物料采购价格和市场供需可能出现的变化。

4　采购计划的管理

4.1　采购计划由采购部根据审批后的采购申请表制订，日采购计划由采购部经理批准执行，月度采购计划报请营运副总经理批准执行，年度采购计划需报请公司总经理审批。

4.2　采购计划应同时报送财务部审核，以利于公司资金的安排。

4.3　采购计划专员应审查各部门申请采购的物品是否能由现有库存满足或有无可替代的物品，只有现有库存不能满足的申请采购物品才能列入采购计划。

4.4　如果采购申请表所列的物品为公司内其他部门所生产的产品，在质量、性能、交货期、价格相同的情况下，必须采用本公司的产品，不得列入采购计划。

4.5　请购部门下达给采购部的采购申请表，应分类列表，且必须是经过汇总、计划后的材料清单。

4.6　对于无法于指定日期内办妥的采购申请单，必须及时通知请购部门。

4.7　对于已申请的采购物品，请购部门若需要变更规格、数量或撤销请购申请时，必须立即通知采购部，以便及时根据实际情况更改采购计划。

4.8　未列入采购计划的物品不能进行采购。如确属急需物品，应填写紧急采购申请表，由部门负责人审核后，报公司运营副总经理核准后才能列入采购范围。

拟订		审核		审批	

制度4：采购预算编订办法

××公司标准文件		××有限公司 采购预算编订办法	文件编号××-××-××	
版本	第×/×版		页　次	第×页

1　目的

为使企业采购工作顺利进行，特制订本办法。

2　适用范围

本企业每年度的采购预算的编订，除另有规定外，悉依本办法的规定处理。

3　材料预算的分类

3.1　材料的预算分类

（1）用料预算。营业支出用料预算、资本支出用料预算。

（2）购料预算。

3.2　材料预算按编制期间分类

（1）年度预算。

（2）分期预算。

4　预算的编制

4.1　用料预算

4.1.1　年度用料预算编制。

（1）由用料部门依据营业预算及生产计划编制"年度用料预算表"（特殊用料并应预估材料价格），经主管人员核定后，送企划部汇编"年度用料总预算"转工厂财务部。

（2）凡属委托物控部补充的工作，概由物控部按用料部门计划代为编列预算，并通知用料部门。

（3）材料预算经最后审定后，由仓储部门严格执行，如经加减，应由一级主管召集相关主管研拟分配后核定，由企划科分别通知各用料部门重新编列预算。属于自行修配者，按本条第（2）款的规定办理。

（4）用料部门用料超出核定预算时，由企划部门通知仓储部。用料部分，超出数在10%以上的，应由用料部门提出书面理由，呈转一级主管核定后办理。

（5）用料总预算超出10%的，由企划部通知仓储部，由仓储部说明超出原因，并办理追加手续。

4.1.2　分期用料预算。分期用料预算由用料部门编制，凡属委托修缮的工作，物控部按用料部门计划分别代为编列"用料预算表"，经一级主管核定后，由企划部转送仓储部。

4.1.3　资本支出用料预算。

（1）资本支出用料预算，由一级主管根据工程计划，通知企划部按前条的规定办理。

（2）资本支出预算，年度有一部分未动用或全部未动用，其未动用部分不能保留，视情况得在下一年度补列。

4.1.4　未列预算的紧急用料，由用料部门领用料后，补办追加预算。

4.1.5　用料预算除由用料部门严格执行外，仓储部及企划部应给予配合和控制。

4.2　购料预算

4.2.1　购料预算编制程序如下。

（1）年度购料预算由企划部汇编并送呈审核。

（2）分期购料预算，由仓储部视库存量、已购未到数量及财务状况编制"购料预算表"，由企划部送呈审核，并转公司财务会议审议。

4.2.2　经核定的分期购料预算，在当期未动用的，不得保留，其确有需要者，于下期补列。

拟订		审核		审批	

第三节 采购计划与预算管理表格

表格1：采购申请单

采购申请单见表1-1。

表1-1 采购申请单

表格编号：　　　　　　记录编号：

项目名称		项目代号	
物资名称		购置数量	
请购单位		型号	
到货日期		规格	
到货地点		单价预算	
1.主要技术参数：			
2.用途说明：			
3.推荐厂家及推荐理由：			
编制		日期	
审核		日期	
物资部		日期	
批准		日期	

表格2：采购申请变更单

采购申请变更单见表1-2。

表1-2 采购申请变更单

表格编号：　　　　　　记录编号：

项目名称		项目代号	
请购单号		请购部门	
1.变更内容：			
2.变更原因：			
编制		日期	
校核		日期	
批准		日期	

表格3：(　　)项目采购申请单台账

(　　)项目采购申请单台账见表1-3。

表1-3　(　　)项目采购申请单台账

序号	请购单位	采购内容	采购员	承接期	供货期	请购单号	合同号	合同到货期	备注

表格4：年度（预测）采购需求计划表

年度（预测）采购需求计划表见表1-4。

表1-4　年度（预测）采购需求计划表

单位：

序号	项目名称	采购主体	资金来源	项目预算	项目类型	计划采购时间	采购数量	交货期或工期	是否有拆分采购需求	建议采购方式	设备生产周期	备注

总经理：　　　　　　　副总经理：　　　　　　　计划经营部：
生产技术处（或相关部室）：　　　　　审核：　　　　　制表：

表格5：批次（月度）采购需求计划表

批次（月度）采购需求计划表见表1-5。

表1-5　批次（月度）采购需求计划表

部门：

序号	项目名称	项目编号	资金来源	项目预算	项目类型	计划采购时间	采购数量	交货进度	备注

表格6：（　　）年第（　　）批次集中采购需求审批表

（　　）年第（　　）批次集中采购需求审批表见表1-6。

表1-6　（　　）年第（　　）批次集中采购需求审批表

项目单位（盖章）	××单位（计划见附表）
概算总额/万元	
公司项目主管部门意见	
公司物资部（招投标管理中心）意见	
公司监察审计部意见	
公司招投标领导小组办公室、领导小组	

表格7：月度物资需求计划审批表

月度物资需求计划审批表见表1-7。

表1-7　月度物资需求计划审批表

物资需求部门：	审批意见：
物资名称：	公司领导： 　　　　　　年　　月　　日
用途说明：	公司主管领导： 　　　　　　年　　月　　日
	计划经营部： 　　　　　　年　　月　　日
	物资审批部门： 　　　　　　年　　月　　日
附：月度采购需求计划表	物资需求部门： 　　　　　　年　　月　　日
提报人：	电话：
物资供应部：	年　　月　　日

注：1. 物资审批说明：综合部审批办公桌椅、电脑、电脑耗材和电话等通信用材类物资。
2. 人力资源部审批劳保用品类物资。
3. 其他生产用物资由相关生产技术部门审批。
4. 物资材料的资金计划由计划经营部审批。

表格8：月度采购需求计划表

月度采购需求计划表见表1-8。

表1-8 月度采购需求计划表

部门：

序号	物资名称	资金来源	概算	规格型号	计划需求时间	采购数量	单位	备注

表格9：项目月度采购计划（____年____月）

项目月度采购计划（____年____月）见表1-9。

表1-9 项目月度采购计划（____年____月）

一、上月计划执行情况

序号	计划内容	责任人	完成情况	偏差分析	解决办法

二、本月计划

1. 采买

序号	内容	建议采购方式	备选供方及选择理由	计划时间（开始至结束）	备注

2. 催交与监造

序号	设备名称	合同号	交货期	履约情况	催交计划	责任人

3. 检验及运输计划（根据需要填写，可不写）

4. 其他需要说明的情况（根据需要填写，可不写）

5. ____项目采购中存在的问题和建议（根据需要填写，可不写）

表格10：物资采购部____月份物资招标工作计划

物资采购部____月份物资招标工作计划见表1-10。

表1-10　物资采购部____月份物资招标工作计划

序号	项目名称	招标设备名称	邀请投标供方	招标时间	招标地点	招标方式	责任人
1							
2							
3							

审核：　　　　　　　　　制表

表格11：采购计划

采购计划见表1-11。

表1-11　采购计划

No：

序号	名称	规格	物资采购厂家	单位	计划数	库存数	采购数	要求到货日期	备注

编制部门：_____　　　　　批准：_____

表格12：用料计划表

用料计划表见表1-12。

表1-12　用料计划表

材料编号	材料名称	材料规格	3月底库存		4月			5月			6月			7月		
			仓库	验收前	已购未入量	总存量	计划用量	本月底结存	已购未入量	总存量	计划用量	本月底结存	已购未入量	总存量	计划用量	本月底结存	已购未入量	总存量	计划用量	本月底结存

注：（1）安全存量为半个月的计划用量。
（2）7月份的计划请购量，若购运时间为3个月，则必须在4月份下订单。

表格13：采购数量计划表

采购数量计划表见表1-13。

表1-13　采购数量计划表

每日耗用数量：

供应商	本日存货		本日存货耗用期限	订购日期	I／L申请日期	L／C开出日期	装船			船到入库后总存量
	日期	数量					吨	开船日期	抵达日期	

表格14：采购预算表

采购预算表见表1-14。

表1-14　采购预算表

制表部门：　　　　　　　　预算期间：　　　　　　　　单位：元

物品名称及规格	单位	单价	生产需用量	本月末计划库存量	上月末库存量	预计采购量	预计采购金额	预计本期支付采购资金	预计支付前欠货款	预计支付本期货款

审批：　　　　　　　　　　制表人：

表格15：采购申请单

采购申请单见表1-15。

表1-15　采购申请单

请购部门		请购日期			交货地点				单据号码	
项次	物料编号	品名	规格	请购数量	库存数量	需求日期	需求数量	单位	技术协议及要求	
会签说明				采购部门			请购部门			
				主管	经办	批准	主管		申请人	
分单	第一联，采购单位（白）；第二联，财会部（红）；第三联，请购单位（蓝）									

表格16：采购变更申请单

采购变更申请单见表1-16。

表1-16 采购变更申请单

请购部门			原请购单编号			
品名		规格		采购日期		
变动内容						
变动原因						
联系电话			经办人			
采购部意见	采购专员		采购主管		采购经理	
	日期： 年 月 日		日期： 年 月 日		（盖章） 年 月 日	
财务部核准意见	经办人			负责人		
	日期： 年 月 日			（盖章） 年 月 日		
主管副总经理				（盖章） 年 月 日		
总经理				（盖章） 年 月 日		
备注	1.随附资料：原采购请购书复印件、已采购合同复印件 2.本表一式四份，请购部门、采购部、财务部、总经办各一份					

表格17：采购变更审批表

采购变更审批表见表1-17。

表1-17 采购变更审批表

编号：			申请日期： 年 月 日		
申请部门					
变更内容概述					
原采购请购单编号		原采购审批表编号			
变更金额		变更采购方式			
部门经理意见					
采购经办人意见					
采购经理意见					
财务经理意见					
主管副总经理意见					
总经理意见					
批复文号		是否通过审批		□是	□否
附件					

制表人： 电话：

表格18：（零配件、经常性耗用物料）采购开发周期表

（零配件、经常性耗用物料）采购开发周期表见表1-18。

表1-18 （零配件、经常性耗用物料）采购开发周期表

编号：_____ 修订日期：_____ 部门：_____ 编制日期：_____

项次	品名	规格品采购周期	正常品采购周期	新产品采购周期	最少采购数量	备注
说明事项	规格品：系指供应厂商备有该项零配件及物料的备用品，此项规格品须事先恰询厂商，确认有备用品后始可依据规格品采购周期的采购日期进行采购 正常品：系指供应厂商无备有该项零配件及物料的备用品，此项正常品须依正常品采购周期的采购日期进行采购 新产品：系指供应厂商无备有该项零配件及物料的规格品、正常品，此项新产品须依据新产品开发周期的采购日期进行采购					

编制： 审核： 批准： 表单编号：

表格19：月份采购计划表

月份采购计划表见表1-19。

表1-19　月份采购计划表

编号：　　　　　　　　　　　　月份：

序号	采购物料名称	型号规格	计划数量	采购数量	计划到货日期	实际到货日期	备注

审核：　　　　　　　批准：　　　　　　　填表：

表格20：辅助材料采购预算表

辅助材料采购预算表见表1-20。

表1-20　辅助材料采购预算表

制表部门：　　　　　　　　　预算期间：　　　　　　　　　　单位：元

物品名称及规格	单位	单价	生产需用量	本月末计划库存量	上月末库存量	预计采购量	预计采购金额	预计本期支付采购资金				
								预计支付前欠货款	预计支付本期货款	合计	上旬	中旬	下旬
合计												

审批：　　　　　　　　　　　　　　　　　　制表人：

表格21：物料需求分析表

物料需求分析表见表1-21。

表1-21　物料需求分析表

编号：　　　　　　　　　　　　　　　　　　　　　　　日期：

物料名称	存量	各订单需求量预计					不足数量	上次订单余量	订购		预计入库日期	备注
		单1	单2	单3	单4	……			日期	数量		

审核：　　　　　　　分析：　　　　　　　填表：

表格22：供应商总体订单容量统计表

供应商总体订单容量统计表见表1-22。

表1-22 供应商总体订单容量统计表

单位：

日期	供应商	可供给物品量		
		型号（a）	型号（b）	型号（c）
月　日	A			
月　日	B			
月　日	C			
	合计			

表格23：物料需求量表

物料需求量表见表1-23。

表1-23 物料需求量表

编号：　　　　　　　　　　　　　　　　　　　　　　　　　　制订日期：

产品名称	物料名称	包装方式	规格	单价	类别一			类别二			采购期	预订库存量	库存价值	单位重量	库存总重量	备注
					进口	订购	一般	自行加工	外厂加工	直接使用						

审核：　　　　　　　　　　　　　　　　填表：

表格24：物料需求展开表

物料需求展开表见表1-24。

表1-24 物料需求展开表

上线日期：　　　　　　　　　　　　　　　　　　　　　　　　开单日期：

品名			订单总计数量				订单编号			
序号	物料名称	规格	计量单位	单位准用料量	总需求量	可用量[①]	采购量、制造量	预定交货或完成日期	备注	
1										
2										
3										
说明：（1）表中：①可用量＝实际库存量＋采购或制造中未入库量－未领量（计划生产的用料量） （2）预定交货或完成日期参阅材料一览表购备时间制订 （3）供货商单价：参阅材料一览表										
核准							制表			

表格25：订单采购计划表

订单采购计划表见表1-25。

表1-25　订单采购计划表

填写日期：　　年　月　日　　　　　　　　　　　　　　　　　　　编号：

物料名称	品名规格	适用产品	上旬		中旬		下旬		库存量	订购量	下单日期
			生产单号	用量	生产单号	用量	生产单号	用量			

 学习总结

通过本章的学习，我对采购计划与预算管理有了以下几点新的认识：

1._____

2._____

3._____

我认为根据本公司的实际情况，应制订以下制度和表格：

1._____

2._____

3._____

我认为本章的内容不够全面，还需补充以下方法、制度和表格：

1._____

2._____

3._____

第二章　采购认证与供应商管理工具

引言

采购认证是指企业采购人员对采购环境进行考察并建立采购环境的过程。对于需要与供应商合作开发项目的采购方来说，就有必要进行采购认证，而认证的最终结果就是要与供应商签订采购协议。

本章学习指引

目标	了解采购认证与供应商管理的要点，并能够运用所提供的范本，根据本企业的实际情况制订相应的管理制度、表格

学习内容

管理要点	• 初选认证供应商 • 对供应商样品的测试认证 • 中试认证 • 批试认证 • 采购协议签订 • 供应商评估管理 • 供应商违约管理 • 实施供应商激励
管理制度	• 潜在供应商资源信息库建设及管理办法 • 供应商选择程序 • 供应商认证管理规程 • 供应商生产件批准程序 • 原材料（零部件）采购协议
管理表格	• 潜在供应商基本情况调查表 • 供应商调查问卷 • 供应商准入与现场考察评价标准（设备专业）（生产商） • 生产件提交保证书 • 零组件审核申请表 • 零组件评估报告书 • 供应商选样检验记录表 • 合格供应商名录 • 供应商供货情况历史统计表 • A级供应商交货基本状况一览表 • 供应商交货状况一览表 • 供应商定期评审表 ……

第一节 采购认证与供应商管理要点

采购认证是一个比较复杂的过程,涉及的部门比较多,如工程部门、采购部、质量部。一般来说,对于采购期限较长,又分批量采购的物料认证过程比较严格。以下简要介绍采购认证与签约的工作步骤。

要点1:初选认证供应商

现有的哪个供应商需要认证?希望认证哪个现有供应商?还是寻找新的供应商进行认证?这就需要对认证供应商进行一个初步的选择。初选认证供应商一般要做好以下6个步骤的工作,如图2-1所示。

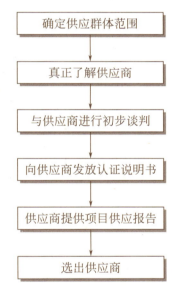

图2-1 初选认证供应商的步骤

(一)确定供应群体范围

一般来讲,每一个大型的成熟企业都有自己固定的供应商群体,因而,最佳的方法是优先考虑原来已有的供应商群体。在原有的供应商群体中寻找最适合此次采购的供应商。有时,采购需求较小,原有的供应商群体可以轻易地满足企业的物品需求,但是,随着市场需求的增加,企业有时需要大量扩充生产,这时,原有的供应商群体可能不能满足企业对原材料的需求,或是不能及时满足,从而产生所谓的急单。如果原来的供应商群体不能满足企业的采购需求,企业就必须到社会供应群体中重新寻找,有时甚至需要企业到国外寻求原料来源。

对于一个成熟而且经验丰富的企业来说,它可能会轻而易举地渡过这个难关,甚至可能会在国外寻找更佳的供应商。但是,对于一个刚刚起步或者是从未遇到过此类问题的企业来讲,到社会供应群体中确定自己企业所需要的供应群体是有一定难度的。企业为了妥善解决这一问题,首先要招聘有丰富行业经验的采购人员。

（二）真正了解供应商

确定了供应商群体范围之后，所面临的工作就是要选择具体的供应商。供应商的选择直接影响着企业采购的质量，从而间接影响着企业产品的质量和企业的声誉，因此供应商的选择对企业而言是一项具有战略意义的事件。对于那些已经同企业有多年交往经历的供应商，了解其真实情况并不太难，但是，对于那些初次合作的供应商，要了解却不容易。在这里提供5种方法，可从多个侧面了解供应商的真实情况。

1.研究供应商提供的资料

每一个供应商都想把自己尽快地推销出去。作为企业宣传策略的一种，供应商会印制一些宣传资料，通常都是一些精美的图表画册。为了获得更多的订单，供应商会把介绍自己企业的资料提供给有采购意向的企业，这样一来，企业就会拥有大量的相关资料。这就需要采购人员充分研究各个供应商提供的宣传材料，大致确定可以进一步接触的供应商。

2.向有意向的供应商发放调查问卷

问卷调查是一种应用范围很广又很有效的方法，只是应用起来比较烦琐，需要耗费大量的人力、物力和时间。企业可根据本身所处行业材料情况，制订出详细的调查问卷，发放给有意向的供应商，根据调查问卷的回复来确定被调查供应商的实力如何。但是，如果只向供应商发放调查问卷，则所获得的信息不能确保其真实性。有些供应商为了凸显自己或是为了获得订单，并不如实回答问卷，从而使获得的信息失真。在这种情况下，必须将这种方法与其他方法结合起来使用或者向与采购商有接触的其他合作企业发放问卷请求合作。

3.实地考察供应商

为了更好地了解供应商的情况，如果有可能的话企业应该实地考察一下。这种做法的主要目的一方面是要防止供应链增加不必要的中间环节，另一方面是要更好地调查供应商的实力。实地考察供应商的代价很高，因此只有在进行重大的资本性设备采购或选择战略伙伴型供应商时才会实施。

4.向其他相关人员了解

企业可以充分利用拥有的人力资源向曾经隶属于该企业但现在已经离开的企业员工进行采访，向他们了解供应商的实际情况。这种方法所获得的信息甚至比实地考察更有价值，但是该方法的使用要避免触犯法律，避免被人起诉进行不正当竞争。

5.向大型的调查企业购买相关资料

对于非常重要的采购项目，为了谨慎起见，同时也为了减少人力和时间的耗费，可以选择大型可靠的专职调查企业，向他们购买所需的相关资料。

（三）与供应商进行初步谈判

与供应商进行谈判是与供应商的正面接触，是企业初选供应商必不可少的环节。企业经验丰富的采购人员通过谈判就可以基本上弄清供应商的真正实力。

（四）向供应商发放认证说明书

经过以上几个环节，基本上可以说是确定了参加本次采购项目的供应群体，以后所要进行的工作就是向他们发放认证说明书，其中包括图纸、技术规范、检验指导书。

（五）供应商提供项目供应报告

意向供应商接到认证说明书及相关资料后，根据自己的情况拟制供应报告。报告的主要内容为：项目价格、可达到的质量、能提供的月或年供应量、售后服务情况等。意向供应商也可根据需要对项目技术资料进行适当改动。

(六) 选出供应商

通过以上过程，就可以选定有资格参与该采购项目的供应商名额。

要点2：对供应商样品的测试认证

对供应商样品的测试认证应做好以下8个步骤的工作，如图2-2所示。

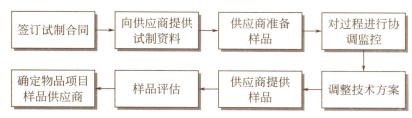

图2-2　对供应商样品测试认证步骤

(一) 签订试制合同

企业与初选供应商签订试制合同，目的是使初选供应商在规定的时间内提供符合要求的样品。合同中应包括保密内容，即供应商应该无条件遵守企业的保密规定。试制认证的目的是验证系统设计方案的可行性，同时达成在企业与供应商之间的技术折中方案。

(二) 向供应商提供试制资料

签订试制合同后，采购部将会向供应商提供更为详尽的资料。在这个时间内所提供的资料可能会包括企业的一些机密材料，其内容的泄露可能会给企业带来不可估量的损失。因此，前一过程中保密条款的规定是非常重要的，绝不能忽视。

(三) 供应商准备样品

供应商获得试制资料以后就开始着手进行样品的准备工作。样品的准备工作不是一项简单的事情。对于那些要求较高或者根本就是全新产品的样品的准备往往需要几个月甚至更长的时间，而对于那些只是稍作改动的产品，其样品的准备则需要时间较少。一般来说，同样情况下，电子件、机械件的准备周期相对较短，而组合设备的准备周期相对较长。

(四) 对过程进行协调监控

采购部对过程进行协调监控，这一要求一般是对于那些准备周期比较长的认证项目来说的。对于这些认证周期比较长的认证项目，采购部应该对其过程进行监控、协调，以便在遇到突发事件时能够及时提出解决对策。

(五) 调整技术方案

在有的情况下，企业与供应商之间可能进行技术方案的调整，因为随着环境的变化或是知识的增加，设计人员的设计方案与加工过程出现要调整的地方，这也是非常正常的情况。有时新的技术方案是由采购方提出的，有时则是由供应商提出的。当后一种情况发生时，不能因为技术方案进行调整而怀疑供应商的能力，技术方案的调整是不可避免的，只有经过多次调整后的技术方案才能更完善。

(六) 供应商提供样品

供应商把样品制造出来之后，应把样品送交认证。体积比较小的样品随身携带即可，体积巨大的样品则需要借助其他方式带给企业或是由企业派采购员前往供应方进行查看。

（七）样品评估

样品送到之后要进行的工作就是样品评估。这项工作由采购部组织，其内容是对样品进行综合评估。样品的评估内容包括性能、质量、外观等。采购部进行评估时也应该协调相关部门一同确定认证项目的评估标准。一般需要参加评估的人员包括：设计人员、工艺人员、质管人员、采购人员、订单人员、计划人员等。

（八）确定物品项目样品供应商

经过以上各项工作的进行，就可以由集体决策，确定样品供应商并报上级主管批准。对于那些技术要求简单，能够轻易完成样品的产品来说，为了保证供应商之间的竞争，同时也为了保证所采购产品的质量，一般要选择三家以上的样品供应商。对于那些复杂的采购项目，由于样品试制成本太高，因此一般只选择一家供应商。

要点3：中试认证

经过样品试制认证之后，接着就是中试认证。中试认证过程中应做好以下7项工作，如图2-3所示。

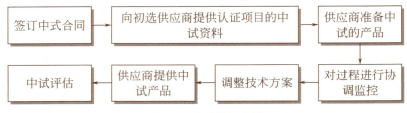

图2-3　中试认证步骤

（一）签订中试合同

样品试制过程结束以后，需要与样品供应商签订中试合同，使样品供应商在规定的时间内提供符合中试要求的小批量产品。中试认证的目的就是使得系统设计方案具有批量生产的可能性，同时寻求成本与质量的折中方案。

（二）向初选供应商提供认证项目的中试资料

同前一过程一样，签订合同以后就需要向供应商提供项目中试资料，即经过样品试制以后修改过的试制项目技术资料，如经过修改的机械图纸、电子器件参数、软件方案等。

（三）供应商准备中试的产品

上一点讲过准备样品需要一个周期，同样，准备中试产品也需要一个周期。一般来说，中试产品的生产周期要比样品周期短。因为供应商经过样品试制过程之后，在技术、生产工艺、设备、原材料等方面都有一些积累和经验，但是在有些情况下（如目前技术条件尚不具备批件生产），中试生产的准备周期要比样品准备周期更长，企业所承担的风险也就更大。

（四）对过程进行协调监控

在中试过程中，采购人员对过程仍需进行跟踪和协调监控。采购人员可以和供应商一起研究如何提高质量并且降低成本的方法，使批量生产具有可能性并最大限度地带来收益。有时技术人员也要加入跟踪协调的队伍中来。

（五）调整技术方案

由于技术方案一般不会马上就达到最佳，需要经过多次的实验和对比才能确定性价比最优的方案，如元器件的性价比、加工装配调试的性价比等。

（六）供应商提供中试产品

供应商把准备好的中试产品送交给采购方认证。有时中试产品需要直接送到采购方的生产组装现场，有时则需采购人员上门验证。

（七）中试评估

由采购部组织，对中试进行综合评估。中试的评估内容包括产品质量、成本供应情况等。在进行中试评估时同样应协调其他部门共同制订认证项目的评估标准。需要参加的人员包括：设计人员、工艺人员、采购员、订单人员和计划人员。

要点4：批试认证

在经过前面几个步骤后，基本确定了可进入批试认证这一环节的供应商，进入批试认证这一环节的供应商成为企业的合格供应商的可能性很大，但有些在批试方面也有出问题的，所以，对批试生产也要进行认证。与前几个步骤一样，批试认证也要做好以下8个步骤的工作，如图2-4所示。

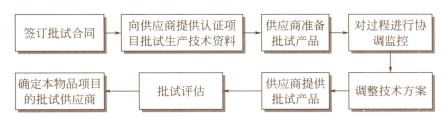

图2-4　批试认证步骤

（一）签订批试合同

与通过中试认证选定的供应商签订批试合同，使供应商能够在规定的时间内提供符合批试认证要求的批试产品。批试认证的目的是使系统设计方案具有大规模生产的可能性，同时寻求产品质量稳定性和可靠性的解决方案。

（二）向供应商提供认证项目批试生产技术资料

项目批试生产资料是经过中试期间修改的技术资料，如可以大规模投放生产的机械图纸、电子器件参数、软件方案等。

（三）供应商准备批试产品

准备批试产品需要一定的时间，供应商要想大批量生产就要提高自动化水平，配备相应的批试生产机械，如机械行业中的冲床等专业机械、电子行业的自动化设备、软件行业的大型拷贝机等。有些产品批量生产的技术要求很高，需要进行大量的技术攻关和试验才能成功。企业在开始这种项目的生产时，要做好充分的风险评估和必要的心理准备。

（四）对过程进行协调监控

同上述两个过程一样，批试过程也需要进行跟踪，采购及相关人员应该随时跟踪生产中可能出现的异常情况。

（五）调整技术方案

大规模生产追求的目标是系统的稳定性和可靠性，否则便失去了批量认证的意义。及时跟踪技术方案的实施情况，根据实际情况对技术方案进行适当的修改是十分必要和正常的。

（六）供应商提供批试产品

供应商把准备好的批试产品送交到采购方。

（七）批试评估

由采购部组织协调其他相关部门的人员对批试产品进行综合评估，并制订出批试评估标准。其评估内容包括：质量、成本、供应、售后服务、稳定性。

参加评估的人员应该包括：设计人员、工艺人员、质量管理人员、采购员、订单人员、计划人员。

（八）确定本物品项目的批试供应商

经过以上几个环节的工作所得出的物品批试供应商，是批试物品合格的供应商。

要点5：采购协议签订

经过采购认证这一环节，确定了物料供应商后，就需要与其坐下来认真地讨论一下采购协议。对于大宗的、长期的物料采购，更应该签订一份框架协议，在框架协议签订以后，后续的采购工作就由跟单人员来处理，也就是说，跟单人员在企业有物料需求的情况下，直接向协议供应商下发订购单即可，不必再进行询价、议价这一复杂的过程。

（一）采购协议的类别

一般买卖交易所订定的协议，大都视采购物质的性质及其方式而订立不同的条款，采购协议的类别具体见表2-1。

表2-1　采购协议的类别

分类依据	类别	具体说明
以交货时间分类	定期协议	定期协议即整批订货而一次交货，多用于订货量较少或为配合使用时采用
	定期分批交货协议	即一次订货而分批交货，这类协议也是为配合供应者的产能安排不受影响而使用，或因配合使用以免存货过多，多用于采购量大，在配合使用的原则下而经双方协议签订
	长期供应协议	长期供应协议，即对于经常需要的物料，双方协议而签订长期供应协议
以买卖价格分类	固定价格协议	固定价格协议，即以买卖双方商洽协议时的价格作为交货后付款的依据，除协议另有规定以外，不得以任何理由变更价格
	浮动价格协议	浮动价格协议又称成本补协议，即以协议当时的各项成本因素、市价作为基准价格，而于交货结算货款时，再依结算时的市价与基准价格核算比较涨跌的比率而予以调整，一般金额较大、交货期较长的物料采购或工程计价，大多采用这种方式订约
以成立方式分类	书面协议	即买卖双方以文书签订的协议
	非书面协议	即以口头、电话等方式而经双方协议同意成立者，其以订立正式字据为要件

续表

分类依据	类别	具体说明
以销售方式分类	经销协议	这类协议多以生产或供应货品的厂商要求条件而成立
	承揽协议	多为业务推广性质，立于媒介的地位来促进双方的交易，从中取得佣金者
	代理协议	此种方式大多仅为代理报价签约，不设立门市并且不与买方直接发生交易行为，仅做服务性工作而促成买卖双方交易，其佣金则依约定由买方或卖方支付

（二）采购协议的条款

采购买卖条件一经协议，即由双方将协议细节、权利与义务在书面协议书上详细记载，以取得法律的保障。但是采购协议书并无一定标准格式，其内容通常视采购本身的性质与类别而定，不过无论哪类物质的采购协议常可分两大条款：一种为基本条款，它常见于协议书正面；另一种为一般条款，通常记载在协议书背面。

1.基本条款

一般采购机构大都以印制协议书格式使用，如遇采购特殊物品，所商定买卖条件较复杂时，才须另外草拟协议。基本条款常见于协议书正面，其内容如下。

（1）前文。前文包括：签订协议年月日、协议号码、协议当事人的名称和住址、签订协议的内容及有关说明。

（2）条款内容。条款内容即协议内最主要项目，包括：货品名称（Commodity）、品质（Quality）、数量（Quantity）、单价及总价（Unitprice&Amount）、交货期间（Shipment）、到达地（Destination）、包装（Packing）、保险（Insurance）、付款（Payment）、检验（Inspection）。

2.一般条款

一般条款即指买卖协议中主要条件及项目的补充说明。一般条款大都印在正式协议书的背面，若内容太复杂，也有另行印制附列。一般条款内容说明如下。

（1）制订目的。一般条款虽是协议主要条件的补充说明，也含有保护制作协议一方的权益的作用。

（2）条款效力。即表示协议正面基本条款有约定者，应优先适用。在实务上，往往买方所制作的协议一般条款，部分条文未为卖方所接受，则另由卖方提出修正意见经买方同意接受者列为协议"特别条款"，此"特别条款"其适用效力优于一般条款。

（3）格式。一般条款格式无一定标准，视买卖双方需要而定。一般条款无固定项目，大都是对基本条款或基本条款以外的特殊条款加以阐释，为其定义作适当的补充说明，其目的无非为保护买方的权益。

（4）其他项目。如协议有效期、协议转让与不可转让、违约与解约、索赔等，得斟酌情形列入。

（三）采购协议制作的方法

采购协议的制作是指将双方交易协商结果，逐项填入标准格式的协议书，若有特殊情形，原有协议格式不够用时，再另加特别条款，以双方签署始生效。一般而言，协议制作的方法如下。

（1）采用事先已印制的标准协议格式，这种方法适用于一般性采购。

（2）重拟协议条款，此方法是原有协议格式无法适用时，才另拟协议草稿，经双方同意签署才生效，它适用于特殊采购。

在采购实务上，买卖主要条件经双方协议一致，协议即告成立。将双方谈妥的买卖条件列入协议书中，即变成采购协议基本条款。换句话说，如果买卖条件未经谈妥，则协议书也无法成立，所以在程序上买卖条件须确定在先，然后才可签约，使其成为协议条款。在实质上，买卖条件与协议条款两者的内容是一致的，但有时双方商谈只谈主要条件，至于有关细节则言明于书面协议再补充，但仍不得违反双方协定原则。

（四）制订采购协议应注意的事项

采购是一项极烦琐又复杂的工作，因其所涉及的范围很广，因此在签订买卖条款时必须以最明智、最适当、最迅速的判断来处理。对于各项采购条件必须事前有周全缜密的考虑，如稍有疏忽，极易造成日后不必要的纠纷。采购人员明白这个道理，自易稳操胜券，否则实难确保采购品质，更不必侈言"如期交货"或"品管"了。签订采购协议应注意的事项见表2-2。

表2-2 签订采购协议应注意的事项

序号	注意事项	具体说明
1	货品名称	（1）品名的书写，宜采用国内或全球通用名称为原则，因同一货品的品种及项目很多，因此称呼也不同，为避免混淆或发生错误，最好采用通俗化的一般名称 （2）品名的书写务必工整，避免笔误，有时因一字之差会导致无谓的麻烦
2	品质及规格	（1）注意货品规格、品质是否适当，因工业水准不同，其品质也有差异 （2）注意品质厘定方法，这包括当品质规格不符时的查证机关与证明方法和出现不良品时的处理方法
3	数量	（1）注意货品的数量是采用毛重还是净重 （2）假如货品数量不足，是否订有适当的解决方法
4	价格	（1）在价格方面应该注意有关价格条件、币值变动及价格变化的处理方法 （2）国外采购货物，更须留意汇率波动
5	包装	（1）包装方法很多，有散装、木箱装、桶装、纸箱装、袋装、瓶装等，注意包装时究竟采用哪一种方式包装 （2）特殊性能物资采用哪一种方式包装，都应详加注明
6	供应地区	（1）须注意进口货品与海关输入的规定，如有些产品是管制进口 （2）有些货品如机器设备订约商与他国制造厂技术合作，是否可以接受
7	交货	须注意交货期限与开发信用证日期是否配合
8	运输	（1）运输方法是海运、空运、陆运 （2）是否采用一次装运或分批装运？如分批装运其批次、数量及日期是否列明，诸如种种均记载清楚
9	付款方法	（1）付款方法有现金支付、支票支付、或一次付清或分期付款均须列明 （2）国外的信用证开发日期是否与装船期相配合
10	保险	（1）所列条件是否适当 （2）保险金额是否合理并应注意保险时效与投保手续
11	重量与检验	（1）货品品质与数量，在协议上须详细记载 （2）该货品究竟由厂商检验还是独立公证，以及检验期限，均须注意
12	运费、保险费及汇率变动	（1）有关运费、保险费究竟由买方或卖方支付，应在契约上详细注明 （2）汇率变动风险，也应注明清楚，以杜绝争端

经过采购认证确认并签订了采购协议的供应商基本上就是每次采购订单下发的首选对象。

要点6：供应商评估管理

成功的采购不仅依赖于采购人员出色的谈判技能，更依赖于高水平的供应商管理水平。对供应商的供货能力进行监测，依据监测结果对供应商进行级别评定，实施分级管理；定期对供应商进行评价，依据评价结果调整采购措施，淘汰不合格的供应商。评估供应商主要着重对他们的产品质量、交货期、服务、成本结构和管理水平等方面的能力进行综合评定。

（一）适合性评估

适合性评估是指对供应商进行综合评价，内容包括供应能力、交货期的遵守、合作能力、责任感及忠诚度等。适合性评估说明见表2-3。

表2-3 适合性评估说明

比较项目	满分	评估分数		
		供应商A	供应商B	供应商C
品质可靠性	20分	12分	18分	19分
批量供应能力	10分	10分	10分	10分
价格优惠	20分	20分	18分	16分
严守交货期	16分	15分	16分	15分
合作能力及态度	4分	3分	2分	4分
信息共享能力	8分	6分	6分	8分
技术合作能力	8分	6分	7分	6分
忠诚度及责任感	10分	8分	3分	10分
未来发展能力	4分	3分	1分	4分
总计	100分	83分	81分	92分

（二）业绩评估

业绩评估是指对供应商的供货品质、价格、交货及服务等的执行业绩进行评价。

1. 品质

按照采购合同的规定，品质检验部对供应商交货的产品进行检验，并列表进行加权计算。一般品质加权比率为40%，其品质越低则扣分越多。比如，产品合格率为90%，则其品质评分为：$40 \times 90\% = 36$ 分。品质方面的评价指标有以下三个。

（1）批退率的计算公式为：

$$批退率 = \frac{判退次数}{交货次数} \times 100\%$$

根据某固定期限内（如一个月、一个季度、半年、一年）的批退率来判定产品品质。如上半年某供应商交货50批次，退货3次，则其批退率为：$3 \div 50 \times 100\% = 6\%$。批退率越高，表明其品质越差，得分越低。

（2）平均合格率的计算公式为：

$$平均合格率 = \frac{各次合格率之和}{交货次数} \times 100\%$$

根据每次交货的合格率，再计算出某固定期限内产品合格率的平均值，并据此来判定产品品质。如一月某供应商交货三次，其合格率分别为90%、85%和95%，则其平均合格率为：（90%+85%+95%）÷3＝90%。合格率越高，表明其品质越好，得分越高。

(3) 总合格率的计算公式为：

$$总合格率 = \frac{总合格率}{交货总数} \times 100\%$$

根据某固定期限内总的合格率来判定产品品质。如某供应商第一季度分五批，共交货10000个，总合格数为9850个，则其合格率为：9850÷10000×100%＝98.5%。合格率越高，表明其品质越好，得分越高。

2. 价格

根据市场同类材料最低价、最高价、平均价及自行估价，计算出一个较为标准的、合理的价格。

评比时，依据供应商交货价格编列明细表，计算价格加权数。一般价格加权数比率为35%，单价越低，得分越高。比如，最低单价为10.60元，其得分为35分，则某供应商的交货单价为11.16元时，其评分为30分。

3. 交货及服务

根据交货迟延或相关资料编制明细表，一般交货期占权衡比率的25%，其交货期越短，交货越准时，得分越高。比如，某供应商限期内交货率为90%，则交货期评分为：25×90%＝22.5分。

交货方面的评价指标有以下两个。

(1) 交货率的计算公式为：

$$交货率 = \frac{送货数量}{订购数量} \times 100\%$$

交货率越高，得分越高。

(2) 逾期率的计算公式为：

$$逾期率 = \frac{逾期批数}{交货批数} \times 100\%$$

逾期率越高，得分越低；逾期越长，扣分越多；逾期造成停工待料，则加重扣分。

（三）实施奖惩

企业依据考核结果，给予供应商升级或降级评定，并根据采购策略的考虑，对合格供应商给予优先议价、优先承揽的优惠政策，对不合格的供应商实施拒绝合作的措施。

1. 奖励

(1) 评选绩优者，使其优先取得交易机会。
(2) 评选绩优者，对其优先支付货款或缩短票期。
(3) 对于推行改善成果显著者，给予奖励。
(4) 供应商享受各项训练、研习及考察的参与机会。

(5) 颁奖。

2. 资格重估

发生下列情形时,供应商的资格应重估(也为"追踪"调查的范围)。

(1) 供应商已修改其制程、改用原料、改装设备或停止生产某一产品而以另一新品取代,称性能相同甚或改进者,或变更料号者,均应于更改之前书面通知采购方。

(2) 拟采购项目的规格或要求事项已有修正或补充,且足以影响产品的性能者。

(3) 对采购的货品能否符合本企业原先设计的性能与规格,颇感怀疑者。

3. 取消供应商资格

企业发现某零部件或供应商服务的品质或交货行为不符合相关标准时,可随时对该供应商的资格进行调查,并要求其改善;如无法改善则可提出零组件审核申请,征询各单位意见后,填写"QVL异动通知单",作降级处理或取消该供应商资格。

对于取消供应商资格来说,分取消某特定材料的某一供应商资格,或完全取消该供应商对本企业销售的权利两种。若完全取消,则将其列入不合格供应商名单中,在一年内不再予以审核。不合格供应商名单由采购部负责维护与更新,并分发给各相关单位。

要点7:供应商违约管理

在采购活动中,企业可能经常要应对违约的不利诱因。在对方可能违约时,采购人员应积极跟进、了解原因,与对方协商解决,将问题控制在萌芽阶段;在对方实际违约时,采购人员须先行协商解决,在可能的情况下做出适当让步,保证货期;若对方不接受处理意见,则将该合同纠纷移送仲裁部门解决,采购人员应积极配合仲裁部门处理;若在仲裁部门的干预下不能顺利解决的,一般会进入到诉讼程序。

(一) 违约协商补救

合同签订后进入执行阶段,业务经办人员应随时跟踪合同的履行情况,发现合同对方可能发生违约、不能履约或延迟履约等行为的,或企业自身可能无法履行或延迟履行合同的,应及时汇报部门主管并采取补救措施。

1. 协商原则

合同双方当事人之间自行协商解决纠纷应遵守以下两项原则。

(1) 平等自愿原则。即不允许任何一方以行政命令手段,强迫对方进行协商,更不能以断绝供应、终止合作等手段相威胁,迫使对方达成只有对方尽义务,没有自己负责任的"霸王协议"。

(2) 合法原则。即双方达成的和解协议,其内容要符合相关法律法规和政策的规定,不能损害国家利益、社会公共利益和他人的利益,否则,当事人之间为解决纠纷达成的协议无效。

2. 补救措施

补救的目的在于供应商在发现缺陷并得到通知后的合适时间内,给采购方提供符合合同要求的货物。采购合同纠纷一般可分为质量纠纷和供货纠纷两种情况,在采取补救措施时要注意如图2-5所示的要点。

要点一 ▶ 质量纠纷

(1) 双方共同就质量问题进行协商，供应商确认货物确实存在质量问题
(2) 双方要核实该质量问题是否给企业造成了损失，要求直接使用部门提供确切的损失数额及相关证明材料
(3) 若因质量问题给企业造成了损失，则须与供应商协商要求其承担损失

要点二 ▶ 供货纠纷

(1) 企业应与供应商协商，分析利害关系，如未按期交货就要承担违约责任，督促其按时交货，并且不至于涨价
(2) 遇到供应商预期违约时，若与供应商协商后无法圆满解决，则及时从其他公司处购买，避免影响生产进度

图2-5 采取补救措施的注意要点

（二）书面通知

书面通知供应商没有如期履约、没有如约发货或者送错货（非一致性供货）都是违约。在以上任何一种情况下，采购方须以书面形式在合理时间内告知供应商违反了合同约定。

在非一致性供货的情况下，供应商有权采取补救措施，也就是弥补违约行为，只要供应商能在合理期限内完成补救。但根据相关法律规定，必须允许双方在约定期限内履约，因此，如果供应商在合同规定时间前发错货，其仍有剩余时间在采购方声称其违约前再发货以取代发错的货，采购方可以根据具体情况，以书面的形式向供应商提出违约的解决办法，具体内容如图2-6所示。

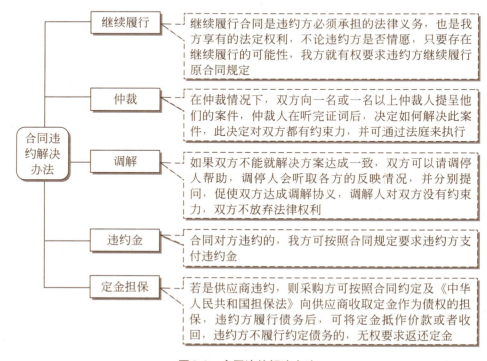

图2-6 合同违约解决办法

要点8：实施供应商激励

企业对供应商实施有效的激励，有利于增强供应商之间的适度竞争，这样企业可以维持对供应商的动态管理，提高供应商的服务水平，降低企业采购的风险。

（一）供应商激励的标准

激励标准是对供应商实施激励的依据，采购主管人员在制订供应商激励标准时需要考虑以下6项因素。

（1）企业采购物资的种类、数量、采购频率、采购政策及货款的结算政策等。
（2）供应商的供货能力、可以提供的物资的种类及数量。
（3）供应商所属的行业进入壁垒。
（4）供应商的需求，重点是现阶段供应商最迫切的需求。
（5）竞争对手的采购政策及采购规模。
（6）是否有替代品。

（二）供应商激励的方式

按照实施激励的手段不同，可以把激励分为两大类：正激励和负激励。正激励是指根据供应商的绩效考核结果，向供应商提供的奖励性激励，其目的是使供应商受到这样的激励后，能够"百尺竿头，更进一步"。负激励则是对绩效考核结果较差的供应商提供的惩罚性激励，其目的是使供应商"痛定思痛"，或者将取消该供应商的合作。

1. 正激励的方法

（1）延长合作期限。可以增强供应商业务的稳定性，降低其经营风险。
（2）增加合作份额。提高供应物资的数量，有利于提高供应商的盈利能力。
（3）增加物资类别。增加合作的物资种类，可以降低供应商的送货成本。
（4）提升供应商级别。能够增强供应商的美誉度和影响力，提高其市场竞争力。
（5）书面表扬。能够增强供应商的美誉度和市场影响力。
（6）颁发证书或锦旗。为供应商颁发优秀合作证书或者锦旗，有助于提升其美誉度。
（7）现金或实物奖励。此激励方式比较直观。

2. 负激励的方法

由于负激励是一种惩罚性激励手段，因此一般用于评估不佳的供应商。企业实施负激励的目的在于提高供应商的积极性，改进合作效果，维护企业利益不受损失。负激励的方法有以下6个。

（1）凡因供应商品质不良或交期延误而给企业造成损失的，由供应商负责赔偿。
（2）C等和D等供应商应接受订单减量、各项稽查及改善辅导措施。
（3）E等供应商即予停止交易。
（4）D等供应商三个月内未能达到C等以上供应商的标准，视同E等供应商，予以停止交易。
（5）因上述原因停止交易的供应商，若欲恢复交易，则须接受重新考评，并采用逐步加量的方式交易。
（6）信誉不佳的供应商酌情作延期付款的惩处。

（三）供应商激励的时机

企业对供应商的激励一般在对供应商绩效考核之后进行，并以考核结果为实施依据。当然，出现下列情况之一时，企业也可实施激励。
（1）市场上同类型供应商的竞争较激烈，而现有供应商的绩效不见提升时。
（2）供应商之间缺乏竞争，物资供应相对稳定时。
（3）供应商缺乏危机感时。
（4）供应商对企业利益缺乏高度关注时。
（5）供应商业绩有明显提高，对企业效益增长贡献显著时。
（6）供应商的行为对企业利益有损害时。
（7）按照合同规定，企业利益受到影响时。
（8）供应商与企业出现经济纠纷时。
（9）企业需要提升供应商级别时。
（10）其他需要对供应商实施激励的情况。

（四）实施供应商扶持计划

供应商扶持针对的是所有类型的优秀供应商，重点是针对战略型供应商。企业扶持优秀供应商的核心是探讨双赢模式，致力于与供应商发展长期合作关系，最终实现共赢。

1. 扶持的时机

对于大中型企业来说，通常在出现以下4种状况时应启动扶持计划。
（1）为使本企业产品更高端，计划在品质上要有较大的提升。
（2）企业在做策略转移地点时，也使成本下降。
（3）企业本身已有一批低价低品质的供应商，并且这些供应商都已有长期合作的强烈愿望和基本条件。
（4）一批长期配合且配合较好的供应商在近一段时期内品质有大幅度下降时。

2. 扶持的条件

企业扶持计划中的供应商必须同时满足以下6项条件。
（1）企业需要采购该供应商的产品是长期大量或是潜在大量的。
（2）企业本身品质不够好，在目前同类供应中的交货品质中为中下。
（3）该供应商的价格水准等级较低，若价格水准分为5个等级，则通常选择的价格水准为第3或第4等级。
（4）该供应商与企业的长期配合意愿程度很高。
（5）该供应商不能为家庭作坊形式，也不能是贸易商。
（6）该供应商今后的价格水准可以在一个相对较低的水准上。

3. 供应商扶持的步骤

供应商扶持的步骤如图2-7所示。

步骤一　查询供应商资料

品管部相关人员从所有供应商中选出一些可以长期供货、品质较好且能长期供货的供应商，通常由品管主管指定1～2名品管工程师，从供应商基本数据库、交货记录及交货品质中查询

步骤二　选定合适的供应商

品管工程师将查询后的供应商清单及资料交由品管主管进行初步选择

步骤三 制订可行性方案

品管主管选择出所需扶持的供应商后,制订出"供应商扶持可行性方案",其内容包括原材料使用状况、对应各供应商的品质和配合状况、所选供应商的潜力、扶持可带来的直接影响和需要的资源

步骤四 上报高层主管审核

品管主管将制订好的供应商扶持可行性方案上报高层主管审核,高层主管在审核供应商扶持可行性方案时,需要对供应商成本潜力和企业自身成本潜力进行分析,以判定是否需要作供应商扶持

步骤五 成立供应商扶持计划小组

在经高层主管核准的基础上成立供应商扶持计划小组,该小组成员由品管部、工程部、采购部及资材部等相关人员组成,由品管部主管或特定专员担任小组组长

步骤六 小组会同其他品管人员和采购人员开会

供应商扶持计划小组应同其他部分品管和采购人员共同探讨初步选定的供应商背景及状况,以使所选定的供应商更具有可扶持性,并判断该供应商是否具有品质提升的潜力等

步骤七 筛选供应商

在完成上一步时,确定出最终需要扶持的供应商

步骤八 制订初步扶持目标和计划

供应商扶持计划小组相关人员应制订出初步的扶持目标与计划,扶持目标是指供应商在供应商评分的各个项目的评分提升目标,其内容包括批次交货品质、品质管理体系、成本、效率、品质投诉或抱怨处理、品质回馈处理等,扶持计划内容包括:时期与目标达成效果、采用的方式方法及工具、各供应商具体负责人,甚至还需要制订一个奖罚机制

步骤九 邀请供应商开会

采购部需通知供应商在同一时期共同开会讨论,并向他们宣布目标与要求,同时要求供应商予以配合,由供应商扶持计划小组组长主持

步骤十 最后选定供应商

企业根据供应商在会议上的表现状况,确定最后的扶持对象,此时需要选定3～4家供应商,其中还必须有1家以上非常有潜力的供应商,若仅有1～2家供应商,则就可以解散供应商扶持计划小组,改由品管部相关人员负责

图2-7

步骤十一 实地考察供应商

对最后选定的供应商,供应商扶持计划小组相关人员应到每一个供应商处进行实地考察以了解状况,从而制订出针对每一个供应商的具体扶持计划

步骤十二 制订具体扶持计划

在了解各供应商状况之后,由供应商扶持计划小组成员共同制订具体的扶持计划

步骤十三 执行扶持计划

根据已制订好的供应商扶持计划,由品管部相关人员负责具体执行,在扶持计划执行过程中,企业对各阶段进展状况需要召开扶持小组会议

图2-7 供应商扶持的步骤

第二节 采购认证与供应商管理制度

制度1:潜在供应商资源信息库建设及管理办法

××公司标准文件		××有限公司 潜在供应商资源信息库建设及管理办法	文件编号××-××-××	
版本	第×/×版		页 次	第×页

1 目的

旨在建立××股份有限公司(以下简称股份公司)规范的潜在供应商资源信息库,以便股份公司充分利用国内外优秀的供应商资源,不断优化供应商结构,提高产品的市场竞争力。

2 范围

本办法适用于股份公司对潜在供应商资源信息库的建设及管理。

3 术语

潜在供应商:经调查确认具备向股份公司提供所需合格生产件或生产用原辅材料能力的组织。

4 相关文件

4.1 采购控制程序。
4.2 供应商选择程序。
4.3 生产件批准程序。

5 工作描述

5.1 潜在供应商相关信息的来源。股份公司潜在供应商相关信息的来源主要有以下6个途径。
(1)股份公司现有合格供应商。
(2)股份公司相关部门、各分公司及有关人员推荐。
(3)通过各种媒体收集的相关企业信息。
(4)企业自荐。
(5)通过在股份公司网页上公开招录而获取的相关企业信息。
(6)其他途径。
5.2 股份公司潜在供应商应具备的条件。
(1)产品工艺技术先进合理,生产、检测、试验设备齐全。
(2)生产批量较大,在行业内具有一定的竞争优势。
(3)具有较强的质量保证能力。
(4)具有较强的产品开发能力。
(5)企业生产经营及财务状况良好,具备良性发展的潜力。

××公司标准文件		××有限公司 潜在供应商资源信息库建设及管理办法	文件编号××-××-××	
版本	第×/×版		页 次	第×页

（6）产品价格合理。
（7）良好的售后服务。
5.3 股份公司选择潜在供应商的原则。发挥存量、相对集中、价格竞标、质量服务优先的原则。
5.4 股份公司建立潜在供应商资源信息库的步骤。
5.4.1 股份公司生产部采购管理室负责组织股份公司潜在供应商资源信息库的建立。
5.4.2 股份公司生产部采购管理室负责收集并归口整理与股份公司业务相关的国内外企业信息，股份公司产品规划部门、产品开发部门和各分公司相关部门可定期向采购管理室提供相关企业信息资料并填写《潜在供应商推荐表》予以推荐。
5.4.3 采购管理室负责组织对信息资料进行筛选、比较、确认，对基本满足股份公司潜在供应商要求的企业由采购管理室按潜在供应商资源信息库格式发给调查表，待企业返回调查表后，对企业所提供的信息资料进行进一步的分析、确认，必要时可对企业进行现场调查。
5.4.4 对满足股份公司潜在供应商要求的企业信息资料由采购管理室（或由采购管理室组织分公司相关部门）按要求进行信息资料录入及编辑。对满足要求的企业由采购管理室定期提交股份公司质量管理者代表批准后将其列入股份公司潜在供应商目录及潜在供应商资源信息库进行管理。
5.5 股份公司潜在供应商资源信息库的使用、管理及维护。
5.5.1 股份公司潜在供应商资源信息库由生产部采购管理室负责以活页文本或磁盘、光盘的形式汇编或在局域网上以网页的形式供股份公司产品规划部门、产品开发部门及各分公司相关部门使用。
5.5.2 股份公司潜在供应商资源信息库按分公司、按产品类别分类汇编。
5.5.3 潜在供应商资源信息库根据使用情况分阶段逐步实现信息查询功能及在局域网上实现授权用户信息共享功能。
5.5.4 股份公司潜在供应商资源信息库由生产部采购管理室负责管理和维护更新。
5.5.5 潜在供应商目录及潜在供应商资源信息库实行动态管理，新增和取消的潜在供应商由采购管理室定期向相关部门发布。
5.5.6 根据股份公司《供应商选择程序》的要求，分公司根据新产品开发或现生产需要需新增供应商时，分公司从潜在供应商目录中选取2～3家相关的经资格评审合格的合格潜在供应商，经分公司组织进行技术交底、询价、比价后，满足要求的合格潜在供应商由分公司负责进行生产件批准，生产件批准合格的供应商即可列入合格供应商目录并成为正式合格供应商。
5.5.7 因特殊情况需要实施紧急采购而来不及对潜在供应商进行资格评审时，若以后仍准备长期从此供应商处采购，事后仍应组织对该供应商的资格评审及生产件批准并将该供应商纳入合格供应商目录进行管理。

拟订		审核		审批	

制度2：供应商选择程序

××公司标准文件		××有限公司 供应商选择程序	文件编号××-××-××	
版本	第×/×版		页 次	第×页

1 目的和范围
1.1 为了不断地提高产品质量，降低采购成本，构建更加规范而有效的采购体系和具有竞争力的供应商体系，使公司持续地保持产品竞争优势。
1.2 本程序适用于对供应商选择的管理。
2 参考文件
2.1 《质量管理体系·要求》。
2.2 《质量手册》。
2.3 《采购控制程序》。
2.4 《生产件批准程序》。
2.5 《产品协作配套许可证管理办法》。
2.6 《供应商质量体系要求》。
2.7 《供应商业绩评价及考核管理办法》。

续表

××公司标准文件		××有限公司 供应商选择程序	文件编号××-××-××	
版本	第×/×版		页 次	第×页

3 定义或术语

采用《采购控制程序》里的定义和术语。

4 职责

4.1 生产部。

4.1.1 负责供应商选择流程的引导和监控。

4.1.2 负责《潜在供应商资源信息库》的建设及管理维护。

4.2 分公司。

4.2.1 负责潜在供应商资源的提供。

4.2.2 负责潜在供应商资格认可。

4.2.3 负责对潜在供应商环境状况的调查和评定。

4.2.4 负责对合格潜在供应商按《生产件批准程序》实施生产件批准。

4.2.5 负责将经生产件批准合格的供应商纳入合格供应商目录并进行管理。

4.2.6 负责定期组织对合格供应商的第二方认证。

4.2.7 负责制订对合格供应商的环境行为管理办法并予以实施。

4.2.8 负责对供应商的日常业绩考评。

5 工作内容陈述

5.1 潜在供应商的选择。

5.1.1 生产部负责按《潜在供应商资源信息库的建设及管理办法》建立潜在供应商资源库信息系统，此系统可实现相关部门及分公司资源库信息共享。

5.1.2 潜在供应商资源信息库为开放式，信息的来源主要有以下6个途径。

（1）公司现有供应商。

（2）通过各种媒体获取的相关企业信息。

（3）公司各部门、各分公司及有关人员推荐。

（4）企业自荐。

（5）通过在网页或其他媒体上公开招录而获取的企业信息。

（6）其他途径。

5.1.3 对基本符合要求的企业由生产部（或由生产部授权的分公司相关人员）录入潜在供应商资源库。

5.1.4 潜在供应商资源库由生产部向产品开发部门和分公司进行发布并及时维护更新。

5.2 潜在供应商资格的认可。

5.2.1 分公司根据新产品开发及现生产需要组织产品开发部门、财务部门及分公司相关人员组成评审小组按《潜在供应商资格认可标准》对相关潜在供应商进行资格认可。

5.2.2 分公司在对潜在供应商进行资格认可时，同时对潜在供应商的环境状况进行调查和评定，环境状况评定不合格的，不能作为合格潜在供应商。

5.3 合格供应商的确定。

5.3.1 分公司根据新产品开发和现生产需要需增加新的供应商时，在经资格认可的相关合格潜在供应商中选择2～3家供应商，由分公司组织对供应商进行产品技术交底、技术评审、工艺评审和询价、比价工作，符合要求的供应商由分公司负责按《生产件批准程序》实施生产件批准。

5.3.2 通过生产件批准合格的供应商由分公司向生产部提交"产品协作配套许可证发放申请单"（包括相应合格产品清单）报生产部采购管理室，经确认并报经营、质量管理委员会批准后由采购管理室按《产品协作配套许可证管理办法》给供应商发放"产品协作配套许可证"（附配套产品清单）并将发放清单书面通知分公司和财务部门。上述供应商即成为合格供应商并由分公司负责纳入"合格供应商目录"进行管理。

5.4 合格供应商的管理。

5.4.1 对合格供应商实行动态管理，合格供应商由分公司进行管理。

5.4.2 分公司按《供应商业绩评价及考核管理办法》对合格供应商进行日常业绩考评。按《供应商质量体系要求》定期对供应商实施第二方认证。

5.4.3 分公司负责组织对合格供应商实行定期或不定期产品质量监督抽查，对抽查不合格的供应商要求其限期整改。

5.4.4 分公司应定期对合格供应商的环境行为进行监督评定（一般每年一次），重点评定其是否遵守国家环境法律、法规和其他要求，是否按照环境管理体系要求对本企业的环境状况进行了改进。

续表

××公司标准文件		××有限公司 供应商选择程序	文件编号××-××-××	
版本	第×/×版		页　次	第×页

5.4.5　分公司应建立供应商环境状况调查与评定结果台账，并将监督评定结果及时在台账中予以记录。

5.4.6　下列情况下分公司对供应商提出警告并要求供应商限期整改，经限期整改仍不合格的供应商由分公司提交"取消合格供应商资格申请单"报生产部采购管理室，经确认并报经营、质量管理委员会批准后，由采购管理室按《产品协作配套许可证管理办法》注销其相应产品的"产品协作配套许可证"并书面通知分公司和财务部门，分公司将该供应商（或相应配套产品）从"合格供应商目录"内予以取消。该供应商相应产品纳入"股份公司潜在供应商资源库"进行管理。

　　5.4.6.1　连续2年日常业绩评价及考核不合格。
　　5.4.6.2　凡实物质量抽查两次及两次以上不合格的供应商或实物质量抽查和第二方认证都不合格的供应商。
　　5.4.6.3　连续2年环境行为监督评定不合格并经限期整改后仍不合格的。

6　特殊情况

下列情况下经分公司总经理批准签字（或授权签字），可以从合格供应商目录以外的供应商中采购。

（1）顾客在合同中明确指定的供应商而又不同意选择其他供应商时。
（2）顾客有特殊要求而现有合格供应商不能满足规定要求时。
（3）现生产急需而现有合格供应商不能满足要求时。
（4）以上三种特殊情况，在第二次供货前仍要按本程序的流程进行管理。

7　程序的效果

　　7.1　保证各分公司从经批准的合格供应商中采购。
　　7.2　保证供应商提供的产品能持续地满足规定的要求。

拟订		审核		审批	

制度3：供应商认证管理规程

××公司标准文件		××有限公司 供应商认证管理规程	文件编号××-××-××	
版本	第×/×版		页　次	第×页

1　目的

明确对供应商进行评价、选择和审计的管理程序，以保证供应商能长期、稳定地提供质优价廉的物料。

2　范围

适用于本公司所有物料供应商评价、选择、审计和批准。

3　责任

质量部负责本程序的制订，质量审计小组负责本程序的实施。

4　供应商的分类

根据材料类别及对产品的影响，将本公司的供应商分为三类。
A类：提供关键物料的供应商，包括原料、用量大的辅料、直接接触药品的内包材。
B类：提供次要物料的供应商，包括用量少的辅料。
C类：提供辅助物料的供应商，包括外包材（含标签、说明书）、消毒剂、清洁剂、杀虫剂。

5　内容

5.1　质量审计小组
　　5.1.1　为保证所采购物料的质量，公司应组织专门人员对物料供应商进行审计。审计人员由总经理、质量审计小组（保障部授权负责人×××，生产部授权负责人×××，质量部授权负责人×××）组成。
　　5.1.2　职责。
　　5.1.2.1　保障部负责所需物料的采购，负责组织和协调供应商的评审工作。
　　5.1.2.2　质量部负责采购物料的质量标准的制订及物料的取样与检验，负责建立供应商档案。
　　5.1.2.3　总经理负责领导质量审计小组的工作和批准供应商。

续表

××公司标准文件		××有限公司 供应商认证管理规程	文件编号 ××-××-××	
版本	第×/×版		页次	第×页

5.2 供应商评价和选择流程

新增供应商→资质审核→样品检验、试制→现场审核。[次年1月,重新资质审核、现场审计(或书面审计)]

注:有采购业务往来的认可供应商称为已有业务往来供应商;没有采购业务往来的认可供应商称为备用供应商;已有业务往来的供应商经供应商审计合格后方能成为定点供应商。

5.3 供应商评价方法

5.3.1 资质审核。采购前,由保障部发出《供应商基本情况调查表》收集供应商相关资料,交由质量部判定其资质是否符合要求。

对物料供应商资质要求如下。

(1)"二证一照"及"GMP证书"(最好能提供组织机构代码证、税务登记证等其他相关资料)。医药原料药品生产单位必须具有药品生产企业许可证及该物料生产批准文号、营业执照、GMP证书等。直接接触药物的药用包装材料生产单位,必须领有药包材料生产许可证、产品药材注册证、营业执照。印刷包装材料厂家须领有特种印刷许可证或包装装潢印刷许可证等。医药原料药经营单位,必须具有药品经营许可证、营业执照等。

(2)企业简介。

(3)组织机构图。

(4)企业主要负责人和部门负责人基本情况表。

(5)工艺流程简图。

(6)质量管理机构图。

(7)检测仪器清单。

(8)生产设备清单。

(9)产品及规格表。

以上有关资料均需加盖供应商企业公章。

5.3.2 样品评价。

5.3.2.1 若资质符合要求,则保障部联系供应商提供样品,样品量应是全检量的2倍,质量部按企业内控标准对样品进行检验并出具检验报告。

5.3.2.2 若检验合格,保障部采购3批物料进行试生产,填写《物料试生产单》一式三份,交生产部按照生产工艺要求进行样品试生产,生产工艺记录应完整,附有工艺参数、中间产品检验结果及试制产品检验结果,并形成完整的批生产记录及批检验记录,应有试生产的结论。试生产的成品由质量部检验并出具检验报告,并制订留样检测计划,以考察产品稳定性。

5.3.2.3 所有的试生产材料一式三份,由生产部、质量部、保障部各存档一份。

5.3.3 现场审计。保障部组织质量部、生产部等质量审计小组有关人员到供应商的生产或经营现场,对其质量管理现状、生产设备、检验手段、生产现场管理、人员结构等情况进行现场审计,并如实填写《现场审计项目表》,该表经双方相关负责人确认后,签字盖章。

5.3.4 审计的批准。质量审计小组根据供应商的资质审核、样品评价及现场审计等情况,给出综合分析意见,由质量部整理《供应商质量审计审核报告》一式三份,经QA主管、质量部长审核后,报总经理批准,质量部、物料保障部、生产部各存档一份。

5.3.5 年度考核。

5.3.5.1 年度考核由总经理领导,保障部主持,质量审计小组协助。

5.3.5.2 年度考核主要由四方面构成:质量、交期(交货时间)、价格、配合度。

5.3.5.3 年度考核时间:以一年为单位作考核,在每年12月份进行。

5.3.5.4 年度考核项目及比重见下表。

年度考核项目及比重

考核项目	考核比重	考核单位
质量	40%	质量部、生产部
交期	15%	保障部
价格	30%	保障部
配合度	15%	保障部、质量部

续表

××公司标准文件		××有限公司 供应商认证管理规程	文件编号××-××-××		
版本	第×/×版		页次		第×页

5.3.5.5 考核成绩。
(1) 质量得分 $X=[1-(进料不合格批数÷总进料批数)]×40$。
(2) 交期得分 $Y=[1-(逾期批数÷总进料批数)]×15$。
(3) 价格得分 Z。比目标价格低:30分。与目标价格相同:20分。比目标价格高:10分。价格经常上调,大大超过目标价格:0分。
(4) 配合度得分 W。态度积极,能及时解决问题:15分。配合不太到位:7.5分。不配合:0分。
5.3.5.6 考核等级及奖惩见下表。

考核等级及奖惩

等级	总得分(S)	奖惩
A	85分以上	可作为定点供应商,供优先采购
B	70~84分	可作为定点供应商,供正常采购
C	60~69分	可作为辅助供应商,供应急采购或暂停采购
D	<60分	为不合格供应商,予以淘汰
注意:质量得分 $X<32$ 分者,仍视为D级不合格供应商		

5.3.5.7 考核登记。保障部将考核成绩登记在《供应商年度考核表》上,交质量部纳入供应商档案。
5.4 认可供应商的评价与审批
5.4.1 认可供应商的评价流程。
5.4.1.1 对A类新供应商的选择必须使用5.3方法中的资质审核→样品评价→现场审计。
5.4.1.2 对B类新供应商的选择只需使用5.3方法中的资质审核→样品评价。
5.4.1.3 对C类新供应商只需使用5.3方法中的资质审核,然后根据物料出厂合格证等资料或外包装的完整性、数量是否准确、品名的标示和内容是否正确等进行检查,合格即可。
5.4.1.4 对已有业务往来的A类供应商的选择只需使用5.3方法中的资质审核→现场审计(或书面评审)→年度考核。
由于各种原因造成无法对物料供应商进行现场审计的或已有业务往来的物料供应商在生产质量管理体系未发生重大变化及所供物料未发生异常质量问题的,每年一月份由物料保障部发出《供应商基本情况调查表》、《现场审计项目表》对其进行书面评审,书面评审合格者列入《认可供应商名册》,但须注明"非现场评审"字样。
本公司可根据《供应商年度考核表》上产品质量变化情况随时对已有业务往来的物料供应商进行现场审计。
5.4.1.5 对已有业务往来的B类供应商的选择只需使用5.3方法中的资质审核→年度考核。
5.4.1.6 对已有业务往来的C类供应商只需使用5.3方法中的资质审核,然后根据物料出厂合格证等资料或外包装的完整性、数量是否准确、品名的标示和内容是否正确等进行检查,合格即可。
5.4.2 认可供应商的审批。质量审计小组依据供应商资质情况、样品情况、现场审计情况进行分析、比较,选择出合格的供应商,物料保障部将其纳入《认可供应商名册》。《认可供应商名册》经质量部批准后,下发到质量部、生产部、物料保障部等部门。
5.5 对已有业务往来供应商的审计
质量审计小组应定期对已有业务往来的供应商进行审计,一般情况下每年一次,在1月份进行,内容包括对往年度考核的审计、重新进行资质审核和现场审计(或书面审计)等。审计情况及结果以《主要物料供应商审计报告》(作为定点供应商选择的依据)形式一式三份,经审计小组、质量部长审核后,报总经理批准,质量部、物料保障部、生产部各存档一份。
5.6 对备用供应商的审计
质量审计小组应在次年1月份重新对其进行资质审核和现场审计(或书面审计),如备用供应商在生产质量管理体系未发生重大变化,则将其还原为认可供应商,供采购。
5.7 对定点供应商的管理
5.7.1 供应商产品出现异常时(如质量、数量与标准或合同上不符合等问题),由质量部以《供货质量反馈单》形式要求其改进,未积极配合改进者,应与其联系,办理退货手续,如已付出货款则应及时追回。如果对方认为质量无问题,须向对方解释,并出示本公司质量部所提供的质量标准及检验报告。

续表

××公司标准文件		××有限公司 供应商认证管理规程	文件编号××-××-××	
版本	第×/×版		页 次	第×页

5.7.2 若有以下情况应按5.3方法中的规定对其进行重新评价。
（1）供应商产品出现较严重的质量问题。
（2）供应商的质量体系发生变动。
（3）我公司对产品的质量有更严格的要求。

5.7.3 对于连续3批出现不合格品或其他情况（企业倒闭、管理机构发生重大问题等），由QA提出取消定点供应商申请，报QA主管负责人批准，批准后列入物料保障部编制的《淘汰供应商名册》，从《定点供应商名册》中删除。此类供应商需彻底整改后，由物料保障部提出恢复供应厂商合格资格申请，并按5.3方法规定重新审核合格后，方可重新列入《定点供应商名册》。两名册各一式三份，分别保存于物料保障部、质量部、生产部。物料保障部应根据供应商动态及时更新《认可供应商名册》和《定点供应商名册》。

5.7.4 若因质量问题或市场变化需进行供应商变更时，应先由物料保障部或质量部提出书面申请，并按5.4.1.1或5.4.1.2或5.4.1.3的流程对新供应商进行评价、选择。

5.7.5 质量部负责建立并保存供应商档案，其中包括现场审计项目表、供应商相关资质证明材料、供应商年度考核表、样品报告、物料质量标准、供货合同、产品检验报告等相关资料。

拟订		审核		审批	

制度4：供应商生产件批准程序

××公司标准文件		××有限公司 供应商生产件批准程序	文件编号××-××-××	
版本	第×/×版		页 次	第×页

1 目的
确认供方是否理解公司产品的所有要求，生产过程是否具备满足这些要求的潜力。

2 范围
2.1 本程序文件包括了所有生产件批准的一般要求。
2.2 本程序适用于对零部件供应商的批量生产零部件进行批准。

3 定义或术语
生产件。生产件是指在正式的生产现场使用正式生产用的设备、工装、量检具、工艺、材料、操作者、生产环境和工艺参数制造的零部件产品。

4 职责
4.1 各分公司负责生产件批准。
4.2 各分公司负责生产件的工艺路线管理。

5 工作内容陈述
5.1 提交生产件批准的供方必须是经资格认可的合格潜在供应商，即由分公司选定后经分公司组织产品技术交底、询价、比价后符合要求的合格潜在供应商。

5.2 供方提交生产件批准的原则。
5.2.1 下述三种情况供方在首批生产件发交前必须提交生产件批准。
（1）一种新的零部件（如：以前从未提供给指定顾客的特殊零部件、材料或颜色）。
（2）对上次提交不合格处改进的零部件。
（3）对设计、规范、材料、工艺进行了技术更改的产品。

5.2.2 下述8种情况供方必须在首批生产件发交前通知分公司生产准备管理部门并提出生产件批准申请，除非分公司生产准备管理部门书面许可免除对该生产件的批准。
（1）相对于以前批准过的零部件，使用了其他可选择的结构和材料。
（2）使用了新的或更改过的工具（易损工具除外）、模具、铸模、仿型等，包括补充或更换工具。
（3）对现有工装及设备进行检修或更换后。
（4）工艺或制造方法更改后。
（5）工装和设备搬迁到另外的场地后。
（6）分供方的零部件、材料或服务（如热处理、电镀）发生了变化，货源更改后。

续表

××公司标准文件		××有限公司 供应商生产件批准程序	文件编号××-××-××	
版本	第×/×版		页 次	第×页

（7）工装在停止批量生产达12个月后重新投入生产。
（8）由于供方质量问题停止供货，重新恢复生产供货之前。
5.3　供方负责通知分公司生产准备管理部门，提出生产件批准请求。
5.4　分公司生产准备管理部门在接到供方提出的生产件批准请求后，按确定提交等级的原则来确定供方产品的提交等级及提交时间。提交等级分为五级，分别如下。
等级一——只提交保证书（对指定外观项目，还应提交一份外观件批准报告）。
等级二——提交保证书和零部件样品及有限的支持数据。
等级三——提交保证书和零部件样品及完整的支持数据。
等级四——提交保证书和完整的支持数据（不包括零部件样品）。
等级五——在供方制造厂评审完整的支持数据和零部件样品。
等级三是一般的指定等级，可用于所有的提交，除非分公司生产准备管理部门提出其他的要求。
5.5　确定提交等级的原则。
（1）供方是否符合股份公司质量管理体系的要求。
（2）供方的质量认可状态。
（3）零部件的重要性。
（4）零部件以往的提交经历。
（5）与特殊产品有关的供方鉴定报告。
5.6　分公司生产准备管理部门将确定后的提交等级和提交时间通知供方。
5.7　供方按确定的提交等级和提交时间完成以下文件和项目。
（1）生产件提交保证书。
（2）与生产件颜色、表面结构或表面要求有关的外观件批准报告。
（3）两组样品（标准样品由供方保存）。
（4）要求供方提供的所有技术文件和记录。
（5）经批准的正式的技术更改文件。
（6）正式的产品图纸。
（7）对提交零件进行检验和试验要使用的特殊辅助装置清单。
（8）设计要求中规定的材料、性能和耐久性试验的试验报告。
（9）工艺流程图。
（10）产品失效模式及后果分析（如果供方负责设计，还要求提供设计FMEA）。
（11）产品重要或主要技术特性的工序控制要点。
（12）表明符合需方对产品重要的、关键的和与安全性、符合性有关的特性要求的数据。
（13）量检具检测能力测定。
在完成以上文件和项目的过程中，所需进行的尺寸检验、材料试验、性能试验都必须在需方认可的检验机构完成。
5.8　供方在完成规定的文件和项目后，按要求向分公司生产准备管理部门提交资料，由生产准备管理部门组织进行审核。对等级五，生产准备管理部门应组织进行工厂现场审核，对5.7中所进行的活动作现场验证。
5.9　审核结论为通过的，由分公司生产准备管理部门出具生产件批准书，并发放给供应商，表明该产品的潜在供应商成为合格供应商，可按批量向分公司发运其产品，并纳入分公司采购部门的合格供应商管理程序。
5.10　审核结论未通过的，则与供方协商确定下次提交的时间。供方在接到生产准备管理部门批准前，决不能按批量发运其产品，公司内各相关部门及员工有权且必须拒绝以下工作。
（1）产品图纸、工艺文件的发放。
（2）生产用材料、辅料供应。
（3）工装、设备供应。
（4）生产交、要货。
（5）成本核算、财务结算等。
对违反规定者，按照公司相关管理考核办法实施考核。

续表

××公司标准文件		××有限公司 供应商生产件批准程序	文件编号××-××-××	
版本	第×/×版		页 次	第×页

5.11 工作描述见下表。

工作描述

SQI工程师、 产品工程师	审查潜在供应商的零部件制造计划，确认其产品设计及开发、工艺设计及开发的合理性、可行性	
SQI工程师	5.11.1 可能时SQI工程师可以参与供应商的过程FMEA分析 5.11.2 根据工艺审查情况，与供应商一起制订零部件质量控制计划	
产品工程师	5.11.3 审查供应商满足产品功能、设计开发的能力以及零部件试验的条件和能力 审批供应商对材料及产品可能的更改	
SQI工程师	5.11.4 要求供应商指定一名质量代表负责PPAP过程 5.11.5 与供应商质量代表明确规定双方联络和信息传递的渠道 5.11.6 向供应商提供DFAC要求使用的PPAP表格并明确DFAC对PPAP的特殊要求	
采购部门	5.11.7 对新货源、新零部件或产品、工程更改产品发放PPAP样件需求单	
SQI工程师	5.11.8 与供应商确定用于PPAP批准的零部件抽样母体数量 5.11.9 确定零部件的PPAP提交等级	
产品工程师	5.11.10 对于需进行货源鉴定的协配件确定用于工程试验的货源鉴定件的样件数量	
SQI工程师	5.11.11 确定非货源鉴定件的抽样数量	
采购部门	5.11.12 要求供应商质量代表对PPAP样件需求单的取样时间和抽样母体数量进行确认，并将确认后的PPAP样件需求单返回采购部门	
SQI工程师、 产品工程师	5.11.13 对供应商提供支持	
SQI工程师	5.11.14 需要时帮助供应商进行有关PPAP的培训，推动并协助供应商解决PPAP过程中的所有问题，向供应商提供各种可能的支持	
产品工程师	5.11.15 向供应商解释产品要求	
SQI工程师	5.11.16 推动供应商进行PPAP样件试生产，完成生产确认测试，完成全部PPAP提交文件 5.11.17 供应商按PPAP样件需求单规定的数量生产PPAP样件 5.11.18 供应商完成所有规定的尺寸、材料、性能和可靠性测试 5.11.19 供应商完成PPAP规定的项目及特殊要求项目 5.11.20 要求供应商将生产件批准前不能完成的项目、不符合要求的项目提交分公司审批 5.11.21 供应商对不符合项建立恰当的纠正计划 5.11.22 对供应商的不符合项及不符合项的纠正计划进行审批 5.11.23 供应商质量代表在零件提交保证书上书面确认理解了DFAC产品的全部要求而且PPAP全部要求得到满足，并将确认后的零件提交保证书传递给分公司生产准备管理部门 5.11.24 向供应商提供PPAP样件标识卡，并确定PPAP时间	
SQI工程师、 产品工程师	5.11.25 审批供应商提交的PPAP文件，完成PPAP样件验证	
SQI工程师	5.11.26 对生产件批准进行确认：生产批准、临时批准、拒收	
采购部门	5.11.27 PPAP样件接收	
SQI工程师	5.11.28 确认供应商已在所有的PPAP样件（或包装箱）上挂上了PPAP样件标识卡	

续表

××公司标准文件		××有限公司 供应商生产件批准程序	文件编号××-××-××	
版本	第×/×版		页次	第×页

续表

采购部门	5.11.29	接收PPAP样件并将PPAP样件存放在PPAP样件区,为PPAP样件建立台账
协配件质检员	5.11.30	检查PPAP样件包装有否损坏、零件是否损坏和锈蚀
SQI工程师	5.11.31	对PPAP样件进行可装配性检验
	5.11.32	记录可装配性检验结果并存档在PPAP文件资料中
	5.11.33	对已通过可装配性检验的PPAP零部件签署一份PPAP批准书并提交给生产准备管理部门
生产准备管理部门	5.11.34	向采购部门、产品开发部门、生产部门发放PPAP零部件批准目录

6 特殊情况
供应商选择程序中规定的几种特殊情况可暂不作生产件批准。

拟订	审核	审批

制度5:原材料(零部件)采购协议

××公司标准文件		××有限公司 原材料(零部件)采购协议	文件编号××-××-××	
版本	第×/×版		页次	第×页

合同号

兹由甲方_____电子科技有限公司和乙方_____光电科技公司于___年___月___日在平等协调一致的情况下签订合同,双方同意买卖有关物品并遵守各项条件如下。

1 物品
物品代码、名称及说明见下表。

物品说明

物品代码	物品名称	说明	备注

2 原产地
  原产地:_____
  生产厂商:_____

3 质量
(1)乙方应按甲方认可的产品供货。未经甲方事先书面同意,不得对产品本身或生产场地作任何变动。
(2)乙方应严格按照经甲方认可的,体现于相应的图纸、菲林、样本、CAS软件及品质协议等当中的质量和技术规格要求生产或供应货品。如有任何改变,甲方负责通知乙方更新有关图纸或菲林等,乙方严格跟进相关的变化。
(3)乙方应不断改进其品质,配合甲方不断提高各自的品质体系,达到品质目标。
(4)买主提出的任何质量投诉,乙方应立即采取更正行动予以改进,并在24小时内反馈给甲方。
(5)乙方应主动、积极地参加甲方发起的质量改进活动,如质量免检等,以利于共同进步。
(6)乙方应保证所有生产或供应的货品均符合有关环保法规要求。

××公司标准文件		××有限公司	文件编号××-××-××	
版本	第×/×版	原材料(零部件)采购协议	页次	第×页

4 订单安排

(1) 甲方向乙方发出订单(PO)采购货品,乙方应严格按其时间和数量交货。实际购销的货品数量由甲乙双方定期依据实际收货数量核对确定。

(2) 乙方对甲方提供的订单应在24小时工作时间内予以确认,并通过书面通知、传真或电子邮件反馈给甲方。

(3) 乙方应不断改进其企划表现,确保100%的供应可靠性,缩短供应时间,提高供货或订单变化的灵活性,配合甲方一道通过引入计算机系统,不断提高其企划系统。

(4) 乙方应主动、积极地参加甲方发起的有关企划改进活动,如JIT(及时生产)等,以利于共同进步。

5 价格及付款

(1) 甲乙双方均应不断改进,通过提高质量与效率等来降低成本及价格,并让利给用户。双方确认努力保持这种降低成本的趋势,每年至少检计一次价格。

(2) 甲乙双方同意在第5项第(4)款和第8项第(2)款所明确的交货与付款条件下遵循以下价格。

价格说明

代码说明	单价	币种	数量范围	总计

注:以上单价含税_____%。

(3) 任何价格变化须经双方同意确定生效日期,有关的订单或销售通知(如有的话),应与最新的双方同意的价格一致。

(4) 付款条件:在收到乙方开具的正本发票后____天内用电汇信汇的方式付款。此条件等同于____天结算。

6 支持与合作

(1) 甲乙双方确认依照采购商的采购方针,通过共同努力,向合作伙伴的方向发展目前的_____型关系。

(2) 乙方确认配合甲方通过执行由甲方发起的供应商考核、供应商质量体系审核及供应商改进会议等不断保持进步,达到有关质量、企划及价格等目标。

(3) 甲方将每季度评估一次供应商的表现,更新其认可的供应商名册及供应商关系,如乙方表现不符合要求,甲方将反馈给乙方督促其改进。

(4) 为发展新业务,甲方鼓励合作伙伴型供应商早期介入甲方的产品开发过程,乙方不得因此而收取费用。

(5) 如甲方提供了有关的设备、工具、测试仪器、模具等给乙方,乙方应妥善保管,正确使用及维护,如任何严重损坏应在24小时内用书面通知、传真或电子邮件正式通知甲方,并经甲方同意立即采取正确措施加以妥善修复。

7 包装

(1) 所有货品应按标准或甲方认可包装规格,用强度足够的卡通箍、塑料袋或桶、瓶等容器包装,适应长途海运、邮寄、空运或汽车运输以及气候变化的要求,防潮、防震。

(2) 包装说明见下表。

包装说明

代码说明	每件数量	包装方法

(3) 交运货品时应同时随货提供一份完整的装箱单或发货票,标明订单号、物品代码、数量及货品说明等。

××公司标准文件	××有限公司 原材料（零部件）采购协议	文件编号××-××-××
版本　　第×/×版		页　次　　　第×页

（4）货品说明、代码及数量应清楚地标注在每件外包装及必需的内包装外面。

8　发运及交货
（1）所有货品发运应严格符合甲方发出的订单中明确的要求。
（2）乙方必须在装船（运）完毕后24小时内，以书面通知（电报或传真向甲方通知）货物名称、数量、毛重、船名航班号及起运日期、预计到达时间等。
（3）对于工厂交货的情况，甲方应通过订单提前通知乙方提货时间等，乙方按要求做好发货准备。
（4）对于甲方提供的需循环使用的包装、运输材料、工具或设备等，乙方应予妥善保管，正确使用与维修。

9　保险
（1）在FOB或CNF（C&F）条件下，甲方应对装运后的货品进行投保。
（2）在CIF条件下，由乙方出资按110%发票金额投保。

10　检验
（1）乙方应随货提前将有关的出货检验报告或证明提供甲方备查。
（2）甲方按上面所述各方同意的质量、技术规格、订货及包装要求等进行收货并做来货检验。
（3）若来料不符合要求并确定退货，退货需按要求由乙方拉走或甲方退出，本地货品一周内、国外货品一个月内退完。
（4）若来料不符合要求，但因使用紧急而被确定挑选，则乙方应立即组织挑选或由甲方直接组织挑选，因此发生的费用由乙方承担。

11　索赔
（1）对任何涉及质量、技术规格或数量等方面不符合经双方同意的有关条款要求的情况，除应由保险公司或船运公司承担的赔偿外，甲方有权索赔，因此而发生的检验费用、退货运输、补货费用、保险、仓储、装卸等应由乙方负担。
（2）一旦不符合的情况发生，甲方将书面通知乙方，乙方有责任立即采取改进行动，防止问题再次发生。

12　不可抗力
（1）若乙方因罢工、火灾、水灾、政府行动、禁令或其他任何不可合理控制的原因等而不能按商定要求按时供货，乙方应在事后两天内通知甲方，并在事发14天内邮寄由当地政府签发的事发证明给甲方。
（2）若不可抗力事件发生，乙方仍有责任采取一切可能措施恢复供货。若乙方在事发后两周内仍不能履行合同责任，甲方有权按合同弃权处理。

13　违约或取消
（1）若乙方未能履行合同所定的任何重要条款，又无合理解释，甲方有权终止合同或拒收货品。
（2）若甲方要取消或终止合同或订单，而其理由超出乙方所能接受的范围，乙方有权要求予以赔偿因此而发生的损失。

14　纷争解决
（1）本合同双方当事人履行合同时发生的一切争议均应首先通过友好协商解决，如不能解决，双方当事人可选择仲裁或法院诉讼方式解决。
（2）双方选择仲裁时，应另行达成仲裁协议，并确定仲裁机构。
（3）如果选择诉讼，应按中国法律的规定确定受理案件诉讼法院。

15　其他
未经同意，任何一方不得将对方的商业秘密或其他情报以口头、书面形式出示或以其他任何方式转借或泄露给第三方。对于OEM及分包产品，如有必要，双方可另立知识产权协议。本合同中、英文一式两份，由双方在原件上盖章或签字方可生效，双方各执一份。

甲方：　　　　　　　　　　　　　乙方：
盖章：　　　　　　　　　　　　　盖章：
授权签字：　　　　　　　　　　　授权签字：
日期：　　　　　　　　　　　　　日期：

拟订	审核	审批

第三节 采购认证与供应商管理表格

表格1：潜在供应商基本情况调查表

潜在供应商基本情况调查表见表2-4。

表2-4 潜在供应商基本情况调查表

一、**基本情况**
　　供应商名称：
　　供应商详细地址：
　　法人代表：
　　邮政编码：
　　注册资本：
　　企业性质：
　　企业成立日期：
　　开户银行及账号：
　　商务联络人：
　　商务联系方式（TEL，FAX）：
　　网址、电子信箱：
　　员工总数　　　人，其中，管理人员　　　人，技术人员　　　人

二、**调查内容分类**
　　1.企业简介：
　　2.财务状况：
　　3.工艺制造能力：
　　4.产品研发能力：
　　5.质量保证能力：
　　6.供货能力及售后服务水平：
　　7.请同时提供以下资料：
　　□企业获各类机构认证证书（复印件）
　　□向国内外主要客户供应产品的情况
　　□主要产品介绍（应包括产品图片、产品主要性能、技术参数、价格等）

　　说明：请供应商填写项目"一"中的企业基本情况，并按项目"二"中的调查内容用A4幅面、4号字体将本企业相关资料制作成文本（包括电子文本）。
　　文本回寄地址：
　　邮编：　　　　　　　TEL：　　　　　　　FAX：
　　电子文本信箱：

表格2：供应商调查问卷

供应商调查问卷见表2-5。

表2-5 供应商调查问卷

供应商名称：　　　　　　　　　　　　　供应商编码：
填表时间：　　　　年　月　日

填表承诺
谨承诺：此调查表所填内容皆属实，若有任何弄虚作假，因此给××公司造成损失，承担全部损失赔偿。 　　　　　　　　　　　　　　　　　　　　　　法人代表签字： 　　　　　　　　　　　　　　　　　　　　　　　　年　月　日 　　　　　　　　　　　　　　　　　　　　　　承诺单位盖章

供应商基本信息调查表

供应商名称（户头）：	盖公章	
税号：		盖税号章：
企业曾用名：		
注册国家：		注册地区（省）：
注册城市（市）：		
联系人：		联系人职务：
联系电话1：	联系电话2：	传真：
邮政编码：	电子信箱：	网址：
详细地址：		
以下为财务信息		
国家：		开户行：
银行账户：		
付款条件：		
付款方式：		结算币种：
注意：1. 此表请用正楷字认真填写 2. 书写务必清晰准确，不得漏项 3. 联系电话1为供应商厂家电话（必带区号） 4. 财务信息须与发票一致，其他信息不得错、漏、添字 5. 若因填写不清晰出现财务等问题由填写方负责		
填写人：		业务员审核：

续表

企业概况

企业全称_____ 企业地址_____
企业性质_____ 企业规模_____ 企业信誉_____
企业创立日期_____ 注册资金/万元_____
企业固定资产/万元_____ 流动资金/万元_____
去年销售总额/万元_____ 去年年产量/万元_____
交货方式_____ 交货周期_____
母公司名称_____ 母公司注册国家_____
母公司是否为500强 _____
生产基地_____ 厂房面积_____
关联企业_____ 产品线品牌_____

股权构成	投资方	出资额	出资比例	出资方式	备注

企业简介：

单位现场照片
仓储区域照片
营业执照复印件
税务登记证复印件

企业整体实力

A. 国际排名第_____名
请列出国际上同行业前几位
1._____ 2._____ 3._____
B. □国内　□省内　□地区　□县内排名第_____名
请列出国内、省内、地区、县内前几位
1._____ 2._____ 3._____
C. 开发能力：□能　□否参与客户设计

成功案例	客户	时间	说明	备注

D. □是　□否为国外知名企业在中国的分公司或设立的独资合资企业
E. 企业认证情况：(□是　□否属强制执行有关质量或安全认证行业)
认证名称：_____ 认证编号：_____ 到期时间：_____
F. 请提供A，B，C，D四条的见证性资料（以上请务必认真填写，将影响对贵司供货资格的确认，见证性资料必须是行业协会排名、政府部门统计年鉴、第三方权威机构排序或新闻媒体公布）

附见证性资料
企业信誉证明复印件（可加附页）
委托代理授权书或长期经销合同（可加附页）

续表

企业产品情况

产品类别：_____
产品主要技术指标：_____

产品	指标

主要代理企业及其产品介绍（可加附页）
_____

企业供货历史状况

	为××有限公司或其他企业供货明细				
××有限公司	供货事业部名称	部品名称	单价	年供货量	占该事业部比例
其他单位	其他供货单位名称	部品名称	单价	年供货量	占该厂比例

质保能力

代理商的质量协议、质量承诺：□有　□无
若有，请将复印件附后

企业人员构成情况

企业主要负责人						
职　务	姓名	年龄	任职时间	学历	职称	联系电话

职工人数：其中本科以上　　　人，中专以上　　　人
其中工程技术人员　　　人，比例
班制：□一班　□二班　□三班　　职工月平均工资：　　　元

与代理企业签订的质量协议或质量承诺复印件（可加附页）
代理产品含有欧盟RoHS指令禁止使用的六种有害物质的情况（可加附页）
企业员工培训材料记录（可附后）

续表

仓库环境情况

1. 本单位是否符合相关的法律法规及其他要求　□是　□否
2. 对环境有污染的活动是否采取相应的污染消除措施与活动　□是　□否
3. 单位从事特殊岗位的职工是否进行教育培训　□是　□否
4. 产品包装物或容器为：
5. 废品处理形式　□重新利用　□废料卖出　□其他
6. 单位内部是否设置危险物识别标志　□是　□否
7. 单位内部应急电话：　　　　　　　　　安全控制：
8. 对生产环境的要求是什么：　　　　　　是否能达到：□是　□否
9. 本单位是否属化工类单位　□是　□否
若是，请提供地方环保局提供的检测报告

表格3：供应商准入与现场考察评价标准（设备专业）（生产商）

供应商准入与现场考察评价标准（设备专业）（生产商）见表2-6。

表2-6　供应商准入与现场考察评价标准（设备专业）（生产商）

基本信息	供应商名称	中文名称				
		英文名称				
		单位简称（中文、英文）				
	注册国别、省份		办公地址		企业网址	
	工商注册地		通信地址		邮政编码	
	法定代表人		办公电话		传真	
	授权签约人		移动电话		电子邮件	
	业务联系人		移动电话		传真	
	供应商简介与自我评价	（不少于300字）				
	经营范围	（必须与营业执照范围一致）				
	专业分类（选择）	化工、煤炭、材料、设备	目录分类（选择）	集中采购、企业自采	申请供应产品	物资类别、类别名称
	产品名称		供应产品描述			
	供应商类型	生产商	企业性质		税务资质	
	生产场所面积		原材料库面积		成品库面积	
	单位所属集团公司名称		单位下属分（子）公司名称		是否具有企业内部管理信息系统	□是 □否
	开户银行名称		开户银行账号		银行开户许可证	（上传）
	营业执照注册号	（填写证号并上传图片）	是否年审	□是　□否	证书有效期	年　月　日～年　月　日
	税务登记证号	（填写证号并上传图片）	是否年审	□是　□否	证书有效期	年　月　日～年　月　日

续表

基本信息	组织机构代码证号	（填写证号并上传图片）	是否年审	□是　□否	证书有效期	年　月　日～年　月　日
	生产许可证号	（填写证号并上传图片）	是否年审	□是　□否	证书有效期	年　月　日～年　月　日
	质保体系证书号	（填写证号并上传图片）	是否年审	□是　□否	证书有效期	年　月　日～年　月　日
	法人资格证	（上传图片）	证书有效期	年　月　日～年　月　日	公司图片	（上传3～5张反映公司生产、检测和环境等公司运作情况的照片）
	法人委托证书	（上传图片）	证书有效期	年　月　日～年　月　日		
	企业信用等级证号	（填写证号并上传图片）	证书有效期	年　月　日～年　月　日		
	恪守商业道德协议书	（上传图片）	签订日期	年　月　日～年　月　日		
	其他资质证书	（其他）	（上传图片）	证书有效期	年　月　日～年　月　日	

	评价项目		评价内容、评价标准		结论	得分	存在问题
（一）基本资质（43分）	供应商基本情况		注册信息及上传的基本资质证书是否属实		□是 □否（否决）		
			生产许可证（强制认证）见附件1		□是 □否（否决）		
	财务状况（6分）		注册资金/元（2分）	以营业执照登记为准	详见附件1		
			连续三年利润率（2分）	财务审计报告	□＞6%（2分） □2%～6%（1分） □0～2%（0分） □＜0（否决）		
			资产负债率/%（1分）	上一年度数据	□＜50%（1分） □50%～60%（0分） □＞60%（否决）		
			流动比率/%（1分）	上一年度数据	□＞1.5（1分） □1～1.5（0分） □＜1（否决）		
	管理体系（3分）		是否有权限指引，生产、人事、安全、财务等主要制度是否健全（1分）	权限指引、有关管理制度	□良好（1分） □一般（0分） □较差（-1分）		
			各部门、岗位分工是否明确，工作流程是否顺畅（1分）	岗位说明书、工作流程指引	□良好（1分） □一般（0分） □较差（-1分）		
			是否采用MRP或ERP进行内部管理（1分）		□良好（1分） □一般（0分）		

续表

评价项目			评价内容、评价标准	结论		得分	存在问题
（一）基本资质（43分）	生产能力（24分）	产能（2分）	（申请）供应产品：年最大生产量，最大产品规格	是否满足需要	□是 □否（否决）		
				与同行业相比	□良好（2分） □一般（1分） □较差（0分）		
		装备（生产、试验、检验设备）能力（18分）	按物资品种进行相应的考察评价（详见附件2）				
		生产工艺（2分）	生产工艺描述	生产工艺先进程度	□良好（2分） □一般（1分） □较差（0分）		
		设计资质（2分）	资质证书	□有行业部门批准的设计许可证（2分） □有具体产品设计许可证（1分） □无（0分）			
	研发能力（5分）	是否有自主产权专利技术、产品、专有技术，是否具有技术国产化成果（2分）	研发的主要新技术是_____；新产品是_____；专有技术_____；国产化成果：	□3项及以上（2分） □1项及以上（1分） □否（0分）			
		是否有研发部门或实验室（2分）	实验室级别：□国家级 □省部级 □企业级	□省部级及以上（2分） □企业级（1分） □其他（0分）			
		研发资金投入（1分）	年投入研发资金_____元；研发资金投入与销售收入比例是____%。	□>3%（1分） □1%～3%（0.5分） □<1%（0分）			
	销售业绩（申请许可供应产品）（5分）	产品名称及执行标准	（可另附表）	（了解内容）			
		产品成本构成	原材料成本、研发成本、加工成本、检验费用、服务费用、管理成本等占总成本____%	（了解内容）			
		其他认证要求	（详见附件1）	□是（2分） □否（0分）			
		年市场销售额/万元（2分）	（详见附件1）				
		申请品种销售额是否高于网内供应商前十名（近三年业绩）该品种平均交易额/%（1分）		□是（1分） □否（0分）			
		是否在石油石化行业同类装置上有应用（2分）	主要用户： 数量：	□≥3个同类装置（2分） □1～2个同类装置（1分） □无（0分）			
	小计____分（第一大项，小计低于26分，判定否决）						

续表

评价项目			评价内容、评价标准	结论	得分	存在问题
(二)质量保证体系(50分)	质量体系(3分)		质量目标近三年是否均达标（1分）	□是（1分） □否（0分）		
			各部门质量职责是否明确（1分）	□是（1分） □否（0分）		
			是否定期进行质量体系内部审核，测试结果是否属实（1分）	□是（1分） □否（0分）		
	采购管理(12分)	供应商管理(4分)	是否对供应商进行评审和认定（1分）	□是（1分） □否（0分）		
			是否有合格供方名录，合格供方名单是否批准（1分）	□是（1分） □否（0分）		
			是否建有供应商数据存储体系，数据是否可追溯（1分）	□是（1分） □否（0分）		
			采购策略是否合理，是否要求供方对原材料不合格品进行整改并有效果确认（1分）	□是（1分） □否（0分）		
		原材料管理(8分)	主要原材料供货渠道是否稳定、可靠（1分）	□稳定（1分） □基本稳定（0分） □不稳定（-1分）		
			原材料及半成品库房管理（是否有待检区、分类是否清晰、码放是否整齐，出入库时间、编号、结存标识是否清楚）（1分）	□是（1分） □否（0分）		
			原材料入厂是否能够自检，还是外委检验（1分）	□自检（1分） □委托检验（0分）		
			是否有检验程序，是否规定分类物资的检验项目、标准及方法；原材料是否按原材料入厂检验程序进行了复检，记录是否可迅速查询（1分）	□是（1分） □否（0分）		
			原材料发生问题是否可追溯（1分）	□是（1分） □否（0分）		
			原材料及外协、外购件、在制品是否进行标识管理，在储存及运输过程中有无采取防尘、防锈、防碰伤、防雨淋、防污染等措施（1分）	□是（1分） □否（0分）		
			不合格品如何处理，是否建立不合格品（含原料、半成品、成品）管理程序，并设置不合格品隔离区，是否有不合格品检验、处理记录（2分）	□良好（2分） □一般（1分） □差（0分）		

续表

评价项目			评价内容、评价标准	结论	得分	存在问题
(二)质量保证体系（50分）	生产管理（27分）	生产环境（3分）	生产现场管理情况（有无分区域、有无安全通道、有无标识、待加工件和半成品是否码放整齐）（1分）	□良好（1分） □一般（0分） □差（−1分）		
			各要素作业（如生产制造、产品的仓储）以及检验是否在适宜的环境中进行（照明、温度、相对湿度、振动、噪声、灰尘、用水等），是否有工作保护设施（2分）	□良好（2分） □一般（0分） □差（−2分）		
		作业文件及图纸控制（3分）	各工序的工艺文件及作业指导文件是否都已配备，是否有工序流转卡（1分）	□是（1分） □否（0分）		
			工艺文件及作业指导文件的作业要点、质量检查项目、频度、判定标准及测量工具是否明确，作业人员是否易懂（0.5分）	□是（0.5分） □否（0分）		
			是否有足够的控制以保证操作人员使用正确的文件，是否能防止误用过期规范或图纸（0.5分）	□是（0.5分） □否（0分）		
			客户提供的规范、图纸是否控制良好，并及时评审，保存评审记录（0.5分）	□是（0.5分） □否（0分）		
			图纸在使用过程中发生变更时是否有审批和控制（0.5分）	□是（0.5分） □否（0分）		
		设备管理（3分）	生产设备是否有验收、维护、保养等方面的规定并认真执行；生产设备是否经过验证部门检验，在有效期内，是否有监控记录、检修记录；配套计量仪表是否在检定期内，是否建立计量仪表专项台账（1分）	□良好（1分） □一般（0分） □差（−1分）		
			是否编制有设备台账，台账是否有设备台账、型号规格、采购日期及管理编号等信息，是否有定期检查及保养的结果、故障及修理结果等记录（1分）	□良好（1分） □一般（0分） □差（−1分）		
			关键（含特种）设备的调整及参数的设定是否规定有设定人、确认人；设备参数的测量值及设备上的显示值是否在规定范围之内（1分）	□良好（1分） □一般（0分） □差（−1分）		
		生产环节控制（12分）	关键工序、特殊工序是否具有工艺参数运行记录（2分）	□是（2分） □否（0分）		
			各工序流程记录是否保存完好，保证可追溯（2分）	□是（2分） □否（0分）		
			重大更改，包括材料和工艺，在执行前是否通知客户，并取得批准（1分）	□是（1分） □否（−1分）		
			生产环节是否存在异地组装，说明异地组装是否因运输条件等合理原因（1分）	□无或原因合理（1分） □存在且原因不合理（0分）		

续表

评价项目			评价内容、评价标准	结论	得分	存在问题
(二) 质量保证体系 (50分)	生产管理 (27分)	生产环节控制 (12分)	成品是否有FIFO（先进先出）控制（1分）	□是（1分） □否（0分）		
			是否准时交货情况，抽查合同执行（2分）	□良好（2分） □一般（0分） □不达标（-2分）		
			产品包装是否符合产品特性（抗震、耐压、耐高温，是否环保（1分）	□是（1分） □否（0分）		
			设备装箱单开具是否规范、填写是否无漏项（1分）	□是（1分） □否（0分）		
			生产状态是否基本恒定，加班赶工问题是否有效控制（1分）	□是（1分） □否（0分）		
		质检管理 (6分)	是否设立QA部门，其职责和权力有无书面定义，对不符合质量要求的项目是否有权力中止生产，是否控制检验印章（1分）	□是（1分） □否（0分）		
			QA部门是否发出周期性质量报告，包括合格率、质量问题、客户投诉、缺陷分析等（1分）	□是（1分） □否（0分）		
			检验标准（包括进货检验标准、半成品检验标准及成品检验标准）是否均已制作、分发给必要的部门（1分）	□是（1分） □否（0分）		
			检验标准中的检验项目是否包含了产品的主要技术要求，检验项目（新产品对全项目进行检验，变更物对变更项目及相关项目进行检验）是否适宜（1分）	□是（1分） □否（0分）		
			采取抽检验方式时，在后续工序发现不合格品时是否调整检验频度、抽检数量等（0.5分）	□是（0.5分） □否（0分）		
			出货前是否保证每批产品都经过检验，是否有过程中检验（1分）	□是（1分） □否（0分）		
			检验的数据在保存期限内是否按要求保管、保存，抽查2～3份产品档案（0.5分）	□是（0.5分） □否（0分）		
	人力资源 (5分)		职工总数：____，其中，管理人员：____人，财务人员：____人，技术人员：____人，质检人员：____人，售后服务人员：____人	（了解内容）		
			专业人员、检验人员等是否有必要的上岗证书，有证书比例____%，其中，管理人员____人，取证____人；财务人员____人，取证____人；技术人员____人，取证____人；质检人员____人，取证____人（1分）	□全部（1分） □70%以上（含）（0.5分） □<70%（0分）		
			研发人员总数____人，占员工总数比例____%，其中，教授级____人，高级____人（1分）	□>10%（1分） □3%～10%（0.5分） □<3%（0分）		

续表

评价项目		评价内容、评价标准	结论	得分	存在问题
（二）质量保证体系（50分）	人力资源（5分）	重要岗位员工是否进行上岗前（含安全）培训与考核（1分）	□是（1分） □否（−1分）		
		是否有全员培训计划，培训是否达到预期效果（1分）	□是（1分） □否（0分）		
		是否有内部绩效考核评价体系，员工是否认可（1分）	□是（1分） □否（0分）		
	环保体系（3分）	是否建立健康、安全、环境保证体系（1分）	□是（1分） □否（0分）		
		厂区环境、绿化、卫生情况（1分）	□良好（1分） □一般（0分）		
		制造车间对周边空气、污水、噪声影响情况（1分）	□良好（1分） □一般（0分） □不达标（−1分）		
	小计____分（第二大项，小计低于30分，判定否决）				
（三）客户服务（7分）	相关制度（1分）	是否设置客户服务部门（0.5分）	□是（0.5分） □否（0分）		
		是否制订客户服务管理办法（0.5分）	□是（0.5分） □否（0分）		
	服务质量（6分）	是否建立客户投诉记录及处理档案（0.5分）	□是（0.5分） □否（0分）		
		是否进行客户满意度调查和统计（0.5分）	□是（0.5分） □否（0分）		
		客户服务满意度是否高于90%（1分）	□是（1分） □否（0分） □低于85%（否定）		
		是否有客户现场服务记录（1分）	□是（1分） □否（0分）		
		接到用户质量和服务要求后响应时间（2分）	□及时（12小时以内）（2分） □一般（12～48小时）（1分） □不及时（48小时以上）（0分）		
		物流运输组织能力及服务是否到位（1分）	□是（1分） □否（0分）		
	小计____分（第三大项，小计低于4分，判定否决）				
（四）违约情况（−25分）（适用于年度评审）	违约表现（−25分）	上年度是否被通报存在产品质量问题（−5分）	□严重问题（−5分） □一般问题（−2分） □否（0分）		
		上年度是否被通报存在延迟交货问题（−5分）	□严重问题（−5分） □一般问题（−2分） □否（0分）		
		上年度是否被通报存在售后服务不及时问题（−5分）	□严重问题（−5分） □一般问题（−2分） □否（0分）		
		是否存有违反恪守商业道德协议的行为（−10分）	□是（−10分） □否（0分）		
	小计____分（第四大项，小计低于−15分，判定否决）				
合计	合计____分（合计总分低于70分，判定否决）				

说明：对于通过入网审核的主机厂家，其自身生产的相应主机的配件增项时无需另行考察，使用企业可直接办理自采品种增项。

主要产品现场抽样（非必填项）	产品名称	规格型号	抽样数量、抽样基数	检验机构	抽样时间	检测结果
评价小组意见：	许可供应产品目录	许可供应产品物资类别、物料编码			物资名称	
	结论	（概括说明供应商资质情况、质量保证体系运行情况、售后服务情况、产品抽检结果情况及综合意见）				
	评价小组成员确认	姓名	职务	联系电话	签名	签字日期

单位公章：　　　　　　物资供应部门负责人：　　　　　　填表人：

表格4：生产件提交保证书

生产件提交保证书见表2-7。

表2-7　生产件提交保证书

编号：_____

```
零件名称_____  零件号和级别_____
  安全、政府法规       □是        □否
  产品图纸更改级别_____     更改日期_____
  附加产品更改_____     更改日期_____
图纸编号_____       采购订单编号_____    重量_____kg
检查用辅助工具号_____     产品更改水平_____    日期_____
供方（制造厂）资料
供方名称_____  供方代码_____
地址_____   邮编_____
需方名称_____
  需方名称、需方代码 _____   适用车型（机型）_____
  提交资料：    □尺寸     □材料、功能     □外观
提交原因：
□首次提交              □更改可选用的结构或材料
□产品更改设计          □分供方或材料来源更改
□工装：转换、代替、整修或附加
□零件加工工艺更改      □偏差校正
□在其他地方生产零件    □其他（请说明）
要求提交的等级（选择一项）
□等级1——保证书、外观件批准报告（只适用于批准外观项目的零件）
□等级2——保证书、零件、图样、检查结果、试验室和性能试验结果、外观件批准报告
□等级3——在需方处保证书、零件、图纸、检查结果、试验室和性能试验结果、外观件批准报告、工序能力结果、能力研究、工序控制计划、量具研究、FMEA
□等级4——同前面等级3内容，但不包括零件
□等级5——在供方处保证书、零件、图纸、检查结果、试验室和功能结果、外观件批准报告、工序能力
```

续表

结果、能力研究、工序控制计划、量具研究、潜在失效模式及后果分析（FMEA）。 提交结果 　　□尺寸测量　　　　　　　□材料和性能试验 　　□外观标准　　　　　　　□统计过程数据 这些结果满足所有图纸和技术规范要求：□是　□否（如果选择"否"应解释） 　　声明，本保证书使用的样品是我们的代表性零件，已符合需方图纸和技术规范的要求，是在正常生产工装上使用规定的材料制造而成，没有不同于正常加工过程的其他操作。与本声明有差异地方已在下面作了说明。 　　解释、说明： 　　供方授权代表签字：　　　　部门、职务_____　　联系电话_____　日期：_____ （以下仅供需方使用） 零件交接情况：　　　□批准　　　　　　□拒收　　　　　　□其他 需方授权代表签字：　　　　　　　　部门、职务_____ 日期：
备注：

表格5：零组件审核申请表

零组件审核申请表见表2-8。

表2-8　零组件审核申请表

编号：

1.零组件品名：_____ 零组件规格：_____
2.类别：□模具类　　　□PCB类　　　□线材类 　　　　□印刷类　　　□电子零件类　□标准零组件类　□其他：_____
3.申请项目：□初试　□量试　□追踪　□再审　□淘汰　□其他：_____
4.供应商： 公司名称：_____　联络人：_____ 地址：_____ 电话：_____ 代理商： 公司名称：_____　联络人：_____ 地址：_____ 电话：_____ 零组件原厂编号：_____
5.应用机种名称：_____　机组编号：_____ 申请审核数量：_____（此栏供初试、量试、再审申请时填写）
6.申请人：_____　申请单位：_____　电话：_____　地址：_____ 主管　　　　　　期望完成日期：_____
7.审核意见：
8.审核单位受件日期：_____　期望完成日期：_____
9.附件： 样品：（1）_____ 　　　（2）_____ 　　　（3）_____
申请单位：

表格6：零组件评估报告书

零组件评估报告书见表2-9。

表2-9 零组件评估报告书

编号：

1.零组件品名：_____ 产品编号：_____ 已列入合格供应商名册的厂商：_____ 原厂商型号：_____
2.测试结果：□合格 □否决 □其他：
3.测试项目及结果： 测试地点：_____ 测试人：_____ 测试仪器设备：
4.意见与会签：
5.附件：

表格7：供应商选样检验记录表

供应商选样检验记录表见表2-10。

表2-10 供应商选样检验记录表

批准：_____ 审核：_____ 编号：_____ 所属系列：_____
类别： □可制性 □转厂 □设变 □其他 日期：_____ 拟制：_____

名称			料号		数量		
确认次数	第次	材质		颜色	单重/g		
供应厂商					负责人		
地址					Tel，Fax		
检测尺寸	图纸尺寸	样品1	样品2	样品3	样品4	样品5	判定	说明

备注：其余尺寸□符合图纸 □参见附页

外观	外观要求	实际外观效果

备注：其余均符合本公司内部外观要求

试验项目	试验项目	实测结果

备注：其余项目符合公司要求

其他：
说明：
注：贵司如有其他产品品质不明事宜，请与本公司联系，谢谢合作！

确认结论		是否继续送样		□是 □否
审核		校对		确认人

表格8：合格供应商名录

合格供应商名录见表2-11。

表2-11 合格供应商名录

供应商名称	联系人	手机号码	电话号码	传真号码

核准：　　　　　审核：　　　　　制表：

表格9：供应商供货情况历史统计表

供应商供货情况历史统计表见表2-12。

表2-12 供应商供货情况历史统计表

供货名称									
分承包方名称									
序号	批送月份	交货期信用记录				交货质量状态记录		其他事项	
		合同数量/份	依时完成数量/份	尚未完成数量	完成合格率	验收合格/批	验收不合格/批	备注	
1	年　月								
2	年　月								
3	年　月								
4	年　月								
5	年　月								
6	年　月								
7	年　月								
8	年　月								

核准：　　　　　审核：　　　　　制表：

表格10：A级供应商交货基本状况一览表

A级供应商交货基本状况一览表见表2-13。

表2-13 A级供应商交货基本状况一览表

分析日期：

序号	供应商名称	所属行业	交货批数	合格批数	特采批数	货退批数	交货评分

制表：　　　　　审核：

表格11：供应商交货状况一览表

供应商交货状况一览表见表2-14。

表2-14 供应商交货状况一览表

分析期间： 　　　年　　　月　　　日

供应商编号			供应商简称			所属行业		
总交货批次			总交货数量			合格率		
合格批数			特采批数			退货批数		
检验单号	交货日期	料号	名称	规格	交货量	计数分析	计量分析	特检	最后判定
	月　日								
	月　日								
	月　日								

制表： 　　　　　审核：

表格12：供应商定期评审表

供应商定期评审表见表2-15。

表2-15 供应商定期评审表

供应商：

1	历史统计信用情况			
	合同总数量	完成情况	依时完成率	请选择：
			％	□合格　□不合格
2	产品质量情况			
	送货批次	验收合格	合格率	请选择：
			％	□合格　□不合格

评审日期：　　　　　评审人：　　　　　编制：

表格13：供应商分级评鉴表

供应商分级评鉴表见表2-16。

表2-16 供应商分级评鉴表

调查评鉴项目	评分标准						评分结果
		5	4	3	2	1	
1.品质保证组织或体制 （1）相关规定或组织 （2）委员会或委员的活动 （3）品质保证的相关教育	有 有 实施					没有 没有 未实施	
2.开发、设计及技术部门的体制 （1）开发及设计程序 （2）用户需求规范的确认状况 （3）技术者的水准	充分 充分 充分					不充分 不充分 不充分	
3.不良、故障情报的取得及防止再发对策 （1）不良信息的把握及处理程序 （2）工程不良相关情报及处理程序 （3）原因追查及防止再发对策	充分 充分 彻底					不充分 不充分 不彻底	
4.材料及协力厂管理 （1）材料、购买、订制品的收货检验程序 （2）材料、购买、订制品的保管场所 （3）在库管理（数量、异动期、账册记录、滞用料品质、发料作业） （4）材料、购买、订制品的对策报告书 （5）外协工厂指导	好 适 好 有 充分					不好 不适 不好 没有 不充分	
5.作业标准及制程管理 （1）作业标准指导书 （2）作业标准的遵行状况 （3）批次生产管理方法 （4）工程间不良情报的通告 （5）工程中不良品的处理及对策 （6）作业环境 （7）作业态度 （8）厂房布置 （9）作业改善状况	有 充分 有 有 确实 好 好 好 充分					没有 不充分 没有 没有 不确实 不好 不好 不好 不充分	
6.制造设备管理 （1）制造机械、治工具类的保养规定 （2）保养规定的实施状况	有 好					没有 不好	
7.计量管理 （1）计量管理规定 （2）规定的实施状况 （3）基准检查的质与量 （4）工程计测器的整备	有 充分 充分 充分					没有 不充分 不充分 不充分	
8.检查 （1）检查组织的独立性 （2）检查员工的能力 （3）检查标准 （4）标准的实施 （5）检查判定准则的制订 （6）检查记录的整理 （7）限度基准（样品或相片）	有 充分 有 充分 有 好 有					没有 不充分 没有 不充分 没有 不好 没有	

续表

调查评鉴项目	评分标准						评分结果
	5	4	3	2	1		
（8）检查设备的质与量 （9）检查设备点检 （10）检查环境	充分 好 适					不充分 不好 不适	
9.包装、储存及输送 （1）包装状况 （2）输送状况 （3）保管场所	适 适 适					不适 不适 不适	
10.可靠度试验 （1）可靠度试验计划（时间、数量） （2）环境试验 ——耐候性试验 ——机械的强度试验 ——其他指定项目试验 （3）可靠度试验记录 （4）故障解析	适 实施 实施 实施 充分 实施					不适 未实施 未实施 未实施 不充分 未实施	
11.其他 （1）环保设施 （2）省能源装置 （3）安全卫生							
评点合计							

表格14：供应商综合评价标准

供应商综合评价标准见表2-17。

表2-17　供应商综合评价标准／分

序号	评价项目		加权评分记录			
1	产品质量符合		欧标 （15）	国标 （10）	厂标 （5）	差 （-15）
2	技术设备		先进 （5）	一般 （3）		落后 （1）
3	供货能力		1～15天 （5万件内） （5）	15～30天 （5万件内） （2）		30天以上 （5万件内） （0）
4	供货价格		较低 （25）	中等 （15）		较高 （5）
5	运输	方式	送货上门 （3）	汽车 （1.5）		空运 （0.5）
		产地	本地 （3）	省内 （2）		外省 （1）
定期评审标准	符合综合评价标准		优良 （10）	符合 （8）	尚可 （5）	不合格 （-10）
	信用情况		好 （6）	一般 （3）		不好 （0）
	历史统计情况		最佳 （15）	较好 （8）		一般 （0）
定点标准			17.5分以上（可选择） 17.5分以下（不应选择）			

批准：　　　　　　审核：　　　　　　制表：

表格15：供方评价报告

供方评价报告见表2-18。

表2-18　供方评价报告

供应商编码：							版本	
供方名称					主要产品			
各项得分								
生产设备	测试设备	产品质量	质量体系	价格	供货业绩	保密承诺	综合评分	

主要生产设备：	主要检测设备：
体系认证名称： 时间：	产品认证名称： 时间：
品质部人员及其联系方式：	
采购部意见： 评价人：　　　日期：	开发部意见 评价人：　　　日期：
品质部意见： 评价人：　　　日期：	结论： □同意其成为供方 □不同意成为供方 签名：　　　日期：

表格16：供应商年度综合评价表

供应商年度综合评价表见表2-19。

表2-19　供应商年度综合评价表

供应商名称	供货业绩						其他业绩			评分结果	
	供货批	合格批	合格率	评分	交货准时率	评分	服务态度	价格合理	供货经验	综合评分	标记

备注：1.供货批＝供应商全年交货总次数
2.合格批＝单次交货合格率95%以上总次数
3.合格率＝合格批÷供货批×100%
4.标记栏中"*"表示优秀供应商，"√"表示继续保留其供应商资格，"×"表示取消其供应商资格

统计：　　　　　审核：　　　　　批准：　　　　　日期：

表格17：供应商跟踪记录表

供应商跟踪记录表见表2-20。

表2-20　供应商跟踪记录表

表格编号：　　　　　　　版本：

日期	供应商编号	供应商名称	联系人	跟踪内容	跟踪结果	记录人

编制：

表格18：供应商异常处理联络单

供应商异常处理联络单见表2-21。

表2-21　供应商异常处理联络单

自　　　　　　　　　　　　　　　　至
电话：　　　　　　　　　　　　　　E-mail：
日期：　　　　　　　　　　　　　　编号：
以下材料，请分析其不良原因，并拟订预防纠正措施及改善计划期限

料号		品名		验收单号	
交货日期		数量		不良率	
库存不良品		制程在制品		库存良品	

异常现象
IQC主管：　　　　　　　　　　　　检验员：
异常原因分析（供应商填写）：
确认：　　　　　　　　　　　　　　分析：
预防纠正措施及改善期限（供应商填写）：   暂时对策：   永久对策：
审核：　　　　　　　　　　　　　　确认：
改善完成确认：
核准：　　　　　　　　　　　　　　确认：

说明：1. 该通知就被判定拒收或特别采用的检验批向供应厂商发出。
2. 供应厂商应限期回复。

表格19：供应商绩效考核分数表

供应商绩效考核分数表见表2-22。

表2-22　供应商绩效考核分数表

采购材料：

评比项目	满分	评估分			
		供应商A	供应商B	供应商C	供应商D
价格	15分				
品质	60分				
交期交量	10分				
配合度	10分				
其他	5分				
总分					

表格20：合格供应商资格取消申请表

合格供应商资格取消申请表见表2-23。

表2-23　合格供应商资格取消申请表

厂商名称		代号		供应品名	
取消理由：					
申请部门		申请人		日期	
相关部门意见：					
总经理意见：					
结果				生效日期	

 **学习总结**

通过本章的学习，我对采购认证与供应商管理有了以下几点新的认识：

1. _____
2. _____
3. _____
4. _____
5. _____

我认为根据本公司的实际情况，应制订以下制度和表格：

1. _____
2. _____
3. _____
4. _____
5. _____

我认为本章的内容不够全面，还需补充以下方法、制度和表格：

1. _____
2. _____
3. _____
4. _____
5. _____

第三章　招标采购管理工具

引 言

随着电子招标、无标底招标及集团集中招标等新采购模式的出现，极大地提高了企业采购的质量和效率。企业采购部须根据物资需求计划，确定是否需要招标采购及招标方式。凡在招标采购范围之内的，采购部应向企业管理层提出招标采购申请。

本章学习指引

目标	了解招标采购管理的要点，并能够运用所提供的范本，根据本企业的实际情况制订相应的管理制度、表格

学习内容

管理要点	• 收集采购相关信息 • 编制采购招标文件 • 招标采购工作审查 • 预估招标采购的费用 • 投标资格审查 • 开标管理 • 组织评标 • 签订中标合同
管理制度	• 招标采购管理制度 • 物资采购招标比价管理办法 • 评标管理办法
管理表格	• 采购招标工作的成本费用计划表 • 大宗物资采购市场情况调查表 • 物资招标采购供应方基本资料调查汇总表 • 投标邀请函 • 非招标项目审批表 • _____年（月）招标采购计划表 • 招标项目立项审批表 • 招标文件审批表 • 招标文件领取登记表 • 投标文件接收登记表 • 投标入围单位审批表 • 投标单位免于考察审批表 • 开标会议签到表 • 开标记录 • ……

第一节　招标采购管理要点

为了有序、有效地组织实施招标采购工作，企业应根据招标项目的特点和自身需求，制订采购计划和招标方案，制订目标和任务，制订招标采购的管理流程计划及控制措施，协调各种资源并组织实施。企业可以依据招标方案确定招标内容范围、招标组织形式、招标方式、标段划分、合同类型，投标人资格条件，安排招标工作目标、顺序和计划，分解招标工作任务，落实需要的资源、技术与管理条件。

要点1：收集采购相关信息

企业在招标策划阶段须先收集招标工作的相关信息，这样才有利于制订招标方案。

（一）需收集的信息内容

企业需要收集的信息如图3-1所示。

信息一　采购品的资料信息

科技的不断进步使产品品种、生产技术不断更新，产品的功能结构与成本也在不断变化，因此，企业应按照产品的类别、功能、成本、发展状态等内容进行统计和记录，并建立产品跟踪信息系统，以便及时掌握各种产品变化的动态信息

信息二　与招标采购活动相关的国家相关法律法规资料

世界各国、国际性组织及我国政府为规范招标采购的行为，制订了招标采购的相关法律法规，如《中华人民共和国招标投标法》、《中华人民共和国政府采购法》等

信息三　供应商的信息

供应商的经营资格、提供货物和服务的履约能力及市场资信程度等，都直接关系到招标采购工作的成效，因此企业为了保障项目采购的良好效果，需要建立供应商信息库，信息库应包括供应商分类、供应商实力调查、供应商资产、供应商资信记录等信息

信息四　采购案例信息

项目采购过程同时也是一个经验积累的过程，通过对各种类型项目采购案例建立档案，企业可以不断从案例中汲取成功经验，避免不必要的失误

图3-1　企业需要收集的相关信息

（二）收集采购信息的方式

选定最适当的供应商，是企业采购部最重要的职责之一。采购信息收集工作应由专门人员负责，充分利用采购业务活动机会和现代化技术收集相关采购信息。企业可通过以下6种途径寻找供应商。

1.利用现有资料

由于大多数企业会建立合格供应商的档案或名册，因此采购人员应甄选现有供应商，分析

或了解他们是否符合企业的要求，即适当的品质、准时交货、合理的价格及必需的服务等。

2.公开征求的方式

一般企业偏好以公开招标的方式来寻找供应商，使符合企业要求的供应商均有参与投标的机会。不过企业通常比较少用此种方式，因为这是被动地寻找供应商，换言之，若最适合的供应商不主动来投标，恐怕就会失去公开征求的意义。

3.通过同业介绍

企业采购人员可通过同业者的介绍，从而获得供应商的参考名单。

4.阅读专业刊物

企业采购人员可从各种专业性的报纸、杂志上，获悉许多产品的供应商，也可从《采购指南》、《工商名录》、《电话黄页》等的分类广告上获得供应厂商的基本资料。

5.协会或采购专业顾问公司

企业采购人员可以与拟购产品的同业协会洽谈，让其提供会员供应商名单，也可以联系专业的采购顾问公司，特别是对于来源稀少或取得不易的物品，如精密的零部件等。

6.参加产品展示会

企业采购人员应参加有关行业的产品展示会，亲自收集适合的供应商资料，甚至当面洽谈。

要点2：编制采购招标文件

招标文件是一种要约邀请。任何供应商都有领取招标文件的权利。招标文件是招标人采购需求的全面体现，是供应商编制投标文件的依据。因此，招标文件的重要性和严肃性，决定了潜在投标人获取招标文件也应采取严肃的态度。

企业在编制采购招标文件时，主要涉及招标公告、投标邀请书、投标人须知、评标办法、合同条款及格式、工程量清单等内容。企业在编制招标文件时，要注意以下两个方面内容。

（一）封面格式

招标文件的封面格式内容包括：项目名称、标段名称（如有）、标识出"招标文件"字样、招标人姓名和单位印章、时间。

（二）招标文件

招标公告与投标邀请书是招标文件的重要组成部分。对于未进行资格预审项目的公开招标项目，招标文件应包括招标公告。对于邀请招标项目，招标文件应包括投标邀请书。对于已经进行资格预审的招标项目，招标文件应包括投标邀请书（代资格预审通过通知书）。招标文件内容如图3-2所示。

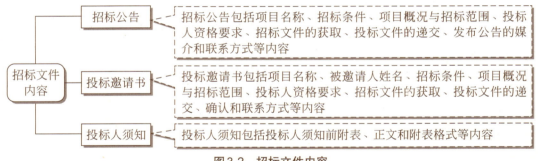

图3-2 招标文件内容

要点3：招标采购工作审查

招标采购工作审查是对招标工作的各个方面进行深入系统的审查，审查内容包括招标采购工作的程序、招标采购工作进行过程中的各种记录、招标采购工作的预算和实际开支状况、招标采购工作的完成程度等。招标采购工作审查要点见表3-1。

表3-1　招标采购工作审查要点

审查内容	审查要点	审查结果
封面	项目名称、文件编号、编制人与审核人、编制日期及业主与代理机构盖章是否齐全	齐　全　□ 不齐全　□
前附表	质量要求、交期要求、招标范围、投标人资质等级要求、投标担保方式与金额、答疑时间、投标截止日期与地点、开标会日期与地点及履约担保方式的填写是否齐全	齐　全　□ 不齐全　□
招标范围	招标范围的界定、工作界面及性质是否完整	完　整　□ 不完整　□
合格的投标人	经资格审查合格的潜在投标人资质是否符合企业要求	符　合　□ 不符合　□
招标日程安排	公告、投标文件发售、答疑、补疑、投标截止及开标等日期是否正确	正　确　□ 不正确　□
投标文件的组成	投标函部分、商务部分和技术部分组成的文件份数、格式、各具体包含的内容及证明资料的原件审查是否齐全	齐　全　□ 不齐全　□
投标报价	报价方式、付款方式、费用计算及措施等是否完整	完　整　□ 不完整　□
投标文件的密封和标记	投标文件密封要求、技术标的编写及密封是否符合企业要求	符　合　□ 不符合　□
评标组织和评标	评标委员会的技术、经济专家组成是否符合法定数量要求	符　合　□ 不符合　□
定标原则	评标的商务部分、技术部分分值设置是否合理	合　理　□ 不合理　□
主要合同条款	合同条款的质量等级、交期、合同价款组成、货款支付方式及补充条款等是否齐全	齐　全　□ 不齐全　□

要点4：预估招标采购的费用

招标采购费用是指预估完成招标采购所需资源（人力、物力、设备等）费用的近似值。当招标采购在一定的约束条件下实施时，价格的估计是一项重要的工作，招标采购费用估计应该与招标工作质量的结果相联系。

招标采购费用预估的主要依据有以下5个。

（1）采购工作分解结构（WBS）。

（2）资源需求计划。

（3）资源价格。

（4）工作的延续时间。

（5）历史信息，包括项目文件、可共用的项目费用估计数据库等。

要点5：投标资格审查

企业在招标过程中，为了保证所有投标人都能公平的竞争，同时为了避免招投标双方不必要的资源浪费,企业在招标时应注意加强对投标工作的精益管理,对投标人资格组织审查。

(一)资格预审

资格预审主要包括以下7项内容。

(1)编写资格预审文件和公告,确定资格审查方法、审查内容和标准。
(2)在规定媒体发布资格预审公告。
(3)按照资格预审公告规定的时间和地点发售资格预审文件。
(4)投标申请人按资格预审文件要求的内容、格式及时间,编制并递交资格预审申请文件。
(5)组建资格审查委员会。
(6)审查投标申请人的投标资格,确定通过资格预审的申请人名单。
(7)在规定的时间内以书面形式将资格预审结果发送给申请人。

(二)资格审查方法

企业在对供应商进行资格审查时,根据不同的情况,可以选择合格制或有限数量制的资格审查方法,具体内容如图3-3所示。

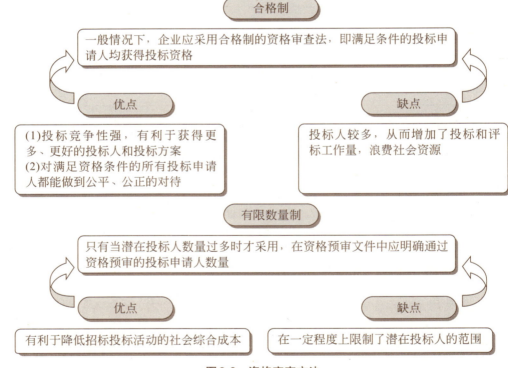

图3-3 资格审查方法

(三)发布招标公告

招标公告基本内容包括以下9个方面。

(1)招标条件,包括招标项目名称、项目审批和核准或备案机关名称、资金来源、简要技术要求及招标人姓名等。
(2)招标项目的规模、招标范围、标段或标包的划分或数量。
(3)招标项目的实施地点,即交货地点。
(4)招标项目的实施时间,即货物交货期或提供服务时间。

(5)对投标人,即供应商的资质等级与资格要求。
(6)获取招标文件的时间、地点、方式以及招标文件售价。
(7)递交投标文件的地点和投标截止日期。
(8)联系方式,包括招标人、招标或采购代理机构项目联系人的姓名、地址、电话、传真、开户银行及账号等联系方式。
(9)其他需要企业单独声明的信息。

(四)发售招标文件

参加采购投标的人都要购买招标文件(招标单位收回招标文件成本费和制作费),对于招标单位来说就是出售招标文件。企业在发售招标文件时要注意以下4项要点。
(1)只向通过资格预审的投标人发售招标文件。
(2)按照投标邀请书或招标公告规定的时间、地点发售招标文件。投标人对招标文件内容有异议者,可在规定时间内要求招标人澄清、说明或纠正。
(3)潜在投标人应严格依据招标文件要求的格式和内容,编制、签署、装订、密封、标识投标文件,按照规定的时间、地点及方式递交投标文件。
(4)投标人在提交投标截止日期之前,可以撤回、补充或者修改已提交的投标文件。

要点6:开标管理

招标人应保证受理的投标文件不丢失、不损坏、不泄密,并组织相关人员将投标截止日期前受理的投标文件及可能的撤销函运送到开标地点。招标人应做好开标的准备工作,包括提前布置好开标会议室,准备好开标需要的设备、设施和服务等。

投标人应按照招标文件要求参加开标会议,投标人不参加开标会议并不影响投标文件的有效性,但事后不得对开标结果提出异议。

(一)开标流程

招标人应按照招标文件中规定的程序开标,开标流程如图3-4所示。

步骤一	宣布开标纪律
	开标会主持人宣布开标纪律,并对参与开标会议的人员提出会场要求
步骤二	确认投标人身份
	招标人按照招标文件的规定,当场核验参加开标会议的投标人授权代表的授权委托书和有效身份证件,确认授权代表的有效性,并留存授权委托书和身份证件的复印件,投标人的法定代表人出席开标会时要出示其有效证件
步骤三	公布接收投标文件情况
	招标人当场宣布投标截止日期前递交投标文件的投标人姓名及时间等信息
步骤四	宣布有关人员姓名
	开标会主持人介绍招标人代表、招标代理机构代表、监督人代表或公证人员等,并依次宣布开标人、唱标人、记录人及监标人等有关人员的姓名

图3-4

| 步骤五 | 检查投标文件的密封情况 |

依据招标文件规定的方式，组织投标文件的密封检查，由投标人代表或招标人委托的公证人员检查，其目的在于检查开标现场的投标文件密封状况是否与招标文件规定和受理时的密封状况一致

| 步骤六 | 宣布投标文件开标顺序 |

开标会主持人宣布开标顺序，若招标文件未约定开标顺序，则按照投标文件递交的顺序或倒序进行唱标

| 步骤七 | 公布标底 |

招标人设有参考标底的应予以公布，招标人也可以在唱标后公布标底

| 步骤八 | 唱标 |

按照宣布的开标顺序当众开标，唱标人应按照招标文件规定的唱标内容，严格依据投标函（或包括投标函附录，或货物、服务投标一览表），并当即做好唱标记录，唱标内容包括投标函及投标函附录中的报价、备选方案报价（如有）、完成期限、质量目标及投标保证金等

| 步骤九 | 开标记录并签字 |

开标会议记录人员应如实记录开标会的全部内容，包括开标日期、地点及开标程序，出席开标会的单位和代表，开标会程序、唱标记录、公证机构和公证结果（如有）等，投标人代表、招标人代表、监标人、记录人等应在开标记录上签字确认，并存档备查，投标人代表对开标记录内容有异议的可以注明

| 步骤十 | 开标结束 |

完成开标会议全部程序和内容后，开标会主持人宣布开标会议结束

图 3-4　开标流程

（二）开标注意要点

开标现场一般由招标小组组织，招标单位、投标单位、评标小组参加，招标企业管理人员到场监督、见证。企业在开标时要注意以下 5 个要点，具体内容如图 3-5 所示。

| 要点一 | 开标时，开标人员应认真核验并如实记录投标文件的密封、标识，以及投标报价、投标保证金等开标、唱标情况，发现投标文件存在问题或投标人提出异议的，特别是涉及影响评标委员会对投标文件评审结论的，应如实记录在开标会议记录上 |

| 要点二 | 在投标截止日期前，投标人以书面通知招标人撤回其投标的，无需进行开标程序 |

| 要点三 | 依据投标函及投标函附录（正本）唱标，其中投标报价应以大写金额为准 |

| 要点四 | 开标过程中，若投标人对唱标记录提出异议，则开标人员应及时核对投标函及投标函附录（正本）的内容与唱标记录，并决定是否调整唱标记录 |

| 要点五 | 招标人不应在开标现场对投标文件做出判断和决定，应递交评标委员会评定 |

图 3-5　开标注意要点

要点7：组织评标

采购招标中的评标工作包括初步评审、详细评审、投标文件的澄清说明及评标结果等具体程序。

（一）评标流程

评标流程如图3-6所示。

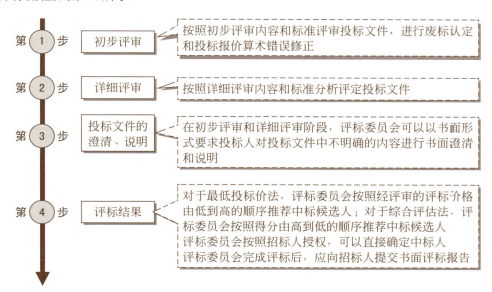

图3-6　评标流程

（二）确定初步评审内容和标准

初步评审内容和标准主要有以下8个方面。
（1）投标内容及范围。
（2）交货期。
（3）采购品质量。
（4）投标有效期。
（5）投标保证金。
（6）报价范围、数量及算术错误。
（7）合同权利与义务。
（8）技术标准和要求。

上述初步评审的内容和标准属于定性评审，其评审内容和标准的设立十分审慎、严谨。投标文件的任何一项内容不符合评审标准均构成废标，不能进行详细评审。

（三）确定详细评审内容和标准

企业在确定详细评审内容和标准时，首先要科学设置评审内容，然后再结合招标产品的技术管理特点和投标竞争情况来合理设置评审内容的权重和标准，最后采用评分或货币量化的方法对投标人及其投标文件进行综合评审。

评标委员会依据综合评估结果，推荐1～3名中标候选人，或者根据招标人的授权直接确定中标人。企业通常从以下4个方面进行详细评审和量化评价，具体内容如图3-7所示。

标准一　投标报价

(1)按照招标文件要求统一投标报价内容及范围
(2)分析评价投标人工程量清单分项单价的完整性与合理性
(3)按照招标文件规定的方法、标准、权重计算评标基准价，并对投标人的报价进行评分

标准二　产品生产能力

(1)产品质量管理体系的可靠性
(2)产品生产计划的可靠性
(3)生产能力的适应性
(4)其他技术支持体系

标准三　供应商管理层资格与业绩

(1)生产经理任职资格与业绩
(2)技术负责人任职资格与业绩
(3)其他人员的任职资格、业绩与专业结构

标准四　其他因素

(1)企业注册资本、净资产、资产负债、现金流量及银行授信状况等财务能力
(2)企业已有类似项目业绩的数量、规模和质量评价、企业信誉、政府或行业的诚信评价等

图 3-7　评审与量化标准

（四）选择评标方法

评标方法包括经评审的最低投标价法和综合评估法两种。招标人应根据采购招标项目的特点来选择适当的评标方法，具体内容如图 3-8 所示。

方法一　经评审的最低投标价法

在投标文件的技术和商务内容能够满足招标文件中规定的评价因素标准的条件下，仅对投标报价的价格因素进行量化折算和评价，而无需对投标文件的技术因素和其他因素进行量化折算和评价，经评审的投标价格最低者为中标候选人

方法二　综合评估法

按照能够最大限度地满足招标文件中规定的各项内容标准，综合评价和选择中标人，凡是技术复杂、技术和管理实施能力及实施方案较重要，不宜采用经评审的最低投标价法的货物项目，应采用综合评估法评标

图 3-8　评标方法

要点8：签订中标合同

招标人从评标委员会推荐的中标候选人中确定中标人后，要向中标人发出中标通知书，并同时将中标结果通知所有未中标的投标人。招标经办人填写中标（交易成交）通知书后报送企业领导签证，企业领导对中标（交易成交）通知书核准后加盖签证章，发还招标单位。

（一）签订采购合同

招标人和中标人应当自中标通知书发出之日起30日内，按照招标文件和中标人的投标文件订立书面合同，招标人和中标人不得再行订立背离合同实质性内容的其他协议。签订合同时应注意以下4项要点，如图3-9所示。

要点一　签订时限

招标人和中标人应在自中标通知书发出之日起30日内，按照中标通知书、招标文件和中标人的投标文件订立书面合同

要点二　履约担保

中标通知书发出后，招标人与中标人订立合同，订立合同前，中标人应提交履约担保，合同附件格式包括合同协议书格式、履约担保格式及预付款担保格式

要点三　签订采购合同的内容要求

签订采购合同时，应按照招标文件和中标人的投标文件确定合同内容，招标文件与投标文件应当包括合同的全部内容，所有的合同内容都应当在招标文件中有所体现
(1)一部分合同内容是确定的，不允许投标人变更的，如技术要求等，否则就构成重大偏差
(2)一部分合同内容是要求投标人明确的，如报价，投标文件只能按照招标文件的要求编制
(3)如果出现合同应当具备的内容，招标文件没有明确，也没有要求投标文件明确，则责任应由招标人承担

要点四　退还投标保证金

(1)招标采购单位应在中标通知书发出后规定时间内退还未中标供应商的投标保证金
(2)招标采购单位应在采购合同签订后规定的时间内退还中标人的投标保证金
(3)投标人在投标阶段存在违反承诺行为，招标人按照招标文件的规定不予退还其投标保证金，以维护自身利益

图3-9　签订采购合同的要点

（二）未签订采购合同的后果

（1）中标人无正当理由拒签合同的，招标人取消其中标资格，其投标保证金也不退还。
（2）给招标人造成的经济损失超过投标保证金数额的，中标人还应当对超过部分予以赔偿。
（3）发出中标通知书后，招标人无正当理由拒签合同的，招标人向中标人退还投标保证金。
（4）投标人给中标人造成经济损失的，应予以赔偿。

（三）受理投诉举报

根据《中华人民共和国招标投标法》第65条的规定，投标人和其他利害关系人认为招标投标活动不符合法律规定的，有权依法向有关行政监督部门投诉。另外，其他任何单位和个人认为招标投标活动违反有关法律规定的，也可以向有关行政监督部门举报，有关行政监督部门应当依法受理和调查处理。

若有效投标不足，以致投标明显缺乏竞争、不能达到招标的目的，则可以依法否决所有投标。发生投标人不足三个或所有的投标被否决等法定情况的，招标人应依法重新招标。

1. 废标情况

（1）投标书未按招标文件中规定密封。
（2）逾期送达的标书。
（3）未加盖法人或委托授权人印鉴的标书。
（4）未按招标文件的内容和要求编写，内容不全或字迹无法辨认的标书。
（5）投标人不参加开标会议。

2. 重新招标

根据《评标委员会和评标办法暂行规定》第27条的规定，有下列情形之一的，招标人应当依法重新招标：投标人少于三个或评标委员会否决所有投标。

第二节　招标采购管理制度

制度1：招标采购管理制度

××公司标准文件		××有限公司 招标采购管理制度	文件编号××-××-××	
版本	第×/×版		页次	第×页

1　总则

1.1　为提升公司的综合竞争力，加强采购的专业化管理，规范公司招标采购业务，保证采购产品的供应及质量，根据《中华人民共和国招标投标法》以及公司的相关规定制订本制度。

1.2　本制度所称的招标包括公开招标、邀请招标和议标。

1.2.1　公开招标是指招标人以招标公告的方式邀请不特定的法人或其他组织投标。

1.2.2　邀请招标是指招标人以投标邀请书的方式邀请特定的法人或其他组织投标。

1.2.3　议标是指无法达到3个投标人或不便按招标方式处理的业务，经批准参照招标的技术质量标准、成本控制、操作透明度等要求，邀请相关法人或备选交易方报价，与其洽谈，经评议，从中选定中标人的方式。

1.3　本制度是建立在维护公司整体利益的前提下，以采购需求数据以及未来采购战略为基础，并结合对供应商地域分布、产品价格、物流费用等市场调研数据为依据，确定公司自主招标方案。

1.4　招标项目必须坚持公开、公平、公正、诚信、透明、择优的原则，任何单位和个人不得将必须招标的项目化整为零或者以其他方式规避招标。

2　权责

2.1　招标采购机构及权限。

2.1.1　根据本公司组织架构设置，由采购部负责本公司产品采购招标工作。

2.1.2　结合采购部人员配置及专业能力的现状，招标实施中应最大限度调集公司专业人员资源，共同参与公司招标采购和指导监督工作，其他部门应给予积极支持与配合。

2.1.3　对于单项合同金额在2000元人民币以下，可采取电话与传真询价，比价采购。对于单项合同采购金额在2000元人民币以上，10万元人民币以下的，必须采取传真报价或招标采购方式，比价采购。对于单项合同采购金额在10万元人民币以上或年度采购金额在120万元人民币以上的原材料或工程设备将由采购部安排招标采购，定标及合同经由分管采购总经理和分管工程的总经理批准。

续表

××公司标准文件		××有限公司 招标采购管理制度	文件编号××-××-××	
版本	第×/×版		页次	第×页

2.2 招标机构的设置及职责。招标机构由招标领导小组、招标工作小组构成。

2.2.1 招标领导小组人员构成及职责。招标领导小组成员由各采购分管总经理、需求部门分管总经理、财务总监及采购部经理共同组成，以上领导如无法参加会议时，应提供个人意见或指定被授权人代为履行职责。招标领导小组工作职责如下。

（1）负责审定招标有关的规定、办法。
（2）决定招标工作的重大问题和重大事项。
（3）组织成立招标工作小组并任命其成员。
（4）主持招标会，对招标计划、招标文件、资格评审结果和评标报告等主要环节进行审核确认。
（5）确定中标单位及授权签署正式合同。

2.2.2 招标工作小组人员构成及职责。招标工作小组由采购部经理及部门成员、需求部门专业技术人员共同组成。采购部牵头，根据需要有权邀请有经验的专业人员共同参与，各部门应给予支持与配合。招标工作小组的工作职责如下。

（1）统计招标的技术信息及要求的总体情况。
（2）编制及发布资格预审文件及招标文件。
（3）对招标文件答疑。
（4）接收投标文件。
（5）审阅各投标人的投标情况，就投标文件向投标人质疑。
（6）提交评标报告，包括推荐中标候选人排名。
（7）发出中标通知书。
（8）合同谈判、办理合同签订手续。
（9）整理招标有关文件和资料并归档。

2.2.3 招标工作小组人员守则。
（1）必须遵守评标纪律，不得泄密。
（2）必须公正客观，不得徇私。
（3）必须科学与严谨，不得草率。

2.3 招标回避制度。招标小组成员有下列情形的，应当回避。
2.3.1 投标商主要负责人的近亲友。
2.3.2 与投标人有经济利益关系，可能影响评标结果的。
2.3.3 其他可能影响评标公正结果的情形。

3 资格审查及投标人数据库管理

3.1 资格审查活动应当遵循公平、公正、科学、择优的原则。采购部门不得以不合理的条件限制、排斥潜在投标人，不得对潜在投标人实行歧视待遇。

3.2 资格审查由采购部门负责，资格评审报告报招标领导小组审批，资格审查的监督由招标工作小组负责，任何单位和人员不得非法干预或者影响资格评审结果。

3.3 资格审查分为资格预审和资格后审。

3.3.1 资格预审。资格预审是指在投标前对潜在投标人进行的资格审查，一般适用于金额比较大、投标人较多或者大型、技术复杂的公开招标项目。

（1）资格预审的程序。
——招标工作小组准备资格预审文件。
——公开发布资格预审公告。
——发售资格预审文件。
——待投标申请人递交资格预审申请书后，对投标申请人进行必要的调查，对资格预审申请书进行评审。

（2）投标申请人一般应独家申请资格预审，若以联合体形式申请必须遵守以下规定。
——每个成员均须通过资信登记，并单独提交资格预审申请书。
——投标申请人，不得以其他形式对同一合同段再次申请资格预审。

（3）资格预审的内容。
——投标人投标合法性审查。包括投标人是否为正式注册的法人或其他组织，是否具有独立签约的能力，是否处于正常的经营状态，即是否处于被责令停业，有无财产被接管、冻结等情况，是否正处于被暂停或已清除出数据库未满3年。

××公司标准文件		××有限公司 招标采购管理制度	文件编号××-××-××	
版本	第×/×版		页　次	第×页

——投标人质量认证审查。包括投标人是否有产品生产许可证、产品质量检验报告、是否通过ISO系列质量体系认证，是否有质量管理控制流程等内容。

——投标人的信誉及售后服务质量审查。包括投标人以往的项目是否按期履行，是否曾提供过与标的物同类的优质货物及服务，是否受到以前项目业主的好评。

——投标人技术能力审查。包括投标人是否具备充足的设计或技术专业人员，是否具备先进的生产技术和装备。

——投标人的财务能力审查。包括投标人偿债能力、运营能力、盈利能力、供应能力等审查。

3.3.2　资格后审。资格后审是指在开标后对投标人进行的资格审查，除投标发生以下所述情况外，一般不需要进行资格后审。

（1）参与本采购投标的主要管理人员发生变化，变化后可能给采购产品的供应带来影响。

（2）财务状况发生变化，存在债务纠纷，被责令停业清理，处于破产状况。

3.4　建立合格投标人数据库。

3.4.1　通过资格评审的投标人，由采购部统一建立投标人数据库。数据库应记录投标人基本资料，所有采购产品的招标范围优先从现有投标人数据库中选择。

3.4.2　纳入数据库的投标人必须符合以下要求。

（1）依法设立的企业法人。

（2）具有国家规定的企业资质证书、安全生产许可证书、营业执照或其他资格证明文件。

（3）合法经营、管理规范、业绩突出，技术力量和资金实力雄厚，业绩在本行业中有一定的知名度。

（4）重合同、守信用，信誉良好。

（5）近三年无重大质量、安全事故。

3.5　采购部组织数据库投标人的资格复审，符合要求的投标人可在数据库中保留，否则将予以删除。复审时间为每半年1次。

3.6　清除出合格投标人资料库情形，包括但不限于以下情形，且未满3年不接受其加入合格投标人资料库。

（1）提供的产品不能达到公司要求，反映情况多次后仍不能达到合约要求的。

（2）与本公司发生法律诉讼的。

（3）提交的有关资料或数据，存在隐瞒真相、弄虚作假的。

（4）因行贿、受贿、串通投标、转包、挂靠或暴力抗法而受到有关政府部门通报或处罚的。

（5）无正当理由不履行或拒绝履行合同的。

（6）被责令停产停业，处于破产清算状态的。

（7）存在其他重大违法、违规现象的。

4　招标采购工作流程

4.1　成立招标机构。成立招标领导小组，由招标领导小组组织成立招标工作小组并任命其成员。

4.2　招标准备。统计原招标的产品采购渠道、采购价格，预计年度需求量，进行市场调研，对招标产品的市场分布、供应商家及厂家进行了解，提交对前期供货单位合同履行情况的评审报告，努力寻找满足产品条件的新渠道。

4.3　编制资格预审文件和招标文件。

4.3.1　资格预审文件由采购部门负责编制，经财务部门审核，招标领导小组审批，并作为范本，供内部使用。资格预审文件的编制一般包括以下内容：资格预审通告；投标申请人资格预审须知；投标申请人资格预审申请书；资格预审评分表；投标申请人资格预审合格通知书。

4.3.2　投标须知内容如下。

（1）招标文件的说明。

（2）投标文件递交，如密封与标记要求、截止时间、修改与撤回、延迟提交的处理等。

（3）开标与评标，如开标程序、澄清、评标原则与方法、中标条件等。

（4）投标保证金。

4.4　发布招标公告、发售资格预审文件，对申请的投标人进行资格预审。

4.4.1　采购部门通过电视、互联网等大众传媒发布招标公告或以投标邀请书的方式邀请特定的法人或其他组织投标，并对投标申请人发售资格预审须知和资格预审申请书。

续表

××公司标准文件		××有限公司 招标采购管理制度	文件编号××-××-××	
版本	第×/×版		页次	第×页

4.4.2 投标人的资格预审由招标工作小组负责，根据投标人实际情况对其进行资格预审的评审，评审合格的投标人由采购部门编制评审报告报招标领导小组审批。领导小组审批通过后，采购部门应及时以书面形式通告评审合格的投标人。向未通过资格预审的投标人书面告知结果，并写明具体原因或者理由。通过评审的投标人信息资料将纳入合格投标人数据库。

4.5 发售招标文件，收取投标保证金，对招标文件答疑。

4.5.1 采购部门向合格的投标申请人发售招标文件，收取投标保证金，并要求投标申请人核对招标文件等有关资料后，以书面形式予以确认。

4.5.2 投标保证金可采用现金、支票、银行汇票，也可以是银行出具的银行保函，保证金数额一般不超过投标总价的2%，最高不超过50万元人民币。

4.5.3 采购部门对已发出的招标文件进行必要的澄清或者修改的，应当在招标文件要求提交投标文件截止时间至少10个工作日前，以书面形式通知所有招标文件收受人。

4.5.4 投标人对招标文件中发现的疑问或不清楚的问题，采购部门应当给予书面解释和答复。

4.6 接收投标文件。

4.6.1 投标人应当按照招标文件的要求编制投标文件，投标文件应当对招标文件提出实质性要求和条件做出响应。

4.6.2 编制投标文件的时间自招标文件开始发出之日起至投标人提交投标文件截止之日止，最短不得少于10个工作日。

4.6.3 采购部门收到投标人文件后，应当向投标人出具标明签收人和签收时间的凭证，并妥善保存投标文件。在开标前，任何单位和个人均不得开启投标文件。在招标截止日后送达的招标文件，视为无效的投标文件，采购部门应当拒收。

4.6.4 在投标截止日前，投标人可以补充、修改或者撤回已提交的投标文件，并书面通知招标人，补充、修改的内容为投标文件的组成部分。

4.7 主持开标会。

4.7.1 标会由招标领导小组主持。

4.7.2 开标应当在招标文件确定的提交投标文件截止时间的同一时间公开进行，开标地点应当为招标文件中预先确定的地点。开标过程应当记录，并存档备查。

4.7.3 开标时，投标人有权检查投标文件的密封情况，经确认无误后，招标工作人员当众拆分，按照约定宣读投标人名称及有关内容。

4.7.4 在开标时，投标文件出现下列情况之一的，应当作为无效投标文件，不得进入评标。

（1）投标文件未按照招标文件的要求予以密封的。

（2）投标文件中的投标函未加盖投标人的企业及企业法定代表人印章的，或者企业法定代表人委托代理人没有合法、有效的委托书原件及委托代理人印章的。

（3）投标文件的关键内容字迹模糊、无法辨认的。

（4）投标人未按照投标文件的要求提供投标保函或投标保证金的。

（5）组成联合体投标的，投标文件未附联合体各方共同协议的。

4.8 评标。

4.8.1 采购部门应当采取必要措施，保证评标在严格保密的情况下进行，任何单位和个人不得非法干预、影响评标的过程和结果。

4.8.2 招标小组应当按照制订的评标标准和方法，对投标文件进行评审、比较和打分。招标小组完成评标后，应当向采购部门提交书面评标报告，并推荐合格的中标候选人。

4.8.3 评标报告应当如实记载以下内容。

（1）开标时间和地点。

（2）招标工作小组成员名单。

（3）投标商各次报价。

（4）与投标商谈定的特约条款。

（5）废标情况说明。

（6）评标小组对投标商的推荐排序和理由。

（7）签订合同前要处理的事宜。

（8）澄清、说明、补正事项纪要。

续表

××公司标准文件		××有限公司 招标采购管理制度	文件编号××-××-××	
版本	第×/×版		页次	第×页

4.8.4 招标工作小组初审评标报告后,未发现违规现象的,将评审报告上报招标领导小组审核。

4.8.5 招标工作小组可以以书面方式要求投标人对投标文件中含义不明确、对同类问题表述不一致或者有明显文字和计算错误的内容做出必要的澄清、说明或者补充。澄清、说明或者补充应当以书面方式进行并不得超出投标文件的范围或者改变投标文件的实质性内容。投标文件中的大写金额与小写金额不一致的,以大写金额为准。

有下列情况之一的,投标应作废标处理。

(1) 投标人以他人名义投标、串通投标、以行贿手段谋取中标或者以其他弄虚作假方式投标的。

(2) 投标人报价明显低于其他投标报价或者明显低于标底,且投标人不能合理说明或者不能提供相关证明材料的。

(3) 投标人条件不符合招标文件要求,或者拒不按照要求对投标文件进行澄清、说明或者补充的。

(4) 投标人被吊销营业执照、责令停产停业、主要资产被抵押冻结、被行政处罚未满3年的。

(5) 其他重大违规现象。

4.9 定标及发出中标通知书。

4.9.1 招标领导小组根据招标工作小组初审的评标报告和推荐的中标候选人确定中标人。

4.9.2 中标人确定后,由采购部门向中标人发出中标通知书,并同时将中标结果书面通知或电话通知所有未中标的投标人。

4.10 合同谈判及签订。采购部门应当自中标通知书发出之日起20个工作日内,与中标人洽谈合同,合同草稿报招标领导小组审核后,呈交采购总经理或工程总经理签署正式合同。

4.11 招标有关文件和资料的归档。招标工作完成后,由采购部门将招标有关的文件和资料整理归档,使招标工作具备可追溯性。资料文件主要包括:招标文件、答疑文件、各投标单位投标书、开标过程、评委打分记录、评标报告、中标通知书等。

5 招标纪律及奖惩

5.1 招标领导小组、招标工作小组成员必须严守秘密,不得向投标人提供任何有关撰写标书的指导性建议,不得向投标人透露其他投标人的任何信息,不得擅自接触和拆阅密封的投标文件,不得透露评审员在评标程序中的任何言论和总分以外的计分情况。工作人员或其亲属与投标单位有利害关系的,必须向招标领导小组提出回避申请,由招标领导小组决定其是否回避。

5.2 工作人员违反本制度规定,泄露与招标投标活动有关的情况和资料的,或者与投标人串通损害公司利益的,视其情节,可给予扣薪、通报批评、降级、免职、辞退处理。评标人员在评标过程中违反评标标准和办法,不能客观公正地履行职责,取消其评标资格,视其情节,可给予扣薪、通报批评、降级、免职、辞退处理。构成犯罪的,移送司法机关追究刑事责任。

以上人员违反本制度规定,但未给公司造成损失,包括直接和间接损失,给予通报批评。造成损失的,除通报批评外,根据损失金额大小给予相应处罚。损失在10万元人民币以内的,给予扣薪处理;损失超过10万元给予辞退处理;构成犯罪的,移送司法机关追究刑事责任。

拟订	审核	审批

制度2:物资采购招标比价管理办法

××公司标准文件		××有限公司 物资采购招标比价管理办法	文件编号××-××-××	
版本	第×/×版		页次	第×页

1 目的

为了降低成本,提高效益,加强公司文化建设,促进公司管理水平,规范工程建设及物资采购的管理行为,提高员工的团队精神,依据《中华人民共和国招标法》,结合公司的实际情况,特制订本管理办法。

2 招标管理委员会组织及职责

2.1 招标管理委员会组织结构如下图所示。

续表

××公司标准文件		××有限公司 物资采购招标比价管理办法	文件编号××-××-××	
版本	第×/×版		页次	第×页

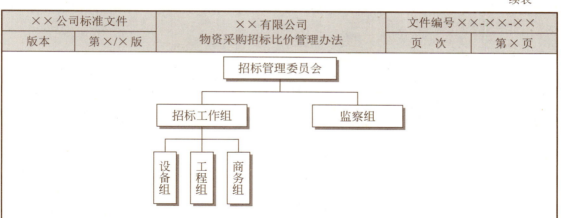

招标管理委员会组织结构图

2.2 招标委员会组成。
主任：（略）。
成员：（略）。
职责：根据招标工作组提交的招标初审意见，确定最终中标对象。
招标工作组组成如下。
组长：（略）。
组员：（略）。
职责：根据采购计划，组织实施招标，编写招标结果的初审意见，上报招标委员会，根据其反馈意见，发放中标通知书，转交采购部完成合同签订、资料存档及执行后续工作。
2.3 招标工作组。
2.3.1 招标工作组下设三个小组，分别是工程小组、设备小组和商务小组。
2.3.2 工程组：组长_____，副组长_____，组员：相关专业人员。
2.3.3 设备组：组长_____，副组长_____，组员：各专业人员。
2.3.4 商务组：组长_____，副组长_____，组员：_____、_____、_____、_____、_____、_____、_____。
2.4 监察组。
2.4.1 监察组：组长（略）。
2.4.2 监察组职责：全面监督、检查招标工作组的工作，确保工作组成员客观、公正地履行职责，遵守职业道德，对所提出的评审意见承担个人责任。
以上名单如有变动，另行书面通知，所有与评标活动有关的工作人员不得透露对投标文件的评审和比较、中标候选人的推荐情况以及与评标有关的其他情况。

3 管理规定
3.1 招标比价范围。
3.1.1 凡单价在2万元以上或同品种全年合计采购价值在2万元以上的物资采购，原则上都应进行招标。如果不具备招标条件的，由物资管理部门提出理由，经公司主管领导审核，经招标工作组批准后，由物资采购管理部门采取比价方式实施。
3.1.2 2万元以下的物资采购，由采购部门采取比价方式进行，同时应制订本单位的比价管理办法，公司招标工作组对采购部门比价管理办法的制订和比价的情况进行检查。
3.2 招标比价原则。
3.2.1 招标必须选择三家或三家以上符合要求的单位参加。
3.2.2 同质择廉，同价择优，同质同价择资金垫付能力强、服务质量好、企业信誉高、合作时间长等原则。
3.3 招标程序和步骤。
3.3.1 主管部门根据使用单位提出的物资采购内容（含技术要求），制订采购计划，报公司有关领导审批。
3.3.2 采购计划批准后，应由采购部门起草招标文件。物资采购招标文件的主要内容：采购物资的名称、数量、规格型号、技术质量要求、供货时间、投标和开标的时间及地点、投标书的密封要求、评标定标方式、投标费用、需要投标方提供的相关证件和资料等。

续表

××公司标准文件		××有限公司 物资采购招标比价管理办法	文件编号××-××-××	
版本	第×/×版		页次	第×页

3.3.3 采购部门起草招标文件后，报招标工作组审查批准。

3.3.4 采购部门发布招标公告，审查报名单位的资质，对报名单位提出的有关问题进行答疑。需对报名单位考察的，由采购部门和招标比价领导小组选派人员联合考察后，确定三家以上投标单位，并发放招标文件。外出考察所需费用由公司支付。

3.3.5 投标单位根据招标文件要求制订投标书，并按照规定时间将投标加盖公章密封后送交公司采购部，由采购部进行存档。

3.3.6 需预算标的物资采购，由采购部门预算标的，送招标工作组审查后加章密封送公司资料室存档。

3.3.7 投标书（含招标标的）收齐后，由招标工作组确定开标的时间，并通知物资采购部门，采购部通知投标单位到会。

3.3.8 招标工作组组长主持召开招标会议，其主要议程如下。

（1）物资采购部门向招标工作组成员介绍本次招标的基本情况。招标工作组研究决定本次招标、评标、定标的具体办法和有关事宜。

（2）招标工作组组长向全体投标单位代表介绍本次招标基本情况和评标、定标具体办法。

（3）招标工作组选派成员当场拆封宣读各单位投票书，评标工作组对各单位投标书报价进行对比、分析。

（4）投标方代表逐一向招标工作组介绍本企业基本情况，陈述本次标书的主要内容，并进行必要的补充，回答有关问题。需第二轮报价时，进行第二轮报价。

（5）招标工作组按照招标的基本原则和评标办法合议、评标，初步确定中标单位和中标价格。

（6）招标工作组组长将评标结果，上报招标管理委员会审批。

（7）被批准后将宣布中标单位、中标价格，并向中标单位发放中标通知书。

3.3.9 物资采购部门按照招标工作组确定的中标单位、中标价格签订合同。

3.4 招标后的验收。招标采购的物资由物资采购部门、质检部门和其他有关部门分别进行数量验证和质量验收，并出具验收报告。

3.5 招标评标办法。招标的评标可采取最低报价中标、接近标的中标和综合评分中标三种方法进行，具体招标时采取何种方法，由招标工作组确定并在招标文件中予以明确（具体招标评标办法附后）。

3.6 招标收费标准。招标时，招标工作组可向投标单位适当收取费用，其收费标准如下。

物资采购招标：物资总价在10万元以上的，可向投标方收取适当资料费，数额酌情考虑在100～1000元之间。在发放招标书时，可根据物资造价收取定额的投标保证金（未中标单位，招标结束后返还；中标单位，合同签订后返还）和合同履约保证金（合同全部履约后返还），投标保证金和合同履约保证金均不计利息。

3.7 结算与付款。凡属招标范围的物资采购，结算或付款时，必须持合同和质量、数量的验收报告以及相关财务凭证（发票），经财务人员审核一致后，方可办理结算付款，否则财务部门不得给予结算或付款。

3.8 罚则。

3.8.1 凡属招标范围的物资采购，采购部门既不提交招标，又不经招标工作组审批，而进行采购的，发现一次的（以发票为准），给予采购主管领导及直接责任人200元的罚款，必要时根据情节轻重，给予行政处理。

3.8.2 物资采购部门或使用单位，不经招标工作组同意，擅自变动中标价格或中标范围的，对部门负责人及当事人发现一次罚款200～2000元。

3.8.3 参加招标的招标工作组成员及其他相关人员，要严格招标纪律。若在招标过程中出现串标、泄密等其他违纪行为者，视情节轻重由招标工作组提出建议，给予违规人员一定的经济处罚和行政处理。

附件（仅作参考）：物资招标评标参考办法

物资招标评标参考办法

（一）最低报价中标法

1.评标标准

最低报价中标法，是指投标单位在符合招标单位招标文件要求的基础上，报价最低者中标。最低报价可采取书面一次报价确定，也可以在书面报价的基础上，采取第二轮或第三轮报价确定。

××公司标准文件		××有限公司 物资采购招标比价管理办法	文件编号××-××-××	
版本	第×/×版		页次	第×页

2.适用范围

最低报价中标法适用于物资采购。

（二）接近标的中标法

1.评标标准

接近标的中标法，是指投标单位在符合招标单位招标文件要求的基础上，以复合标的为标准，最接近复合标的者中标。

2.复合标的计算和确定

（1）复合标的按以下两种办法计算。

方法一：招标人标的与各投标人书面最终报价的平均值之和乘以折减系数后各占50%为复合标的。计算公式为：

$$F = J [A + (B_1 + B_2 \cdots B_n) \div n] \div 2$$

式中，F为复合标的；J为折减系数；A为招标人标的；B为投标人最终报价；n为投标人数量。

方法二：招标人标的和投标人书面最终报价之和乘以折减系数后的平均值为复合标的。计算公式：

$$F = J [A + (B_1 + B_2 \cdots B_n)] \div (n+1)$$

（2）以上两种计算方法中的折减系数J的折减范围为-3%～-5%，由投标人选派代表在招标会上当场抽签确定。

（3）以招标人标的价为标准，投标人所报的最终报价在招标人标的价的+8%（含）～-10%（含）范围内者为有效报价，参与复合标的计算。超过+8%或-10%者为无效报价，不参与复合标的计算。

（4）以上两种计算方法在招标会上由招标人的代表当场通过抽签方式决定。

3.适用范围

接近标的中标适用于技术要求较高的工程项目招标。

（三）综合评分中标法

1.评标标准

综合评分中标法，是指将接近标的中标法与信誉打分结合的评标方法，两项合计总分最高者中标。

2.分值设定与计算

标的为80分，信誉（包括单位实力、业绩、质量和服务等）为20分，合计总分为100分。

计算办法如下。

（1）标的分的计算。按照接近标的法计算出复合标的，以80分为最高分，投标人的最终报价与复合标的相比较，每高于复合标的1%扣2分，低于复合标的1%扣1分。依此类推，计算出你的最终得分。

（2）信誉分的计算。按照投标人提供的有关资料和陈述意见及招标方掌握的情况，由招标比价领导小组成员采取无记名投票方式给投标方逐一打分，最高分为20分，最低分为10分。统计分数时，去掉一个最高分，去掉一个最低分，计算出的平均得分为最终信誉分。

（3）适用范围：同接近标的中标法。

拟订		审核		审批	

制度3：评标管理办法

××公司标准文件		××有限公司 评标管理办法	文件编号××-××-××	
版本	第×/×版		页次	第×页

1 总则

1.1 为规范公司采购中的评标活动，根据《中华人民共和国招标投标法》及《招标中心电子交易平台运行管理办法》等相关法律法规，结合公司实际情况，特制订本办法。

1.2 本办法适用于招标、询比价、竞争性谈判和议标采购等方式的评标活动。

1.3 评标活动应遵循公开、公正、公平的原则，规范操作，竞争择优，达到保证采购质量、节省资金、提高资金使用效益、规范采购程序的目的。

2 评标的准备与初步评审

2.1 评标委员会成员应当认真研究招标文件，至少应了解和熟悉以下内容。

××公司标准文件		××有限公司 评标管理办法	文件编号××-××-××	
版本	第×/×版		页 次	第×页

2.1.1 招标的目标。
2.1.2 招标项目的范围和性质。
2.1.3 招标文件中规定的主要技术要求、标准和商务条款。
2.1.4 招标文件规定的评标标准、评标方法和在评标过程中考虑的相关因素。

2.2 采购部门应当向评标委员会提供评标所需的评标标准及重要信息和数据。设有标底的，标底应当保密，并在评标时作为参考。

2.3 评标委员会应当根据招标文件规定的评标标准和方法，对投标文件进行系统地评审和比较。招标文件中没有规定的标准和方法不得作为评标的依据。招标文件中规定的评标标准和评标方法应当合理，不得含有倾向或者排斥潜在投标人的内容，不得妨碍或者限制投标人之间的竞争。

2.4 评标委员会应当按照投标报价的高低或者招标文件规定的其他方法对投标文件排序。

2.5 评标委员会可以要求投标人对投标文件中含义不明确、对同类问题表述不一致或者有明显文字和计算错误的内容作必要的澄清、说明或者补正。澄清、说明或者补正应不得超出投标文件的范围或者改变投标文件的实质性内容。投标文件中的大写金额和小写金额不一致的，以大写金额为准。总价金额与单价金额不一致的，以单价金额为准，但单价金额小数点有明显错误的除外。对不同文字文本投标文件的解释发生异议的，以中文文本为准。

2.6 在评标过程中，评标委员会发现投标人以他人的名义投标、串通投标、以行贿手段谋取中标或者以其他弄虚作假方式投标的，该投标人的投标应作废标处理。

2.7 投标人资格条件不符合国家有关规定和招标文件要求的，或者不按照要求对投标文件进行澄清、说明和补正的，评标委员会可以否决其投标。

2.8 评标委员会应当审查每一投标文件是否对招标文件提出的所有实质性要求和条件作出响应。未能在实质上响应的投标，应作废标处理。

2.9 评标委员会应当根据招标文件，审查并逐项列出投标文件的全部投标偏差。投标偏差分为重大偏差和细微偏差。

2.9.1 下列情况属于重大偏差。
（1）投标的竞争性（投标人是否少于3家）。
（2）投标文件没有投标人授权代表签字和加盖公章。
（3）投标文件载明的招标项目完成期限超过招标文件规定的期限。
（4）明显不符合技术规格、技术标准的要求。
（5）投标文件载明的货物包装方式、检验标准和方法等不符合招标文件的要求。
（6）投标文件附有招标人不能接受的条件。
（7）不符合招标文件中规定的其他实质性要求。

投标文件有上述情形之一的，为未能对招标文件作出实质性响应，并按2.8规定作废标处理。初审不合格，不再进入投标文件的详细评审。

2.9.2 细微偏差是指投标文件在实质上响应招标文件要求，但在个别地方存在漏项或者提供了不完整的技术信息和数据等情况，并且补正这些遗漏或者不完整不会对其他投标人造成不公平的结果。细微偏差不影响投标文件的有效性。评标委员会应当书面要求存在细微偏差的投标人在评标结束前予以补正，拒不补正的，在详细评审时可以对细微偏差作不利于该投标人的量化，量化标准应当在招标文件中规定。

2.10 评标委员会根据本规定2.5、2.7、2.8、2.9.1的规定否决不合格投标或者界定为废标后，因有效投标不足三个使得投标明显缺乏竞争的，评标委员会可以否决全部投标。投标人少于三个或者所有投标被否决的，应当依法重新招标。

3 详细评审

3.1 经初步评审合格的投标文件，评标委员会应当根据招标文件确定的评标标准和方法，对其技术部分和商务部分作进一步评审、比较。

3.2 评标方法包括经评审的最低投标价法、综合评估法、性价比法或者法律、行政法规允许的其他评标方法。

3.3 经评审的最低投标价法一般适用于具有通用技术、性能标准或者招标人对其技术、性能没有特殊要求的招标项目。

3.3.1 对采取最低价评标法的不进行评分，仅对是否符合要求进行确认。根据经评审的最低投标价法，能够满足招标文件的实质性要求，并且经评审的最低投标价的投标，应当推荐为中标候选人。

续表

××公司标准文件		××有限公司	文件编号××-××-××	
版本	第×/×版	评标管理办法	页　次	第×页

3.3.2 根据经评审的最低投标价法完成详细评审后，评标委员会应当根据"标价对比表"，按投标价从低到高排列，价格合理且最低的推荐为中标候选人，由评委主任征求各评委意见后，评委对评标会签单签字确认，采购部门据此进行授标。"评标会签单"应当载明投标人的投标报价、对商务偏差的价格调整和说明以及经评审的最终投标价。

3.4 技术性较强或不宜采用经评审的最低投标价法的招标项目，一般应当采取综合评估法进行评审，由评标委员会成员负责对投标人从商务、技术及价格等方面进行打分。

3.4.1 资格评审。在资格评审中，下列内容有一项不合格者，即为不合格投标，不再进行商务评审。

（1）投标人经营范围。
（2）投标文件的有效性，即格式和签字、盖章是否符合招标文件要求，有无提供技术和商务等招标文件中规定必须提供的资料。
（3）投标人的资格、信誉（有无不良记录等）和相关业绩。
（4）投标货物的销售业绩和证书。
（5）投标文件的有效期。
（6）投标方法人代表授权书。
（7）代理商投标的，应提供制造厂商的授权书。

3.4.2 商务评审。
（1）供货范围。
（2）交货时间和地点。
（3）投标价格、付款条件和方式。
（4）售后服务。
（5）适用法律和仲裁。

说明：对供货范围、适用法律和仲裁评审任一项不合格的投标，不再进行技术评审。

3.4.3 技术评审。
（1）基本要求。
（2）加工、制造工艺。
（3）技术水平。
（4）加工能力。

投标人的投标应当符合招标文件规定的技术要求和标准，否则将被视为非响应性投标被拒绝，技术评审不合格者不再进入综合评审。

3.4.4 投标文件的综合评审。
（1）对所有投标人的投标评价，都采用相同的程序和标准。
（2）评标采用商务评分和技术评分分别记分的方式，满分为100分，其中商务评分占60分，技术评分占40分。商务评分对投标人评标价格、资质水平、综合信誉、付款条件和方式、交货期、售后服务中的各评标因素进行综合评议打分。技术评分对投标人的制造能力、技术水平、加工、制造工艺、质量保证中的各评标因素进行综合评议打分。对采取最低价评标法的不进行评分，仅对是否符合要求进行确认。

3.4.5 最终评估分的确定。
（1）商务评分平均值与技术评分的平均值的和为投标人的最终得分。
（2）按照投标人的最终得分进行排序来确定预中标单位。

3.5 中标的基本条件。
3.5.1 投标文件必须对招标文件的实质性要求完全响应。
3.5.2 投标人有良好的执行合同的能力。
3.5.3 该投标人的报价对招标人最有利。
3.5.4 能够提供最佳服务。

4 推荐中标候选人与定标
4.1 评标委员会在评标过程中发现的问题，应当及时作出处理或者向采购部门提出处理建议，并作书面记录。
4.2 评标委员会完成评标后，应当向招标人提出书面评标报告和会签单。评标报告应当如实记载以下内容：
4.2.1 基本情况和数据表。

续表

××公司标准文件		××有限公司 评标管理办法	文件编号××-××-××	
版本	第×/×版		页 次	第×页

4.2.2 评标委员会成员名单。
4.2.3 开标记录。
4.2.4 符合要求的投标一览表。
4.2.5 废标情况说明。
4.2.6 评标标准、评标方法或者评标因素一览表。
4.2.7 经评审的价格或者评分比较一览表。
4.2.8 经评审的投标人排序。
4.2.9 推荐的中标候选人名单与签订合同前要处理的事宜。
4.2.10 澄清、说明、补正事项纪要。
4.3 评标报告（会签单）由评标委员会全体成员签字。对评标结论持有异议的评标委员会成员可以书面方式阐述其不同意见和理由。评标委员会成员拒绝在评标报告上签字且不陈述其不同意见和理由的，视为同意评标结论，评标委员会应当对此作出书面说明并记录在案。
4.4 一般性项目的招标工作的决标，经评标委员会评选的第一中标候选人是采购人的第一中标人。第一中标候选人放弃中标或因不可抗力提出不能履行合同，采购人可以确定第二中标候选人为中标人。第二中标候选人因前款规定的同样原因不能签订合同的，采购人可以确定排名第三的中标候选人为中标人。否则，依法重新招标。
特殊类项目的招标，因事实上选择一家中标单位无法满足采购需求的，应根据实际采购需求的情况，并依据评委会打分由高到低的顺序，在集体讨论的基础上，投票决定最终的中标人。
4.5 公开招标评标结果确定后，评标结果应及时通知所有投标人，并向中标单位发出中标通知书，尽快签署书面合同。
5 责任
5.1 评标委员会有责任解释投标人和有关部门提出的评标质疑。因评标委员会解散后不能进行解释的，可由采购部门或招标中心依据评标委员会的评标报告进行解答。
5.2 评标成员和参与评标活动的有关工作人员，不得私下接触投标人，不得收受投标人的财物或其他好处，不得透露对招标文件的评审和推荐中标候选人以及与评标有关的其他情况。
违反上述规定影响评标活动或评标结果给评标工作造成损失的，将依法追究有关人员的行政责任，情节严重或造成重大经济损失的将依法追究有关人员的刑事责任。
5.3 采购人在评标委员会依法推荐的中标候选人以外确定中标人，或在评标委员会对招标项目的所有投标文件被否决后自行决定中标人的，中标无效。除责令采购部门改正外，并追究有关人员的法律责任。

拟订		审核		审批	

第三节　招标采购管理表格

表格1：采购招标工作的成本费用计划表

采购招标工作的成本费用计划表见表3-2。

表3-2　采购招标工作的成本费用计划表

类别	分类别	数量/（人／天）	单价/（元／天）	小计/元	备注
人力资源	项目经理				
	技术人员				
	造价工程师				
人力资源	招标人员				
	辅助人员				

续表

类别	分类别	数量/(人/天)	单价/(元/天)	小计/元	备注
社保福利费					
专家评标					
办公费	差旅费				
	汽车费				
	开标室租赁费				
	标书制作费				
管理费					
税金					
总成本					
合同收入	合同				
	标书发售				
利润	利润＝总收入－总成本；利润率＝利润÷收入				

表格2：大宗物资采购市场情况调查表

大宗物资采购市场情况调查表见表3-3。

表3-3　大宗物资采购市场情况调查表

调查部门		调查区域		日　期	
材料名称		材料规格		调查人	
生产厂家数量及竞争程度					
产品质量水平					
市场产能及富余度					
原材料、资源供应情况					
物流情况及影响程度					
产品信息公开程度					
资金要求					
市场特殊规定					
工艺流程					
市场定价情况					
相关政府政策					
其他情况					
调查结果及推荐意见：（包含市场机遇及市场不利因素，相应资料见附件报告） 月　日					
物资招标领导小组传阅： 月　日					

表格3：物资招标采购供应方基本资料调查汇总表

物资招标采购供应方基本资料调查汇总表见表3-4。

表3-4　物资招标采购供应方基本资料调查汇总表

调查人		地点		日期	
材料名称		材料规格		商标牌	
生产商或供应商					
地址					
企业资质		供货能力		产品质量证书	
调查价格		协商价格		外观质量	
运输方式		运　距		运　距	
联系电话		联系电话		取样检、试验	
其他调查情况陈述：（详见报告）					
调查结果及推荐意见：　　　　　　　　　　　　　　　　　　　　　　　　　月　　　日					
领导小组传阅：　　　　　　　　　　　　　　　　　　　　　　　　　　　年　　月　　日					

表格4：投标邀请函

投标邀请函见表3-5。

表3-5　投标邀请函

投标邀请函
公司就_____设备进行邀请招标，现邀请承包该采购项目的企业按本招标文件的规定提交投标文件。 　　（1）项目名称：_____。 　　（2）项目内容：_____。 　　（3）供货周期：_____。 　　（4）招标文件售价：人民币_____元/份，售后不退。 　　（5）发标、现场考察、答疑及开标时间：详见"投标资料表"。 　　（6）购买招标文件地点：_____。 　　（7）递交投标文件截止日期及地点：详见"投标资料表"。 　　（8）开标日期及地点：详见"投标资料表"。 　　逾期递交投标文件或递交不符合本企业规定的投标文件恕不接受。届时请参加投标的授权代表出席开标仪式，并在开标现场查验法定代表人授权书和身份证（原件）。 　　　　招标人：_____。 　　　　日　期：　　　年　　月　　日

表格5：非招标项目审批表

非招标项目审批表见表3-6。

表3-6 非招标项目审批表

填报单位： 年 月 日

工程名称			
项目名称		项目金额/万元	
不招标原因	经办人：		
拟采用方式			
主管部门意见			
相关部门意见			
招标小组意见			
集团相关部门意见			
集团招标管理委员会意见			
备注			

表格6：＿＿年（月）招标采购计划表

＿＿年（月）招标采购计划表见表3-7。

表3-7 ＿＿年（月）招标采购计划表

填报单位： 年 月 日

序号	工程名称	采购项目	项目金额/万元	采购时间	备注

表格7：招标项目立项审批表

招标项目立项审批表见表3-8。

表3-8　招标项目立项审批表

填报单位：　　　　　　　　　　年　　月　　日

工程名称			
招标采购项目名称		项目金额/万元	
计划招标时间	年　月　日至	年　月　日	
预算部意见			
工程部意见			
财务部意见			
招标小组意见			
集团相关部门意见			
集团招标管理委员会意见			
备注			

经办人：

表格8：招标文件审批表

招标文件审批表见表3-9。

表3-9　招标文件审批表

填报单位：　　　　　　　　　　年　　月　　日

工程名称	
招标采购项目名称	
预算部意见	
工程部意见	
财务部意见	
项目总工程师意见	
招标小组意见	
集团相关部门意见	
集团招标管理委员会意见	
备注	

经办人：

表格9：招标文件领取登记表

招标文件领取登记表见表3-10。

表3-10　招标文件领取登记表

序号	文件编号	投标人名称	领取时间	领取人签字	联系人	联系电话	联系传真	联系地址	备注

表格10：投标文件接收登记表

投标文件接收登记表见表3-11。

表3-11　投标文件接收登记表

序号	文件编号	投标人	提交时间	接收时间	接收人	备注

表格11：投标入围单位审批表

投标入围单位审批表见表3-12。

表3-12　投标入围单位审批表

填报单位：　　　　　　　　　年　　月　　日

工程名称	
招标采购项目名称	
投标入围单位	
预算部意见	
工程部意见	
财务部意见	
招标小组意见	
集团相关部门意见	
集团招标管理委员会意见	
备注	

注：本表须附各投标单位情况汇总表，内容包括营业执照、资质等级、项目经理、组织机构、类似工程业绩、服务承诺等。

表格12：投标单位免于考察审批表

投标单位免于考察审批表见表3-13。

表3-13 投标单位免于考察审批表

填报单位： 年 月 日

工程名称	
招标采购项目名称	
免于考察单位	
免于考察原因	
预算部意见	
工程部意见	
财务部意见	
招标小组意见	
集团相关部门意见	
集团招标管理委员会意见	
备注	

表格13：开标会议签到表

开标会议签到表见表3-14。

表3-14 开标会议签到表

招标材料名称：_____
招标编号：_____

参加会议单位	参加会议人员	职务	到会时间	联系

表格14：开标记录

开标记录见表3-15。

表3-15 开标记录

招标编号：

序号	材料名称	投标人	制造商	投标价	履约保函	交货时间	到货地点	签认

主持人： 记录人： 唱标人：

表格15：符合性检查表

符合性检查表见表3-16。

表3-16　符合性检查表

序号	投标人			
1	投标书有效性			
2	投标保函			
3	投标人法人授权书			
4	投标资格文件			
5	制造商授权书			
6	制造商资格			
7	商务文本			
8	技术文本			
9	详细报价			
10	结论			

注：1.制造商直接投标无需提供厂家授权函。
2.表中"√"表示"有"，"×"表示"无"。
3.结论栏中仅填"合格"或"不合格"。

表格16：质量技术参数和化学成分比较表

质量技术参数和化学成分比较表见表3-17。

表3-17　质量技术参数和化学成分比较表

物资名称：　　　　　　　　　　招标文件要求数量：

投标人						
制造商						
型号						
数量						
技术要求	性能参数	结论	性能参数	结论	性能参数	结论
主要指标						
化学成分要求	成分含量	结论	成分含量	结论	成分含量	结论
主要元素成分						
评议结论						

注：1."性能"指产品质量、安全、环境性能，主要指标是根据招标文件的产品性能来确定。
2.化学成分要求指材料符合国家标准的化学成分。
3.仅对"商务评议"合格者进行评议。
4.凡有一项结论不合格的，评议结论栏填写不合格。

表格17：商务评分表

商务评分表见表3-18。

表3-18　商务评分表

项目标名				得分				
评议时间			项目标号					
序号	项目	满分	评分办法					
1	评标价格	48	等于平均价格得40分，每小于平均价格2%加1分，每大于平均价格2%减1分，最高48分，最低32分					
2	资质水平	3	加工能力和装备水平、资产规模排名第一者得1分，排名第二者得0.5分，其余不得分					
			通过ISO 9001或ISO 9002质量体系认证得1分					
			相同或相近产品荣获省部级荣誉证书得1分					
3	综合信誉	3	银行信用等级优良或有银行信用证书的得2分					
			以往交货信誉度良好加1分					
4	付款条件和方式	3	付款条件和方式满足招标书要求者3分，否则不得分					
5	交货期	2	承诺按期交货得1分					
			具有效保证措施的加0.5分					
			总体制造进度网络计划合理得0.5分					
6	售后服务	1	有完善售后服务体系及保证措施得1分					
			合计得分					

评分人：

表格18：技术评分表

技术评分表见表3-19。

表3-19 技术评分表

项目标名									
评议时间				项目标号					
序号	项目	满分	评分办法	得分或减分原因 得分					
1	制造能力	15	为我公司生产过与招标物资相同或相近产品者得12分，有市场业绩者得9分，没有者不得分						
			具备独立制造能力的得3分						
2	技术指标	10	主要技术指标全面达到招标书要求得10分，达不到要求不得分						
3	加工、制造工艺	10	标书中对加工制造工艺描述全面、详细者得6分，较全面者得5分，无描述不得分						
			具有特殊制造工艺加2分						
			投标物资采用了专利技术的加2分						
4	质量保证	5	厂里有完善的质量保证体系的得1.5分						
			提供本项目具体有效的质量保证措施者得1.5分						
			产品质保期达到标书要求得1分，达不到要求不得分，高于标书要求的加0.5～1分						
			合计得分						

评分人：

表格 19：价格评标比较表

价格评标比较表见表 3-20。

表 3-20　价格评标比较表

<table>
<tr><td colspan="2"></td><td>投标人</td><td></td><td></td><td></td></tr>
<tr><td colspan="2"></td><td>制造商</td><td></td><td></td><td></td></tr>
<tr><td rowspan="6">投标报价</td><td></td><td></td><td></td><td></td><td></td></tr>
<tr><td></td><td></td><td></td><td></td><td></td></tr>
<tr><td></td><td></td><td></td><td></td><td></td></tr>
<tr><td></td><td></td><td></td><td></td><td></td></tr>
<tr><td>折扣声明</td><td></td><td></td><td></td><td></td></tr>
<tr><td>投标总价</td><td></td><td></td><td></td><td></td></tr>
<tr><td rowspan="4">价格调整</td><td>材质偏离</td><td></td><td></td><td></td><td></td></tr>
<tr><td>机械性能偏离</td><td></td><td></td><td></td><td></td></tr>
<tr><td>服务偏离</td><td></td><td></td><td></td><td></td></tr>
<tr><td>调整总和</td><td></td><td></td><td></td><td></td></tr>
<tr><td colspan="2">评标价格</td><td></td><td></td><td></td><td></td></tr>
<tr><td colspan="2">评标排序</td><td></td><td></td><td></td><td></td></tr>
</table>

注：1. 评标价格等于"投标价格总和"与"调整总和"之和。
2. 若所报投标总价与分项报价之和不同，以分项报价之和为准。

表格 20：评标汇总表

评标汇总表见表 3-21。

表 3-21　评标汇总表

项目标号：_____
项目标名：_____

序号	投标商	技术评分	商务评分	总分	排序

表格21：评标小组成员审批表

评标小组成员审批表见表3-22。

表3-22　评标小组成员审批表

填报单位：　　　　　　　　　　　年　　月　　日

工程名称					
招标采购项目名称					
评标成员	所在单位	年龄	专业	职称	备注
招标领导小组意见					
集团招标管理委员会意见					

审核人：　　　　　　　　　　　经办人：

表格22：中标单位审批表

中标单位审批表见表3-23。

表3-23　中标单位审批表

填报单位：　　　　　　　　　　　年　　月　　日

工程名称					
招标项目名称					
序号	投标单位		投标报价/万元	综合得分	排名
1					
2					
3					
4					
评标小组推荐意见	1				
	2				
	3				
评标小组成员签字					
集团招标管理委员会意见					

表格23：评审结论

评审结论见表3-24。

表3-24　评审结论

评审结论

1. 本次采购于＿＿＿＿年＿＿月＿＿日开始发放招标文件，共有＿＿家厂商（销售商）购买了招标文件。

投标截止日期为＿＿月＿＿日。＿＿月＿＿日在＿＿＿＿＿＿开标，有＿＿家厂商（销售商）投标。见开标一览表。

2. 评标程序及情况。

（1）程序。

A. 符合性检查（附件7）。

B. 商务评价。

C. 材质、技术审查和评议（附件8）。

D. 价格评议（附件9）。

E. 资格后审。

（2）评标情况。除填写附件7、8、9表外，在审定会上详述。

3. 评审结果。经评审，＿＿＿＿、＿＿＿＿、＿＿＿＿以上的三个单位的投标在商务上和质量技术上都满足招标文件要求，评标价格＿＿＿＿（人民币元）最低，推荐由＿＿＿＿作为第一中标人，预计合同价格＿＿＿＿（人民币元）。推荐由＿＿＿＿作为第二中标人，预计合同价格＿＿＿＿（人民币元）。推荐由＿＿＿＿作为第三中标人，预计合同价格为＿＿＿＿＿＿（人民币元）。

评标组长签字：

表格24：中标通知书

中标通知书见表3-25。

表3-25　中标通知书

中标通知书

（投标单位）＿＿＿＿＿＿＿＿：

根据我单位（大宗材料集中）招标采购小组对你单位于＿＿＿＿年＿＿月＿＿日提交的投标文件进行综合评审，决定接受你单位递交的投标文件，现确定你单位为上述招标材料采购的中标人，请在接到中标通知书后回复，并在＿＿＿＿年＿＿月＿＿日内到我单位签订供货合同。

招标人（签字）：＿＿＿＿＿＿（盖章）

＿＿＿＿年＿＿月＿＿日

表格25：未中标通知书

未中标通知书见表3-26。

表3-26　未中标通知书

未中标通知书
_____ ： 　　在我公司_____采购招标中，经过综合评审，_____单位获得了此次供应权。希望今后有机会能与贵公司合作，谢谢在本次招标中提供配合。 　　顺祝商祺！ 　　　　　　　　　　　　　　　　　　　　　　　　　　　_____年___月___日

学习总结

通过本章的学习，我对招标采购管理有了以下几点新的认识：

1._____
2._____
3._____
4._____

我认为根据本公司的实际情况，应制订以下制度和表格：

1._____
2._____
3._____
4._____

我认为本章的内容不够全面，还需补充以下方法、制度和表格：

1._____
2._____
3._____
4._____

第四章 采购价格与成本控制工具

引言

采购成本控制是指对与采购原材料部件相关费用的控制,包括采购订单费、采购人员管理费及物流费等。控制采购成本对企业的经营业绩至关重要。采购成本下降不仅体现在企业现金流出的减少,而且还体现在产品成本的下降、产品利润的增加以及企业竞争力的增强。

本章学习指引

目标	了解采购价格与成本控制的要点,并能够运用所提供的范本,根据本企业的实际情况制订相应的管理制度、表格

学习内容

管理要点	• 采购成本的组成 • 供应商采购成本分析 • 采购成本控制方法 • 防止暗箱操作
管理制度	• 采购价格管理制度 • 询价作业规定 • 原物料价格审核作业细则 • 采购成本管理制度 • 采购成本控制办法
管理表格	• 询价单 • 物料采购询价单 • 比价、议价记录单 • 供应商产品直接比价表 • 材料、设备采购供应商报价对比表 • 物资(设备)比价表 • 物资采购招议标(比价)评审表 • 比价报告(同一物料不同供应商) • 比价报告(批量) • 报价核算表 • 价格变动原因报告表 • 供应商变价申请表 • 供应商新增商品提报表 • 报价成本分析表 • 采购成本分析表 • 冲压制品成本分析表 ……

第一节 采购价格与成本控制要点

要点1：采购成本的组成

将企业采购成本降到最低，这样有助于增长企业利润。在实际采购工作中，大多数企业通常只关注产品的报价，而忽视了订购成本、维持成本及缺料成本等整体采购成本，具体内容如图4-1所示。

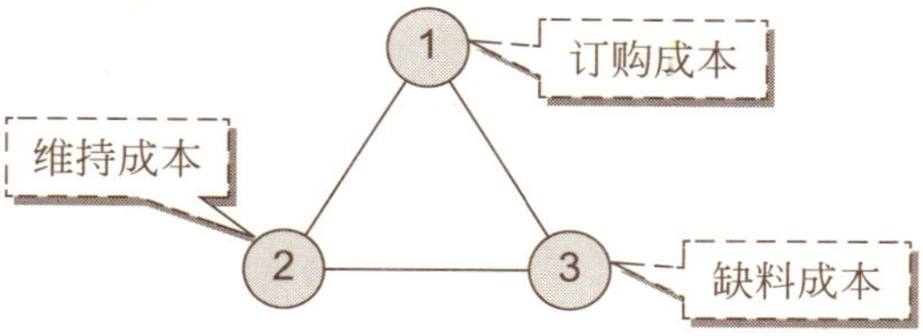

图4-1 采购成本组成

（一）订购成本

订购成本是指企业为了实现一次采购而支付的各种活动的费用，如办公费、差旅费、快递费、电话费等。具体来说，订购成本包括请购手续成本、订单成本、进货验收成本、进库成本和其他成本，具体内容见表4-1。

表4-1 订购成本具体项目

序号	项目	具体说明
1	请购手续成本	请购手续成本包括请购所支付的人员费、事务用品费、主管及有关部门的审查费
2	订单成本	订单成本是指在完成一笔采购订单时，从询价到最后成交，期间内产生的所有费用，订单成本也包括采购品的进价
3	进货验收成本	进货验收成本包括人员费、交通费、检验仪器仪表费等
4	进库成本	进库成本是指物料搬运所支付的成本
5	其他成本	如会计入账、支付款项等所花费的银行费用

（二）维持成本

维持成本是指为保持物料而发生的成本，它可以分为固定成本和变动成本两种。固定成本与采购数量无关，如仓库折旧、仓库员工的固定工资等。变动成本则与采购数量有关，如物料资金的应计利息、物料的破损和变质损失、物料的保险费用等，具体内容见表4-2。

表4-2 维持成本具体项目

序号	项目	具体说明
1	搬运成本	存货数量增加，则搬运和装卸的机会也会相应增加，搬运人员与搬运设备的数量也会同样增加，其搬运成本也同样会增加
2	资金成本	存货的品质维持需要资金的投入，投入了资金，就使其他需要使用资金的地方失去了使用这笔资金的机会，如果每年其他使用这笔资金的地方的投资报酬率为20%，即每年存货资金成本为这笔资金的20%
3	仓储成本	包括仓库的租金及仓库的管理、盘点及维护设施（如保安、消防等）的费用
4	折旧及陈腐成本	存货容易出现产品品质变质、破损、报废、价值下降、呆滞料等，因而所损失的费用就越多
5	其他项目	如存货的保险费、其他管理费等

（三）缺料成本

缺料成本是指由于物料供应中断而造成的损失，包括呆料停工损失、延迟发货损失、失去销售机会损失和商业信誉损失。如果因缺料而损失客户，还可能给企业造成间接或长期的经济损失。缺料成本具体项目说明见表4-3。

表4-3　缺料成本具体项目

序号	项目	具体说明
1	安全存货及其成本	许多企业都会考虑保持一定数量的安全存货，即缓冲存货，以防在需求或提前交货期方面的不确定性，但是，困难在于确定何时需要保持多少安全存货，如果存货太多，会造成库存积压，如果安全存货不足，会出现断料、缺货或失销的情况
2	延期交货及其成本	延期交货有两种形式，缺货在下次规则订货中得到补充、利用快速运送延期交货，如果客户愿意等到下一个周期交货，那么企业实际上没有任何损失，但如果经常缺货，客户可能就会转向其他企业，若利用快速运送延期交货，则会发生特殊订单处理和送货费用，而这些费用相对于规则补充的普通处理费用要高
3	失销成本	尽管有些客户可以允许延期交货，但仍有些客户会转向其他企业，在这种情况下，缺货会导致失销，对于企业的直接损失是这种货物的利润损失，除了利润的损失，还应包括当初负责这笔业务的销售人员的人力、精力浪费，这就是机会损失
4	失去客户的成本	由于缺货而失去客户，即客户永远转向另一家企业，若失去了客户，也就失去了未来一系列的收入，这种缺货造成的损失很难估计，除了利润损失，还有由于缺货造成的企业信誉损失也很难度量，这在采购成本控制中常被忽略，但它对未来销售及客户经营活动却非常重要

要点2：供应商采购成本分析

（一）供应商的定价方法

采购人员应了解供应商的供应价格影响因素及定价方法，这有助于对供应商的成本结构进行分析。供应商的定价方法一般有以下5种，具体内容如图4-2所示。

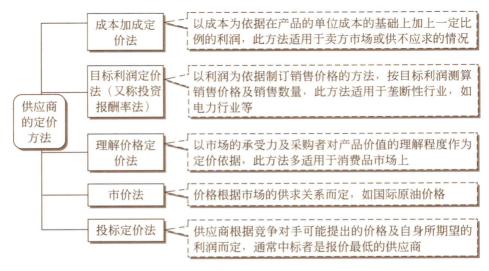

图4-2　供应商的定价方法

(二)价格影响的因素

企业可以从影响产品采购价格的因素入手,采用供应商成本分析方法来确定采购品的目标采购价格。供应商价格影响因素见表4-4。

表4-4 供应商价格影响因素

产品类别	成本结构为主	侧重于成本结构	50%成本结构 50%市场结构	侧重于市场结构	市场结构为主
原材料				√	√
工业半成品			√	√	
标准零部件		√	√	√	
非标准零部件	√	√	√		
成品	√	√	√		
服务	√	√	√	√	√

要点3:采购成本控制方法

由于企业在实际采购中,所遇到的情况会有所不同,因此采购人员通常需要采用不同的成本控制方法来达到降低成本的目的。采购成本控制方法如图4-3所示。

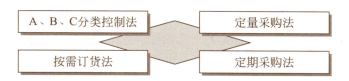

图4-3 采购成本控制方法

(一)A、B、C分类控制法

A、B、C分类法对于采购库存的所有物品,按照全年货币价值从大到小排序,然后划分为三大类,分别称为A类、B类和C类。A类物品价值最高,受到高度重视,处于中间的B类物品受重视程度稍低,而C类物品价值最低,仅进行例行控制管理。A、B、C分类法的原则是通过放松对低值物品的控制管理而节省精力,从而可以把高值物品的库存管理做得更好。

1.A、B、C分类标准

在企业仓储管理中,其中A类物品在总金额中占75%~80%,品种占10%以下。B类物品在总金额中占10%~15%,品种占10%~15%。C类物品在总金额中仅占5%~10%,品种占75%以上。

企业根据A、B、C分类的结果可以采取不同的库存管理方法。对A类物品应重点管理,严加控制,采取较小批量的定期订货方式,尽可能降低库存量。对C类物品采用较大批量的定量订货方式,以求节省精力管理好重要物品,而对B类物品则应视具体情况区别对待。企业存储物品A、B、C分类标准如图4-4所示。

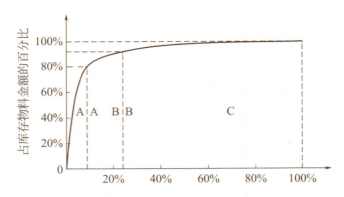

图4-4 企业存储物品A、B、C分类标准

2.A类物品的采购

企业须对占用资金多的A类物品严格采取定期订购,订购频率可以长久一些,同时要进行精心管理。

A类物品采用订货的形式。采购方式采取询价比较采购和招标采购,这样能控制采购成本,保证采购质量。采购前,采购人员应做好准备工作,并进行市场调查。对大宗材料、重要物品要签订购销合同。物品进场须通过计量验收,对物品的质量报告、规格、品种、质量及数量要认真验收合格后方能入库。

3.B类物品的采购

对于常用物品和专用物品来说,订货渠道采取定做及加工改制,主要适应非标准产品及专用设备等。加工改制包括带料加工和不带料加工两种。

B类物品的采购方式可采取竞争性谈判。采购方直接与三家以上的供货商或生产厂家就采购事宜进行谈判,从中选择出质量好、价格低的生产厂家或供货商。订货方式可采用定期订货或定量订货。B类物品虽无需像A类物品那样进行精心管理,但其物品计划、采购、运输、保管和发放等环节管理,要求与A类物品相同。

4.C类物品的采购

C类物品是指用量小,市场上可以直接购买到的物品。这类物品占用资金少,属于辅助性物品,容易造成库存积压。因此,进货渠道可采用市场采购,订货方式采用定量订货。必须严格按计划购买,不得盲目多购。采购人员要认真进行市场调查,收集采购物品的质量及价格等市场信息,做到择优选购。物品保管人员要加强保管与发放,并严格领用手续,做到账、卡、物相符。

总而言之,对A、B、C物品分类管理,是保证产品质量、降低物品消耗、杜绝浪费、减少库存积压的重要途径。只有认真做好物品的计划、采购、运输、储存、保管、发放及回收等环节的管理工作,同时要根据不同的物品采取不同的订货渠道和订货方式,才能及时、准确、有效地做好物品质量与成本控制工作,才能达到节约成本、提高经济效益的目的。

（二）按需订货法

按需订货是属于MRP的一种订货技术,生成的计划订单在数量上等于每个时间段的净需求量,这是有效避免采购过多、采购不足的一种方法,也是有效避免采购成本增加的一种方法,目前大多数生产企业均采用此种订货方式。

其计算公式是：

$$净需求量 = 生产订单需求量 - (现有库存量 + 在途采购量)$$

利用 MRP 实施按需订货可以准确地计算出在一段时间内的净需求量。现实企业操作中，订单每时每刻都在增加，采购需求也在不断变化，而利用 MRP 技术，实施按需订购则是一个较科学的方式。为了保证库存数据的准确性，实施按需订货需要满足两个前提，具体内容如图 4-5 所示。

前提一 ▶ 库存数据必须准确

> 采购需求是订单总需求与库存需求的差值，总需求数据是来自订单直接数据，而库存数据是来自企业仓储内部，库存数据的准确性是目前大多数企业的一个难点，利用较高的仓库管理技术是保证库存数据正确、保证按需订货的前提

前提二 ▶ 落实安全生产责任制

> 按需订货须确定采购周期，也就是常说的采购周期合并法，即将某一阶段时间内不同订单的相同产品合并在一起，集中在一起购买产品的方法

图 4-5　按需订货的两个前提

表 4-5 是某电子企业采购需求表。

表 4-5　某电子企业采购需求表

订单名称	配件名称	需要量/个	采购到货日期	下单日期
A01 单	电子	1000	1 月 10 日	2 月 1 日
B01 单	电子	8000	1 月 20 日	2 月 5 日
A01 单	天线	500	1 月 11 日	2 月 8 日
C01 单	天线	3000	1 月 12 日	2 月 2 日
D01 单	电子	2000	1 月 18 日	2 月 1 日
E01 单	天线	4000	1 月 20 日	2 月 10 日

一般情况下，采购周期常用一周来作为采购衡量标准，其目的是减少搬运量。如表 4-5 中 1 月 10 ～ 17 日之间的采购订单可以合并到 1 月 10 日完成。

也就是说：在 1 月 10 日电子需求量 = A01 单 1000 个。

在 1 月 11 日天线需求量 = A01 单 500 个 + C01 单 3000 个。

在 1 月 18 日电子需求量 = D01 单 2000 个 + B01 单 8000 个。

在 1 月 20 日天线需求量 = E01 单 4000 个。

（三）定量采购法

定量采购法是指当库存量下降到预定的最低库存数量（采购点）时，按规定数量（一般以经济订货批量——EOQ 作为标准）进行采购补充的一种采购成本控制方式。当库存量下降到订货点（又称再订货点）时及时按预先确定的订货量发出订单，经过前置时间，收到订货，库存水平随即上升。

要想实施定量采购，企业须确定订货点与订货量。

1. 确定定量采购订货点

通常采购点的确定主要取决于需求率和订货至到货间隔时间这两个要素。在需要固定均匀地订货、到货间隔时间不变的情况下，不需要设定安全库存，订货点可由以下公式计算出：

$$E = LT \times D \div 365$$

式中，LT 为交货周期；D 为每年的需要量。

当需要发生波动或订货、到货间隔时间变化时，订货点的确定方法则较复杂，且往往需要安全库存。下面通过一个案例来说明订货点的计算方法。

A市有一家生产水龙头的企业。该企业每年需要定量采购水龙头的配件水位，其制造水位的供应商位于B市，该企业每年大约需要365万个水位。每次该企业向供应商下单到水位被运回厂的周期为10天。下面核算该企业的订货点。

$$E = LT \times D \div 365$$
$$= 10\text{天} \times 365\text{万个} \div 365 = 10\text{（万个）}$$

由上可知，该企业每当库存量下降到10万个时，就要下单订购。

2. 确定定量采购订货量

订货量通常依据经济批量的方法来确定，即以总库存成本最低时的经济批量为每次订货时的订货数量。经济批量有固定的计算公式，采购人员应备有若干计算经济订货量的公式。

一般经济订货批量的计算公式为：

$$EOQ = \sqrt{\frac{2 \times \text{年需要量} \times \text{订货成本}}{\text{单价} \times \text{库存管理费用率}}}$$

下面是订货批量的计算实例。

有一家生产水龙头的企业，每年大约需要100万个水龙头配件，平均一次的订购费用为10000元，其水龙头配件的单价是1元/个，库存管理费用率为50%。

则其经济性订货批量计算公式为：

$$EOQ = \sqrt{\frac{2 \times 100\text{万} \times 10000}{1\text{元}/\text{个} \times 50\%}} = 20\text{（万个）}$$

（四）定期采购法

定期订购法是被企业广泛采用的一种订购方式，如在每个星期一或是每月2日时进行订购，这是在一定的间隔期进行的采购方式。这种方式的特征是没有事先决定其订购量，而是在每次订购时再决定订货量，因此属于定期不定量的方式。定期订购方式的原理如图4-6所示。

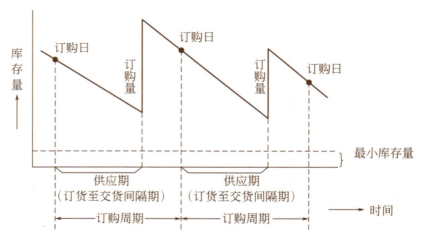

图4-6 定期订购方式的原理

1. 决定订购周期

订购的间隔周期不同，订购量也会有所差异。举例来说，当订购的间隔周期越长，订购量也会增多，使得库存管理费用增加。反之，当订购的间隔周期过短，订购的次数会增加，订购时所需要的开支也会增多。

这个方式最重要是如何设定订购的间隔周期，而销售的预测（预订出库量）、物料供应的周期，以及最小库存量等须经过仔细地分析。

企业在计算订购量时，必须依照以下程序进行。决定订购时期→调查供应期→调查预订的出库量→决定最大库存量和最小库存量。这里重要的是预订出库量的算法。一个有效的计算方式是以过去的业绩为基准来衡量，但是如果平均出库量大，就要加上库存剩余量来增加订购量。如果平均出库量减少，就要减去库存剩余量来降低订购量。

2. 定期订购方式的计算方法

定期订购方式，是将订货时期固定，计划维持这个固定期间的适中存货量和订货量的方式。使用这种方式首先要决定订货周期是一个星期或者一个月，其次是要设定截至目前的销售实际情况（出货情况、使用情况及消费情况），最后计算此预测量与实际存货量之间的差额。使用定期订货方式决定订货量的计算公式为：

$$订货量 = （订货周期+预备期间）中的销售预订量 + \\ （订货周期+预备期间）中的安全存量 - \\ （现有的存货量+已订购的数量）+接受订货的差额$$

例如，A物料订购量的计算方法如下。

（1）A物料的订货周期：一个月。
（2）A物料的预备期间：两个月。
（3）A物料的预定销售量：800个。
（4）A物料的安全存量：940个。
（5）A物料的存货量：1150个。
（6）A物料的订购量：1400个。
（7）接受A物料订货后的差额：30个。

$$A物料的订货量 = [（一个月+两个月）×800个] + 940个 - (1150个+1400个) + 30个 \\ = 2400个 + 940个 - 2550个 + 30个 \\ = 820（个）$$

根据上面的计算公式，可以求出A物料的订货量，一个月预计定购为800～820个。

要点4：防止暗箱操作

采购中的暗箱操作一直存在，企业要杜绝其发生，采取措施防止此类现象的出现。以下介绍5种方法。

（一）三分一统

三分是指三个分开，即市场采购权、价格控制权和质量验收权做到三权分离，各自负责，互不越位。一统是指合同的签约特别是付款一律统一管理。物料管理人员、验收人员和财务人员都不能与供应商见面，实行严格的封闭式管理。财务部依据合同规定的质量标准，对照检验单和数量测量结果，认真核算后付款。这样就可以形成一个以财务管理为核心，最终以降低采购成本为目的的制约机制。

（二）三公开两必须

三公开是指采购物料的品种、数量和质量指标公开，参与供货的供应商价格竞争程序公开，采购完成后的结果公开。两必须是指企业须在货比三家后进行采购，并按程序、规定要求签订采购合同。

（三）三统一分管理机制

物料和备品配件的采购要实行三统一分的管理机制。三统是指所有外购物料要统一采购验收、统一审核结算、统一转账付款。一分是指费用要分开控制。实施统一采购、统一管理，既可保证符合企业采购要求，又可避免出现漏洞，既可保证质量，又可降低价格。同时，各部门和分厂要对费用的超支负责，并有权享受节约所带来的收益，有权决定采购计划和采购项目，这样一来，物料采购管理部门和使用单位之间自然形成了一种以减少支出为基础的相互制约的机制。

（四）五到位一到底制

五到位是指所采购的每一笔物资都必须有五方的签字，即只有采购人、验收人、证明人、批准人和财务审查人都在凭证上签字，才能被视为手续齐全，才能报销入账。一到底是指负责到底，谁采购就由谁负责，并且要一包到底，包括采购的价格、质量、使用效率等都要记录在案。

（五）全过程全方位的监督制度

全过程监督是指采购前、采购过程中和采购完成后都要有监督。从采购计划的制订开始，到采购物料使用的结束，其中共有九个需要进行监督的环节，即计划、审批、询价、招标、签合同、验收、核算、付款和领用。虽然每一个环节都有监督，但重点在制订计划、签订合同、质量验收和结账付款这四个环节上。全方位监督是指行政监督、财务审计和制度考核进行全方位的监督，形成严密的监督网。

第二节　采购价格与成本控制制度

制度1：采购价格管理制度

××公司标准文件		××有限公司 采购价格管理制度	文件编号××-××-××	
版本	第×/×版		页　次	第×页

1　目的
为确保材料高品质低价格，从而达成降低成本的宗旨，规范采购价格审核管理，特制订本制度。
2　适用范围
各项原物料采购时，价格的审核、确认，除另有规定外，悉依本制度处理。
3　价格审核规定
　3.1　报价依据
（1）开发部提供新材料的规格书，作为采购部成本分析的基础，也作为供应商报价的依据。
（2）非通用物料的规格书，一般由供应商先提供样品，供开发部确认可用后，方予报价。
　3.2　价格审核
（1）供应商接到规格书后，于规定期限内提出报价单。
（2）采购部一般应挑选三家以上供应商询价，以作比价、议价依据。
（3）采购人员以《单价审核单》一式三份呈部门主管（经理）审核。

续表

××公司标准文件		××有限公司 采购价格管理制度	文件编号××-××-××	
版本	第×/×版		页　次	第×页

（4）采购部主管审核，认为需要再进一步议价时，退回采购人员重新议价，或由主管亲自与供应商议价。
（5）采购部主管审核的价格，呈分管副总审核，并呈总经理确认批准。
（6）副总、总经理均可视需要再行议价或要求采购部进一步议价。
（7）《单价审核单》经核准后，一联转财务，一联由采购部存档，一联转供应商。

3.3　价格调查
（1）已核定的材料，采购部必须经常分析或收集资料，作为降低成本的依据。
（2）本公司各有关单位，均有义务协助提供价格讯息，以利采购部比价参考。
（3）已核定的物料采购单价如需上涨或降低，应以《单价审核单》形式重新报批，且附上书面的原因说明。
（4）单价涨跌的审核流程，应同新价格审核流程。
（5）在同等价格、品质条件下，涨跌后采购应优先考虑与原供应商合作。
（6）为配合公司成本降低策略，原则上每年应就采购的单价要求供应商作降价配合。
（7）采购数量或频率有明显增加时，应要求供应商适当降低单价。

4　供应商成本分析

4.1　成本分析项目
成本分析系就供应商提供的报价的成本估计，逐项作审查、评估，以求证成本的合理性。一般包括以下项目。
（1）直接及间接材料成本。
（2）工艺方法。
（3）所需设备、工具。
（4）直接及间接人工成本。
（5）制造费用或外包费用。
（6）营销费用。
（7）税金。
（8）供应商行业利润。

4.2　供应商成本分析的运用
以下情形时，应进行成本分析。
（1）新材料无采购经验时。
（2）底价难以确认时。
（3）无法确认供应商报价的合理性的。
（4）供应商单一时。
（5）采购金额巨大时。
（6）为提高议价效率时。

4.3　成本分析表
4.3.1　成本分析表的提供方式。成本分析表提供方式一般有以下两种。
（1）由供应商提供。
（2）由采购部编制标准报价单或成本分析表，交供应商填妥。

4.3.2　采购成本分析表的内容。采购成本分析表是进行采购成本分析的主要依据，一般的采购成本分析表应包括以下内容。
（1）材料成本。包括原材料、辅材料及间接使用的材料。
（2）工艺方法。
（3）所需设备、工具。包括专用设备以及与其他产品共用的设备和产品生产过程中使用的各种工具。
（4）人工成本。包括直接的人工成本和间接发生的人工成本。
（5）制造费用。如果有外包则为外包费用。
（6）营销费用。
（7）税金。
（8）供应商的利润。

4.4　采购成本分析的实施
4.4.1　采购成本分析表的确认。采购部要对采购成本分析表的信息进行核实，通过网络搜索或咨询相关供应商的方式，确认供应商所填写的信息是否属实。

续表

××公司标准文件		××有限公司 采购价格管理制度	文件编号××-××-××	
版本	第×/×版		页 次	第×页

4.4.2 采购成本要素分析的步骤。
(1) 设计规格分析。确认供应商的设计是否超过采购的规格要求。
(2) 材料分析。采购部对供应商所使用材料的特性进行分析,以确认使用该种材料的必要性。
(3) 材料成本计算。通过供应商提供的材料用量,计算使用材料的总成本。
(4) 生产工艺审核。采购部在相关技术部门的配合下,对供应商的生产工艺进行审核,研讨降低成本的可行方法。
(5) 设备、工具分析。通过对供应商使用设备及工具的分析,研讨其生产环节可能降低成本的方法。
(6) 加工工时的评估。
(7) 压缩制造费用、营销费用等。
4.5 采购成本分析报告
采购部通过对供应商成本的分析,编制采购成本分析报告,作为采购过程中与供应商议价的基础。
4.6 成本分析注意事项
(1) 成本分析过程中要善于利用自己或他人的经验。
(2) 成本分析过程中要采用一定的技术分析的方法,运用会计核查的手段。
(3) 要善于向供应商学习。
(4) 建立成本计算公式。

拟订		审核		审批	

制度2:询价作业规定

××公司标准文件		××有限公司 询价作业规定	文件编号××-××-××	
版本	第×/×版		页 次	第×页

1 目的
为规范企业的询价工作,使采购工作顺利进行,特制订本规定。
2 适用范围
适用于本公司所有物品的采购。
3 作业规定
  3.1 属免附图纸或规范的案件,由电脑依设定的材料别供应厂商,自动传真询价。属需附图或规范的案件,则由电脑列印"询价单"后,检附图纸或请购规范邮寄询价。
  3.2 对于初购材料或请购料号填列不当,电脑查无询价对象者,由电脑列印"询价对象确认单",先送厂商开发人员选定正确询价对象及输入询购对象档编号后,依3.1项作业方式办理。
  3.3 外购案件应直接向国外制造商或供应商询价,若厂商坚持透过国内代理商报价者,应要求代理商转送国外制造商或供应商的原始报价资料。
  3.4 采购主办人员应要求厂商于我方要求的报价期限内提出报价,以确保采购作业时效及公平性,对逾期报价的案件,一律不予受理(但呈采购组长核准者除外)。
  3.5 属设备类案件,采购主办人员应于"询价单"注明下列条件。
(1) 厂商必须提供设备运转后一年以上的保固承诺,且于保固期间所需的各项备品应无偿供应。
(2) 厂商必须列举保固期间及保固期满后,保养所需的备品明细(包括厂牌、规格、单价、更换周期),以及提供备品价格的有效年限与日后调价原则。
(3) 厂商必须提供设备的装运条件及其材积、重量。
(4) 技师装机试车的条件。

拟订		审核		审批	

制度3：原物料价格审核作业细则

××公司标准文件		××有限公司 原物料价格审核作业细则	文件编号××-××-××	
版本	第×/×版		页　次	第×页

1　目的
　　本细则是本公司采购原物料的价格审核准则，是原物料小组涨价或降价审核作业管理的依据，以确保材料高品质低价格，降低成本为宗旨。
2　适用范围
　　本细则适用于本公司各项原物料的采购业务。
3　作业规定
　　3.1　报价依据。新材料由研发部依"工程样品需求管理办法"确认后所开立的规格书，由采购部转给供应厂商作为报价的依据。
　　3.2　议价作业。
　　3.2.1　供应厂商接到规格书后，于采购部要求时间内提出报价单。
　　3.2.2　采购部人员寻求多家供应厂商比价后，"材料单价审核单"一式三份呈制造部经理确认。
　　3.2.3　制造部经理确认时，若认为需要再确认，得退回采购部重新议价，否则呈总经理确认。
　　3.2.4　总经理确认可行，则转回采购部，采购部将"材料单价审核单"第二联转财务部，第三联转厂商以核准的单价承制交货；如总经理认为不理想，则可要求重新议价。
　　3.3　价格调整。
　　3.3.1　已核定的材料，采购部必须经常分析或搜集资料，作为降低成本的依据。
　　3.3.2　本公司各有关部门，可协助提供同行的价格状况，以利于采购部比价。
　　3.3.3　已核定的材料涨价或降价，应写明原价格与新价，且写明生效日期，但涨价时必须附"涨价原因说明书"。
　　3.3.4　已核定的材料：涨价或降价的流程，同新材料单价审核流程管理，但可省略研发部提供的规格书。
　　3.3.5　第二或第三供应厂商的单价审核，同新材料单价审核流程审核，采购部人员可全权决定向任何一家已确认的厂商订购。
　　3.4　品质管理。材料单价，不得影响进料的品质水准，一切材料依本公司"进料品管程序办法"管理。
4　相关文件
　　4.1　材料单价审核单。
　　4.2　涨价原因说明书。
　　4.3　进料品管程序办法。

拟订		审核		审批	

制度4：采购成本管理制度

××公司标准文件		××有限公司 采购成本管理制度	文件编号××-××-××	
版本	第×/×版		页　次	第×页

1　目的
　　为了使公司的采购管理水平满足企业发展的需要，有效控制采购成本，提升本公司的市场竞争力，特制订本制度。
2　适用范围
　　适用于本公司各类物料采购的成本控制与管理。
3　管理机构的设置
　　3.1　为了做好采购成本管理工作，公司成立以主管采购的副总经理为组长的采购成本管理领导小组，组员包括采购、财务、人力资源、生产等部门的相关负责人员，定期开展采购成本的分析与研究。
　　3.2　采购成本核算工作由财务部成本会计配合采购部成本分析专员共同完成，对采购成本控制主管直接负责。

续表

××公司标准文件		××有限公司 采购成本管理制度	文件编号××-××-××	
版本	第×/×版		页 次	第×页

4 采购成本核算

4.1 采购成本核算遵循的原则。

（1）合法性原则。计入采购成本的费用必须符合法律、法规和制度等的规定，不符合规定的费用不能计入采购成本。

（2）配比原则。要求严格遵守权责发生制原则，按收益期分配确认成本。

（3）一贯性原则。采购成本核算所采用的方法前后各期需保持一致。

（4）重要性原则。对成本有重大影响的项目，应进行重点核算，力求精确，对其他内容，则可在综合性项目中合并反映。

4.2 采购成本核算的对象。

（1）采购总成本。总成本是指采购成本、运送成本以及间接因操作程序、检验、质量保证、设备维护、重复劳动、后续作业和其他相关工序所造成的成本的总和。

（2）直接的材料成本。用经济可行的办法能算出的，所有包含在最终产品中或能追溯到最终产品上的原材料成本。

（3）直接劳动力成本。用经济可行的办法能追溯到采购过程中的所有劳动力成本。

（4）间接采购成本。除了上述成本以外，所有和采购过程有关的成本。

4.3 采购成本费用的归口管理。

（1）财务部和人力资源部负责分管与采购活动相关人员的经费，控制采购部劳动生产率、职工人数、工资总额等指标，用好、管好采购人力资源。

（2）行政部负责分管与采购相关的办公经费，控制办公费、差旅费、业务招待费、邮电费、会务费等项指标，同时控制相关支出，避免损失浪费。

（3）采购部负责分管与物料采购有关的成本费用，控制物料采购费用，降低采购成本等指标，做好节约采购费用和改进物料采购等工作。

5 采购成本分析与评价

5.1 采购成本分析每月进行一次。各部门要对采购成本的各个项目的发生额及其增减原因进行分析说明，财务部主要进行数据分析。采购成本分析专员负责综合分析并提供系统的采购成本分析报告。采购成本管理领导小组负责对分析报告进行审议。

（1）数据分析。主要是从采购成本绝对额的升降、项目构成的变化趋势找出采购成本管理工作的关键问题，通过采购成本的构成分析与因素分析，观察变化趋势是否合理，明确变动影响的因素。

（2）综合分析。要结合物料采购过程和采购成本的变化与联系，运用数理统计的方法，对影响采购成本的重要因素进行深入调查，找到采购成本控制的最佳方案和降低采购成本的方法。

5.2 采购成本管理评价。采购成本管理小组根据各部门在采购成本管理过程中的工作成效，综合考虑成本计划的完成情况，每半年对采购成本管理的相关部门进行评价，评价结果直接与年度绩效考核挂钩。评价结束后，由采购成本管理小组向公司提交采购成本管理评价报告。

6 采购成本降低的奖励

6.1 采购成本降低的计算。采购成本降低简单的计算方法有以下三种。

（1）单价降低的金额＝原单价－新单价。

（2）成本降低＝（原单价－新单价）×一次采购数量（或年采购量）。

（3）成本降低与预计目标的差异＝实际成本降低金额（每单位或每年）－预计成本降低金额（每单位或每年）。

6.2 采购成本降低的奖励。企业对降低采购成本的员工给予一定的奖励，具体的标准如下。

6.2.1 直接降低采购成本。直接降低采购成本，是指在采购执行过程中，通过降低采购价格、减少采购运费支出等活动，使采购成本直接降低。奖励标准如下。

（1）采购成本降低在××元以内的，奖励人民币××元。

（2）采购成本降低在××～××元之间的，奖励人民币××元。

（3）采购成本降低在××元以上的，奖励人民币××元。

6.2.2 间接降低采购成本。间接降低采购成本，是指在采购执行过程中，通过实现采购物品标准化、提高采购效率等活动使采购成本间接降低。经公司采购领导小组评定，其奖励标准如下。

（1）采购成本降低在××元以内的，奖励人民币××元。

（2）采购成本降低在××～××元之间的，奖励人民币××元。

（3）采购成本降低在××元以上的，奖励人民币××元。

拟订		审核		审批	

制度5：采购成本控制办法

××公司标准文件		××有限公司 采购成本控制办法	文件编号××-××-××	
版本	第×/×版		页次	第×页

1 目的
合理控制采购成本，降低库存，提高产品的市场竞争力。

2 适用范围
公司所用的各种原物料、包装辅料、设备、工具、耗材等。

3 权责
　3.1　采购部：负责原材料的单价核定、采购计划的制订、日进货计划的安排。
　3.2　物控部：负责"申购单"的提供及库存材料的保管维护。
　3.3　品管部：对产品进行验收并对供应商进行评价、辅导改善。
　3.4　财务部：负责对单价及票据的合理性进行稽核。

4 管理规定
　4.1　稳定的供应商体系建立。
　4.1.1　采购员依据各种采购指南及信息选定目标供应商，填写"供应商调查评估表"，并通知相关部门进行评审，合格后进行试用。大宗、重要材料供应商由品管部进行现场质量保证考查评价。
　4.1.2　对于有生产能力、品质稳定、价格有优势的协力供应商纳入公司的主供应商，享受订单及付款方面的优待。对于常规通用零件必须有稳定的第二及第三替代供应商，以备急用。
　4.1.3　对于配合度较差的供应商，填写"供应商淘汰申请表"，但必须做好各种交接工作，确保合理的库存及生产的顺畅。
　4.2　采购单价的核定。
　4.2.1　原物料的价格核定。
　（1）采购部必须建立零件的"基本资料表"，其中包括重量、加工工艺、表面处理、材质、规格、型号、品质要求等。
　（2）供应商必须按我司标准的报价单格式"报价成本分析表"填写完整。
　（3）采购员必须执行"货比三家"的原则，分别向供应商索要报价及其细化的成本清单，并对产品的流程和各成本项目的合理性进行分析，议价并鼓励其第二次报价。
　（4）将各供应商成本项目的内容与数字进行对比，对各项目中的高低原因与各供应商进行分析与沟通，鼓励其作必要的解释，最后建议取成本降低潜力大或拥有总成本低的供应商进行采购。
　（5）当市场行情有涨、跌时，采购必须彻底了解市场的实际行情，填写"调价申请单"并对涨价项目仔细确认，并经采购部长和工艺成本小组组长审核后，转呈总经理核准后生效。
　4.2.2　设备及工具的价格核定。
　（1）通过网上信息或同业的介绍，在购买前必须彻底了解市场的价格行情及产品的基本信息，以便谈判时取得更多的主动权。
　（2）除独家供应或不可替代产品外，必须执行"货比三家"的原则，让多家报价，然后对各家的报价条件进行对比，仔细分析产品的性价比，取比值最高的进行策略性采购。
　（3）设备及工具的采购必须经相关使用部门会签后转总经理审核，董事长核准。
　4.3　库存控制。
　4.3.1　根据营销部门的市场预测及各类物料的采购周期，由生产部（生管部）、物管部、采购部共同检讨制订仓库的安全库存量及订购点，此库存量必须根据市场及生产状况适时进行调整。
　4.3.2　采购员对于常规的物料必须要求供应商做好安全库存，对于特殊订制的物料必须按生产计划，结合不同物料的采购周期及运输环境，在合适的采购点采购合适的数量。
　4.3.3　采购员按照生管的周排程、3日滚动排程及仓库的"申购单"组织每天的进货量，确保仓库的合理库存量。
　4.3.4　采购模式：BOM物料按照订单实施采购作业，辅料易耗类由物管员依据安全库存量适时的进行申购，采购进行采购作业。
　4.3.5　呆滞物料的处理。
　（1）对于因产品转型、设计错误、客户取消订单、生产时人为损坏等公司原因导致的库存，可采用退供应商重加工、报废及代用等处理方式，提高资金利用率。
　（2）对于是因为供应商品质问题而导致的批量呆料，由品管进行判定，由采购部门与供应商沟通按原价退回处理。

续表

××公司标准文件		××有限公司 采购成本控制办法	文件编号 ××-××-××	
版本	第×/×版		页　次	第×页

4.4　日常采购尽量避免现金采购，寻找可信度高的供应商做代理。
4.5　与各供应商签订购销合同，平时交易严格按合同的条约执行。
4.6　应付账款的规范。所有经过核准的《采购单价对比确认表》、《调价申请单》必须转一份到财务，由财务将相关的单价资料录入ERP系统并监督新单价的执行。没有经过核准的采购单价财务必须拒绝执行，否则所产生的经济损失由财务承担。

5　附件
5.1　《询价议价及单价审批作业流程》。
5.2　《报价成本分析表》。
5.3　《采购单价对比确认表》。
5.4　《调价申请表》。

拟订		审核		审批	

第三节　采购价格与成本控制表格

表格1：询价单

询价单见表4-6。

表4-6　询价单

编号：

请购单编号	材料编号	规格说明	单位	数量	附注

（一）报价须知
（1）交货期限：□①需于　　年　　月　　日以前交清
　　　　　　　　②订购后　　天内交清
（2）交货地点：
（3）付款办法：□交货验收合格后付款　　□试车检验合格后付款
（4）订购方法：□①分项订购　　□②总金额为准
（二）报价期限
上开报价单请于　　年　　月　　日以前惠予报价以便洽购为荷。
注：报价有效期间务请保留至上列日期算起十天以上。

　　　　　　　　　　　　　　××有限公司
　　　　　　　　　　　　　　资材部采购课
　　　　　　　　　　　　　　地址：
　　　　　　　　　　　　　　电话：　　　　　年　　月　　日

表格2：物料采购询价单

物料采购询价单见表4-7。

表4-7 物料采购询价单

物料采购询价单							
询价单号：				报价截止日期：			
供应商名称：				报价人：			
联系电话：						
序号	物料编码	物料描述	交货日期	数量	订单单位	备注	

一、本次询价为单项询价、比价、传真报价，也可密封报价。报价单所列内容必须齐全，并附必要质量说明及质量证明文件。在3C认证内必须报有3C认证的产品。
二、质量责任。
1.中标方送货必须确保为100%合格产品，带标准文本，我方将按标准验收。
2.所送产品规格型号必须与合同完全一致，不一致视为质量问题。
3.实物外观完好无缺陷，不得有砂眼，不得有铸造及加工缺陷。
4.合格证、说明书、报关单（进口产品）、检验报告（如需要）等资料齐全，不齐全视为质量问题。
5.出现质量问题将按我公司制度对送货单位进行处罚（扣分及罚款），出现重大质量问题可能取消此类产品的供货资格。
三、包装完好，满足行业及运输要求，运输过程中损坏视为质量问题。
四、报价为不含税、含运费的包干价格，承兑汇票结算，无预付款。其他方式另注明。
五、备件类物资报价时要注明单重。
六、本报价单须加盖公章，严禁涂改，否则，视为无效报价。

电话：　　　　　　　　　　传真：
联系人：

表格3：比价、议价记录单

比价、议价记录单见表4-8。

表4-8 比价、议价记录单

日期：　　　年　　月　　日

料号		品名	
规格		单位	

厂商名称	原询单价	议价后单价	议价后总价	付款条件	交货日期	交运方式
备注						

承办人：　　　　　　　　主管：　　　　　　　　核准：

表格4：供应商产品直接比价表

供应商产品直接比价表见表4-9。

表4-9 供应商产品直接比价表

图纸编号： 产品名称： 填表日期：

项目	供应商名称							
单位								
报价时间								
计算原材料单价								
成品重量								
税别								
报审价格								
意见：	采用√							
	不采用×							

批准： 审核： 拟制：

表格5：材料、设备采购供应商报价对比表

材料、设备采购供应商报价对比表见表4-10。

表4-10 材料、设备采购供应商报价对比表

材料、设备名称	规格型号	技术参数

厂家	内容	面价	议价	下浮率	备注

需求部门确认：
监管部门确认：
日期：_____年____月____日

填表须知：1. 本表中项目应填写准确、完整。
　　　　　2. 本表应同时附不少于三家供应商的询价采购报价表。

表格6：物资（设备）比价表

物资（设备）比价表见表4-11。

表4-11　物资（设备）比价表

序号	项目	数量	单位	规格	型号	备注	生产厂家			复核厂商、价格
							单价	单价	单价	单价
1										
2										
3										
4										
合计										
优惠合计										
联系人										
备注							含17%税、不含运费	含17%税、不含运费	含17%税、不含运费	
到××运费										
审核批复结果（注：批准采用厂商请用√表示）										

表格7：物资采购招议标（比价）评审表

物资采购招议标（比价）评审表见表4-12。

表4-12　物资采购招议标（比价）评审表

采购单位：　　　　　　　　　年　月　日　　　　　　　　　单位：元

采购物资名称	规格型号	数量和计量单位	交货日期	投标单位报价（含税）			中标结果			
							中标单位名称	单价	数量	金额
评审记录										
评委签字						监标人			资金来源	

表格 8：比价报告（同一物料不同供应商）

比价报告（同一物料不同供应商）见表 4-13。

表 4-13　比价报告（同一物料不同供应商）

比价报告单号：　　　　　　　　　　申购单号：
申购部门：　　　　　　　　　　　　申购联系人：

产品名称	型号、规格	单位	数量	单价/元	预算价格/元	是否含发票及运费	供货商名称	售后服务	备注	采购建议	裁决
合计											
备注：											

资料整理：　　　　采购员确认：　　　　申购部门经理核准：　　　　管理部门经理核准：
采购部　　　　　　填表日期：

表格 9：比价报告（批量）

比价报告（批量）见表 4-14。

表 4-14　比价报告（批量）

比价报告单号：　　　　　　　　　　申购单号：
申购部门：　　　　　　　　　　　　申购联系人：

产品名称	规格	单位	数量	（供应商名称）			（供应商名称）			（供应商名称）			采购建议
				单价/元	总价/元	产地品牌	单价/元	总价/元	产地品牌	单价/元	总价/元	产地品牌	
合计					—			—			—		
备注：													

资料整理：　　　　采购员确认：　　　　采购经理核准：
采购部　　　　　　填表日期：

表格10：报价核算表

报价核算表见表4-15。

表4-15 报价核算表

供应商：　　　　　　　　　　　　　　　日期：

需方图纸编号		产品名称	
供方图纸编号		产品名称	
技术要求：			

编号	项目	计算	单位	数量	单价/元	金额/元
一	生产成本	1+2+3				
1	原材料					
（1）						
（2）						
（3）						
2	燃料及动力					
3	制造费用					
（1）						
（2）						
（3）						
二	管理费用					
三	利润	[（一+二）×　　%]				
四	税金	[（一+二+三）×　　%]				
五	核价					

供应商确认：　　　核准：　　　　　　审核：　　　制表：

表格11：价格变动原因报告表

价格变动原因报告表见表4-16。

表4-16 价格变动原因报告表

请购部门			请购单编号		
品名		规格		数量	
价格记录	供应商		原单价		现单价
价格变动原因					
备注					
采购经理审核意见：			总经理审核意见：		
签名： 日期：			签名： 日期：		

表格12：供应商变价申请表

供应商变价申请表见表4-17。

表4-17 供应商变价申请表

部门：　　　　　　　　合同编码：　　　　　　　　年　　月　　日

序号	商品编码	商品名称、规格	单位	原进价	新进价	原售价	新售价
1							
2							
3							
4							

表格13：供应商新增商品提报表

供应商新增商品提报表见表4-18。

表4-18 供应商新增商品提报表

厂商名称：　　　　　　　　合同编码：　　　　　　　　年　　月　　日

序号	商品名称	规格	产地	单位	包装系数	进价	建议售价	加价率	国际条码	保质期	税率
1											
2											
3											
4											

经办人：　　　　　　　　联系方式：

表格14：报价成本分析表

报价成本分析表见表4-19。

表4-19 报价成本分析表

客户：　　　　　　　　　　　　　　　　　　　　　　　　　　日期：

订单号			订单数量		
品名			款号		
项目		名称	单耗+损耗	金额/元	名称	单耗+损耗	金额/元

生产成本	Material Cost						
	辅料	里			胶袋		
		商标吊牌水洗标尺寸标			纸箱		

续表

项目		名称	单耗+损耗	金额/元	名称	单耗+损耗	金额/元
生产成本	辅料	黏合衬			打包辅料		
		拉链					
		扣					
		松紧					
		棉带					
		纸板					
		辅料小计/元					
	加工费	项目	金额/元	项目	金额/元	加工费合计/元	
		绣花		车线			
		印花					
		水洗					
	计件	生产工缴	200以下	200～400	401～600	601～800	801～1000
			1001～1200	1201～1500	1501～3000	3001～5000	5000以上
		直接生产成本合计/元					
	制造费用	生产后勤工缴＝直接生产成本合计×4%					
		折旧＝直接生产成本×9%					
		能耗（水电汽）＝直接生产成本×3%					
		退税差额成本＝直接生产成本×5%					
	制造成本合计/元						

	项　目	费用/元	单件费用/元
销售费用	经营工资奖金＝制造成本×1.25%		
	配额费		
	样衣费（制版费、大样费、样衣费）		
	银行费（开证费、通知费、议付费、电汇费、利息、不符合点费、手续费、国外银行扣费、邮费）		
	单证费（进出口报关费、包干费、平仓费、商检费、单证审批费、空白单据费、保险费）		
	运费	海、空运费（含港口附加费、燃油附加费、货币调整附加费等）	
		内陆运费	
	综合费用（快件费、办公费、差旅费、交际费等）		
	销售费用合计/元		
	销售成本总计/元		
其他	税金＝销售成本×6%		公司费用＝销售成本×6%	
	毛利率		佣金＝销售价×5%	
	换汇		FOB报价（美元）	
	C&F、CIF报价（美元）		最终报价（美元）	

业务员：　　　　　部门经理：　　　　　　　总经理：

表格15：采购成本分析表

采购成本分析表见表4-20。

表4-20 采购成本分析表

厂商名称：_____   年   月   日

产品名称		零件名称		零件料号		估价数量		备注	
主材料费	No.	名称	规格	厂牌	单价	用量	损耗率	材料费	
加工费	No.	工程内容	使用设备	日产量	设备折旧	模具折旧	单价	加工费	
后加工费	No.	加工名称	使用设备	日产量	加工单价	说明			
材料费合计				加工费合计				后加工费合计	
营销费用				税金				利润	
总价									
备注：									

表格16：冲压制品成本分析表

冲压制品成本分析表见表4-21。

表4-21 冲压制品成本分析表

厂商：   日期：   年   月   日
（本表及提供的图纸请务必于   年   月   日前送返公司采购经办）

机种名称		零件品名		零件料号		估价数量		备注	
A.材料费									
原料规格：		原料尺寸：		原料重量：				元/吨	
成型尺寸：		成型重量：		抽查数：		不良率：	%	材料费/元：①	
B.加工费					模具费	□包括		□不包括	
编号		工程内容		使用机具		日产量		单价/元	模具费/元
1									
2									
3									
4									
		加工费合计②							

续表

C. 后加工费				
编号	加工名称	单位	加工单价	说明
1	电镀			
2	烤漆			
3	点焊			
4	攻牙			
5	镶件			
6	印刷			
7	杂项			
8	热处理			
后加工费合计：			③	
D. 运包： %，计 元			④	
E. 税利： %，计 元			⑤	
F. 总价	①材料费	②加工费	③后加工	④运包	⑤税利	合计

承办人：　　　　　　主管：　　　　　　核准：

表格17：塑胶制品成本分析表

塑胶制品成本分析表见表4-22。

表4-22　塑胶制品成本分析表

厂商：　　　　　　日期：　　　年　　月　　日
（本表及提供的图纸请务必于　　　年　　月　　日前送返公司采购经办）

机种名称	零件品名	零件料号	估价数量	备注

A. 材料费					
厂牌名称及规格	原料价格（原料+染色）	成品净重	模窝数	不良率/%	零件材料费①

B. 加工费				
机台厂牌	机台费	成型时间	填入零件（品目及单价）	成型费用②

C. 后加工						
涂装	粘贴	修剪	印刷	木纹	烫金	装配	后加工费③

D. 运包： %，计 元　　　④
E. 税利： %，计 元　　　⑤

F. 总价	①	②	③	④	⑤	合 计

G. 试模款（常因采购量过少或其他原因不敷生产成本时）
备注：

审核：　　　　　　经办人：

表格18：说明书、彩盒、目录单价明细表

说明书、彩盒、目录单价明细表见表4-23。

表4-23　说明书、彩盒、目录单价明细表

年　　月　　日

材料料号				材料品名			使用机种				
主材料费A	原材料				成品	成品取数	材料费				
	项别	纸质	规格	/令	/张	实际尺寸（长×宽）		1大张可印数	用料金额	损耗/%	估价	决定
	印刷费						上光费			黏糊费		
	色数	/令	/大张	成品使用几大张	估价	决定	成品规格	/才	估价	决定	/个（本）	估价	决定
主加工费B	轧型费				钉盒费				装订费			
	/个	/个	估价	决定	/个	/针	估价	决定	成品个数	/个	估价	决定
	背浪纸费				手把费			附加加工费C				
	成品尺寸	/张	估价	决定	成品取数	/个	估价	决定	名称	单价	数量	估价	决定
运包费D	项目	内容	估价	决定	单价明细	主材料费A		主加工费B		附加加工费C		运包费D		利润/%		合计	
						估价	决定	估价	决定	估价	决定	估价	决定	估价	决定	估价	决定
	运费																
	包装																
	……																
厂商名称					标准交期			票期		采购员（签字）							

备注：

表格19：采购成本计算表

采购成本计算表见表4-24。

表4-24　采购成本计算表

材料名称	人工费		运杂费		采购价		仓储费		采购成本合计	
	单位成本	总成本	单位成本	总成本	单位成本	总成本	单位成本	总成本	单位成本	总成本
合　计										

表格20：采购成本汇总表

采购成本汇总表见表4-25。

表4-25　采购成本汇总表

物料		采购地区		价格		进口费用	运输费用		取得成本		付款条件与方式
名称	代码	国别	供应商	内销	外销		金额	方式	内销	外销	

表格21：采购成本差异汇总表

采购成本差异汇总表见表4-26。

表4-26　采购成本差异汇总表

材料名称	数量	材料价格			各种费用合计			总成本合计		
		估计	实际	差异/%	估计	实际	差异/%	估计	实际	差异/%

填表人：　　　　　　　　日期：

表格22：采购成本比较表

采购成本比较表见表4-27。

表4-27　采购成本比较表

项目	本月		上月		本年累计		上年累计	
	金额	%	金额	%	金额	%	金额	%
原材料								
辅助材料								
其他物料								
采购费用支出								
成本合计								

学习总结

通过本章的学习，我对采购价格与成本控制有了以下几点新的认识：

1.＿＿＿＿＿＿＿＿＿＿＿＿＿＿＿＿＿＿＿＿＿＿＿＿＿＿＿＿
2.＿＿＿＿＿＿＿＿＿＿＿＿＿＿＿＿＿＿＿＿＿＿＿＿＿＿＿＿
3.＿＿＿＿＿＿＿＿＿＿＿＿＿＿＿＿＿＿＿＿＿＿＿＿＿＿＿＿

我认为根据本公司的实际情况，应制订以下制度和表格：

1.＿＿＿＿＿＿＿＿＿＿＿＿＿＿＿＿＿＿＿＿＿＿＿＿＿＿＿＿
2.＿＿＿＿＿＿＿＿＿＿＿＿＿＿＿＿＿＿＿＿＿＿＿＿＿＿＿＿
3.＿＿＿＿＿＿＿＿＿＿＿＿＿＿＿＿＿＿＿＿＿＿＿＿＿＿＿＿

我认为本章的内容不够全面，还需补充以下方法、制度和表格：

1.＿＿＿＿＿＿＿＿＿＿＿＿＿＿＿＿＿＿＿＿＿＿＿＿＿＿＿＿
2.＿＿＿＿＿＿＿＿＿＿＿＿＿＿＿＿＿＿＿＿＿＿＿＿＿＿＿＿
3.＿＿＿＿＿＿＿＿＿＿＿＿＿＿＿＿＿＿＿＿＿＿＿＿＿＿＿＿

第五章 采购订单跟踪管理

引 言

采购订单的处理与跟踪是采购人员的重要职责,订单处理与跟踪的目的是促进合同正常执行、满足企业的商品需求、保持合理的库存水平。

本章学习指引

目标	了解采购订单跟踪管理的要点,并能够运用所提供的范本 根据本企业的实际情况制订相应的管理制度、表格

学习内容

管理要点	• 请购的确认 • 采购订单准备 • 选择供应商 • 签订订单 • 小额订单的处理 • 紧急订单的处理 • 采购订单的传递和归档 • 采购订单跟踪 • 物料交货控制
管理制度	• 采购订单运作流程规范 • 请购作业处理程序 • 订购采购流程规定 • 采购交期管理办法 • 采购进度及交期控制程序 • 进料接收管理办法 • 收料作业指导书
管理表格	• 请购单 • 临时采购申请单 • 采购订单 • 采购进度控制表 • 采购电话记录表 • 物料订购跟催表 • 催货通知单 • 到期未交货物料一览表 • 采购订单进展状态一览表 • 采购订单交期跟踪表 ……

第一节　采购订单跟踪管理要点

任何作业都有一定的程序或须经过一定的手续，采购订单的处理也如此，一般而言，采购订单的处理需要经过以下步骤。

要点1：请购的确认

（一）确认需求

确认需求就是在采购作业之前，应先确定购买哪些物品、买多少、何时买、由谁决定等，这是采购活动的起点。

任何采购都产生于企业中某个部门的确切的需求。生产或使用部门的人应该清楚地知道本部门独特的需求——需要什么、需要多少、何时需要，这样，仓储部门会收到这个部门发出的物品需求单，经汇总后，将物品需求信息传递给采购部门。有时，这类需求也可以由其他部门的富余物品来加以满足。当然，或迟或早企业必然要进行新的物品采购，采购部门必须有通畅的渠道能及时发现物品需求信息。

同时，采购部门应协助生产部门一起来预测物品需求。采购管理人员不仅应要求需求部门在填写请购单时尽可能地采用标准化格式，尽量少发特殊订单，而且应督促其尽早地预测需求以避免太多的紧急订单，从而减少因特殊订单和紧急订货而增加的采购成本。

另外，由于了解价格趋势和总的市场情况，有时为了避免供应中断或是价格上涨，采购部门必然会发出一些期货订单，这意味着对于任何标准化的采购项目，采购部门都要就正常供货提前期或其他的主要变化通知使用部门，对物品需求作出预测。因此要求采购部门和供应商能早期介入（通常作为新产品开发团队的一个成员），采购部门和供应商早期介入会给企业带来许多有用信息和帮助，从而使企业避免风险或降低成本，加速产品推向市场的速度，并能带来更大的竞争优势。

（二）需求说明

需求说明就是在确认需求之后，对需求的细节如品质、包装、售后服务、运输及检验方式等，都要加以准确说明和描述。采购部门如果不了解使用部门到底需要什么，就不可能进行采购。出于这个目的，采购部门就必须对所申请采购物品的品名、规格、型号等有一个准确的说明。如果采购部门的人员对申请采购的产品不熟悉，或关于请购事项的描述不够准确，应该向请购者或采购团队进行咨询，采购部门不能单方面想当然地处理。

由于在具体的规格要求交给供应商之前，采购部门是能见到它的最后一个部门，因而，需要对其最后检查一次。这一步完成之后要填写请购单，请购单应该包括以下内容。

（1）日期。
（2）编号（以便于区分）。
（3）申请的发出部门。
（4）涉及的金额。
（5）对于所需物品本身的完整描述以及所需数量。
（6）物品需要的日期。
（7）任何特殊的发送说明。
（8）授权申请人的签字。

要点2：采购订单准备

采购人员在接到审核确认的请购单之后，不要立即向供应商下达订单，而是先要进行以下订单准备工作，如图5-1所示。

工作一 熟悉物品项目

> 采购人员首先应熟悉订单计划，订单上采购的物品种类有时可能很多，有时可能是从来没有采购过的物品项目，其采购环境不一定熟知，这就需要采购人员花时间去了解物品项目的技术资料等

工作二 确认价格

> 由于采购环境的变化，作为采购人员应对采购最终的价格负责，订单人员有权利向采购环节（供应商群体）价格最低的供应商下达订单合同，以维护采购的最大利益

工作三 确认质量标准

> 采购人员与供应商的日常接触较多，由于供应商实力的变化，对于前一订单的质量标准是否需要调整，采购人员应随时掌握

工作四 确认物料需求量

> 订单计划的需求量应等于或小于采购环境订单容量（经验丰富的采购人员可不查询系统也能知道），如果大于则提醒认证人员扩展采购环境容量；另外，对计划人员的错误操作，采购人员应及时提出，以保证订单计划的需求量与采购环境订单容量相匹配

工作五 制订订单说明书

> 订单说明书的主要内容包括说明书（项目名称、确认的价格、确认的质量标准、确认的需求量、是否需要扩展采购环境容量等方面），另附有必要的图纸、技术规范、检验标准等

图5-1　订单准备工作

要点3：选择供应商

订单准备工作完毕后，采购人员的下一步工作就是最终确定某次采购活动的供应商。确定某次具体采购活动的供应商，应做好表5-1所列的工作。

表5-1　确定具体采购活动供应商的工作

序号	工作事项	具体说明
1	查询采购环境	采购人员在完成订单的准备后，要查询采购环境信息系统，以寻找适应本次物品供应的供应商，认证环节结束后会形成公司物品项目的采购环境，用于订单操作，对小规模的采购，采购环境可能记录在认证报告文档上，对于大规模的采购，采购环境则使用信息系统来管理，一般来说，一项物品应有三家以上的供应商，特殊情况下也会出现一家供应商，即独家供应商

续表

序号	工作事项	具体说明
2	计算供应商容量	如果向一个容量已经饱和的供应商下单，那么订单很难被正常执行，最后导致订单操作的失败，作为经验丰富的采购人员，首先要计算一下采购环境中供应商的容量，哪些是饱和的、哪些有空余容量，如果全部饱和，请立即通知相关认证人员，并进行紧急处理
3	与供应商确认订单	从主观上对供应商的了解需要得到供应商的确认，供应商组织结构的调整、设备的变化、厂房的扩建等都影响供应商的订单容量，有时需要进行实地考察，尤其要注意谎报订单容量的供应商
4	确定意向供应商	采购人员在权衡利弊（既考虑原定的订单分配比例，又要考虑现实容量情况）后可以初步确定意向供应商以便确定本次订单由哪一家供应商供应，这是订单操作实质性进展的一步
5	发放订单说明书	既然是意向，就应该向供应商发放相关技术资料，一般来说，采购环境中的供应商应具备已通过认证的物品生产工艺文件，如果是这样，订单说明书就不要包括额外的技术资料，供应商在接到技术资料并分析后，即向采购人员作出"接单"还是"不接单"的答复
6	确定物品供应商	通过以上过程，采购人员就可以决定本次订单计划所投向的供应商，必要时可上报主管审批，可以是一家，也可以是若干家

要点4：签订订单

在选定供应商之后，接下来要做的工作就是同供应商签订正式的采购订单。采购订单根据采购物品的要求、供应的情况、企业本身的管理要求、采购方针等要求的不同而各不相同。签订采购订单一般需要经过以下过程。

（一）制作订单

拥有采购信息管理系统的企业，采购人员直接在信息系统中生成订单，在其他情况下，需要订单制作者自选编排打印。通常企业都有固定标准的订单格式，而且这种格式是供应商认可的，采购人员只需在标准合同中填写相关参数（物品名称代码、单位、数量、单价、总价、交货期等）及一些特殊说明后，即完成制作合同操作。需要说明的是：价格及质量标准是认证人员在认证活动中的输出结果，已经存放在采购环境中，采购人员的操作对象是物品的下单数量及交货日期，特殊情况下可以向认证人员建议修改价格和质量标准。

国外采购的双方沟通不易，订购单成为确认交易必需的工具。当采购单位决定采购对象后，通常会寄发订购单给供应商，作为双方将来交货、验货、付款的依据。国内采购可依情况决定是否给予供应商订单。由于采购部门签发订购单后，有时并未要求供应商签署并寄回，形成买方对卖方的单向承诺，实属不利。但订购单能使卖方安心交货，甚至可获得融资的便利。

订购单内容应特别侧重交易条件、交货日期、运输方式、单价、付款方式等方面。根据用途不同，订购单可分为厂商联（第一联），作为厂商交货时的凭证；回执联（第二联），由厂商签认后寄回；物品联（第三联），作为控制存量及验收的参考；请款联（第四联），可取代验收单；承办联（第五联），制发订购单的单位自存。

（二）审批订单

审批订单是订单操作的重要环节，一般由专职人员负责。主要审查内容如下。
（1）合同与采购环境的物品描述是否相符。

（2）合同与订单计划是否相符。
（3）确保采购人员仿照订单计划在采购环境中操作。
（4）所选供应商均为采购环境之内的合格供应者。
（5）价格在允许价格之内，到货期符合订单计划的到货要求等。

（三）与供应商签订订单

经过审批的订单，即可传至供应商确定并盖章签字。签订订单的方式有4种，如图5-2所示。

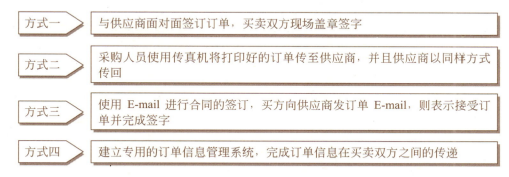

图5-2　签订订单的方式

（四）执行订单

在完成订单签订之后，即转入订单的执行时期。加工型供应商要进行备料、加工、组装、调试等过程；存货型供应商只需从库房中调集相关产品及适当处理，即可送往买家。

要点5：小额订单的处理

小额订单问题对所有企业而言都是一件值得关注的事情。绝大多数的申请都符合帕累托定律（帕累托定律也被称为ABC分析法）。这一定律指出：全部采购申请的80%仅仅占了全部采购金额的20%。当对企业的采购活动进行分析时，许多企业会发现，90%的采购交易仅仅占了采购总金额的10%。然而许多企业在处理价值500元与5000元的采购事项的花费差不多。这里要注意的是，为处理小额订单而设立的采购体系的成本与这些订单金额之间要配比。由于小额订单所涉及的物料短缺而造成的损失与这些物料本身的价值远远不成比例，因而，确保这些物料的供应通常是要满足的首要目标。

解决小额订单问题有许多办法。通常，这些办法都涉及采购过程的简化或自动化，或是合并采购，以便减少采购周期时间（从发现需求到支付货款之间的这段时间）、削减管理费用、节省采购人员的时间以将其用于金额更高的或更重要的采购事项。具体问题的解决办法如下。

（1）如果过失在于使用部门，采购部门应该建议其提高采购申请中标准件的数量。
（2）供应部门收到小额订单申请后将其积累起来直到总金额达到一个可观的数额为止。
（3）建立采购申请一览表，某些天接受某些事项的采购申请，这样，对某一物料或服务的采购申请都会在同一天收到，或对某一个供应商所能提供的所有物料的申请都在同一天提出。
（4）使用"无库存采购"或"系统合同"的概念。
（5）向内部顾客发放采购信用卡，用以直接向供应商采购。
（6）采购部门建立空白订单制度，可使内部顾客用它发出订单，供应商汇总收款。
（7）建立和主要供应商之间的电子联系，这样，订购和再订购可以自动地进行。

（8）处理小额订单的权限和报价过程应该重新调整，使用电话和传真进行订购。
（9）对于各种不同的物料和服务需求应尽量在某个或某些合适的供应商处进行订购。
（10）价值较低的订单交给公司外的第三方去处理。
（11）采用无票据支付手段（自己主动计算需支付的金额），或是发订单时就附上空白支票。
（12）使用者直接下订单。

要点6：紧急订单的处理

通常，采购部门会收到太多的标注着"紧急"字样的订单。紧急订单的出现不可避免，也有其存在的理由。款式和设计上的突然改变以及市场状况的突然变化都会使精心规划的物料需求不再适用。如果实际所需的部件或物料没有库存，那么生产的中断就不可避免。

（一）紧急订单的产生原因

现实中许多所谓的"紧急"订单实际上并不紧急。这些订单产生的原因如下。
（1）错误的库存控制。
（2）生产计划和预算的不足。
（3）对供应部门在合适的时间内向使用者提供物料的能力缺乏信心。
（4）完全出于习惯，在订单上标注"紧急"的字样。

这种订单引发的代价通常较大，而且也会给供应商带来负担，而这必然会直接或间接地体现在买方最后的支持价格之中。

（二）如何应对紧急订单

对于那些并不是出于紧急需要的所谓"紧急"订单而言，采购部可以通过进行正确的采购流程方面的教育加以解决。比如在一家公司，如果某一个部门发出了紧急订单，这个部门必须向总经理作出解释并需得到批准，而且，即使这一申请得到批准，紧急采购所增加的成本在确定之后也要由发出订单的部门来承担，其结果自然是紧急订单的大量减少。

要点7：采购订单的传递和归档

个别公司在采购订单一式几份方面以及如何处理这些不同副本方面各不相同。典型情况下，采购订单的传递路径如下。原件发往供应商，有时随单附一份副本以便供应商返回作为其接受合同的证明，一份副本归入按顺序编号的采购订单卷宗中由采购部门保管，有些公司里，采购部门不保存采购订单的副本，他们把采购订单拍照后，用缩微胶片的形式进行保存。另一副本则由供应商保管。会计部门也会收到一份订单副本以便于处理应付账款。一份副本发往仓储部门，便于其为接收物料做准备。如果公司组织结构把收货和仓储两个职能分开处理，收货部门也会收到一份副本。这些副本将按照供应商名称的字母顺序进行归档，并用于记录货物到达后真正收到的数量。如果收到的物料还要经过检验（通常原材料和生产部件就是这样）的话，也要送一份副本到检验部门。

尽管采购订单的所有副本内容上都是相同的，并且是一次同时填写完毕的，但是，这并不意味着它们在形式上也必须一模一样。比如，供应商的接受函上可能包含有其他副本不必列出的表明其接受意见的条款。填写收货方面的各项数据仅仅是收货部门对订单副本的要求。采购部门的订单副本则可能要求列出发货承诺、发票以及运输等方面的条款。由于价格的保密性，一般而言它不会出现在收货部门的副本上。

实际中，采购订单会以不同的方式加以保存，但关键是在需要这些文件的时候可以轻而易举地找到它们。目前可能做到的是：所有与一项特殊采购的订单有关的文书应该附在一张订单副本上，如果可能的话，还要将其在某处归档并建立交叉索引，以便需要时可以很快找到。

对于一式两份的采购订单的归档问题，一般一份按采购订单的编号顺序保管，另一份与相关的采购申请和往来信件一起，按照供应商名字的字母顺序加以保管。除此之外，还可以把一份按供应商名字的字母顺序进行保管，而另一份按应该从供应商那里收到接受函的期限归入到期票据记录簿中，如果到期后没有收到供应商发来的接受函，这个结果会记录在这份副本上，然后，采购部门进行跟踪接触以督促供应商发出接受函，同时，将订单上到期日期加以顺延。如果供应商最终接受了订单，到期票据记录簿中的这份副本就应按最后的跟踪接触的日期或货运到期日的日期进行归档。

要点8：采购订单跟踪

订单跟踪是采购人员的重要职责，订单跟踪的目的有三个方面：促进合同正常执行、满足企业的物料需求、保持合理的库存水平。在实际订单操作过程中，合同、需求、库存三者之间会产生相互矛盾，突出的表现为：由于各种原因合同难以执行、需求不能满足导致缺料、库存难以控制。恰当地处理供应、需求、缓冲余量之间的关系是衡量采购人员能力的关键指标。采购订单跟踪过程如图5-3所示。

图5-3　采购订单跟踪过程

（一）采购订单执行前跟踪

当制订完一个订单合同后，订单人员要及时了解供应商是否接受订单、是否及时签订等情况。

在采购环境里，同一物料往往有几家供应商可供选择，独家供应商的情况很少。尽管每个供应商都有分配比例，但在具体操作时可能会遇到因为各种原因的拒单现象，由于时间变化，供应商可能要提出改变"认证合同条款"，包括价格、质量、货期等。作为订单人员应充分与供应商进行沟通，确定本次物料可供应的供应商，如果供应商按时签返订单合同，则供应商的选择正确，如果供应商确定难以接受订单，可以在采购环境里另外选择其他供应商，必要时要求认证人员协助办理。与供应商正式签订过的合同要及时存档，以备后查。

（二）采购订单执行过程跟踪

与供应商签订的采购协议具有法律效力，订单人员应全力跟踪，确定需要变更时要征得供应商的同意，不可一意孤行。订单跟踪应把握以下事项。

1.严密监控供应商准备物料的详细过程

在监控过程中发现问题要及时反馈，需要中途变更的要立即解决，不可贻误时间。不同种类的物料，其准备过程也不同，总体上可分为两类。

第一类是供应商需要按照样品或图纸定制的物料，需要加工过程，周期长、变数多。
第二类是供应商有存货，不需要加工过程，周期短。
因此前者跟踪过程复杂，后者相对比较简单。

2.紧密响应生产需求形势

如果因市场生产需求紧急，要本批物料立即到货，应马上与供应商协商，必要时可帮助供应商解决疑难问题，保证需求物料的准时供应。企业常把供应商比作自己的战略合作伙伴，这时正是需要伙伴出力的时候，有时市场需求出现滞销，企业经研究决定延缓或取消本次订单物料供应，订单人员也应尽快与供应商进行沟通，确定其可承受的延缓时间，或终止本次订单操作，给供应商相应的赔款。

3. 慎重处理库存控制

库存水平在某种程度上体现了订单人员的水平，既不能让生产缺料，又要保持最低的库存水平，这确实是一项难以对付的问题，订单人员的经验表现在何处，在此一见高低。当然，库存问题还与采购环境的柔性有关，这个方面反映出认证人员的水平，库存问题也与计划人员有关。

4. 控制好物料验收环节

物料到达订单规定的交货地点，对国内供应商一般是企业原材料库房，对国外供应商一般是企业国际物流中转中心。境外交货的情况下，供应商在交货前会将到货情况表单传真给订单人员，订单操作者应按照原先所下的订单对到货的物品、批量、单价及总金额等进行确认，并进行录入归档，开始办理付款手续。境外的付款条件可能是预付款或即期付款，一般不采用延期付款，与供应商进行一手交钱、一手交货的方式，因此订单人员必须在交货前把付款手续办妥。

（三）采购订单执行后跟踪

1. 付款

应按合同规定的支付条款对供应商进行付款，并进行跟踪。采购订单执行完毕的柔性条件之一是供应商收到本次订单的货款，如果供应商未收到付款，订单人员有责任督促付款人员按照流程规定加快操作，否则会影响企业信誉。

2. 使用中物料问题的处理

物料在使用过程中，可能会出现问题，偶发性的小问题可由采购人员或现场检验者联系供应商解决，重要的问题可由质检人员、认证人员解决。

要点9：物料交货控制

（一）确定交货方式

对于所订购物料的交货方式应该事先与供应商协商确定下来，一般而言，交货的方式有4种，如图5-4所示。

（二）确定交货允许期限

交货的延迟或提早都会给企业带来一些问题。

1. 交货延迟会增加成本

交期的延迟，毫无疑问会阻碍企业生产或经营活动的顺利进行，对生产现场及经营或其有关部门带来有形或无形的不良影响。

（1）由于物品进库的延误，发生空等或耽误而导致效率下降。

（2）为恢复原状（正常生产、经营），有需加班或假日出勤的情况，导致增加人工费用。

（3）物品的交期延迟，失去客户的信用，导致订单的减少。

（4）成为修改或误制的原因。

方式一 供应商包送

供应商包送是指供应商负责将物料送到企业仓库，对企业而言，这是一种最省事的方式，其好处就是把运输进货的所有事务都交给了供应商，由供应商承担运输费用、货损、货差和运输风险，企业只等供应商送货上门，只需要与供应商进行一次交接和验收就可以完成此次采购任务了

方式二 托运

托运即委托运输，由供应商委托一家运输公司，把物料送到采购方手中，这种方式采购方也比较省事，所委托的运输商通常是铁路部门或是汽车运输公司，这时企业也只需要和运输商进行一次交接，不过这种方式比第一种方式麻烦，如果运输的货物出现差错或出现货损、货差时，就需要取得运输商的认证，还要和供应商联系，洽商补货、退赔等事宜

方式三 外包

这是企业向供应商下订单以后，由采购方把运输进货外包给第三方物流企业或运输商，这时企业要进行两次交接、两次验货，和供应商交接一次，和运输商交接一次，并且要根据与供应商签订合同的情况，决定企业是否还要承担运输损失和运输风险

方式四 自提

这种方式是企业自己带车到供应商处去提货，自己承担运输进货业务，这种方式要和供应商进行一次交接、一次验货，但是，自己要全部承担运输途中的风险及费用，而且自己入库时，还要进行一次入库验收

图 5-4 交货的方式

（5）延误的频度高，需增员来督促。
（6）使作业人员的工作意愿减退。

2. 提早交货也会增加成本

一般人总以为提早交货的不良影响不如延迟交货，实际上两者都会成为企业成本增加的原因。以下两点为其主要理由。

（1）容许提早交货则会发生其他物品交货的延迟（供应商，为资金调度的方便会优先生产高价格的物品以提早交货，所以假如容许其提早交货，就会造成低价格物品的延迟交货）。
（2）不急于要用的物品的交货，必定增加存货而导致资金运用效率的恶化。

基于以上分析，必须明确规定允许期限的范围，严格加以限制，尤其要避免提前付款。

（三）对验收管理作出明确规定

供应商交来的物料，如与订单上记载的数量不符，则不予签收。查核数量时，由于采用各个分别点收的方法确实麻烦，因此多数企业都利用数箱数或计算秤等来确认物料的数量。另外，经验收后部分不良物料，可能也会有被退货、整修再重新交料等的可能性，因而应对验收管理作出明确规定。

1. 制订合理的标准化规格

规格的制订涉及专门的技术，通常由采购方提出，验收标准要以经济实用为原则，切勿要求过严。所以，在制订标准化规格时，既要考虑到供应商的供应能力，又要顾及到交货后

是否可以检验，否则，一切文字上的约束都会因无法检验而流于形式。当然，也不能过于宽泛，否则会导致供应商以次充好，从而影响到企业采购物品的正常使用。

2. 合同条款应写明验收标准

规格虽属技术范畴，但是招标时仍要列作审查的要件，不能有丝毫含混，因为其涉及品质的优缺与价格的高低。同时，采购人员应注意招标单上所列的项目是否做到了详尽明确的订立，有些关键的地方是否附带了详图说明，确认了这些问题，才能避免供应商发生误会。

另外，在合同中对验收标准要加以详细说明，使交货验收时，不至于因内容含混而引起纠纷。

3. 设置健全的验收组织

由设计、品质、财务和采购组成验收小组，制订出一套完善的采购验收制度，同时对专业验收人员进行专业训练，使其具有良好的操守、丰富的知识与经验，然后对验收人员进行绩效评估，以发挥验收小组应有的作用。

4. 采购与验收各司其职

现代采购讲究分工合作，通常，企业会规定：直接采购人员不得主持验收，以免徇私舞弊发生。一般采用用料品质与性能由验收者负责，其形状、数量则由收料人员负责。只有采购、检验、收料人员分工负责、各司其职才能达到预期效用。

（四）按规定验收入库

1. 三个检验重点

企业采购的目的是为了获得物料供给生产，物料获得的一个重要标志是经过检验并妥善入库，因此对物料的验收是非常关键的工作环节。

验收应依照业务的内容不同分为两种：一种是检验是否与运送单上的内容相符合，或是检查数量是否无误，以及确认外形包装上是否有问题的"检查验收"工作；另一种就是将买方的订购单与卖方缴货单及运货单等——核对检查的"检验"工作。

检验的工作通常都比较受到重视，这个工作有以下3个基本要点，如图5-5所示。

重点一　数量检验

数量检验通常与检查接收工作一起进行，一般的做法就是直接检验，但是当现货和送货单尚未同时到达时，就会实行大略式检验，另外在检验时要将数量做两次确认，以确保数量无误

重点二　品质检验

这里要检验的是确认接收的货物与订购的货物是否一致，对于物料的检验，可以用科学的红外线鉴定法，或者可以依照验收的经验及对物料的知识运用各种检验方法，另外，不管是进行全面性检查还是抽样性检查，一般对于高级品或是招牌物料都会做全面性检查，而对购入数量大，或是单价低的物料，则采取抽样性检查

重点三　契约（采购）条件检查

检验关于采购的契约条件，如物料品质、数量、交货时间、价格、贷款结算等条件是否相符等

图5-5　三个检验重点

2. 物料验收作业程序

物料验收作业程序如图5-6所示。

步骤一 确认物料从何而来，有无错误

如果一批物料分别向多家供应商采购，或数种不同的物料同时进厂时，验收工作更应注意，验收完后的标示工作非常重要

步骤二 确定交运日期与验收完工时间

交运日期是整个采购过程中的重要日期，并以此可以判定厂商交期是否延误，有时可作为延期罚款的依据；验收完工时间则作为很多公司付款的起始日期

步骤三 确定物料名称与物料品质

确定物料名称与物料品质是指收料是否与所订购的物料相符合并确定物料的品质

步骤四 清点数量

查清实际承交数量与订购数量或送货单上记载的数量是否相符，对短交的物料，立即促请供应商补足，对超交的物料，在不缺料的情况下退回供应商

步骤五 通知验收结果

将允收、拒收或特采的验收结果填写在"物料验收单"上通知有关单位，物料控制部门得以进一步决定物料进仓的数量，采购部门得以跟进短交或超交的物料，财务部门可根据验收结果决定如何付款

步骤六 退回不良物料

供应商送交的物料品质不良时，应立即通知供应商，准备将该批不良物料退回，或促请供应商前来用良品交换，再重新检验

步骤七 入库

验收完毕后的物料，入库并通知物料控制部门，以备产品制造之用

步骤八 记录

供应商交货的品质记录等资料，为供应商开发及辅导的重要资料，应妥善保存

图 5-6 物料验收作业程序

（五）损害赔偿的处理

当发生供应商提供货物与要求不符，如物料数量不足、没有达到一定质量、交货期延误或是没有履行相关义务等情形时，企业有必要对供应商作出相应处理，以防止这类情形再发生。比如当数量不足时，就要提早要求追加补充。提出赔偿的程度也会因为疏失乃至于重大过失等因素不同而有以下程度之分。

（1）提出警告。
（2）要求货品赔偿。
（3）要求金钱赔偿。

更重要的是第（2）点与第（3）点。第（2）点可以要求损害赔偿、降价、拒绝支付等，而第（3）点可以要求解约，或者搭配组合以追求责任归属。

同时要注意，事先一定要互相协商好与赔偿相关的条款和约定。

当数量、品质以及契约条件等的检验都结束之后，接收合格物料，而收货及验收业务会因为业种及货物的不同而各有所异，所以最好找出适用自己公司的方法。

第二节　采购订单跟踪管理制度

制度1：采购订单运作流程规范

××公司标准文件		××有限公司 采购订单运作流程规范	文件编号××-××-××	
版本	第×/×版		页次	第×页

1　目的
规范采购订单的编制、审批、执行、管理过程，确保生产计划顺利进行。
2　适用范围
　2.1　采购部。
　2.2　计划部。
　2.3　财务部。
　2.4　研发部。
3　工作职责
　3.1　采购部按本流程执行原材料采购订单的编制、审批、执行、归档管理。
　3.2　计划部依据生产指令和申购单编制原材料需求表。
　3.3　财务部对材料成本进行监控以及对采购合同专用章进行管理。
4　运作流程
　4.1　采购订单的编制。
　4.1.1　计划部依据生产指令结合原材料库存编制原材料需求表，提供给采购部作为编制采购订单的依据。研发用料由研发部提交经总工程师批准的申购单给计划部，由计划部统一编制原材料需求表。
　4.1.2　采购部依据计划部原材料需求表，根据所需材料的型号规格、数量、交货期等信息，从经过公司技术采购委员会核准的供应商名单中选择供应商。
　4.1.3　采购订单必须明确包括产品名称、物料编码、规格型号、品牌、产品单位、数量、产品价格、税率、交货日期、交货地址、付款方式、包装运输、质量保证、违约处理等内容，并注明合理的联系方式。模板见"××有限公司订购合同"，模具类模板见"××有限公司模具合同"。
　4.1.4　每张采购订单必须有唯一的编号，编号说明如下图所示。

编号说明

　4.1.5　模具类合同编号同4.1.4，将采购订单代码改为MJ，表示模具合同代码。
　4.2　采购订单的审批。
　4.2.1　采购订单根据要求编制完毕经采购部经理审核后，提交采购总监复核。采购总监复核采购订单包括但不限于以下内容。

续表

××公司标准文件		××有限公司 采购订单运作流程规范	文件编号××-××-××	
版本	第×/×版		页 次	第×页

（1）供应商的选择是否是经技术及采购委员会核准的合格供应商以及是否按照与供应商谈定的条件下单，包括价格、付款条件、交货方式等。
（2）是否按照计划部的"原材料需求表"确定的数量、型号规格、要求到货时间下单，有无超越权限下单。
（3）是否有不利于公司的商务条款。
（4）价格调整尤其是价格上升是否附有调价申请表、报价单等。
4.2.2 采购订单经采购总监复核后，提交财务部复核，财务部成本会计基于成本角度审核采购订单，稽核是否有价格调整，并根据价格变动来调整产品的成本，对有异议的订单可返回采购部门。
4.2.3 订单合同经财务部复核后，由采购部填写"印章审批单"附订单合同分别提交采购总监和总经理（或经总经理授权的部门和代理人）进行印章审批单的审批和核准。
4.2.4 订单合同的印章审批单在总经理（或经总经理授权的部门和代理人）批准后，由财务部在订单合同上加盖"××有限公司合同专用章"并返还采购部。
4.3 采购订单的归档管理。
4.3.1 盖章后的采购订单由公司前台负责传真至供应商，并对供应商进行电话确认是否收到采购订单传真。
4.3.2 采购部对供应商的采购订单回传进行沟通跟进，回传的采购订单必须有供应商合同专用章或公司公章，原则上回传要在一个工作日内完成。
4.3.3 收到供应商的采购订单回传后，由采购部将由双方盖章确认的合同复印一份提供给财务部存档，采购部除将采购订单原件与回传件合并存档外，电子档每周一次备份到公司服务器。
4.3.4 采购订单存档管理原则。
（1）采购订单要分类保存，保存分类的明细如下。
外协类：凡是半成品PCBA外协加工用的原材料采购订单归档保存于外协类订单。
装配类：凡是车间生产成品机器用除结构件外的原材料采购订单归档保存于装配类订单。
结构件类：凡是生产成品机器所需的机箱、散热器、螺丝等五金件原材料采购订单保存于结构件类订单。
生产辅料类：凡是生产成品机器所需的化学物品（三防漆、工业酒精、洗板水等）、热缩套管、扎线带等消耗品原材料采购订单保存于生产辅料类订单。
零星采购类：凡是购买生产设备、研发设备、生产工具等资产类采购订单保存于零星采购类订单，并注明资产划分类别（包括固定资产、低值易耗品）。
模具类：凡是模具类的合同保存于模具类订单。
（2）采购订单电子档按"（1）"分类原则保存。
4.3.5 对采购订单传真至供应商由于各种原因导致不能执行的，该订单的书面和电子档必须注明作废并正常存档，对已作废的采购订单，订单编号不能注销，依然有效。
4.3.6 采购部每月26～28日（结算日为每月25日）必须建立并提供当月的订单汇总明细表档案给财务部核查保存。
4.4 采购订单的审批权限。
4.4.1 正常生产的物料单价如有变化，采购部必须填写"调价申请表"，单价变动在10%以内的由采购总监审核后，需分管领导总工程师批准，单价变动超过10%的需总经理批准。
4.4.2 总经理因出差不在岗位需审批印章审批单时，对采购订单金额在1000元以下的，由采购总监批准；对采购订单金额在1000元以上、5000元以下的，由总工程师批准；对采购订单金额超过5000元的，由总工程师代理批准，总经理随后补批。

5 相关文件表格

5.1 申购单。
5.2 生产指令。
5.3 原材料需求表。
5.4 采购订单、模具合同。
5.5 印章审批单。
5.6 调价申请表。
5.7 订单汇总明细表。

续表

××公司标准文件		××有限公司 采购订单运作流程规范	文件编号××-××-××	
版本	第×/×版		页　次	第×页

6　流程图

采购订单运作流程图如下图所示。

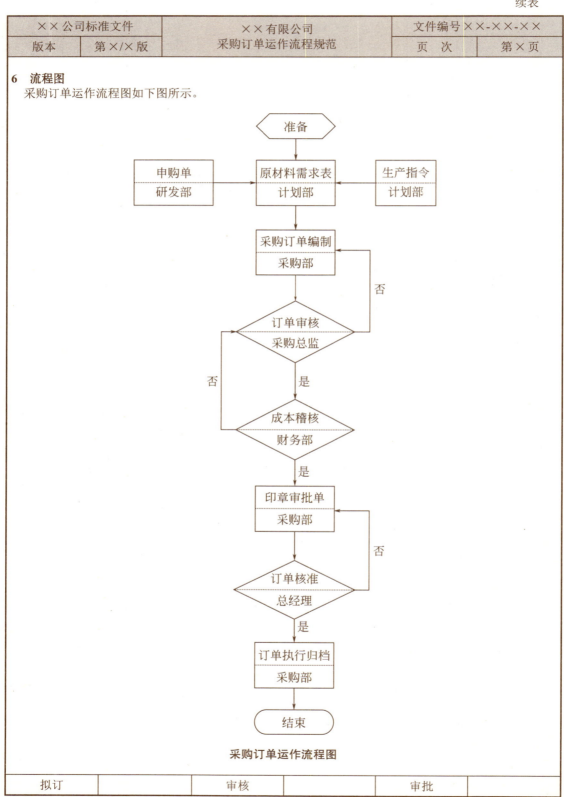

采购订单运作流程图

拟订		审核		审批	

制度2：请购作业处理程序

××公司标准文件		××有限公司	文件编号××-××-××	
版本	第×/×版	请购作业处理程序	页次	第×页

1 目的
为规范各部门的请购工作，特制订本程序。

2 适用范围
适用于物料、零配件、办公用具、文具等的请购。

3 管理规定
 3.1 请购单位
请购单位见下表。

请购单位表

项次	材料类别		工厂	公司
1	原料		生管单位	—
2	常备材料	一般性物料	物料仓储单位	总务单位
		文具用品	总务单位	总务单位
		计算机用品	总务单位	资讯单位
3	非常备物料	一般性物料	使用单位	使用单位
		维修备品	工务单位	使用单位

 3.2 请购单的开立
 3.2.1 原料。由请购部门依产销预估、实际产销量、存量控制基准及库存状况等因素，计算原料的请购需要量，并针对原料市场状况与采购单位协商后填写"原料请购单"一式四联，呈经理核准后，第四联自存，其余三联送交采购单位。
 3.2.2 常备物料。由请购部门考虑物料的预估数量及库存状况等因素，填写"杂项购置请购验收单"一式四联，依裁决权限呈核后，第四联自存，其余三联送交采购单位（公司使用时，一式三联，仓储联免填）。
 3.2.3 非常备物料。由请购部门依实际的需要，填写"杂项购置请购验收单"一式四联，依裁决权限呈核后，第四联自存，其余三联送交采购单位。
 3.2.4 "原料请购单"以一单一品为原则。
 3.2.5 请购单位在"请购单"上注明参考供应商时，应说明其需求性及效益性。
 3.3 紧急请购
 3.3.1 原料。由请购单位经办人员呈报部门经理核准后，以传真或电话通知采购单位主管，经依权限呈准后，由采购人员先行订购，但请购单位应于两日内补齐手续。
 3.3.2 物料。请购单位除在"杂项购置请购验收单"上写明需用日期外，并加注"紧急请购"字样，以急件卷宗，依请购流程优先办理。
 3.4 特种请购。遇市场某种原料的市场价格特廉或有明显上涨的征兆，为把握时机，可由采购单位以"签呈"专案提出申请，送总经理室产销管理组会签，转呈总经理核定后，正本由采购部门存档，并以此作为采购凭据，复印一份送交生管单位，凭以补填请购单。
 3.5 请购的变更
请购部门在填出"请购单"后，如有变更原请购单内容时，应及时与采购单位协商后，收回原请购单，重新开立或在原请购单上更改内容，必要时由请购部门签认。

拟订	审核	审批

制度3：订购采购流程规定

××公司标准文件		××有限公司	文件编号××-××-××	
版本	第×/×版	订购采购流程规定	页　次	第×页

1　目的
为落实物料、零件订购采购作业流程，确保采购工作顺畅，特制订本规定。

2　适用范围
本公司物料、零件的订购、采购管理业务。

3　请购规定

　3.1　请购的提出
（1）生管部物控员依物料需要状况、库存数量、请购前置期等要求，开立请购单。
（2）请购单应注明物料名称、编号、规格、数量、需求日期及注意事项，经权责主管审核，并依请购核准权限送呈相关人员批准。
（3）请购单一联送交采购部，一联自存，一联交财务部。
（4）交期相同的同属一个供应厂商的物料，请购部门应填具在同一份请购单内。
（5）紧急请购时，请购部门应于备注栏注明，并加盖"紧急"章。

　3.2　请购核准权限
　3.2.1　国内物料采购核准权限。
（1）请购金额预估在人民币1万元以下者，由经理核准。
（2）请购金额预估在人民币1万元以上、5万元以下者，由副总经理核准。
（3）请购金额预估在人民币5万元以上者，由总经理核准。
　3.2.2　国外物料采购核准权限。
（1）请购金额预估在美元1万元以下者，由经理核准。
（2）请购金额预估在美元1万元以上、5万元以下者，由副总经理核准。
（3）请购金额预估在美元5万元以上者，由总经理核准。

　3.3　请购的撤销
（1）已开具请购单，并经核准后因各种原因需撤销请购时，由请购部门以书面方式呈原核准人，并转采购部了解，必要时应先口头知会采购部。
（2）请购部门回收各联请购单，并加盖"撤销"章。
（3）采购部门接获通知后，立即停止一切采购动作。
（4）未能及时停止采购时，采购部应通知原请购部门并协商善后工作。

4　采购规定

　4.1　采购方式
本公司采购方式一般有下列3种。
（1）集中采购。通用性物料，尽量采用集中采购方式。
（2）合约采购。经常性物料，尽量采用合约采购方式，以确保货源与价格的稳定。
（3）一般采购。除（1）、（2）以外的物料，采用随需求而采购的方式。

　4.2　国内采购作业规定
　4.2.1　询价、议价。
（1）采购人员接获核准后的《请购单》，应选择至少三家符合采购条件的供应商作为询价对象。
（2）供应商提供报价的物料规格与请购规格不同或属代用品时，采购人员应送请购部门确认。
（3）专业材料、用品或项目，采购部应会同使用部门共同询价与议价。
（4）采购议价采用交互议价的方式。
（5）议价应注意品质、交期、服务兼顾。
　4.2.2　呈核及核准。
（1）采购人员询价、议价完成后，于《请购单》上填写询价或议价结果，必要时附上书面说明。
（2）标准拟订供应商、交货期限与报价有效期限，经主管审核，并依采购核准权限呈核。
（3）采购核准权限规定，不论金额多寡，均应先经采购经理审核，再呈总经理核准。
　4.2.3　订购作业。
（1）采购人员接获经核准的《请购单》后，应以《订购单》形式向供应商订购物料，并以电话或传真形式确认交期。
（2）若属一份订购单多次分批交货的情形，采购人员应于订购单上明确注明。

续表

××公司标准文件		××有限公司 订购采购流程规定	文件编号××-××-××	
版本	第×/×版		页次	第×页

（3）采购人员应控制物料订购交期，及时向供应商跟催交货进度。
4.2.4 验收与付款。
（1）依相关检验与入库规定进行验收工作。
（2）依财务管理规定，办理供应商付款工作。
4.3 国外采购作业规定
4.3.1 询价、议价。参照国内采购作业方式进行。
4.3.2 呈核及核准。参照国内采购作业方式进行。
4.3.3 订购作业。
（1）采购部接获核准的《请购单》后，应以《订购单》形式向供应商订购物料，并以传真或E-mail形式确认交期。
（2）需与供应商签订长期合同者，应事先办妥相关事项，并呈核示。
4.3.4 进口事务处理。
（1）依国家法规办理进口签证。
（2）办理进口保险与公证。
（3）进口船务安排。
（4）进口结汇。
（5）依国家法令申办进口税。
（6）提供提货文件。
（7）办理进口报关手续。
（8）报关。
（9）公证。
（10）退汇。
5 附件
《订购单》。

拟订		审核		审批	

制度4：采购交期管理办法

××公司标准文件		××有限公司 采购交期管理办法	文件编号××-××-××	
版本	第×/×版		页次	第×页

1 目的
为确保采购交期管理更为顺畅，特制订本办法。
2 适用范围
本公司采购的物料的交期管理，除另有规定外，需依本制度执行。
3 权责单位
3.1 采购部负责本规章制订、修改、废止的起草工作。
3.2 供应链副总经理负责本规章制订、修改、废止的核准。
4 预防欠料及欠料跟进管理规定
4.1 预防欠料及欠料跟进管理的重要性。预防欠料及欠料跟进管理是采购的重点工作之一，同时也是为了确保采购交期。确保交期的目的，是必要的时间提供生产所必需的物料，以保障生产并达成合理生产成本的目标。
4.1.1 欠料的影响。欠料造成的不良影响有以下方面。
（1）导致制造部门断料，从而影响效率。
（2）由于物料交期延迟，间接导致成品交期延迟。
（3）由于效率受影响，需要增加工作时间，导致制造费用的增加。
（4）由于物料交期延误，采取替代品导致成本增加或品质降低。

续表

××公司标准文件		××有限公司 采购交期管理办法	文件编号××-××-××	
版本	第×/×版		页 次	第×页

(5) 交期延误,导致客户减少或取消订单,从而导致采购物料的囤积和其他损失。
(6) 交期延误,导致采购、运输、检验的成本增加。
(7) 断料频繁,易导致互相配合的各部门人员士气受挫。
4.1.2 欠料的原因。
4.1.2.1 供应商责任。因供应商责任导致交期延误的状况如下。
(1) 接单量超过供应商的产能。
(2) 供应商技术、工艺能力不足。
(3) 供应商对时间估计错误。
(4) 供应商生产管理不当。
(5) 供应商的生产材料出现货源危机。
(6) 供应商品质管理不当。
(7) 供应商经营者的顾客服务理念不佳。
(8) 供应商欠缺交期管理能力。
(9) 不可抗力原因。
(10) 其他因供应商责任所致的情形。
4.1.2.2 采购部责任。因采购部责任导致交期延误的状况如下。
(1) 供应商选定错误。
(2) 业务手续不完整或耽误。
(3) 价格决定不合理或勉强。
(4) 进度掌握与督促不力。
(5) 经验不足。
(6) 下单量超过供应商的产能。
(7) 更换供应商所致。
(8) 付款条件过于严苛或未能及时付款。
(9) 缺乏交期管理意识。
(10) 其他因采购原因所致的情形。
4.1.2.3 其他部门责任。因采购以外部门导致交期延误的状况如下。
(1) 请购前置时间不足。
(2) 技术资料不齐备。
(3) 紧急订货。
(4) 生产计划变更。
(5) 设计变更或标准调整。
(6) 订货数量太少。
(7) 供应商品质辅导不足。
(8) 点收、检验等工作延误。
(9) 请购错误。
(10) 其他因本公司人员原因所致的情形。
4.1.2.4 沟通不良所致的原因。因本公司与供应商双方沟通不良导致交期延误的状况如下。
(1) 未能掌握一方或双方的产能变化。
(2) 指示、联络不确实。
(3) 技术资料交接不充分。
(4) 品质标准沟通不一致。
(5) 单方面确定交期,缺少沟通。
(6) 首次合作出现偏差。
(7) 缺乏合理的沟通窗口。
(8) 未达成交期、单价、付款等问题的共识。
(9) 交期理解偏差。
(10) 其他因双方沟通不良所致的情形。
4.2 事前规划。
4.2.1 制订合理的购运时间和预防欠料清单。

续表

××公司标准文件		××有限公司 采购交期管理办法	文件编号××-××-××	
版本	第×/×版		页　次	第×页

（1）采购部将请购、采购、供应商生产、运输及进料验收等作业所需的时间予以事先规划确定，作为各部门的参照依据。

（2）由电子、包材采购工程师负责收集各类原材料L/T（L/T是指从接到订单开始到送货到客户手上为止的时间），并综合比较核实各类材料L/T的合理性，最终汇总发出，交由PMC部门下单组输入EPR进行下单系统参数维护。

（3）由PMC部门负责收集和制订风险、重点核心的按单及按预测采购的物料。

4.2.2　确定交货日期及数量。

（1）预先明确交期及数量，大订单可采用分批交货方式进行。

（2）每周三由PMC负责作出齐套分析，周四转发采购，由采购根据齐套分析产生的三周交货计划，依据不同材料对应的不同供应商，分别发给相关供应商三周交货计划，并在一天内要求各供应商确认答复交货时间，最后由对应采购工程师汇总回复PMC实际可交货时间，借此每周滚动更新，确保相关供应商清楚所供材料具体的交货时间及数量并依次提前备料生产。

4.2.3　每月、每周供应商（风险、重点核心的按单及按预测采购的物料）产能分析和负荷分析。

（1）每月、每周供应商产能分析和负荷分析展开和执行。

（2）采购工程师需严格按招标份额进行订单分配，与此同时应充分同相关供应商进行沟通或者现场稽核，事先了解供应商的产能配备情况，若其产能配备确实不能满足当前分配份额额度的正常供应，或者品质亦无法保证的情况下，需及时填写招标份额调整表，申请份额切换。

4.2.4　请部分供应商提供生产进度计划及交货计划，确保预防欠料。

（1）采购工程师根据"预防欠料清单"向PMC提前三天确认交货计划是否欠料。尽早了解供应商瓶颈与供应能力，便于采取对策。

（2）当执行急单或者预计存在风险的订单时，采购工程师应在供应商订单执行开始生产的同时要求供应商自主提供生产进度计划及交货计划，并以此同PMC要求交货计划进行核实对比，若不能满足，则需立即同供应商进行协商，调整配置以满足客户交货要求为先，若可以满足，则依据此计划时间节点进行监督并敦促供应商严格执行。

4.2.5　准备替代来源。

（1）采购人员应尽量多联系其他物料提供来源，以确保应急。

（2）器件工程部定期发出全部独供材料列表，由供管部作为窗口提供推荐替代物料（采购部有优选的替代物料亦可推荐），并由器件工程部主导替代物料的承认，最终加入BOM。

4.3　采购中执行——十大交期方法。

4.3.1　交期确定后计划员开始实施对交期执行情况跟踪确认，采购工程师根据每周齐套分析回复的《采购欠料复期表》，重点标示出不能符合要求以及存在交货风险的材料，列表形成"采账物料跟踪管控表"，每日对表中材料一一进行跟催及确认最新生产进度状况，并根据变化情况不断更新"采购物料跟踪管控表"，确保提前掌控风险。采购工程师在订单执行过程中应保持同相关供应商的沟通，对于供应商反馈的异常必须在第一时间给予协助处理，包括技术支援、品质辅导等。

4.3.2　交期、规格及数量变更的及时联络与通知，以确保维护供应商的利益，配合本公司的需求。当交货计划有变更时应第一时间以邮件以及电话的方式务必通知到相关供应商，确保不能因交货计划变更未及时知会供应商而造成产品呆滞。在途呆滞应牵头协调供应商及公司呆滞处理小组处理善后问题。

4.3.3　供应商交期管理方法：根据不同供应商或不同轻重缓急情况用不同跟进方法。

（1）计划审核法。根据供应商对订单交期回复结果和对供应商交货计划的确认来跟踪交货情况。此方法适应于组织架构完善、管理水平比较高、供货质量稳定、交期业绩评为A级以及长期合作的重要供应商。

（2）生产会议逼迫法。对于订单批量比较大且分批交货，存在采购风险，采购周期比较长，并且是重点保障的客户产品的物料，采取定期例会与供应商及相关部门会议研讨的方式，审批分批交货计划，要求供应商重点确保的方法。

（3）实绩管理法。根据供应商对下达订单回复结果，通过每月或每周考核供应商按期交货的方法。此方法适应于重要供应商、战略供应商、有自我管理目标的供应商。

（4）盯人逼迫法。在供应商交期延误或即将延误，采购员直接安排供应商生产现场作业计划或到供应商处现场跟踪供应商的生产、检验、发货等情况，并要求供应商提供每天的生产报表，确保供应商的生产情况在监控之中，以保证按时交货的方法。此方法适应于供应商管理混乱、组织架构不完整、订单混乱、新供应商新订单、有风险的订单或紧急插单等情况。

续表

××公司标准文件		××有限公司 采购交期管理办法	文件编号××-××-××	
版本	第×/×版		页 次	第×页

（5）分批采购法。为了回避采购风险，将一个大的采购订单分解成若干小订单来采购的方法，要求按公司生产时间交货。此方法适应于新供应商、价格波动较大的物料采购。控制供应商物资停留在公司时间从而减低库存。

（6）量购批入法。下一个大订单给供应商，然后根据生产时间和定量需要分批购入，并由供应商直接送货到生产线，然后，按照送货量入库结算。此方法适应于长期稳定合作的供应商和战略供应商，或物资价值不高的、个体不大，按库存采购的合作供应商。

（7）异状报告法。要求供应商在一定时间段前（按照生产计划锁定的计划时间），对可能出现的延迟交货、质量异常以及人员、资源短缺等情况进行8D报告的方法。此方法适应于所有出现异常的供应商。对于管理松散、计划性不强、频发质量问题的供应商和资金实力较弱的供应商尤其要关注。

（8）责任赔偿法。根据合同、物流协议、质量协议约定，对于交期延误、因供应商原因产生高额运费，以及因质量问题影响交货数量不足等情况，而影响生产计划的有效落实时，对供应商实施经济上索赔的方法。此方法适应于所有负有责任的供应商。

（9）进度表监控法。为了确保供应商按期交货，对预测到可能存在潜在交期风险的供应商实施审批分交货计划、生产计划、生产进度表监控的方法进行管理的方法。此方法适应于外协或外发供应商、风险供应商、新供应商、老供应商新产品以及重要的二级供应商。

（10）预警法。对于首家供应商或重要客户指定供应商交货实施重点跟踪，要求供应商定期在交货前（如3～5天）向客户提示的方法。

4.3.4 必要的厂商辅导。及时安排技术、品管人员对供应商进行指导，必要时可以考虑到供应商处进行验货，以降低因进料检验不合格导致断料发生的情形。

4.4 事后考核。

4.4.1 对供应商进行考核。依供应商绩效考核办法进行考核，将交期的考核列为重要项目之一，以督促供应商提高交期达成率。

4.4.2 对交期延迟的原因进行分析并研拟对策确保重复问题不再发生。针对供应商交期延迟的案例，采购工程师及时组织供应商进行检讨，并以8D报告格式要求供应商进行原因分析及提出改善对策。

4.4.3 检讨是否更换供应商。依供应商考核结果与配合度，考虑更换、淘汰交期不佳的供应商，或减少其订单。针对交货极差的供应商，屡教不改者采购工程师可填写"招标份额调整申请单"，减少其订单份额，经供管部综合考核，符合淘汰条件的，及时淘汰更换此供应商。

4.4.4 执行供应商的奖惩办法。必要时加重违约的惩罚力度，并对优良厂商予以适当的回馈。对于交货配合良好的供应商，在每次招标份额分配中，应重点考虑交期表现并给其适当订单份额倾斜，对于违约或交期表现较差供应商，减少份额分配，并在实际交货案例中，如出现实质性的影响生产并造成停线，统计损失折算相应金额向供应商索赔。

5 记录

采购物料跟踪管控表。

拟订		审核		审批	

制度5：采购进度及交期控制程序

××公司标准文件		××有限公司 采购进度及交期控制程序	文件编号××-××-××	
版本	第×/×版		页 次	第×页

1 目的

为确保采购进度，采购部应将询价、会签、议价、订购等作业纳入电脑管理，以控制采购进度。

2 适用范围

本公司物料、零件的订购、采购管理业务。

3 控制程序

3.1 询价截止日后7天（外购案10天），仍未输入订购日、会签日或呈核日者，即于采购部列印"采购逾期催办单"，送采购组长督促采购人员速办。

××公司标准文件		××有限公司 采购进度及交期控制程序	文件编号××-××-××	
版本	第×/×版		页次	第×页

3.2 送会签的案件,逾预定会签完成日请购部门仍未会签完成者,翌日即于采购部列印"会签逾期催办单",送请购部门经理室跟催处理。逾预定会签完成日3天以上仍未会签完成者,则于每月1日、16日依请购部门另汇总再次列印"会签逾期催办单"送请购部门经理室跟催处理。

3.3 会签完成日后5天(外购案10天),仍未输入订购日或呈核日者,即于采购部列印"议价逾期催办单"送采购组长督促采购人员速办。

3.4 呈核完成日后7天(外购案10天),尚未订购者,即于采购部列印"订购逾期催办单"送采购组长督促采购人员速办。

3.5 各阶段进度异常的催办单("会签逾期催办单"除外)若未能于出表后7天内处理完成时,之后每隔7天(存量控制材料为3天)即再次出表跟催,直到完成为止。

4 不同案件的处理方式

订购资料输入后,属内购案件的,电脑即将约定交纳日纳入交期控制,外购案件电脑则将L/C开发及装船进度纳入控制。

4.1 内购案件。

4.1.1 供应商逾约交日3天仍未交货者,即由电脑传真"催交单"通知供应商尽速交货,采购部催交人员应负跟催之责。

4.1.2 经催交后,供应商答复可于5天内交货者,催交人员则径自修改约交日。若供应商要求展延日期超过5天以上,则将供应商回函洽请购部门确认延交日期是否会影响用料时效,若经确认同意展延者,即修订约交日再列入控制,如不同意展延则应采取因应措施。

4.1.3 若供应商提出展延,经我方同意修改交期后仍未按时交货者,由电脑列印"展延未交单"向供应商抗议,并以个案处理至结案为止。

4.2 外购案件。

4.2.1 逾预定开状日4天,仍未开出L/C者,即于采购部列印"开状逾期催办单",由进口事务人员依异常项目转送异常发生部门主管跟催。

4.2.2 供应商逾预定装船日3天,仍未装运者,即由电脑传真"催装函"通知供应商尽速交运。经催装后,逾10天仍未按时装船者,由电脑列印"展延未装单"向供应商抗议,并以个案跟催至结案为止。因供应商逾期装船而影响用料时效者,采购部应接洽请购部门,研议对策。

5 附件

5.1 逾期催办单。

5.2 催交单。

拟订		审核		审批	

制度6:进料接收管理办法

××公司标准文件		××有限公司 进料接收管理办法	文件编号××-××-××	
版本	第×/×版		页次	第×页

1 目的

为规范本公司对物料的接收及入库工作,使之有序、高效进行,特制订本规定。

2 适用范围

适用于本公司各项物料的接收及入库。

3 接收管理规定

3.1 待收料。物料管理收料人员在接到采购部门转来已核准的"采购单"时,按供应商、物料别及交货日期分别依序排列存档,并于交货前安排存放的库位以利收料作业。

3.2 收料。

3.2.1 内购收料。

(1)材料进厂后,收料人员必须依"采购单"的内容,并核对供应商送来的物料名称、规格、数量和送货单及发票并清点数量无误后,将到货日期及实收数量填记于"请购单",办理收料。

续表

××公司标准文件		××有限公司 进料接收管理办法	文件编号××-××-××	
版本	第×/×版		页次	第×页

（2）如发现所送来的材料与"采购单"上所核准的内容不符时，应即时通知采购处理，并通知主管，原则上非"采购单"上所核准的材料不予接受，如采购部门要求收下该等材料时，收料人员应告知主管，并于单据上注明实际收料状况，并会签采购部门。

3.2.2 外购收料。

（1）材料进厂后，物料管理收料人员即会同检验单位依"装箱单"及"采购单"开柜（箱）核对材料名称、规格并清点数量，并将到货日期及实收数量填于"采购单"。

（2）开柜（箱）后，如发现所装载的材料与"装箱单"或"采购单"所记载的内容不同时，通知办理进口人员及采购部门处理。

（3）其发现所装载的物料有倾覆、破损、变质、受潮等异常时，经初步计算损失将超过5000元以上者（含），收料人员即时通知采购人员联络公证处前来公证或通知代理商前来处理，并尽可能维持异常状态以利公证作业，如未超过5000元者，则依实际的数量办理收料，并于"采购单"上注明损失数量及情况。

（4）对于由公证或代理商确认的异常物料，物料管理收料人员开立"索赔处理单"呈主管核示后，送会计部门及采购部门督促办理。

3.2.3 材料待验。进厂待验的材料，必须于物品的外包装上贴材料标签并详细注明料号、品名规格、数量及入厂日期，且与已检验者分开储存，并规划"待验区"以示区分，收料后，收料人员应将每日所收料品汇总填入"进货日报表"作为入账消单的依据。

3.2.4 超交处理。交货数量超过"订购量"部分应予退回，但属买卖惯例，以重量或长度计算的材料，其超交量在3%（含）以下，由物料管理部门在收料时，在备注栏注明超交数量，经请购部门主管（含科长）同意后，始得收料，并通知采购人员。

3.2.5 短交处理。交货数量未达订购数量时，以补足为原则，但经请购部门主管（含科长）同意，可免补交，短交如需补足时，物料管理部门应通知采购部门联络供应商处理。

3.2.6 急用品收料。紧急材料于供应商交货时，若物料管理部门尚未收到"请购单"时，收料人员应先洽询采购部门，确认无误后，始得依收料作业办理。

3.2.7 材料接收规范。为利于材料检验、接收的作业，品质管理部门应就材料重要性及特性等，适时召集使用部门及其他有关部门，依所需的材料品质研订"材料接收规范"，呈总经理核准后公布实施，作为采购及接收的依据。

3.2.8 材料检验结果的处理。

（1）检验合格的材料，检验人员在外包装上贴合格标签，以示区别，仓管人员再将合格品入库定位。

（2）不合接收标准的材料，检验人员在物品包装上贴不合格的标签，并于"材料检验报告表"上注明不良原因，经主管核示处理对策并转采购部门处理及通知请购单位，再送回物料管理凭此办理退货，如特采时则办理收料。

3.2.9 退货作业。对于检验不合格的材料退货时，应开立"材料交运单"并检附有关的"材料检验报告表"呈主管签认后，凭以异常材料出厂。

4 记录

4.1 进货日报表。
4.2 材料检验报告表。
4.3 索赔处理单。

拟订	审核	审批

制度7：收料作业指导书

××公司标准文件		××有限公司 收料作业指导书	文件编号××-××-××	
版本	第×/×版		页次	第×页

1 目的

为规范本公司对所采购物料的接收、入库工作程序，使各部门配合有度，特制订本规定。

2 适用范围

适用于本公司各项物料的接收及入库。

续表

××公司标准文件		××有限公司 收料作业指导书	文件编号××-××-××	
版本	第×/×版		页次	第×页

3 收料作业管理规定

收料作业管理规定具体见下表。

收料作业管理规定

流程	作业标准	控制重点	相关文件
采购通知收料部门	1.采购部门在确定采购内容及交期后应通知仓库 2.仓库在收到经核准的订购单或请购、验收单时,应依采购类别、数量及日期等预作仓位安排及卸料工具(如堆高机、垫板)的准备		(1)请购单 (2)订购单 (3)请购、验收单
供应商交货	1.供应商应在交货日备妥送货资料、发票(三联式)在指定地点交货 2.供应商交料时,应依本公司进出厂规定及卸料方式作业,且交料卡车、司机或随车人员均应接受执勤警卫监督管理		(1)出入厂管理办法 (2)送料凭证 (3)请购、验收单
点收(核对数量)	1.卸料完毕后,仓库人员应依请(订)购单据实计数并核对数量 2.点收无误后,仓库人员应立即开立进料验收单通知质量检验人员进行检验作业		(1)进料验收单 (2)请购、验收单
物料检验作业	1.质量部收到仓库转来的进料验收单时,应立即派员至物料暂存区依检验规范实施检验工作 2.物料检验规范应包括 (1)取样规定及方法 (2)质量标准及检验方法 (3)允收方法 3.质量部应就检验结果评定物料是正常或异常,并就瑕疵品情形加以复检研判及说明,以作为最后收用与否的参考	1.属一般性质的物料可由目测判定其规格、质量的,可直接由仓库或采购部门会同使用单位在收料时检验,而不必送质量部检验 2.不经质量部检验的依合同进行	(1)物料检验规范 (2)瑕疵检验作业规定 (3)物料瑕疵检验报告表
入库记账	检验合格时,质量部应将检验结果通知仓库办理入库,并转记物料库存账卡进料栏内,同时在备注栏内注明进料验收单的号码		物料库存账卡
请款	检验合格时,质量部应将检验结果通知仓库,仓库应将发票及送料有关凭证等转送采购部门办理请款		请款单
索赔	1.若检验不合格时,采购部则依判定结果办理退料、扣款或索赔的手续 2.依"与合约不符作业"规定办理		

拟订		审核		审批	

第三节　采购订单跟踪管理表格

表格1：请购单

请购单见表5-2。

表5-2　请购单

请购单位：　　　　　　　　　　　　　　　　　　请购日期：　　　年　　月　　日

料号	品名	规格	单位	数量	需求日期
用途说明					
会计		采购		主管	

备注：请于需求日前三日填写本单以利作业。

表格2：临时采购申请单

临时采购申请单见表5-3。

表5-3　临时采购申请单

No：

申请部门		申购人		申购日期	
申购物资品名				数　量	
申购原因：					
审批意见：					

　　　　　　　　　　　　　　签名：　　　　　　　　　　日期：

表格3：采购订单

采购订单见表5-4。

表5-4　采购订单

采购申请部门		申请日期					单据号码	
供应厂商名称		交货地点					请购单号	
项次	料号	品名	规格	数量	单位	单价	总价	交货日期	技术协议及要求
采购部	经办		总经理批准			合计		税前金额	
	科长							税额	
	经理							税后金额	
注意事项	1.厂商须严守交货日期，若逾期交货时，每延迟一天，买方可扣该批货款5‰，或将订单全部取消 2.本司如有指定质量标准时则依从，若本司未指定质量标准时则依双方共同认定标准或有资格机构所认定的标准 3.厂商如因交货延误、规格不符、质量不符、数量不足等而造成本公司的损失，厂商应负完全责任 4.本次订单内容或附件如有更换由采购人员通知贵厂商后，原件请自行作废，不再回收							
	附件：								
分单	第一联：厂商（白）　　第二联：原物料仓库（红）　　第三联：财会部（黄）								

表格4：采购进度控制表

采购进度控制表见表5-5。

表5-5　采购进度控制表

年　　月

| 序号 | 采购单号 | 品名 | 型号、规格 | 订货量 | 计划交期 | 实际交货状况 | | | | | | 备注 |
						日期	数量	日期	数量	日期	数量	

表格5：采购电话记录表

采购电话记录表见表5-6。

表5-6　采购电话记录表

序号	采购日期	供应商	采购物料名称	数量、规格型号	要求交期	使用部门	采购人	备注

表格6：物料订购跟催表

物料订购跟催表见表5-7。

表5-7　物料订购跟催表

分类：　　　　　　　　　　　　　　　　跟催员：

订购日	订购单号	料号（规格）	数量	单价	总价	供应商（编号）	计划进料日	实际进料日		
								1	2	3

表格7：催货通知单

催货通知单见表5-8。

表5-8　催货通知单

催货通知单

敬启者：

　　查贵_____与本公司签订的下列契约业已到期迄未交货，请于文到一周内迅予交清为荷！

　　此致

　　　　查照　　　　　　　　　　　　　启

　　　　　　　　　　　　　　　　　年　　月　　日

表格8：到期未交货物料一览表

到期未交货物料一览表见表5-9。

表5-9 到期未交货物料一览表

签约日期	合同编号	物料名称及规格	数量	单位	约定交货日期	备注

本单一式三联：一联送供应商；一联送仓库转请购部门；一联留采购主管存查

表格9：采购订单进展状态一览表

采购订单进展状态一览表见表5-10。

表5-10 采购订单进展状态一览表

序号	物料							订单状态									物料入库数量总和	备注
	物料编码	名称	型号、描述	年需求量	单位	开始日期	完成日期	订单计划编号	订单经办人员	供应商一					供应商二						
										选择	订单合同	跟踪	检验	接收入库	付款	选择	订单合同	跟踪	检验	接收入库	付款		

表格10：采购订单交期跟踪表

采购订单交期跟踪表见表5-11。

表5-11 采购订单交期跟踪表

序号	订单号	采购、外发计划下达时间	样品确认资料和包装资料发放完成日期	采购、外发订单下达时间	距交货期的天数	采购、外发计划实际交期	是否延误	重点物料的交期			重点物料供应商的现场走访记录（根据情况以周或月为单位进行拜访）	责任人	备注
								物料名称	计划交期	实际交期			

备注：1.责任人按规范填写表格中的相关数据。

2.责任人每周五将更新的数据发部门主管，经部门主管汇总后向其他相关部门发送。

3.重点物料的供应商走访以周或月为单位，由采购、技术、品质部门的相关人员联合走访，走访的结果在跟踪表中进行记录。

4.责任人需统计各自范围的重点和难点物料，作为本表格的附件。

5.每一次订单执行中出现的问题，要及时在备注栏中进行说明。

表格11：采购订单跟踪表

采购订单跟踪表见表5-12。

表5-12　采购订单跟踪表

开始：　　　　　　　结束：　　　　　　　排序：　采购订单号

序号	完成情况	采购订单号	下单日期	交货日期	厂商名称	产品名称	规格	采购数量	采购单日期	采购单单号	采购数量
1											
2											
3											
4											

审批：　　　　　　审核人：　　　　　　制表人：　　　　　　打印时间：

表格12：采购订单管制表

采购订单管制表见表5-13。

表5-13　采购订单管制表

序号	订单号	订购日期	供应商	产品名称、料号	订购数量	订单交期	签回交期	实际交货情况

表格13：采购追踪记录表

采购追踪记录表见表5-14。

表5-14　采购追踪记录表

编号	请购单					报价供应商及价格	订购单							验收		
	请购总号	发出日期	收到日期	品名、规格	数量	需要日期		日期	编号	数量	单价	金额	交货日期	供应商	日期	数量	检验情形

备注：

表格 14：交期控制表

交期控制表见表 5-15。

表 5-15　交期控制表

　　　　　月　　日至　　月　　日

预定交期	请购日期	请购单号	物品名称	数量	供应商	单价	验收	日期	延迟日数
备注：									

表格 15：来料检验日报表

来料检验日报表见表 5-16。

表 5-16　来料检验日报表

　　　　　　　　　　　　　　　　　　　　　　　　　　　年　　月　　日

来料检验报告汇总						
供应商						
检验批数						
不合格批						
不良率						
……						
批退报表汇总						
物料异常报告编号	料号	品名规格	批量	不良率	不良原因	供应商	处理结果

表格16：不合格通知单

不合格通知单见表5-17。

表5-17 不合格通知单

编号：　　　　　　　　　填表日期：　　年　　月　　日

供应商		交验日期	
物料名称		料号	
交验数量		检验日期	
抽样数量		检验结果	
不良情形及简图			
处理意见			
呈核	经理	审核	检验
重检流程及不良统计			
改善对策			
品管确认	主管	审核	填表

表格17：损失索赔通知书

损失索赔通知书见表5-18。

表5-18 损失索赔通知书

损失索赔通知书

　　　　　　　　　　　　　　　　　　　　　　　　　　　　　　　　　　　　No.

_____公司：

　　本公司于　　年　　月　　日向贵公司采购下列货品_____，因贵公司产品 □品质不良 □交期延迟，造成本公司蒙受_____元的损失，兹检附：□损失计算表　　份 □品质检验报告　　份 □本公司客户索赔函复印本　　份，连同原采购合约复印本共　　份，望贵公司给予谅察赔偿，其赔偿金额，敬请贵公司同意。

　　□由其他货款中扣除

　　□以现金支付

　　顺颂商祺！

　　　　　　　　　　　　　　　　　　　　　　　　　　　　　　　　_____有限公司

　　　　　　　　　　　　　　　　　　　　　　　　　　采购部　　　　年　　月　　日

 **学习总结**

通过本章的学习，我对采购订单跟踪管理有了以下几点新的认识：

1._____

2._____

3._____

4._____

5._____

我认为根据本公司的实际情况，应制订以下制度和表格：

1._____

2._____

3._____

4._____

5._____

我认为本章的内容不够全面，还需补充以下方法、制度和表格：

1._____

2._____

3._____

4._____

5._____

第六章　物流仓储规划工具

引 言

"仓库"是进行商品流通必要的基础设施，制造企业、分销企业及第三方物流都在各地有着众多分销仓库，是决定着企业成败的战略性业务实体，所以，仓储的设计、规划尤其重要。

本章学习指引

目标	了解物流仓储规划的要点，并能够运用所提供的范本，根据本企业的实际情况制订相应的管理制度、表格

学习内容

管理要点	• 储位规划 • 货位布置 • 货位编号 • 选择货架 • 仓储设备 • 仓储组织建立 • 配备仓管人员 • 大力应用先进技术
管理制度	• 仓库规划制度 • 仓库储存区域划分细则 • 仓库分区与标识方案 • 仓储库位动态管理标准 • 仓库货位编号管理规程 • 货位管理制度 • 货位卡管理制度 • 物品编码管理规定 • 仓库人员培训计划
管理表格	• 货位卡 • 物料编号资料表 • 库位调整单 • 日常盘点表 • 仓储稽核表 ……

第一节 物流仓储规划要点

要点1：储位规划

在物流中心的所有作业中，其所使用到的保管区域均属于储位管理的管理范围，其范围因作业方式的不同而有下列四类保管区域的定义与区分，此四类储区为：预备储区、保管储区、动管储区、移动储区，如图6-1所示。

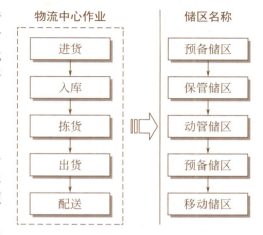

图6-1 储位管理范围

（一）预备储区

在进货出货作业时所使用的暂存区。

以进货暂存区而言，在货品进入暂存区前先行分类，暂存区域也先行标示区分，并且配合广告牌的记录，把货品依分类或入库上架顺序，配置到预先规划好的暂存区储位。

以出货暂存区而言，对于预备配送的货品，每一车或每一区域路线的配送货品必须排放整齐并且加以区隔分离，安置在事先标示区分好的储位上，再配合广告牌上的标示，并照出货单上所列，依序进行点收上车。

总言之，预备储区的管理以标示、隔离、定位为进行的方针，再以整理整顿为过程，配合目视管理与颜色管理，具体见表6-1。

表6-1 进货的预备储区归类表

类别	储区颜色	名称类别	货品项目	看板区域标示	货品标签
1	红色	A类	货品A 货品B 货品C 货品D	A类 （红色标示区域）	类别 A 品名 ×××× 摆放区域 红色A
2	绿色	B类	货品E 货品F 货品G	B类 （绿色标示区域）	类别 B 品名 ×××× 摆放区域 绿色B
3	黄色	C类	货品H 货品I	C类 （黄色标示区域）	类别 C 品名 ×××× 摆放区域 绿色C

按A、B、C分类　　　看板参考标示　　　暂存区摆放识别标签

（二）保管储区

在入库作业时所使用的保管区域，此区域的货品大多以中长期状态在进行保管，所以称为保管储区。一般物流中心均以此区域为最大且最主要的保管区域，货品在此区域均以较大的储存单位进行保管，是整个物流中心的管理重点所在。为了让保管区域的储放容量增大，就要考虑如何将空间弹性充分运用，以提升使用效率。为了对其摆放方式、摆放位置及存量进行有效控制，应考虑到储位的指派方式、储存策略等是否合宜，并选择合适的储放设备及搬运设备配合使用，以提高作业效率。对于保管储区的规划布置有下列要点。

保管储区的设施规划考虑因素如图6-2所示。

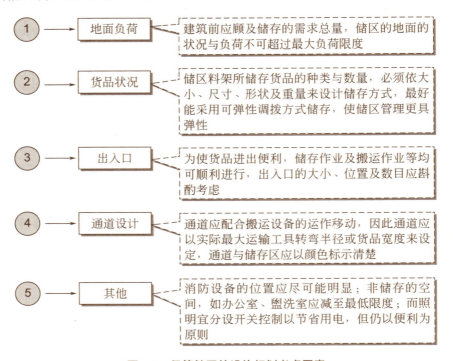

图6-2　保管储区的设施规划考虑因素

（三）动管储区

在拣货作业时所使用的拣货区域，此区域的货品大多在短时期即将被拣取出货，其货品在储位上流动频率很高所以称为动管储区。由于这个区域的功能在提供拣货的要求，为了让拣货时间、距离缩短及降低拣错率，就必须在拣取时能很方便迅速地找到欲拣取的货品所在位置，因此对于储存的标示与位置指示就非常重要，而要让拣货顺利进行及拣错率降低，就得依赖一些拣货设备来完成，如电脑辅助拣货系统CAPS、自动拣货系统等，动管储区的管理方法就是这些位置指示及拣货设备的应用。

（四）移动储区

在配送作业时，配送车上的货品放置区域，此区域的货品存放在移动中的车上，称之为移动储区。因为在配送的过程中，并不如想象中那样方便可轻易依序把货品一一送到顾客手中。由于现在的交通拥堵，以及大多数顾客都有收货时间的限制，因此常会发生当你把货品依配送店家顺序由后向前，从配送车上由内到外依序排好后，配送中因塞车而延误了第一及第二家上午收货时间，为了争取配送时间就必须第三家先送，下午再回头送第一家及第二家,在这种情况下就得先把第一家及第二家的货搬下车,才可取得第三家的货,搬下车后再把第一家及第二家货搬回车上,如此搬上搬下浪费时间又费工,这就是货品相对位置布置及配送顺序未能配合。假如能预先在车上安排一回转空间,就不把第一家、第二家货品搬下车,只要直接在车上移动第一、二、三家的货品摆放顺序,就可轻易取得第三家的配送货品。另外配送车上货品若没有订立一套摆放管理规则,在出货配送时只是胡乱的把配送货品往车上塞,以增加出车装载率,其结果将使货品的配送顺序混乱,而使得在配送时必须花很多时间在车上寻找货品,甚至会有货品遗失的情况发生,这些就是移动储区必须加以管理的理由。另外,商品未送达给顾客签收时,都算是物流中心的存货,所以,必须有所掌握,库存才能确实与账目相符。因此,移动储区亦应加以重视及管理。

要点2:货位布置

货位布置是将货垛或者货架进行合理有效的布局,为存放物料做好准备。

(一)货位布置方法

仓库的货位布置主要有以下三种方法。

(1)横列式。横列式是指货垛或货架与库房的宽向平行排列,如图6-3所示。

图6-3 横列式布货

(2)纵列式。纵列式是指货垛或货架与库房的宽向垂直排列,如图6-4所示。

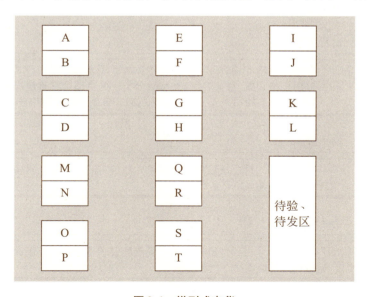

图6-4 纵列式布货

（3）混合式。混合式是指横列式与纵列式混合在同一个库房布局，如图6-5所示。

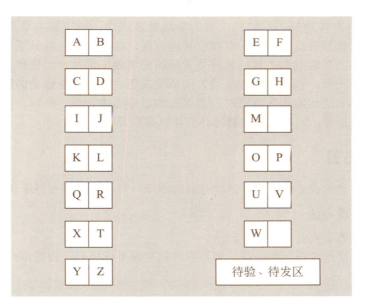

图6-5　混合式布货

（二）货位规格化

货位，即货物储存的位置。货位规格化，是运用科学的方法，通过周密的规划设计，进行合理分类、排列（库房号、货架号、层次号和货位号），使库内物品的货位排列系统化、规范化。

实行货位规格化的主要依据是物品分类目录、物品储备定额以及物品本身物理、化学等的自然属性，如图6-6所示。

依据一　物品分类目录

为使仓库管理适应计划管理、业务管理和统计报表的需要，并同采购环节相衔接，采用按供应渠道的物品分类目录分类较为合适，在货位排列上，对不同类的物品在货架和层次安全上，应采用独立货架或独立存放在一层上

依据二　物品储备定额

要按储备定额中的规定规划货位，如果无储备定额，可根据常备物品目录进行安排，并在货架上留有适当空位

依据三　物品本身的自然属性

物品本身的物理、化学性质相抵触，温湿度要求不同，以及灭火方法相抵触时，这些物品不能安排在一起存放

图6-6　实行货位规格化的主要依据

要点3：货位编号

货位编号是将库房、货场、货棚、货垛、货架及物品的存放具体位置按顺序，统一编列号码，并作出明显标志。实行货位编号，对于提高物品收发效率、仓储物品的检查监督和盘存统计以及仓管员之间的互助合作有很大作用。

（一）货位编号原则

货位编号原则如图6-7所示。

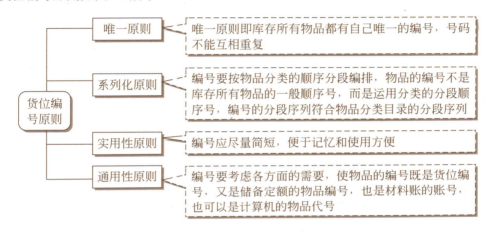

图6-7　货位编号原则

（二）货位编号的要求

货位编号好比商品在库的"住址"。根据不同库房条件、商品类别和批量整零的情况，搞好货位画线及编排序号，以符合"标志明显易找、编排循规有序"的要求。如图6-8所示。

要求一　标志设置

采取适当方法，选择适当位置，如仓库标志，可在库门外挂牌；库房标志，可写在库门上；货场货位标志，可竖立标牌；多层建筑库房的走道、支道、段位的标志，一般都刷在水泥或木板地坪上，但存放粉末类、软性笨重类货物的库房，其标志也有印置在天花板上的；泥土地坪的简易货棚内的货位标志，可利用柱、墙、顶、梁刷置或悬挂标牌

要求二　标志制作

统一使用阿拉伯数字制作货位编号标志，在制作库房和走道、支道的标志时，可在阿拉伯数字外，再辅以圆圈，并且可用不同直径的圆表示不同处的标志

要求三　编号顺序

仓库范围的房、棚、场以及库房内的走道、支道、段位的编号，基本上都以进门的方向左单右双或自左而右的规则进行编号

要求四　段位间隔

段位间隔的宽窄取决于储存商品批量的大小

图6-8　货位编号的要求

（三）货位编号的方法

1. 地址法

利用保管区中的现成参考单位如建筑物第几栋、区段、排、行、层、格等，按相关顺序编号，如同地址的市、区、路、号一样。通常采用的编号方法为"四号定位"法。

"四号定位"是采用4个数字号码对应库房（货场）、货架（货区）、层次（排次）、货位（垛位）进行统一编号。

【例】"3-4-3-8"编号，就是指3号库房（3号货场）、4号货架（4号货区）、第3层（第3排）、8号货位（8号垛位）。

（1）货架货位编号。库区号是整个仓库的分区编号，货架号则是面向货架从左至右编号，货架层次号即从下层向上层依次编号，货架列号即面对货架从左侧起横向依次编号。

【例】3号库区2号货架第4层第3列用"3-2-4-3"表示。

编号时，为防止出现错觉，可在第一位数字后加上拼音字母"K""C"或"P"来表示，这3个字母分别代表库房、货场、货棚。如5K-8-3-18，即为5号库、8号货架、第3层、第18号。

【例】B库房3号货架第4层第2列用"BK-3-4-2"表示。

（2）货场货位编号。货场货位编号一般有两种方法：按照货位的排列编成排号，再在排号内顺序编号；不编排号，采取自左至右和自前至后的方法，顺序编号。

【例】D库房3号位4排2位用"DK-3-4-2"表示。

（3）以排为单位的货架货位编号。将库房内所有的货架，按进入库门的方向，自左至右安排编号，继而对每排货架的夹层或格眼，在排的范围内以自上至下、自前至后的顺序编号。

【例】4号库房设置16排货架，每排上下4层，共有16个格眼，其中第6排货架、第8号格眼用"4-6-8"表示。

（4）以品种为单位的货架货位编号。将库房内的货架，以商品的品种划分储存区域后，再以品种占用储存区域的大小，在分区编号的基础上进行格眼编号。

（5）以货物编号代替货架货位编号。适用于进出频繁的零星散装商品。在编号时要掌握货架格眼的大小、多少应与存放商品的数量、体积大小相适应。

【例】某类商品的编号从10101号至10109号，储存货格的一个格眼可放10个编号的商品，则在货架格眼的木档上制作10101-10的编号，并依此类推。

2. 区段法

把保管区分成不同的区段，再对每个区段进行编码。这种方法以区段为单位，每个号码代表的储区较大。区域大小根据物流量大小而定。

3. 品类群法

把一些相关性商品经过集合后，分成几个品项群，再对每个品项群进行编码。适用于容易按商品群保管的场合和品牌差距大的商品，如服饰群、五金群、食品群等。

（四）绘制货位图

为便于管理及提高工作效率，仓库内储存区域与货架分布情况可绘制物资货位图。常见的表示方法有两种，分别如图6-9、图6-10所示。

```
A库：货架1、2、3、4、5················玩具类
     货架6、7、8、9、10···············办公用品
     货架11、12、13、14··············体育健身用品类
B库：洗涤用品
C库：货架1、2、3·····················女性服装类
     货架4、5、6·····················儿童用品类
D库：家用电器类
```

图6-9 物料货位图示例一

品名	编号	库区号	货架号	货架层、列号
玩具熊	0015	A	1	3-1
城堡积木	0021	A	2	1-1
……				

图6-10 物料货位图示例二

（五）货位编号的注意事项

（1）物料入库后，应将物料所在货位的编号及时登记在保管账、卡的"货位号"栏中，并输入电脑。货位输入的正确与否，直接决定出库货物的准确性，应认真操作，避免出现差错。

（2）当物料所在的货位变动时，账、卡的货位号也应进行调整，做到"见账知物"和"见物知账"。

（3）为了提高货位利用率，同一货位可以存放不同规格的物料，但必须采用具有明显区别的标志，以免造成差错。

（4）走道、支道不宜经常变动，否则不仅会打乱原来的货位编号，而且要调整库房照明设备。

要点4：选择货架

货架是专门用于存放保管物品的设施，它在保证物资本身的功能、减少货物的损失、便于清点管理以及仓库的机械化及自动化管理等方面有很大作用，因而货架的选择是很重要的。

（一）普通货架

普通货架是目前仓库中广泛使用的一类货架。这类货架从不同的角度可分为以下两类。

（1）按载重量可区分为轻型、中型和重型三种货架。

（2）按形状和用途可区分为H形和A形通用货架、条形货架、悬臂形货架、抽斗形货架等。

（二）特殊货架

随着仓储专业化、机械化、自动化水平的提高，产生了各种不同类型的特殊货架，主要有以下5种。

1. 阁楼形货架

阁楼形货架的基本结构是在一层货架的顶部铺设顶板，再在其上安放一层货架。如果仓库的空间允许，还可以安装第三层货架。这种货架一般采用全装配式，拆装方便。使用这种货架，仓库空间的利用可成倍提高。

2. 可进车货架

在仓库中，为了满足进出货物的要求，需要留出一定的通道。尤其是在利用机械进出货的仓库中，通道所占的面积更大，往往达到仓库面积的1/3～2/3，从而降低了仓库的平面利用率。为了减少通道的占用面积，专门设计了可进车的货架，使货架和通道成为一体。叉车进入货架内将货物卸放在临时搭置的阁楼货架上，然后顺序推移，直至装满，而在取货时则从外向内按顺序进行。这种货架由于节省了通道占地，因而提高了仓库平面利用率，但是，这种货架不能实现"先进先出"的要求。

3. 传送带式货架

传送带式货架是将链式传送带、柱式传送带或滚轮式传送带安装在货架的间隔内并保持一定坡度，从一端放入的货物就会在本身重力的作用下，沿传送带迅速移动到另一端。整个仓库只需在进出货的两端设置通道，从而提高了仓库的平面利用率。这种货架可以实现"先进先出"的要求，经济效果较好。

4. 集型货架

对仓库货架的排列，显然是排列得越密，仓库的利用率就越高。但是，由于必须要留足工人的操作通道和搬运机械的行走通道，因而货架不可能排列得太密。如果在地面上铺设轨道，货架沿轨道运动，就可以使货架紧密排列而无需设置通道，存取货物时，只需将货架沿轨道拉出室外进行存取操作。

5. 高层货架和立体仓库

为了节省用地，充分利用空间高度，工业发达国家近年来还大力发展了高层货架。高层货架是立体仓库的主要设施，它主要用于托盘等"单元组合货载"。在立体仓库中，一般不用叉车作业，而是采用沿货架运动的升降举货机。

要点5：仓储设备

仓库设备是为了方便于物料管理和仓库管理而必须具备的，根据其在仓库中的不同用途，可分为计量设备、存储设备、搬运设备、消防设备及各种辅助设备。

（一）计量设备

仓库的计量设备可分为衡器设备（也作称量设备）和量具两种。

1. 衡器设备

仓库常用衡器设备见表6-2。

表6-2　仓库常用衡器设备

序号	类别	说明
1	天平和案秤	天平用于称量体积小、计量精度高的小件贵重物品，如贵重金属、高纯度化工原料等，天平一般用"克"或"毫克"作计量单位；案秤也适用于小件物品的称量，一般用在20千克以下物品的称量
2	台秤	称量在20千克以上的物品，它有移动式和固定式两种，这是仓库中应用最广的一种计量设备
3	地中衡	又称汽车衡，实际上是将磅秤的台面安装在汽车道路面的同一水平上，使进出运料的车辆通过其上称出重量
4	轨道衡	这是大型有轨式地下磅秤，适用于火车车辆称重，载重车在轨道衡上称出毛重，减去车皮自重，即可得出货物的重量，其称量范围一般大于60吨
5	自动称量装置	自动称量装置按其作业原理不同，有液压秤和电子秤两类，其特点是在装卸物品过程中就能计量货物的重量，这种装置可缩短物品出入库检验时间，降低作业量，但这种装置误差比较大，且容易损坏，造成误差

2.量具

仓库使用的量具一般有普通量具和精密量具。

（1）普通量具。主要指度量材料长短的量具，分直接量具和辅助量具。直接量具有直尺、折尺、卷尺，辅助量具有卡、钳、线规等。

（2）精密量具。指游标卡尺、千分卡、超声波测厚仪等能精确地测量物品规格的量具。

（二）储存设备

仓库的储存设备是用来存放各种物品的容器和设备，它包括各种料架、料仓、料槽、储罐等。根据物品的物理化学性质和形态的不同，储存设备一般分为三类，如图6-11所示。

> **类别一**　保管一般物品的存储设备
>
> 适用于存放各种金属材料、机械零件、配件、工具等的各种料架，料架按用途可分为通用料架和专用料架
> (1)通用料架：分为层式、格式、抽屉以及橱柜式等，适用于保管体积小、重量轻、品种规格复杂的金属制品、轴承、工具、机电产品等
> (2)专用料架：根据物品的特殊形状而设计，用以保管一定类别的物品，如存放小型条钢和钢管的悬臂式料架

> **类别二**　保管块粒状和散装物品的储存设备
>
> 适用存放散装原料、散装螺丝、铆钉等的各种料仓、料斗等

> **类别三**　保管可燃、易燃液体材料及腐蚀性液体的储存设备
>
> 适用存放汽油、柴油、润滑油、各种酸、碱、液体化工产品等的各种形式的瓶、桶、储罐

图6-11　储存设备的分类

（三）搬运设备

1.搬运设备的类别

搬运设备的类别如图6-12所示。

类别一 搬运车辆

搬运车辆是指用来运输被搬运物料的器械，包括人力搬运车，如手推车、积车、手动叉车、拉车、货架车等；机动搬运车，如自动搬运车、电瓶车、托盘搬运车、牵引车等；叉车，如重力平衡式、侧叉式、插腿式、旋转式、抱式叉车等

类别二 输送机

输送机是指用来传输物料的器械，包括辊子输送机、辊轮输送机、带式输送机、悬挂链式输送机、平板式输送机、卷扬机等

类别三 起重机

起重机是指用来使物料垂直移动的器械，包括手动及电动葫芦、巷道及桥式堆垛机、门式起重机、天车等

类别四 升降装置

升降装置是指用来使物料升高或降低的器械，包括电梯、升降机、升降台、缆车

类别五 辅助搬运器具

辅助搬运器具是指被用来装载物料的器具，包括各种托盘，如平托盘、柱式托盘、网式托盘、箱式托盘等；各种器皿，如物料盒、液体罐、桶类等；各种箱类，如纸箱、塑料箱等

图6-12 搬运设备的类别

2.搬运器械的选择

搬运设备的种类较多，选择的余地也较大，所以，选择搬运器械时要考虑其特性。以下提供一些特性可供选择参考。

（1）可靠性：即器械的可用程度、可信与维修性。

（2）安全性：对安全作业的性能保证，如人员的安全性与存在的威胁、设备的正常运转、物料的被损害性、环境污染等。

（3）适宜性：器械功能、强度、耐力和寿命，如器械机动灵活、一机多能、抗环境应变能力强等。

（4）经济性：反映搬运成本的一些因素。

（5）有效性：反映使用效果的一些因素。

3.搬运器械的配套管理

搬运器械的组合与配套管理是决定其整体能力发挥的关键因素，合适的配套可以取长补短、相互促进，发挥最佳效能。

（四）消防设备及各种辅助设备

常见消防器材主要是各种类型灭火器、沙箱、大小水罐（桶）、斧、钩、锹等。此外，还有一些自动消防设备如光电烟感报警器、温感报警器、紫外火焰光感报警器和自动喷洒灭火装置等。辅助设备主要包括温度计、湿度计、垃圾桶和警示牌等。

要点6：仓储组织建立

仓储组织是为了有效管理仓管人员而建立的，因分类标准的差异而各有不同。

（一）按层级划分

仓库的组织形式按层次可划分为直线式、直线职能式、水平结构式等。

1.直线式组织架构

对于比较小的仓库，业务比较简单，人员不多，适宜采取直线式的组织架构，由仓库主管亲自指挥管理统一，明确责任权限，组织精简，不设行政职能部门、科、组。如图6-13所示。

图6-13　直线式组织架构

2.直线职能式组织架构

它是按照一定的专业分工来划分车间、小组，按职能划分部门，建立行政领导系统的组织架构。这是目前普遍采用的一种形式。这种形式因各职能部门分管的专业不同，虽然都是按照仓库统一的计划和部署进行工作，还是会发生种种矛盾，因此要注意相互间的配合，促使各专业管理部门间的协调一致。如图6-14所示。

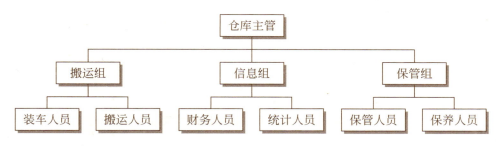

图6-14　直线职能式组织架构

3.水平结构式

物流经理同时加入计划和运作的形式。从最初的矩阵组织中，两个高层经理共同承担仓库管理的全部责任：第一个高层经理集中于财务方面；第二个高层经理集中于对资源并对人力和物资资产的配置负责。

（二）按作业性质划分

按作业性质分工，是指在仓库组织中，根据管理的职能分设计划统计、采购、调度、发放、储存等科（组）。如图6-15所示。

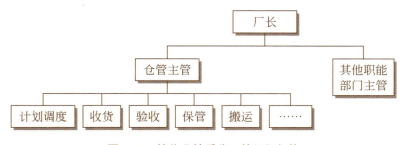

图6-15　按作业性质分工的组织架构

这种分工的主要优点是：机构较简单、职责权限明确、指挥管理统一、中转环节少、调度灵活。其缺点是：同类物品的计划、采购、保管等业务活动分割，容易产生脱节，仓库主管在日常工作量大的情况下，往往不容易过细处理、亲自决策和协调各业务间的矛盾。这种分工，要求各业务环节的人员要熟悉企业生产过程，要具备各种物品的基本知识。

（三）按货物类别划分

不同物品有其独特的物理、化学属性，对储存环境有其不同的要求。如对有毒、易爆等危险物品，就要进行专品专库，防止产生不良后果。而有些物品需要做好防水、防尘、防爆、防潮、防腐等防护措施，以免物品损坏或变质。

因此，仓库组织的分类可根据企业货物的类别进行划分，如常用物料仓、毒品仓、易燃易爆品仓、工具仓、办公用品仓等。常用物料仓又可分为原材料仓、半成品仓、成品仓。如某企业将原材料仓又分成：电子元器件仓、五金仓、塑胶原料仓、塑胶仓、包装材料仓等。

某电子厂仓库组织结构如图6-16所示。

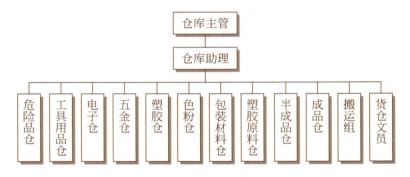

图6-16 某电子厂仓库组织结构图

这种划分的主要优点是有利于掌握同类物品的全面情况，加强专业分工的责任制。其缺点是业务工作头绪多，削弱了不同类别物品的同性质业务之间的内在联系，不利于集中管理协调。

要点7：配备仓管人员

仓库在企业中有着重要的地位和作用，而仓管人员承担着管理仓库的重任，因而仓管员的配备就显得很关键。

（一）仓库与各部门的关系

仓库肩负着物料的验收、摆放、发货以及向有关方面反映存货数量及状况的工作，与其他部门联系密切。要配备好仓库人员，必须先了解仓库与各部门的关系。

（1）与生产部门。生产现场所使用的各种物料都来自于仓库，因而仓库与生产部门存在物料的使用关系。

（2）与财务部门。仓库各种物料的订购都必须向财务部领取相应费用，而且仓库的所有物料都必须登记入账。

（3）与品质部门。二者是协作关系，对来料和成品出货做好质量检验控制。

（4）与采购部门。二者是供应关系，仓库的物料采购都必须由采购部门进行。

（二）仓库人员的配备

仓库人员的配备如图6-17所示。

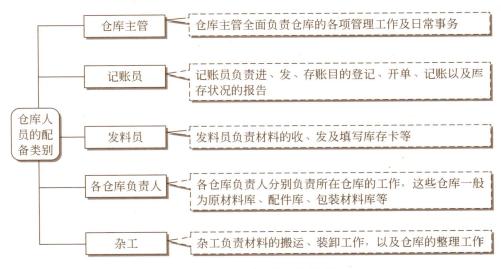

图6-17　仓库人员的配备类别

（三）仓库的人员管理

仓库人员每天都要与物料接触，工作繁忙，责任重大。对仓库人员的管理，一般有以下要求。

（1）要有强烈的责任心，对工作认真负责，一丝不苟。
（2）要爱护企业财产，对物料认真分类保管，轻拿轻放。
（3）要认真学习专业知识，努力使仓库的管理工作顺畅有序。
（4）要经常深入生产一线，了解各种材料的使用情况。
（5）要有良好的沟通意识，努力处理好与各用料部门的关系。
（6）要大胆工作，对浪费材料的现象敢于提出批评。
（7）要坚守工作岗位，不要无故请假、迟到早退，以免影响生产部门领料。
（8）要工作主动，积极备料，推动生产进程。
（9）要严抓材料入库关、定额关，确保材料的使用率达到控制目标。

要点8：大力应用先进技术

仓库管理中应用最普遍的技术是条形码等自动识别技术，不论货物流向哪里，条形码都可以记录下货物的流动状况。

条形码解决方案可实现对仓库中的每一种货物、每一个库位作出书面报告，可定期对库区进行周期性盘存，并在最大限度地减少手工录入的基础上，高速采集大量数据，并将差错率降至最低。仓管人员用手持式条形码终端对货位进行扫描，扫入货位号后，再对其上货物相应的物品编号进行扫描，然后，条形码终端采集到的数据通过通信端口传给计算机，从而实现对仓库中货物的清点。系统中如果配置了条形码打印机，即可打印各种标签，如货位和货架用的标签、物品标示用的标签，并在标签上标明物品的批号、数量。

第二节　仓储规划管理制度

制度1：仓库规划制度

××公司标准文件		××有限公司 仓库规划制度	文件编号××-××-××	
版本	第×/×版		页　次	第×页

1　目的
　　为了规范仓库管理，使仓库使用最大化，特制订本制度。
2　适用范围
　　针对所有存放物料、产品的仓库。
3　权责
　　3.1　入库主管对仓库使用情况进行总体规划，并对仓库规划进行合理安排。
　　3.2　入库专员根据实际发生情况向入库主管报告仓库利用情况。
4　制订规定
　　4.1　了解仓库区域的构成。仓库区域根据其用途不同，可分为储存区、辅助生产区、行政生活区。各区域具体构成及用途见下表。

仓库区域的构成及用途

仓库区域	内部区域构成		用途、要求
储存区	储货区	库房	储存货物的封闭式建筑，它主要用来储存受气候条件影响的物品或货物，如一般的消费品和大部分生产原材料等
		货棚	储存货物的设施，可以用来储存受气候条件影响不大的货物
		货场	货场是用于储存货物的露天堆场，主要用于储存基本不受气候条件影响的货物
储存区	铁路专用线路		由国家铁路部门直接引入企业，专供一些物流、采矿、大型制造业企业使用的铁路，通过铁路专用线路，运货的火车可以直接沿铁路将货物运到企业仓库
	仓库内道路		仓库内外物品的主要运输通道，供运货的汽车或其他搬运工具行驶
	装卸站台	单独站台	火车或汽车装卸物品的平台，高度和宽度应该根据运输工具及装卸作业方式而确定
		库边站台	
辅助生产区	车库		物品储运保管工作服务的辅助车间或服务站，辅助生产区应尽量靠近生产作业区
	变电室		
	油库		
	维修车间		
	包装材料间		
行政生活区			仓库行政管理机构的办公地点和生活区域

　　4.2　储存区域规划要求。
　　4.2.1　符合作业流程。仓库储存区域的划分要根据仓库作业的程序，保证货物的装卸、验收、入库、储存、出库、盘点、搬运等相对便利，从而提高仓储作业的效率。

续表

××公司标准文件		××有限公司 仓库规划制度	文件编号××-××-××	
版本	第×/×版		页次	第×页

4.2.2　减少搬运距离。仓库储存区域的划分要尽可能减少储存物资及仓库规划人员的运动距离，以提高仓储劳动效率，节约仓储费用。

4.2.3　减少无效工作。仓库储存区域的合理规划，要有利于仓库作业时间的有效利用，从而避免各种工作无效重复，避免各种时间上的延误，使各个作业环节能有机衔接，尽量减少人员、设备的窝工，防止物资堵塞。

4.2.4　合理利用空间。仓库储存区域的合理布置要有利于充分利用仓库面积和建筑物的空间，杜绝仓库面积和建筑物空间上的浪费，以提高仓库的利用率和仓库的经济效益。

4.2.5　安排配套设施。仓库储存区域的布置要有利于仓库的各种设施、储运机具效用的充分发挥，提高设备效率及劳动效率。

4.2.6　注重仓库安全。仓库储存区域的合理布置要有利于包括仓储物资、仓储人员、仓储设施和仓储机具在内的整个仓库的安全。

4.3　各储存区域规划。在对仓库储货区进行规划时，首先应该考虑合理安排库房、货棚及货场的位置，其次再通过规划储货区的道路，将各种设施紧密地联系起来。

4.3.1　确定储货区的布局。

4.3.1.1　确定库房的位置。库房位置的选择要按照其储存物品的吞吐量大小、搬运的复杂程度和安全性质进行。比如，一般无火灾危险性、吞吐量较大和出入库频繁的库房，要布置在库区中央靠近出入处的地方；吞吐量不大、出入不频繁的库房，布置在库区的两翼和后部；有火灾危险的库房，宜布置在库区的下风侧面。

4.3.1.2　确定货棚的位置。货棚除了储存部分货物外，还可以作为卸货待检、出库待运的场所，因此货棚的布置应紧靠库房。如果是站台库房，货棚与库房应连接起来，以便起到防雨的作用。

4.3.1.3　确定货场的位置。货场布置应充分考虑铁路专用线的走向，专用线应尽量贯穿货场。同时，应尽量利用行车（用于装卸物资的大型起重设备）的跨度，实行跨线作业，以减少装卸作业环节。

4.3.2　规划库区道路。规划合理的运输及搬运道路，可以减少货物装卸、搬运的时间，并防止出现物资堵塞的现象。要想规划好仓库的道路，规划时必须注意以下三个问题。

4.3.2.1　道路要宽广。要尽可能地兼顾所有规格的货车，在不影响储存面积的情况下，规划出宽广的道路，从而便于库区内车辆的行驶。

4.3.2.2　安排好停车的位置。要考虑可能会出现因暂时无法卸货而必须暂时停靠在库区的情况，并为这些车辆划出一定的停靠地点，避免因为车辆的胡乱停靠而造成道路的堵塞。

4.3.2.3　规划车辆的运行方向。为了使进入库区的车辆能够顺畅地行驶，减少发生堵塞的可能性，仓库规划人员应该在规划道路时确定一定的运行方向，以保障车辆在库区内顺利行驶。

4.4　仓库布局规划。

4.4.1　了解有效储存面积。仓库的面积可以分为建筑面积、使用面积和有效面积三种。各种仓库面积的定义及计算方法，仓库规划人员按照下表进行计算。

仓库面积定义及计算方法

仓库面积	定义	计算方法
建筑面积	库房所占用的土地面积	库房外墙线所围的水平面积
使用面积	库房内可供使用的面积	库房内墙线所围成的面积，并除去库房的内立柱、电梯、消防设施、办公设施等所占的面积
有效面积	实际用来存放物资的面积，即货位和货架等所占的面积	使用面积减去过道、垛距、墙距及进行验收备料等区域后所剩的面积

4.4.2　有效面积规划。

4.4.2.1　仓库通道的规划与设计。仓库内的通道是除了货物储存面积外所占面积最大的部分，它的设计要求应保证货物能够有效地存取、搬运及装卸设备能够正常地运作，电梯、防火设施及服务区的设备能够便于使用。仓库通道的种类及其设计要点见下表。

续表

××公司标准文件		××有限公司 仓库规划制度	文件编号××-××-××	
版本	第×/×版		页 次	第×页

仓库通道的种类及其设计要点

通道类型	作用说明	设计要点	设计顺序
工作通道	货品放入或移出存储区的通道,可分为主要通道及交叉通道	主要通道通过库房中央,且尽可能直通,使其两端在出入口,同时连接主要交叉通道3～4.5米	首先设计
电梯通道	提供货物出入电梯的通道	根据电梯位置设置,接近工作通道	其次设计
设施通道	为公共设施、防火设备等所设的进出通道	根据公共设施及消防设施位置设置	
人行通道	便于仓库规划人员及装卸人员进出的区域	在必要的情况下设计,尽量减少所占面积及其对主要通道的影响	最后设计
服务通道	为存货或检验提供大量物品进出的通道	尽量维持最小数目及占用面积,减少对主要通道的影响	

4.4.2.2 其他非储存面积规划。仓库中其他的非储存空间主要包括仓库内的卫生间、楼梯、办公室、清扫工具室、消防设施等,它们应该尽量设置在保管区域的角落或边缘,以免影响保管空间的整体性,从而相应增加储存货物的保管空间。

4.4.3 仓库储存区域布置。规划出仓库的有效使用面积后,仓库规划人员还需根据仓库作业的需要,将仓库中可储存物品的区域划分为待检区、待处理区、合格物品储存区及不合格物品隔离区,以放置处于不同状态的物品,各储存区域的作用与布置要求见下表。

仓库储存区域布置

仓库区域	标识颜色	作用	位置要求
待检区	黄色标志	暂时存放处于检验过程中的物品	在仓库入口附近,便于物品的卸载及检验
待处理区	白色标志	暂时存放不具备验收条件或质量暂时不能够确认的物品	在仓库入口与待检区附近,以方便对其进行检验
合格物品储存区	绿色标志	保存合格的物品	仓库的主要存储区域
不合格物品隔绝区	红色标志	暂时存放质量不合格的物品	在仓库的出口附近,便于物品的搬运

仓库内除了需要设置上述基本区域外,还可以根据仓储业务的需要,在仓库内设置卸货作业区、流通加工区和出库备货区等。

4.5 仓位规划。
4.5.1 仓位的布置方法。仓库仓位的布置方法主要有横列式、纵列式与混合式三种。
4.5.1.1 横列式,即货垛或货架与库房平行排列。
4.5.1.2 纵列式,即货垛或货架与库房垂直排列。
4.5.1.3 混合式,即横列式与纵列式混合使用的库房布局。
4.5.2 布置仓位时需要注意的问题。
4.5.2.1 根据物品的储备定额决定仓位。为了保证物品有足够的空间储存,仓库规划人员需要根据物品储备定额,规划其在仓库中的仓位。对于储备定额量较大的物品,应该规划出较大仓位对其进行存放。对于储备定额较小的物品,可以适当地规划较小的储存仓位。
4.5.2.2 根据物品的使用频率确定仓位。为了加快物品的流转速度,对于那些使用频率较高、周转速度较快的物品,应该将其仓位确定在距离仓库进出口较近处,便于装卸及搬运,而对于那些使用频率低的物品,可以将其仓位确定在仓库的中央。

××公司标准文件		××有限公司 仓库规划制度	文件编号××-××-××	
版本	第×/×版		页 次	第×页

4.5.2.3 根据物品的保管要求划分仓位。为了方便物品的保存及养护，仓库规划人员可以根据物品的保管要求对物品的仓位进行划分，将需要相同的温湿度、保养方法以及灭火方法的物品进行分类保存。

4.5.2.4 根据物品分类目录规划仓位。为了便于仓库中储存物品的管理，仓库规划人员可以根据物品的分类目录对其进行仓位的规划。比如，对建筑材料仓库的仓位进行规划时，可以按照储存物品的属性将其分为五金交电水暖类、化工（油漆）铝钢材类、板（木）材建材（包括瓷砖）类、手动工具和机具及配件类、日杂防护劳保用品类，并对其进行分类保存。

拟订		审核		审批	

制度2：仓库储存区域划分细则

××公司标准文件		××有限公司 仓库储存区域划分细则	文件编号××-××-××	
版本	第×/×版		页 次	第×页

1　目的
为了让仓库的有效区域得到合理的利用，根据仓库作业的需要，将仓库中可储存物品的区域划分为待检区、待处理区、合格品储存区及不合格品隔离区，以达到放置不同状态物品的目的。

2　适用范围
适用于公司对仓库储存区域划分的相关事宜。

3　区域划分细则

3.1　待检区
待检区通常是存放暂时处于检验过程中的物品的。它一般位于仓库入口附近，这样便于进库物品的卸载及检验，该区域以黄色作为标志。

3.2　待处理区
待处理区通常是存放暂时不具备验收条件或质量暂时不能够确认的物品的。它一般位于仓库入口附近与待检区临近，这样便于检验，该区域以白色作为标志。

3.3　合格物品储存区
合格物品储存区通常是保存合格物品的。它是仓库的主要储存区域，所以位置自然也是最好的，该区域以绿色作为标志。

3.4　不合格品隔离区
不合格品隔离区通常是暂时存放质量不合格的物品。它在仓库的出口附近，这样便于物品的搬运，该区域以红色作为标志。

拟订		审核		审批	

制度3：仓库分区与标识方案

××公司标准文件		××有限公司 仓库分区与标识方案	文件编号××-××-××	
版本	第×/×版		页 次	第×页

1　仓库设计9大原则
　　1.1　设计主通道和次通道。
　　1.2　划分功能区域。
　　1.3　快速流动产品。
　　1.4　合理距离。
　　1.5　使用地台板。
　　1.6　划分排位，地面划线。
　　1.7　统一标识。

续表

××公司标准文件		××有限公司 仓库分区与标识方案	文件编号××-××-××	
版本	第×/×版		页 次	第×页

1.8 货卡管理。
1.9 绘制布局图,并及时更新。

2 库区、排位的划分

2.1 库区、通道、排位划分与划线。

2.1.1 划分区域。按照仓库储存货物的质量状态类别和仓库作业类型划分仓库区域。

(1) 储存区域。正常产品区、残损商品区、待处理区,三种类型的区域不能划分在连续的区间上,除非中间使用标示物进行明确隔离。

——正产产品区:按品牌划分,可分为A、B、C、D区。
——待发货区:最靠近仓库大门,按送货路线备货。
——待处理区(退货和拒收)。
——残损品区:用红色的绳或带进行隔离,远离正常产品。
——机动区:严格按照排位管理,用机动区调配。

(2) 工具区域。装卸工具存放、纸箱(周转箱)存放区、清洁工具存放区、设备存放区(点)等。

(3) 进行区域划分时,需留出墙距(50厘米)及柱距(10~20厘米)。

2.1.2 划分通道。根据货物进出库和装卸作业的需要进行作业通道的划分。

(1) 主通道一般宽 1.5~2 米,为正对库门位置和仓库中线位置。

(2) 根据储存货物批量的大小确定支通道,支通道宽1.0~1.5米。

(3) 通道宽度需满足装卸工具、货物的进出和人员通过的需要。

2.1.3 划分排位。仓库需按照统一的方法划分排位。

(1) 排位的方向统一。为方便仓库管理,在划分库排位时,同一库区内应朝统一的方向设置。

(2) 排位的宽度应尽量统一。库排位的大小根据入库产品的大小和批量进行调整,尽量做到在通常状况下每一个排位内只存放一类或一个品牌的货物,排位的宽度一般在1.0~1.2米。

2.1.4 划线。分区、排位的划线方法参考如下的划线实施指引。

2.2 库区划线实施指引。

2.2.1 主通道划线胶带。主通道划线胶带用于现场主干道划线,胶带宽10厘米。现场划线一般先画主干道,主干道不一定是很宽的路,是相对的,是指现场最主要的道路。如下图所示。

反光划线胶带　　　　　主通道事例

颜色使用规定如下。

黄色——是最通用的颜色。

蓝色——用于实验室、电子装配厂、指药洁净区等。

红色——消防通道、不合格品通道等特殊区域。

绿色——很少使用,一般用于标示某种特别物流通道,区别于红色和蓝色。

2.2.2 辅助通道划线胶带。辅助通道胶带一般宽4.5~5厘米,用于现场的支路、人行道等道路划线。如下图所示。

划线胶带　　　　反光划线胶带　　　　辅助通道事例

续表

××公司标准文件		××有限公司 仓库分区与标识方案	文件编号××-××-××	
版本	第×/×版		页　次	第×页

颜色使用规定如下。
　　黄色——是最通用的颜色。
　　蓝色——用于实验室、电子装配厂、指药品洁净区。
　　红色——消防通道、不合格品通道等特殊区域。
　　绿色——很少使用，一般用于标示某种特殊物流通道，区别于红色和蓝色。
　　2.2.3　普通划线漆。普通划线漆主要用于室内外各种道路和区域的划线，附着力强、耐磨、漆面平整美观，每千克漆可涂5平方米左右，特别适合光滑的表面，3千克铁桶包装，可选颜色：黄、白。如下图所示。

　　　　油漆标签　　　　　　　　　使用事例　　　　　　　　　桶装油漆

　　2.2.4　划线漆光亮剂。在耐磨划线漆表面刷涂一层光亮剂，可以使线发亮，起到很好的美观效果，同时耐磨性得到增强，适用于一些特定的区域。如下图所示。

　　　　　油漆标签　　　　　　　　　　桶装油漆

　　2.2.5　方向引导线标示方法。
　　（1）目的。在交叉路口处容易辨认目的地的去向。
　　（2）对象。公司内所有交叉路口处；建筑物内部所有交叉路口处。
　　（3）标准。
　　——建筑内交叉路口处粘贴通行、引导标示板。
　　——公司通道交叉路标示立在人行道边上（可在交叉路上部标示）。
　　——交叉路用虚线标示。
　　——方向箭头颜色：黄色。标示线颜色：黄色。
　　2.2.6　通道线标示方法（如下图所示）。

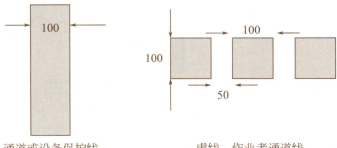

　　通道或设备保护线　　　　　　　　虚线、作业者通道线

续表

××公司标准文件		××有限公司	文件编号××-××-××	
版本	第×/×版	仓库分区与标识方案	页 次	第×页

（1）目的。防止步行者的安全事故，保护设备及搬运装备，保护作业者的作业。
（2）对象。
——人和搬运用具通行的通道用通道线指定。
——根据作业环境状况用油漆，或者使用胶带划线。
——使用部门：生产、物流、工务环境部门的现场设备及通道线。
（3）标准。
——50mm、100mm黄色实线胶带或油漆。
——实线：人、搬运用具不可出入。虚线：人、搬运用具可出入。
2.2.7　十字通道方向标识。十字通道地面标志用于现场道路十字路口，起到方向指引和道路变化提示的作用。该标识可以用地粘贴在地面，也可以用喷漆模板将标识制作在地面上。如下图所示。

标识样式　　　　　　　使用事例

此外，规范的通道标识可以给参观者树立良好管理的印象，规范的环境也可以影响员工行为，起到好的心理暗示效应。
2.2.8　三岔通道地面标识。三岔通道地面标志用于现场三岔路口，起到方向指引和道路变化提示的作用。该标识可以用地粘贴在地面，也可以用喷漆模板将标识制作在地面上。如下图所示。

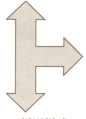 

标识样式　　　　　　　使用事例

2.2.9　直行通道地面标识。直行通道地面标识用于现场直行道路，起到方向指引的作用。该标识可以用地粘贴在地面，也可以用喷漆模板将标识制作在地面上。如下图所示。

标识样式　　　　　　　使用事例

续表

××公司标准文件		××有限公司 仓库分区与标识方案	文件编号××-××-××	
版本	第×/×版		页次	第×页

2.2.10 拐弯通道地面标识。拐弯通道地面标识用于现场拐弯路口，起到方向指引和道路变化提示的作用。该标识可以用地粘贴在地面，也可以用喷漆模板将标识制作在地面上。如下图所示。

标识样式　　　　　　　使用事例

3　库区、通道、排库区、排位
3.1　库区、排位的编号方案。
3.1.1　第一阶段的库位管理只划分到"分区、排位"。
3.1.2　仓库划分为几个"库区"，各予编号，如A区、B区……Z区。
3.1.3　各留适当通道并划线明示。
3.1.4　在每个库区内，再对各库位给予系统的编号，编号一般由仓库编号、排数组成。
例：A1、B1。
（1）字母表示库区（A区、B区、C区、D区……）。
（2）数量表示该区的第几排货架（1排、2排、3排……）。
A1表示A区第一排位。
3.2　区域标识。
3.2.1　不同的储存区域需进行明确标示。
3.2.2　标示方法：在区域边界靠近库顶、离地面3米，或高出货物堆码高度的位置悬挂区域标示牌。标示牌的悬挂必须确保容易识别。
3.2.3　标示牌的悬挂高度、样式、颜色、字体样式必须统一。
3.2.4　对于较小的区域，标示标记可书写在仓库墙壁上。
3.3　排位标示。
3.3.1　排位必须编号，并且编号方法必须统一。
3.3.2　标示方法：将编号用油漆标示在库地面上，标示位置在靠近排位边界的过道地面上。
3.4　库位标示。
3.4.1　库位必须编号，并且编号方法必须统一。
3.4.2　标示方法。
（1）采用磁贴标签，标签贴在货架上。
（2）对于平台堆放的库位，标签贴于库位划线前端，用标签袋进行保护。
（3）标签样式如下图所示。

库位标签

续表

××公司标准文件		××有限公司	文件编号××-××-××	
版本	第×/×版	仓库分区与标识方案	页 次	第×页

3.5　货品标示。

3.5.1　仓管员必须给所有进入仓库的货物建立库位卡进行标示。

3.5.2　标示方法：进仓时，将进仓单货卡联悬挂在货堆上，作为货卡；如进仓单没有货卡联的，仓库应填写公司的进仓单作为货卡悬挂在货堆上。

3.5.3　货卡悬挂的位置在货堆靠近通道的一侧，高度统一，稳固，填写完整规范。

3.6　货品状态标示。

3.6.1　不同质量状态的产品应堆放在相应的储存区域，禁止将货物堆放在错误的区域内。

3.6.2　对于残损商品和待处理产品，须在产品货堆上明显地标示出产品的质量状态，避免将货物错误发放出库。

3.6.3　标示方法：在产品货堆四周悬挂或树醒目的标示牌，同时可以采用红色的绳或带进行隔离。

3.6.4　货品状态标志。

（1）待验，黄色，其中印有"待验"字样。代表此物料未经检验不得发货。

（2）合格，绿色，其中印有"合格"字样。代表此物料检验合格，可发出。

（3）不合格，红色，其中印有"不合格"字样。代表此物料检验不合格。

4　货品摆放与堆码

4.1　货品摆放原则。

4.1.1　"出货"频率高的靠近发货区，"出货"频率低的产品，反之。

4.1.2　"重货"放在靠近发货区，"轻货"反之。

4.1.3　"重货"放在下层，"轻货"放在上层。

4.1.4　加快货品周转，先进先出。

4.1.5　同一库位可以放一个或多个不同货品，但同一批次货品应存放一库位。

4.2　货物的堆码要求。

4.2.1　同类产品按产品、批次、规格单独存放。

4.2.2　不同品种的货物分别放置在不同的托盘上。

4.2.3　贴有"标签"的物品，"标签"应向外与通道平行。

4.2.4　严禁倒置，严禁超过规定的级堆码。

4.2.5　货架上物品存放重量不得超过货架设计载荷。

4.2.6　在托盘上码放货物时，托盘间应预留合理距离，以便于移动，并避免货物错放。

4.2.7　手工操作的，每一货物托盘上应放置一张"库位卡"。

4.2.8　合理距离：离墙50厘米，离柱30厘米，离天花和灯60厘米。不同品种或成品代码之间间隔5～20厘米。如下图所示。

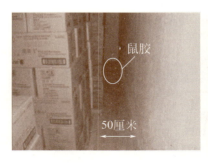 

货物堆码合理距离

| 拟订 | | 审核 | | 审批 | |

制度4：仓储库位动态管理标准

××公司标准文件		××有限公司 仓储库位动态管理标准	文件编号××-××-××	
版本	第×/×版		页 次	第×页

1 范围
本标准试用范围为仓库内部工作的各个岗位：理货员、仓管员。

2 规范性引用文件
下列文件中的条款通过本标准的引用而成为本标准的条款。凡是注日期的引用文件，其随后所有的修改单（不包括勘误的内容）或修订版均不适用于本标准，然而，鼓励根据本标准达成协议的各方研究是否可使用这些文件的最新版本。凡是不注日期的引用文件，其最新版本适用于本标准。

3 具体内容

3.1 区域规划
（1）建立发货区、退货区、存货区。
（2）发货区与退货区安排在办公区旁边，拣好的货品，验收完打包以后，必须全部拉到发货区，按照车牌号码进行分别放置，方便发货。
（3）仓库内部两条纵横主通道，应时刻保持畅通无阻。
（4）退货区暂时安排在发货区旁边，靠里放置。
（5）存货区域分成3部分。存货A区放置汽车用品；存货B区放置松下、飞利浦；存货C区放置其他杂项（索孚、中联、开关插座、纳伟仕音响、灭蚊拍、灭蚊灯、伊田、万尔、炜腾等杂项）。
（6）所有货品按照存货三大项进行规划。不同的大项分布在不同的区域。

3.2 人员配置
（1）A区域汽车用品，由×××、×××、×××负责。
（2）B区域松下、飞利浦，由×××负责。
（3）C区域其他杂项，由×××、×××负责。
（4）D区域发货区，由×××负责。
（5）E区域退货区，由×××、×××负责。

3.3 现场5S

3.3.1 按照以上分配好的区域进行整理、整顿工作，要求所有货品必须对线放置，不得占用主通道和库位与库位之间的通道。原则上，各相关责任人负责的区域只用来存放自己负责的货品与物料，各相关责任人在当班捡货、出入库完成以后，要积极主动地进行5S归集、整理工作，把空余位置集中起来方便到货收货。
（1）捡货作业需要拆开包装的，一次只能开一个包装，不能东开一箱，西开一箱。
（2）捡货作业全部完成以后，要对已经开箱的货品，进行关箱操作，降低灰尘、日光、雨水影响。
（3）到货的货品尽量安排在自己负责的区域，真正放置不下的，可以临时安排在其他员工负责的区域，作为暂时借用，盈亏与盘点还是由自己负责。现场整理由相应区域责任人负责。放置到其他员工区域的货品，如果自己负责的区域在后续收发过程中，逐渐有空余空位，应该积极的进行调整，把临时存放的货品整理到自己负责的区域内，方便管理与盘点工作。
（4）每两条库位之间的捡货走道，要保留，不能把货品存放在两条库位之间的走道上面，影响盘点。
（5）在库货品，在堆码极限允许的条件下，尽量堆高放置。对于比较重以及包装不规则的货品，可以适当降低堆码高度，方便取货捡货作业。
（6）各员工负责的区域以及区域内所有的库位，都将进行编号。其中，区域编号直接张贴在墙上或者柱子上醒目的地方。库位编号，为动态悬挂在货物上面，统一库位牌，并且悬挂在主通道两边的货物上面。
（7）单一库位的货品全部发放完毕以后，该库位仍然需要保留，包括库位牌也要保留放置，等到有货到的时候，再进行库位牌悬挂。
（8）仓库内部所有库位的编码唯一，不会出现相同的两条库位。
（9）所有库位的货品，放置完毕以后，不能随便进行库位移动，以免搞乱动态电子库位账。

3.3.2 库位调整按照以下方式进行。
（1）同一库位内部货品的调整，不涉及库位账的操作。
（2）不同库位之间的调整与整合，涉及库位账的操作。在进行此类动作之前，应首先纵观全局，需要如何调整、如何合并，先记录好调整前库位、货品、数量与调整后库位、货品、数量等相关信息，再依据库位调整单的信息进行按单调整，最后上交给仓库主管进行库位更改操作。

续表

××公司标准文件		××有限公司 仓储库位动态管理标准	文件编号××-××-××	
版本	第×/×版		页　次	第×页

（3）退货部分库位的调整。所有退换货全部进次品仓位，在分拣好以后，对于良品货物需要进良品仓位的，由退货仓管员填写"库位调整单"，退货仓管员，只填写货品名称与数量栏目，由相应货品责任人分配并填写库位，并双方签字上交给仓库主管做账。

4　库位作业基本模式

4.1　到货

4.1.1　清点数量。货品负责人清点数量（整箱货物要进行抽检）、核对规格型号，保证货品与包装质量，无误后签名。有异常的货品当场退回，按照实收数量入库作业。

4.1.2　分配库位。货品负责人，检查仓库库位，并在到货单上列明库位，如果某一货品需要占用多个库位的，需要分别列明每条库位需要存放的货品数量以及库位名称等信息。

4.1.3　检查是否有退货。货品负责人在入库单上列明库位以后，将单据传递给退货仓管员，检查是否有该品项的退货，有退货的部分，由退货仓管员在入库单上列明，并签字。另一方面，要复核入库的数据。

4.1.4　动态表。仓库主管根据入库单仓库联，在动态电子库存库位跟踪表中，分配好库位，维护好仓库实物电子库位账，并将仓库联存根，其他联次交还给送货人员。前台盖章：送货人员根据签收的单据，到前台盖收货专用章。

4.1.5　货品入库。捡货员捡货完毕以后，当班必须按照入库单列明的库位将所有货品安排进库位。

4.2　出库送货

4.2.1　接收订单。所有订单在仓库主管处集中。仓库主管接收到订单以后，查询库位动态表，并在订单上列明库位，对于同一货品需要执行多库位捡货作业的，则需要分列列明库位与数量信息，从而指导捡货。

4.2.2　捡货作业。根据货品与区域负责制，各人负责各人的订单，对于暂时还没有订单的，则协助其他有订单的同事一起捡货。捡货的时候，根据捡货单上列明的库位进行捡货，严禁不按单操作，导致仓库库位混乱。

4.2.3　验货作业。验货同样根据货品与区域负责制，各人负责各人的订单验货与包装，其他人员从旁协助，验货完毕以后，打好包装。

4.2.4　打单。订单捡货完毕以后，及时将订单传递给销售后台进行打单作业。

4.2.5　调度安排。所有打好包装的货品，由×××统一协调调度。所有打好包装需要出货的货品，必须全部拉到出货区域，按照墙壁上的车牌号码区分放置，方便发货作业。发货区的货品也同样必须按照具体送货目的地的先后顺序进行排列好，先到达目的地的货品放到发货区的最里面。特别注意，纵横两条主通道，应时刻保持畅通。特殊情况下，发货区不够存放需要送货的货品，则在存货区中，选择一块比较空旷的地方进行暂时存放。

4.3　退换货

4.3.1　动态表。仓库主管接收退货单，并将货品全部录入到库位动态表的次品栏中。

4.3.2　清点数量。仓库主管将数量信息录入到库位动态表中以后，将退货单传递给退货仓管员。退货仓管员接收到退货单以后，必须于当班下班前确认好退货数量。有差异部分与送货人员进行沟通确认，并将最终差异部分，反馈给仓库主管，调整好动态表。

4.3.3　处理退货。退货仓管员，及时对退货进行处理作业，对于退货量比较大的情况下，可以安排仓库理货员进行协助。退货处理以后的良品货品，退货仓管员统计好产品型号、规格、名称与数量信息，填写"库位调整单"，并签名确认。对于不能达到良品要求的货品，由退货仓管员安排退厂等序列操作。

4.3.4　库位管理。对于退货仓管员处理完以后达到良品的货品，货品负责人，根据库位调整单以及区域摆放情况，在库位调整单上写明库位，并将货品安排进相应库位，最后在库位调整单上签名确认。

4.3.5　动态表。理货员将库位调整单最终交给仓库主管，录入动态表，将货品从次品区调动进良品区域。

4.4　盘点与盈亏

4.4.1　区域分置开以后，各人的盈亏由各相关责任人负责。理货员捡货全部完成以后，在时间允许的情况下，每天必须坚持盘点，具体按照以下方式开展。

（1）汽车用品。每人每天盘点2条库位，汽车用品共由2人负责，那么每天可盘点4条库位。汽车用品库位总数约11条，这样一来，3天时间可以把所有汽车用品盘点一次，一个星期可以将汽车用品盘点2次。

（2）松下、飞利浦。每天盘点2条库位，共计库位约10条左右。

（3）其他杂项。每天盘点2条库位，共计库位约10条左右。

续表

××公司标准文件		××有限公司 仓储库位动态管理标准	文件编号××-××-××	
版本	第×/×版		页 次	第×页

    4.4.2 日常盘点要坚持每天都做，消除月末盘点的工作压力。所有盘点工作都必须按照盘点表的格式进行盘点，并签名确认。盘点好的表单，及时交到仓库主管手中，以便进一步核对库位表与实物的准确性。
    4.5 在库整理
    区域负责人要积极做好整理工作，达到5S的基本要求。
5 激励与奖惩
    为了配合本标准的执行，提升执行效果，物流部将于7月中旬到7月底之间，同公司其他部门一起，对仓库区域现场（存货3大区域+发货区与主通道+退货区域）与盈亏推进情况进行稽核奖惩，并张榜公布（按照区域奖惩）。
    第一名，奖励300元。
    第二名，奖励200元。
    第三名，奖励100元。
    最后一名，负激励50元。

拟订		审核		审批	

制度5：仓库货位编号管理规程

××公司标准文件		××有限公司 仓库货位编号管理规程	文件编号××-××-××	
版本	第×/×版		页 次	第×页

1 目的
    建立货位编号管理规程，有利于物料追踪，防止物料错发。
2 适用范围
    所有仓库的立体货位。
3 职责
    本标准由库管员负责并组织实施。
4 管理规定
    4.1 行号的编制方法。将货架的走道定为一行，其左右两排货架属同一行，由南向北或由东向西，按英文26个字母依次编号。
    4.2 列号的编制方法。由东向西或由南向北按01～99两位数字依次编排，每行的南边或东边为单号，北边或西边为双号。
    4.3 层号的编制方法。在同一列中，货位的层数用阿拉伯数字表示，如第一至第五层的货位用"1～5"表示。
    4.4 货位编号格式如下图所示。

货位编号格式

    例：B06-3表示物料放在B行、6列、第三层。

拟订		审核		审批	

制度6：货位管理制度

××公司标准文件		××有限公司 货位管理制度	文件编号××-××-××	
版本	第×/×版		页次	第×页

1 目的

为了强化仓库现场物料管理，提高仓库管理水平，贯彻定置化管理精神，特制订本制度。

2 适用范围

公司仓库。

3 责任人

库管员、库房主管。

4 内容

4.1 货位的含义

货位是指仓库中实际可用于堆放商品的面积。货位的选择是在商品分区分类的基础上进行的，所以货位的选择应遵循确保商品安全、方便收发、力求节约仓容的原则。

4.2 货位管理的原则

4.2.1 确保商品安全。为确保物料质量安全，按货位存储物料时要求如下。

（1）钢材、合金材料等物料的存放环境应保持干燥、通风，防止锈蚀。

（2）泡沫类、纸类等易霉、易潮物料的存放环境应保持干燥或密闭，防止受潮、长霉。

（3）油料等易燃易爆物料，应存放于通风良好、远离火源、远离人群的位置。

（4）生产用原材料，如机卡片、模芯片、复合片等应包装完好，避免磕碰、磨损。

（5）库存半成品、成品等在包装前应严格依据工件保存要求，做好防锈、防腐蚀工作。

（6）库区内严禁烟火。

（7）仓库应配备质量合格、年检合格的消防灭火器材。

4.2.2 方便收发。货位的选择，应符合方便收发的原则，要方便物料的进出库，尽可能缩短收发货作业时间。

（1）仓库应根据货物收发快慢、仓储物料的流转快慢不一，有着不同的活动规律。将快进快出的物料，放置于有利于出库方便的货位；滞销久储的物料，货位不宜靠近收发台；整进零出的物料，要考虑零星出库的条件；零进整出的物料，要考虑到集中出库的要求。

（2）仓库内存放的体积、重量相近的物料应放置在一起，便于收发。

4.2.3 节约仓容。货位的选择，还要符合节约的原则，以最小的仓容储存最大限量的物料。

（1）在货位负荷量和高度基本固定情况下，应从储存物料不同的体积、重量出发，使货位与物料的重量、体积紧密结合起来。对于重量轻物料，应安排在负荷量小和空间高的货位；对于重量大的物料，应安排在负荷量大而且空间低的货位。

（2）在货位的选择和具体使用时，还需根据仓储物料具有收发快慢不一的规律，针对操作难易不一的特点，把热销和久储、操作困难和省力的商品，搭配在同一货区储存，这样，不仅能充分发挥仓容使用的效能，而且还能克服各个储存区域之间忙闲不均的现象。

4.3 货位的编号

货位的编号就好比物料在仓库中的住址，必须符合"标志明显易找，编排循规有序"的原则。具体编号时，须符合以下要求。

4.3.1 标志设置要适宜。货位编号的标志设置，要因地制宜，采用适当的方法，选择适当的地方。如无货架的库房内，走道、支道、段位的标志，一般都刷置在墙或地上；有货架库房内，货位标志一般设置在货架上等。

如，刀具成品库房的货架是以英文字母A～Z进行命名，目前编排A～G号货架。

4.3.2 标志制作要规范。货位编号的标志不能随心所欲、五花八门，防止造成单据串库、物料错收错发等事故。要求统一使用阿拉伯字码制作标志，避免以上弊病。

如，刀具成品库房的货位编码组成：A11。A代表A号货架，第一个"1"代表货架层号，第二个"1"代表物料盒号。

4.3.3 编号顺序要一致。仓库货位编码顺序不能随意改变，各个字符所处位置不能改变。如刀具成品库房A11，如变成"1A1"或"11A"等都是错误的。

4.3.4 不能经常变更货架、物料盒位置及编号，防止打乱原来的货位编号，保证库管员能迅速收发货。

4.4 货位编号的应用

4.4.1 当物料入库后，应将物料所在货位的编号及时登记在货位卡片上及输入电脑账目，货位输入须及时、准确，避免差错。

4.4.2 如物料所在的货位发生变动，则该物料所在账册上的货位编号也应作相应的调整。

4.4.3 为提高货位利用率，一般同一货位可以存放不同规格的物料，但必须配备区别明显的标识，以免造成差错。

拟订		审核		审批	

制度7：货位卡管理制度

××公司标准文件		××有限公司 货位卡管理制度	文件编号××-××-××	
版本	第×/×版		页次	第×页

1 目的
建立货位卡管理制度，保证物料账、物、卡一致。
2 范围
适用于本公司仓库所有库存物料。
3 责任
仓库主管、仓管员。
4 管理规定
4.1 凡仓库现库存所有物料需于显眼位置按批挂上货位卡。
4.2 货位卡上需注明品名、批号、数量、收发时间、质监员签字、收发人签字。
4.3 每一批不同时间的收料设定一个批号、一个货位卡。
4.4 已入库的物料立即挂上货位卡，在发货的同时，随时填写货位卡，做到日清月结，账、卡、物相符。
4.5 货位卡上的记录字迹需清晰，不写繁体字、草字，如需涂改，应在涂改数据或文字旁注明夏改人。
4.6 每月结存时，物料与账目、货位卡记录内容保证一致。
4.7 填满的货位卡应妥善保管至该物料生产的有效期，以便备查。
4.8 发现账、卡、物不符，应及时查找原因，以尽快更正。

拟订		审核		审批	

制度8：物品编码管理规定

××公司标准文件		××有限公司 物品编码管理规定	文件编号××-××-××	
版本	第×/×版		页次	第×页

1 目的
1.1 保证物品编码的准确性，防止一物多号、一号多物现象。
1.2 明确各类物品编码的制作部门和相应职责。
2 适用范围
适用于公司内的所有原材料、辅料、厂内用品、捆包材、半成品（在制品）和成品。
3 职责
3.1 技术本部负责自主产品原材料物品编码。
3.2 市场部负责自主产品成品的物品编码。
3.3 工厂负责其余材料的物品编码。
4 定义
4.1 自主产品：指由公司自行开发、设计制造的产品，如汽车音响、汽车功放等。
4.2 非自主产品：指由客户委托公司制造的产品，如日立、甲公司OEM产品等。
4.3 原材料：指从公司外购买的材料，包括电子部品、塑胶部品、五金冲压部品、包装材料、线材、其他材料等。
4.4 辅料、厂内用品、捆包材：指有助于形成产品，但不构成产品的辅助物品，如胶水、润滑油、焊锡、卡板、打包带、封箱胶纸等。
4.5 非生产性物品：指200元以下的办公用品、劳保用品等。
4.6 固定资产、低值易耗品（包含夹具）：指购入价在2000元人民币及以上的设备列入固定资产类设备，购入价在2000元人民币以下的设备列入低值易耗品类设备。
4.7 半成品：指由单个加工中心（如SMT线、装配线等）加工的完成品。
4.8 成品：指经过加工入库，可以销售的完成品。
5 相关文件
（无）。
6 自主产品物品编码规则
6.1 原材料物品编码规则。

××公司标准文件		××有限公司 物品编码管理规定	文件编号××-××-××	
版本	第×/×版		页　次	第×页

6.1.1　自主产品原材料采用14位数字编码（含"-"），大类用2位数表示，其中，第一位的"1"和"2"，表示原材料。中类用2位数表示，小类用2位数表示，流水号用4位数表示，补码用1位数表示。大类+中类+小类+流水号+补码构成原材料的编码。

□□ - □□□□ - □□□□ - □
　大类　中类小类　流水号　补码

6.1.2　大类的划分如下。
（1）大类第一位划分。
1、2代表原材料（2目前不用）。
3、4代表辅料、厂内用品、捆包材（4目前不用）。
5、6代表非生产性物料（6目前不用）。
7代表其他。
8代表半成品。
9代表成品。
（2）大类的第二位划分。指将公司的原材料按照性质进行划分，如分为电子部品、塑胶部品、五金冲压部品等，分别用数字1～9进行编码。
11，12代表电子部品。
13代表塑胶部品。
14代表五金冲压部品。
15代表包装材料。
16代表线材。
6.1.3　中类是指在大类的基础上进一步划分，如电子部品可分为电阻、电容、集成块、线路板等，分别用数字01～99进行编码。
6.1.4　小类是指在中类的基础上进一步划分，如电容可进一步分为微型电容、电解电容、陶瓷电容等，分别用数字01～99进行编码。如果无法（或无必要）在中类的基础上进一步划分，则小类用00　表示。后附物品编码方案的大中小类分类说明。
6.1.5　补码。用于记录部品的设计变更次数，即版本号，具体如下。
0～9表示：非保税材料的设计变更次数等，新编号用0表示。
A～Z表示：保税材料的设计变更次数等，新编号用A表示，应避免使用如I，O等易和数字相混淆的字母。
6.2　辅料、厂内用品、捆包材编码规则。
辅料、厂内用品、捆包材采用14位数字编码（含"-"），大类用2位数表示，其中，第一位的"3"和"4"，表示辅料、厂内用品、捆包材。中类用2位数表示，小类用2位数表示，流水号用4位数表示，版本号用1位数表示。大类+中类+小类+流水号+补码构成辅料、厂内用品、捆包材的编码。

3□ - □□□□ - □□□□ - □
　大类　中类小类　流水号　补码

31代表辅料。
32代表厂内用品。
33代表捆包材。
中类、小类和流水号的编码见附件物品编码方案的大中小类分类说明。
补码一般用0表示。
6.3　半成品（在制品）编码规则。
6.3.1　编码规则。

8□ - □□□ □□□ - □□ 　□□ - □
　工作中心　功能　平台　部件类别 流水号　补码

××公司标准文件		××有限公司 物品编码管理规定	文件编号××-××-××	
版本	第×/×版		页 次	第×页

6.3.2 说明。
工作中心代码说明如下。
81 代表外加工。
82 代表 SMT。
83 代表基板线。
84 代表总装线。
功能系列代码说明如下。
CD 代表单碟镭射唱机。
CMV 代表 CD、MP3、VCD 兼容机。
DVD 代表 DVD。
AMP 代表功率放大器。
CDC 代表多碟 CD 盒。
MNT 代表显示器。
ETR 代表电子调谐磁带机。
MTC 代表手动调容磁带机。
MTL 代表手动调感磁带机。
DTC 代表手动调容数字显示磁带机。
DTL 代表手动调感数字显示磁带机。
平台：代表模具平台，如 100、206 等。
部件类别：指部件种类，如 KB 板、MB 板（主板）。
补码：用于记录半成品的变更次数，工厂可按实际情况变更。
6.4 成品编码规则。
6.4.1 编码规则。

$$9\square\;-\;\square\square\square\;\square\square\square\;-\;\square\square\square$$
　　　　　内外销　　功能　　平台　　状态流水号

6.4.2 说明。
内外销标识：1 指外销，2 指内销。
功能系列代码见 6.3.2 中功能系列代码说明。
平台：代表模具平台，如 100、206 等。
状态流水号：□ □ □
第一位：1 代表外销常用客户（SCE）；2 代表内销常用客户（CHN）；3 及 3 以后号码为客户流水号。
第二位：1 代表无 RDS 的基本功能状态；2 代表有 RDS 的基本功能状态；3 及 3 以后号码为客户流水号。
第三位：1 代表银色面板；2 代表黑色面板；A～Z 代表同一客户的不同状态号。

7 非自主产品物品编码规则（A 工厂）
7.1 编码规则。

$$\square\square\square\;-\;\square\square\square\square\square\square\square\square$$
　　　1 2 3　　4 5 6 7 8 9 10 11

7.2 说明。
（1）第一位：代表物料大类，1 为客户提供的主料、2 为客户指定采购的主料、3 为辅助材料、5 为半成品、6 为组件、7 为成品、9 为非生产性物品。
（2）第二、三位：代表二级分类码。
（3）第五至十一位为物品编码。
7.3 具体规则如下。
7.3.1 主料。
（1）第一位，客户提供的（含有偿和无偿）为 1，客户指定（委托）采购的为 2。
（2）第二至三位代表客户，01 为日立、02 为山崎、03 为 ITOMOL。
（3）第五至十一位，客户有编号的即用客户编号，位数不超过 15 位即可。

××公司标准文件		××有限公司	文件编号××-××-××	
版本	第×/×版	物品编码管理规定	页 次	第×页

（4）客户无编号，则规定如下。
——第五至六位代表机种。
——第七位代表物品分类。
——第八至十位为流水号代表物品。
——第十一位代表物品变更次数。

7.3.2 辅助材料。
（1）第一位为3。第二位代表采购类别，1为客户提供、2为客户指定采购、3为自主采购。
（2）第三位代表材料类别，1为辅料、2为厂内用品、3为包装物、4为厂内杂物。
（3）第五至十一位：客户有编号的即用客户编号，位数不超过15位即可。
（4）客户无编号，则规定如下。
——第五至六位代表类别。
——第七位代表原产地（产家）和品牌。
——第八至十位为流水号，代表具体物品。
——第十一位代表不同供应商。

7.3.3 半成品和组件。
（1）第一位为5（6）。第二至三位代表客户，01为日立、02为山崎、03为ITOMOL。
（2）第五至十一位：客户有编号的即用客户编号，位数不超过15位即可。
（3）客户无编号，则规定如下。
——第五至六位代表机种系列。
——第七位代表关键工序。
——第八至十位代表具体物品。
——第十一位代表设计变更次数。

7.3.4 成品。
（1）第一位为7。第二至三位代表客户，01为M客户、02为N客户、03为O客户。
（2）第五至十一位：直接取客户产品编码，位数不超过15位即可。

7.3.5 非生产性物品。
（1）第一位为9。第二至三位代表物品类别，如01为办公用品、02为劳保用品、03为印刷品、04为清洁用品、05为机动用品等。
（2）第五至十一位：第五至六位代表类别，第七位代表原产地（产家）和品牌，第八至十位为流水号，代表具体物品，第十一位代表不同供应商。

8　非自主产品物品编码规则（B工厂）
　　8.1　编码规则。

　　　　□□□-□□□□□□□□
　　　　1　2　3　　4　5　6　7　8　9　10　11

　　8.2　说明。
（1）第一位：代表物料大类，A为客户提供的主料，B为客户指定采购的主料，C为辅助材料，D为半成品，F为成品。
（2）第二、三位：代表二级分类码。
（3）第五至十一位为物品编码。
　　8.3　具体规则如下。
　　　8.3.1　主料。
（1）第一位，客户提供的（含有偿和无偿）为A，客户指定（委托）采购的为B。
（2）第二至三位代表客户，01为甲公司、02为乙公司、03为丙公司。
（3）第五至十一位，客户有编号的即用客户编号，位数不超过15位即可。
（4）客户无编号，则规定如下。
——第五至六位代表机种。
——第七位代表物品分类。
——第八至十位为流水号代表物品。
——第十一位代表物品变更次数。

××公司标准文件		××有限公司 物品编码管理规定	文件编号××-××-××	
版本	第×/×版		页次	第×页

8.3.2 辅助材料。自主采购时按自主采购编码规则编码,若由客户提供或指定采购时,则按以下规则编码。
(1) 第一位为C。第二至三位代表客户,01为甲公司、02为乙公司、03为丙公司。
(2) 第三位代表材料类别,1为辅料、2为厂内用品、3为包装物、4为厂内杂物。
(3) 第五至十一位:客户有编号的即用客户编号,位数不超过15位即可。
(4) 客户无编号,则规定如下。
——第五至六位代表类别。
——第七位代表原产地(产家)和品牌。
——第八至十位为流水号,代表具体物品。
——第十一位代表不同供应商。
8.3.3 半成品和组件。
(1) 第一位为E。第二至三位代表客户,01为甲公司、02为乙公司、03为丙公司。
(2) 第五至十一位:客户有编号的即用客户编号,位数不超过15位即可。
(3) 客户无编号,则规定如下。
——第五至六位代表机种系列。
——第七位代表关键工序。
——第八至十位代表具体物品。
——第十一位代表设计变更次数。
8.3.4 成品。第一位为F。第二至三位代表客户,01为甲公司、02为乙公司、03为丙公司。第五至十一位:直接取客户产品编码,位数不超过15位即可。

9 非生产性物品编码规则
"5"或"6"+专用编码规则,编码位数限制在20位以内。参见非生产性物品编码管理规定。

10 固定资产、低值易耗品(包含夹具)编码规则
参见固定资产、低值易耗品(包含夹具)物品编码管理规定。

11 附件
11.1 物品编码方案中大中小类分类说明(略)。
11.2 A工厂物品编码对照表(略)。
11.3 B工厂OEM物品编码对照表(略)。

拟订		审核		审批	

制度9:仓库人员培训计划

××公司标准文件		××有限公司 仓库人员培训计划	文件编号××-××-××	
版本	第×/×版		页次	第×页

1 编制说明
本培训计划依据"仓库保管员标准"编制,适用于仓库保管员的职业技能培训。

2 培训目标
通过仓库保管员专业理论知识的学习和操作技能的训练,使新员工适应仓储保管、物流市场日益增长的需求,能熟悉仓储保管的过程,掌握现代仓储管理知识,能独立完成常规的仓储工作,能按照要求完成物品的进、存、出操作,能在指导下完成堆码、苫垫、苫盖操作,使新员工尽快融入到企业大家庭中,熟练掌握仓管员应掌握的各项技能。

3 培训对象
新到任的仓管员。

4 培训模块课时分配
4.1 仓库一般操作和布局设计:16课时。
4.2 物品入库的验收方法和手续:16课时。
4.3 物品的储存方法和基本堆码、苫盖技术:20课时。

续表

××公司标准文件		××有限公司 仓库人员培训计划	文件编号××-××-××	
版本	第×/×版		页次	第×页

4.4　物品养护知识和保管、保养工作：16课时。
4.5　物品出库方式和出库程序：20课时。
4.6　保证仓库安全的手段和措施：16课时。
总课时：104课时。

5　培训要求与培训内容

5.1　模块1：仓库一般操作和布局设计。
5.1.1　培训要求。通过本模块技术培训，使培训对象能够达到以下要求。
（1）能利用仓库管理的原理进行物品储存操作。
（2）能以现代物流的理念指导日常工作。
（3）能按照仓储管理的方针做好仓储业务。
（4）能按照仓库的类别对仓库分类。
（5）能按照仓储业务程序，做好仓储业务三个阶段的工作。
（6）能对仓库进行准确分类。
（7）能利用仓库组织机构设置原则掌握仓库管理的特点和其具体表现形式。
5.1.2　培训主要内容见下表。

培训主要内容

1.仓库业务概述	2.仓库管理的作用与任务	3.物品储存概念
4.物品储存作用	5.物品的流通	6.仓储业务程序
7.仓库的含义和内涵	8.仓储业务的三个阶段	9.仓库概念与分类
10.仓库作业方式分类	11.所处领域分类	12.隶属关系分类
13.储存条件分类	14.储存物品类别分类	15.仓库组织机构
16.组织机构设置原则	17.仓库管理的组织形式	18.特点及其具体表现形式

5.1.3　培训方式建议。理论教学：根据仓库保管员职业的特点除了传统的理论知识授课方式和操作技能方式外，还建议采用案例分析法、角色扮演法、情景模拟法、考察调查访问法等。

5.2　模块2：物品入库的验收方法和手续。
5.2.1　培训要求。通过本模块技术培训，使培训对象能够达到以下要求。
（1）能完成物品入库业务。
（2）能按照物品验收具体要求和方法正确完成数量、品质验收。
（3）能完成物品入库交接作业。
（4）能正确区分物品入库责任划分以及善后处理。
（5）能做好物品验收准备工作。
（6）能正确审核验收凭证。
（7）能完成物品的数量、重量、外观品质验收。
（8）能按磅差的概念和抄码复衡、整车抽验、理论换算和扣除毛重法验收物品并能进行一般计算。
（9）能完成验收作业。
（10）能处理凭证、数量和品质出现的问题。
（11）能正确登账、立卡，掌握货卡使用方法，并能建立物品档案。
5.2.2　培训主要内容。
（1）理论教学内容见下表。

续表

××公司标准文件		××有限公司 仓库人员培训计划	文件编号××-××-××	
版本	第×/×版		页 次	第×页

模块2理论教学内容

1.物品入库业务	2.物品入库交接	3.物品入库的方式
4.物品入库的接运	5.送货到库和自提	6.接受责任划分和处理
7.问题的具体处理方法	8.物品验收入库	9.物品验收的意义
10.验收的概念、基础	11.验收的基本要求	12.验收的具体要求和方法
13.磅差的概念和应用	14.抄码复衡、整车抽验法	15.理论换算和扣除毛重法
16.外观品质验收	17.验收中应注意的问题	18.凭证、数量和品质
19.物品验收程序	20.物品验收准备	21.审核验收凭证
22.物品的验收	23.物品数量验收	24.物品重量验收
25.入库手续	26.入库的内容和依据	27.登账
28.立卡	29.货卡的使用	30.建立物品档案

（2）技能实训内容见下表。

模块2技能实训内容

1.物品入库的方式和接运	2.物品验收入库	3.抄码复衡、整车抽验法
4.理论换算和扣除毛重法	5.外观品质验收	6.凭证的审核
7.物品验收程序	8.物品验收准备	9.审核验收凭证
10.登账	11.立卡	12.货卡的使用
13.建立物品档案		

5.2.3 培训方式建议。

（1）理论教学：根据仓库保管员职业的特点除了传统的理论知识授课方式和操作技能方式外，还建议采用案例分析法、角色扮演法、情景模拟法、考察调查访问法等。

（2）技能实训：根据内容采用实地考察、现场操作、学员自身实践、实际填写表格和卡账等方式，一般一位实训教师可以指导约10～20名学员。

5.3 模块3：物品的储存方法和基本堆码、苫盖技术。

5.3.1 培训要求。通过本模块技术培训，使培训对象能够达到以下要求。

（1）能按照分区分类的要求做好分区分类操作。
（2）能进行有效面积的确定。
（3）能进行可用高度、地坪压力的确定。
（4）能运用堆码的形式进行堆码的选择。
（5）能掌握合理堆码与苫垫技术进行作业。
（6）能利用苫盖方法与材料进行作业。
（7）能利用盘点与检查的常用方法作业。
（8）能进行盘点后的处理。
（9）能进行报盈亏、报损业务的操作。

5.3.2 培训主要内容。

（1）理论教学内容见下表。

续表

××公司标准文件		××有限公司 仓库人员培训计划	文件编号××-××-××	
版本	第×/×版		页 次	第×页

<table>
<tr><td colspan="3" align="center">模块3 理论教学内容</td></tr>
<tr><td>1. 物品储存与养护</td><td>2. 物品储存的一般方法</td><td>3. 物品的合理储存原则</td></tr>
<tr><td>4. 分区分类的作用</td><td>5. 分区分类的方法</td><td>6. 科学堆码</td></tr>
<tr><td>7. 堆码的形式</td><td>8. 堆码的选择</td><td>9. 合理存储应考虑的因素</td></tr>
<tr><td>10. 有效面积的确定</td><td>11. 可用高度的确定和地坪压力</td><td>12. 合理堆码与苫垫</td></tr>
<tr><td>13. 堆码技术</td><td>14. 堆码的概念和作用</td><td>15. 堆码的基本要求</td></tr>
<tr><td>16. 堆码的基本形式</td><td>17. 苫垫技术</td><td>18. 苫垫的概念和基础要求</td></tr>
<tr><td>19. 苫盖</td><td>20. 苫盖方法与材料</td><td>21. 盘点与检查</td></tr>
<tr><td>22. 盘点目的</td><td>23. 盘点方法</td><td>24. 检查</td></tr>
<tr><td>25. 盘点处理</td><td>26. 报盈亏业务</td><td>27. 报损业务</td></tr>
</table>

（2）技能实训内容见下表。

<table>
<tr><td colspan="3" align="center">模块3 技能实训内容</td></tr>
<tr><td>1. 物品储存的一般方法</td><td>2. 有效面积的确定</td><td>3. 堆码与苫垫</td></tr>
<tr><td>4. 盘点方法</td><td>5. 检查的方法</td><td>6. 盘点处理</td></tr>
</table>

5.3.3 培训方式建议。

（1）理论教学：根据仓库保管员职业的特点除了传统的理论知识授课方式和操作技能方式外，还建议采用案例分析法、角色扮演法、情景模拟法、考察调查访问法等。

（2）技能实训：根据实训内容的安排，提供原材料和现场环境让学员自己动手操作，教师可在一旁指导，一般一位实训教师可指导10～20名学员。

5.4 模块4：物品养护知识和保管、保养工作。

5.4.1 培训要求。通过本模块技术培训，使培训对象能够达到以下要求。

（1）了解物品的保管性能。

（2）能做好温湿度管理。

（3）能做好物品的在库检查。

（4）能掌握一般物品品质变化规律，能对物品物理变化（挥发、溶化、熔化、串味、沉淀、机械变化）的种类作出判断。

（5）能了解物质化学变化的基本类型（锈蚀、分解、水解、风化、氧化、聚合、老化、陈化、生理生化变化）以及其他生物引起的变化。

（6）能利用影响物品品质变化的内在因素进行物品保养。

（7）能将具有燃烧和爆炸性质的物品进行妥善保管。

（8）能针对影响物品品质变化的外在因素进行保管作业。

（9）能掌握空气温度周期性变化、非周期性变化及库温变化的规律。

（10）利用常用仪器测量空气湿度、绝对湿度、饱和湿度和相对湿度。

（11）能利用绝对、饱和、相对湿度之间的关系做好保管保养作业。

（12）能利用露点和温度的关系做好保管保养作业。

5.4.2 培训主要内容。

（1）理论教学内容见下表。

续表

××公司标准文件		××有限公司 仓库人员培训计划	文件编号××-××-××	
版本	第×/×版		页　次	第×页

模块4理论教学内容

1. 物品养护基础知识	2. 物品养护概述	3. 物品养护目的
4. 物品养护基本措施	5. 物品品质变化	6. 物理变化
7. 物理变化的概念	8. 挥发	9. 溶化
10. 熔化	11. 串味	12. 沉淀
13. 机械变化	14. 物质的性质变化（化学变化）	15. 一般化学变化
16. 锈蚀	17. 分解、水解	18. 风化
19. 氧化	20. 聚合	21. 老化
22. 陈化	23. 影响物品品质变化的因素	24. 影响物品品质变化的内在因素
25. 物品的性质	26. 化学性质	27. 物品的燃烧和爆炸性质
28. 影响物品品质变化的外在因素	29. 综合因素	30. 阳光和空气
31. 温湿度的初步知识	32. 温湿度的测量	33. 温度对物品的影响
34. 湿度对储存物品的影响	35. 空气温度及变化规律	36. 空气温度
37. 温度的变化规律	38. 气温的非周期性变化及库温变化规律	39. 空气湿度及变化规律
40. 空气湿度	41. 绝对湿度	42. 饱和湿度
43. 相对湿度	44. 绝对、饱和、相对湿度之间的关系	45. 露点和温度
46. 露点概念	47. 露点与温度的关系	

（2）技能实训内容。
——物品养护基本措施。
——温湿度的测量。
5.4.3　培训方式建议。
（1）理论教学：根据仓库保管员职业的特点除了传统的理论知识授课方式和操作技能方式外，还建议采用案例分析法、角色扮演法、情景模拟法、考察调查访问法等。
（2）技能实训：根据实训内容的安排，提供原材料和现场环境让学员自己动手操作，教师可在一旁指导，一般一位实训教师可指导10～20名学员。
5.5　模块5：物品出库方式和出库程序。
5.5.1　培训要求。通过本模块技术培训，使培训对象能够达到以下要求。
（1）能按照物品出库的要求确定物品出库原则。
（2）能掌握先进先出作业。
（3）能熟练运用三不、三核、五检查。
（4）能熟练进行自提方式、送货方式、代运方式的作业。
（5）能完成出库准备作业。
（6）能掌握物品出库的程序和环节。
（7）能正确审核出库凭证。
（8）能正确掌握备料要求和方法进行备料作业。
（9）能按照复核的方式和内容进行复核作业。
（10）能正确进行刷唛、点交、填单、记账、清理作业。

××公司标准文件		××有限公司 仓库人员培训计划	文件编号××-××-××	
版本	第×/×版		页次	第×页

5.5.2 培训主要内容。
（1）理论教学内容见下表。

模块5理论教学内容

1.物品出库	2.物品出库的要求	3.确定原则
4.先进先出	5.三不、三核、五检查	6.物品出库的基本方式
7.物品出库方式的分类	8.物品出库方式的概念	9.自提方式
10.送货方式	11.代运方式	12.程序和环节
13.出库程序	14.出库准备	15.审核出库凭证
16.出库操作和方式	17.备料	18.备料要求和方法
19.复核	20.复核目的和方式	21.复核的内容
22.包装	23.包装的作用	24.刷唛、点交、填单、记账、清理

（2）技能实训内容见下表。

模块5技能实训内容

1.物品出库操作	2.出库程序	3.出库准备
4.审核出库凭证	5.出库操作	6.包装

5.5.3 培训方式建议。
（1）理论教学：根据仓库保管员职业的特点除了传统的理论知识授课方式和操作技能方式外，还建议采用案例分析法、角色扮演法、情景模拟法、考察调查访问法等。
（2）技能实训：根据实训内容的安排，提供原材料和现场环境让学员自己动手操作，教师可在一旁指导，一般一位实训教师可指导10～20名学员。
5.6 模块6：保证仓库安全的手段和措施。
5.6.1 培训要求。通过本模块技术培训，使培训对象能够达到以下要求。
（1）能有效进行仓库警卫和保卫。
（2）能按照仓库安全的要求做好仓库安全管理工作。
（3）能按照要求进行仓库安全检查，做到安全生产。
（4）能正确掌握物质燃烧的三个条件。
（5）能进行一般的防火和灭火作业。
（6）能识别易燃、易爆和化学危险品。
（7）能正确使用一般防火和灭火器材进行消防操作。
5.6.2 培训主要内容。
（1）理论教学内容见下表。

模块6理论教学内容

1.仓库的安全	2.仓库安全的重要性和要求	3.仓库安全管理的重要性和要求
4.安全培训重要性和要求	5.三防的基本概念	6.仓库安全工作的基本内容
7.仓库保卫和警卫	8.识别易燃、易爆和化学危险品	9.消防器材的识别和运用
10.仓库消防安全常识	11.防火和灭火的基本操作	12.仓库安全检查

续表

××公司标准文件		××有限公司 仓库人员培训计划	文件编号××-××-××	
版本	第×/×版		页次	第×页

（2）技能实训内容见下表。

模块6技能实训内容

1.仓库的安全	2.仓库安全管理	3.仓库安全工作
4.识别易燃、易爆和化学危险品	5.防火和灭火的基本操作	6.仓库安全检查

5.6.3　培训方式建议。

（1）理论教学：根据仓库保管员职业的特点除了传统的理论知识授课方式和操作技能方式外，还建议采用案例分析法、角色扮演法、情景模拟法、考察调查访问法等。

（2）技能实训：根据实训内容的安排，提供原材料和现场环境让学员自己动手操作，教师可在一旁指导，一般一位实训教师可指导10～20名学员。

拟订		审核		审批	

第三节　仓储规划管理表格

表格1：货位卡

货位卡见表6-3。

表6-3　货位卡

品名：　　　　　规格：　　　　　单位：

编号、批号		货位号		检验单号		有效期		复验期		
厂家批号										
年月日	来源去向		入库件数	入库量	出库件数	出库量	结存件数	结存量	签名	备注

表格2：物料编号资料表

物料编号资料表见表6-4。

表6-4　物料编号资料表

编号：　　　　　　　　　　　　　　　　　　　　　　　　　　页次：

物料编号	类别	名称	规格	用途		单价	供应商	代用件编号
				专	共			

表格3：库位调整单

库位调整单见表6-5。

表6-5 库位调整单

编号	产品名称	产品规格	数量	调整前库位	调整后库位
1					
2					
3					
4					
5					
6					
7					
8					
9					

调整前仓管签名：　　　调整后仓管签名：　　　日期：_____年____月_____日

表格4：日常盘点表

日常盘点表见表6-6。

表6-6 日常盘点表

编号	库位	存货名称	规格	数量	备注
1					
2					
3					
4					
5					
6					
7					
8					
9					

签名：　　　日期：

表格5：仓储稽核表

仓储稽核表见表6-7。

表6-7 仓储稽核表

5S项目		规 范 内 容	评分分值
整理（SEIRI） 整顿（SEITON）	1	仓储物资按类别分区摆放整齐	5分
	2	仓库内不堆放非本仓库所属的货物	4分
	3	所有货物做到有标识，账、物相符	5分
	4	账本、单据有分类，并记载和保存完整	5分
	5	需要查询库存数据能即时提供	5分
	6	容易变形、变质、生锈的货物能得到有效防护	5分
	7	不良品必须及时退货，并分开摆放做好标识	8分
	8	视觉内私用物品标识在统一位置放置整齐	3分
清扫（SEISO） 清洁 （SEIKETSU）	9	地面无油渍、污斑、脏尘	5分
	10	地面无散失货物	5分
	11	墙、窗、空间物品无布网结尘	5分
	12	桌面、台面摆放不零乱	5分
	13	屉内、柜内不杂乱无章	5分
	14	料架上堆放不零乱和不缺乏安全感	5分
	15	进出仓库通道无堵塞现象	5分
	16	隐蔽处不留卫生死角	5分
素养 （SHITSUKE）	17	及时做好缺货记录并及时提出报告	7分
	18	依规定办理进出库手续和不用白条顶库	5分
	19	工作岗位布置应与本职相适宜	4分
	20	团结互助、举止文明、尊重客户、维护公司形象	4分
总计		20项	100分

注：稽核表后续再进行更改，暂时沿用公司以前的5S分值表进行参照执行。

 学习总结

通过本章的学习，我对物流仓储规划有了以下几点新的认识：

1.＿＿＿＿＿＿＿＿＿＿＿＿＿＿＿＿＿＿＿＿＿＿＿＿＿＿＿＿＿＿＿＿
2.＿＿＿＿＿＿＿＿＿＿＿＿＿＿＿＿＿＿＿＿＿＿＿＿＿＿＿＿＿＿＿＿
3.＿＿＿＿＿＿＿＿＿＿＿＿＿＿＿＿＿＿＿＿＿＿＿＿＿＿＿＿＿＿＿＿
4.＿＿＿＿＿＿＿＿＿＿＿＿＿＿＿＿＿＿＿＿＿＿＿＿＿＿＿＿＿＿＿＿
5.＿＿＿＿＿＿＿＿＿＿＿＿＿＿＿＿＿＿＿＿＿＿＿＿＿＿＿＿＿＿＿＿

我认为根据本公司的实际情况，应制订以下制度和表格：

1.＿＿＿＿＿＿＿＿＿＿＿＿＿＿＿＿＿＿＿＿＿＿＿＿＿＿＿＿＿＿＿＿
2.＿＿＿＿＿＿＿＿＿＿＿＿＿＿＿＿＿＿＿＿＿＿＿＿＿＿＿＿＿＿＿＿
3.＿＿＿＿＿＿＿＿＿＿＿＿＿＿＿＿＿＿＿＿＿＿＿＿＿＿＿＿＿＿＿＿
4.＿＿＿＿＿＿＿＿＿＿＿＿＿＿＿＿＿＿＿＿＿＿＿＿＿＿＿＿＿＿＿＿
5.＿＿＿＿＿＿＿＿＿＿＿＿＿＿＿＿＿＿＿＿＿＿＿＿＿＿＿＿＿＿＿＿

我认为本章的内容不够全面，还需补充以下方法、制度和表格：

1.＿＿＿＿＿＿＿＿＿＿＿＿＿＿＿＿＿＿＿＿＿＿＿＿＿＿＿＿＿＿＿＿
2.＿＿＿＿＿＿＿＿＿＿＿＿＿＿＿＿＿＿＿＿＿＿＿＿＿＿＿＿＿＿＿＿
3.＿＿＿＿＿＿＿＿＿＿＿＿＿＿＿＿＿＿＿＿＿＿＿＿＿＿＿＿＿＿＿＿
4.＿＿＿＿＿＿＿＿＿＿＿＿＿＿＿＿＿＿＿＿＿＿＿＿＿＿＿＿＿＿＿＿
5.＿＿＿＿＿＿＿＿＿＿＿＿＿＿＿＿＿＿＿＿＿＿＿＿＿＿＿＿＿＿＿＿

第七章　物品入出库管理工具

引言

物品入出库管理是物流与仓储管理的重要组成部分，做好入出库管理工作，物流仓储部门才能够及时为企业供应生产所需的物料，或者为客户发送产品。

本章学习指引

目标	了解物品入出库管理的要点，并能够运用所提供的范本，根据本企业的实际情况制订相应的管理制度、表格

学习内容

管理要点	◆ 入库管理 • 物品入库的准备工作要做好 • 物品入库接收按流程进行 • 办好物品入库交接手续 • 入库登账 • 物品退换作业 ◆ 出库管理 • 按流程出库 • 装车手续要办理 • 做好出库台账管理
管理制度	• 工厂出入库管理制度 • 出入库管理制度 • 物资入库验收管理制度 • 物品验收异常问题处理规定 • 成品入库制度 • 货物入库操作规范 • 仓库备料管理制度 • 物资出库管理办法 ……
管理表格	• 到货交接表 • 原材料验收单 • 零配件验收单 • 外协品验收单 • 货物验收单 • 物资验收日报表 • 物品入库单 • 入库单 ……

第一节　物品入库管理要点

要点1：物品入库的准备工作要做好

（一）物品入库的信息管理

1.加强日常业务联系

仓库应根据储存情况，经常向存货单位、仓库主管部门、生产厂家或运输部门联系，了解库存商品、物品情况，掌握入库商品、物品的品种、类别、数量和到库时间，以备精确安排入库的准备事项。

一般来说，商品、物品入库主管部门要提前（至少1天）通知仓库，以便仓库做好接货的各项准备工作。仓库对主管部门安排储存的商品、物品不得挑剔。

2.主动确认到货信息

当仓管员在接到"收货通知"并确认其有效无误后，在物品到达之前应主动与采购部门或供货商联系，了解物品入库应具备的凭证和相关技术资料（如物品的性质、特点、保管事项等），尤其是对新物品或不熟悉的物品要特别注意。

（二）物品入库的场地准备

1.确定仓库存放位置

在接到进货单并确认为无误后，仓管员应根据库存商品、物品的性能、数量、类别，结合分区分类保管的要求，核算所需的货位面积（仓容）大小，确定存放位置以及必要的验收场地。对于新商品、物品或不熟悉的商品、物品的入库，要事先向存货单位详细了解商品、物品的性质、特点、保管方法和有关注意事项，以便在商品、物品入库后做好保管养护工作。常见的划分物品存放位置的方法有以下5种，仓管员需要根据物品的实际情况选择存放物品的方法。

（1）按物品的种类和性质分类储存。这是大多数仓库采用的分区分类储存方法，它要求按照物品的种类及性质进行分类存放，以便于物品的保养。

（2）按物品的危险性质分类储存。这种分类储存的方式主要用于储存危险品的特种仓库。它按照物品的危险性质，对易燃、易爆、易氧化、有腐蚀性、有毒害性、有放射性的物品进行分开存放，避免相互接触，防止事故的发生。

（3）按物品的归属单位分类储存。这种方法主要用于专门从事保管业务的仓库。根据物品所属的单位对其进行分区保存，可以提高物品出入库的作业效率，同时也能减少差错的发生。

（4）按物品的运输方式分类储存。这种分类储存方法主要用于储存期短，而进出量较大的中转仓库或待运仓库。它依据物品的发运地及运输方式进行分类保存。

（5）按物品存储作业特点分类储存。根据物品储存作业时具体的操作方法，将物品分类储存。比如，将进出库频繁，需严格按照"先入先出"的规律储存的物品存放在车辆进出方便、装卸搬运容易、靠近库门的区域；而将储存期较长，不需严格按照"先入先出"规律储存的物品，储存在库房深处或多层仓库的楼上。

2. 整理仓库货位

确定物品的具体存放位置后，就需要对相应区域进行适当的整理工作，从而便于物品的存放及保养，其整理的工作事项如下。

（1）准备验收场地。
（2）腾出存放空间。
（3）做好现场清洁。
（4）备足苫垫用品。

（三）物品入库的人机准备

1. 组织人力

根据商品、物品进出库的数量和时间，做好收货人员和搬运、堆码人员等劳动力的安排工作。采用机械操作的要定人、定机，事先安排好作业顺序。

2. 准备储存设备

为保证入库作业的顺利进行，仓管员应根据入库商品、物品的验收内容和方法，以及商品、物品的包装体积、重量，准备各种商品、物品数量、质量、包装、装卸、堆码所需的点数、称量、测试机具等点验用具，要做到事先检查，保证准确有效。

仓库的储存设备是指用来存放各种物品的容器和设备，它包括各种料架、料仓、料槽、储罐等。

3. 准备计量设备

仓库的计量设备可分为称量设备和量具两类。

4. 准备搬运设备

搬运设备的种类越多，选择的余地也就越大。设备选择正确时可以带来便利，但如果选择错了，反而会变得麻烦。所以，选择搬运器械时要考虑设备的特性。

5. 准备苫垫和劳保用品

根据入库商品、物品的性能、数量和储存场所的条件，核算所需苫垫用品的数量，备足必需的数量。尤其对于底层仓间和露天场地存放的商品、物品，更应注意苫垫物品的选择和准备。同时，应根据需要准备好劳动保护用品。

要点2：物品入库接收按流程进行

物品入库涉及多项工作，必须按流程进行。物品入库首先要做好准备工作，如划分存放位置、整理存放区域等，当物品送到企业时，仓库要对物品进行验收，并按流程进行卸货。同时在企业日常生产工作中，仓库要配合生产部门做好物品入库工作，如做好物品调换、进料退货、物品退库、退料补货等工作。

入库验收是一个重要的环节，不但要核对物品数量还要把好质量关，具体包括如图7-1所示的核对事项。

```
┌─────────────┐     ┌─────────────┐     ┌─────────────┐
│ 1  校对证件 │ ⇨  │ 2  大数验收 │ ⇨  │ 3  质量检验 │
└─────────────┘     └─────────────┘     └─────────────┘
                                                ⇩
┌──────────────────┐  ┌──────────────────┐  ┌─────────────┐
│6 控制物料入库数量│⇦ │5 物料的包装和标志│⇦ │4 检查商品   │
└──────────────────┘  └──────────────────┘  └─────────────┘
```

图7-1 入库验收的核对事项

（一）核对证件

核对证件就是将必要的证件加以整理并核对其内容。供货单位提供的质量证明书、合格证、发货明细表等均应与合同相符。需要核对的证件如下。

（1）发货单位提供的入库通知单、订货合同等。入库通知单是仓库据以接收商品、物品的主要凭证。商品、物品来源复杂，其入库单的式样、名称也多种多样，但无论何种入库单，一般均应具备来源、收货仓库、商品或物品名称、品种、数量、规格、单价、实收数、制单时间、收单时间及验毕时间等内容。供货合同是供需双方为执行物资供应协作任务，并承担经济责任而签订的协议书，具有法律效力，因此，仓库应严格按合同接收物资。

（2）供货单位提供的质量证明书或合格证、装箱单、磅码单、发货明细表等。

（3）运输单位提供的运单。若入库前在运输途中发生残损情况，还必须有普通记录或商务记录。

（二）大数验收

大数验收是商品、物品入库的一道重要工序。由仓库收货人员与运输人员或运输部门进行商品、物品交接。商品、物品从车站、码头、生产厂家或其他仓库移转，运到仓库时，收货人员要到现场监卸。

1.大数验收方法

大数验收时一般采用逐件点数计总以及集中堆码点数两种方法，如图7-2所示。

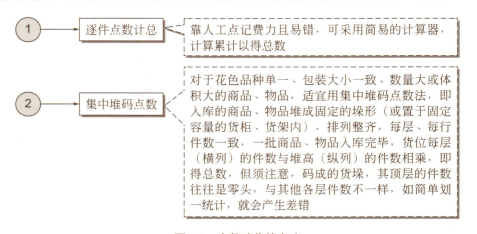

图7-2 大数验收的方法

2.物资重量计算

对于商品、物品以重量计算者，需要过磅或按理论换算的方法求得。过磅是仓库中常用的方法，按理论换算适用于规格、长度一致的部分大五金类商品、物品。商品、物品的重量，一般有毛重、皮重、净重之分。实际上商品、物品大都有包装，这就涉及如何方便、准确扣除皮重的问题。在仓库中一般采用的方法有两种，如图7-3所示。

方法一 平均扣除皮重

按一定的比例将商品、物品的包装板除下来进行过磅，待过磅完毕，从总重量（毛重）内扣除全部皮重（求得的平均皮重乘以商品、物品件数），即得净重

方法二 除皮核实

对按件标明重量（包装上标有毛重、皮重、净重）的商品、物品，可先挑选几件以毛重过磅，如称得毛重与包装上所注明的毛重相差不超过合理磅差（公差），则再拆除几件包装核实皮重，如皮重与包装上所注皮重亦不超过合理磅差，就可以证明包装上所标的三种重量是准确的，对其余包装严密和捆扎完好的商品、物品，即可以进行抄码，不再一一过磅，如发现所标重量不准确，则仍应按平均扣除皮重的方法进行过磅

图7-3　物资重量的计算方法

（三）质量检验

来料品质检验（IQC）是物品入库前一个重要的关卡。IQC不仅影响到企业最终产品的品质，还影响到各种直接或间接成本，甚至可以反映管理层面的严谨性、效率与水准。如把不合格品放到制程中，则会导致制程或最终产品的不合格，造成企业更大的损失。如把合格品拒收，则使供应商蒙受损失，同时也影响到本企业的生产进度，间接影响到本企业的生产成本。

质量验收的方法，目前主要有仪器检验和感官检验两种。

1. 仪器检验

仪器检验是利用各种试剂、仪器和机器设备，对商品、物品的规格、成分、技术标准等进行物理、化学和生物的性能分析。

2. 感官检验

感官检验是依靠人的感觉器官来对产品的质量进行评价和判断。通常是依靠人的视觉、听觉、触觉和嗅觉等感觉器官进行检查，并判断商品、物品的质量是否合格，如图7-4所示。

检验一 视觉检验

主要是观察商品、物品的外观质量，看外表有无异状，如针织品的变色、油污，竹制品、木制品、毛织品的生虫，金属制品的氧化、生锈，药品水剂的浑浊、沉淀、渗漏、破损等，操作中，还可根据商品、物品的不同特点而采用不同的方法，以提高工作效率

检验二 听觉检验

通过轻敲某些商品、物品，细听发声，鉴别其质理有无缺陷，如未开箱的热水瓶，可转动箱体，听其内部有无玻璃碎片撞击之声，从而辨别有无破损

图7-4

| 检验三 | 触觉检验 |

一般直接用手探测包装内商品、物品有无受潮、变质等异状,如针织、棉织品是否受潮,有无发脆;胶质品、胶囊剂类有无溶化、发黏

| 检验四 | 嗅觉、味觉检验 |

工作人员用嗅觉或味觉鉴别商品、物品有无发生变质或串味等现象,如检验香水等有无挥发失香、茶叶或香烟有无异味等

图7-4　四大感官检验

为弥补感官检验的不足,并提高验收效率,仓储人员应根据商品、物品的性能和特点,研究采用不同的验收方法。

(四)检查商品、物品的包装和标志

商品、物品在运输过程中一般都有包装,包装得好坏与干湿,对商品、物品的安全储存、运输有着直接的关系。所以,仓库对商品、物品包装必须严格进行验收。

1. 外包装异常的情况

外包装异常,一般有以下4种情况。

(1) 人为的撬起、挖洞、开缝,通常是被盗的痕迹。

(2) 水渍、黏湿,是雨淋、渗透或商品、物品本身出现潮解、渗漏的表现。

(3) 由于装配不当,引起商品、物品间互相沾污、染毒或本身腐败所致。

(4) 由于包装、结构性能不良或在装卸搬运过程中乱拖乱扔、摇晃碰撞而造成的包装破损。

2. 检验方法

目前,商品、物品外包装的检验,一般不具备测定仪器。包装的干湿程度,主要是用眼看、手摸等感官检查方法来鉴定。

3. 外包装安全含水量要求

包装的干湿程度能反映其含水量多少,而含水量对商品、物品的内在质量、储存安全影响很大。根据实践,部分地区对4种主要包装的安全含水量要求大致如下。

(1) 木箱:木箱包装的含水量一般不超过21%,装有易锈商品、物品的应不超过18%。

(2) 纸箱:五层瓦楞纸及纸板衬垫的外包装含水量一般不超过12%,三层瓦楞纸及纸板衬垫的外包装含水量一般不超过10%。

(3) 胶合板箱:胶合板箱包装的含水量一般不超过15%。

(4) 布包:布包包装的含水量一般不超过9%。

要点3:办好物品入库交接手续

入库商品、物品经大数点收和检查两道程序之后,即可与送货人员办理交接手续,由仓库收货人员在"送货单"上签收,从而分清仓库与运输部门之间的责任。

有铁路专用线或水运专用码头的仓库,由铁路或航运部门运输的商品、物品入库时,仓管员从专用线或专用码头上接货,直接与交通运输部门办理交接货手续,具体流程如图7-5所示。

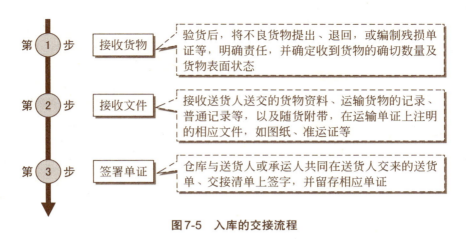

图7-5　入库的交接流程

要点4：入库登账

（一）入库单的填制

商品、物品验收后，由仓管员或验收人员将验收结果写在商品、物品入库凭证上，以便记账、查货和发货。物品入库单是记录入库物品信息的单据，它应记录物品的名称、物品的编号、实际验收数量、进货价格等内容。

在填写产品入库单时，仓管人员应该做到内容完整、字迹清晰，并于每日工作结束后，将入库单的存根联进行整理，并予以统一保存。

（二）明细账登记

为了便于对入库物品的管理，正确反映物品的入库、出库及结存情况，并为对账、盘点等作业提供依据，仓库还要建立实物明细账，以记录库存物品的动态。

要点5：物品退换作业

物品的退换作业是指物品在检验的过程中，若出现质量问题或制造企业里需用部门对于领用的物品，在使用时遇到物品质量异常、用料变更或有溢余时，而将已办理发放手续的物品退回给仓库的业务活动。

（一）物品退换手续

仓库在办理物品退换时，首先要弄清其相应的手续，比如退料单，以便工作中有凭有据。物品退换手续也可视为"物品接收"手续，即发料的冲减。仓管人员在记账时，应在发出栏内用红字填写，从而增加库存数量和金额。同样，在仓库统计表中，也应作减少发出量计算，但任何情况下，都不得重新验收入账，因为这样会造成假象。

另外，仓库在开展物品退换时一定要注意以下事项。

（1）保持物品的完整性。对于退回的物品，仓管人员应尽量保持其完整无损，比如，主机及附件、工具、技术资料、包装等齐全完备。

（2）进行认真检查。仓库在接收退货时，应认真检查，经过维护保管后，再存入仓库。凡残损的，应收入"第一料库"，价款由原单位或供应商负责，无使用价值的，视为废品处理。

（二）物品退换流程

企业对于物品的退换，应制订规范的工作流程，如图7-6所示为某企业的物料退换流程。

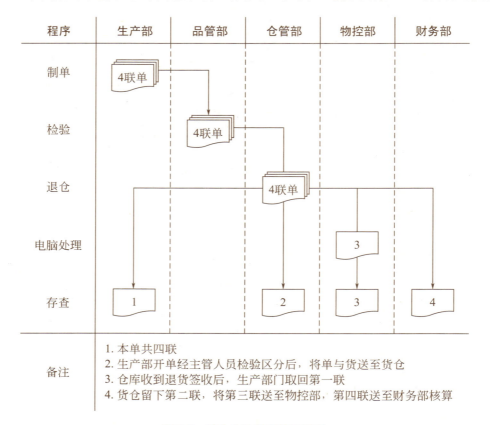

图7-6　某企业物料退换流程图

第二节　物品出库管理要点

要点1：按流程出库

仓库接到发货通知后，就要及时将货物发给客户。运输人员在进行货物配送过程中，应当按照相关流程进行，确保货物保质保量同时准时地送到客户手中。出库时应主要防止发货失误，以及物品移交过程中的划伤磕碰、液体溅出、危险品事故等。物品出库时的主要流程如图7-7所示。

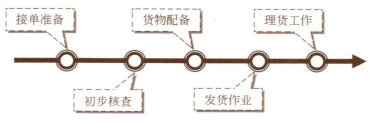

图7-7　物品出库流程

（一）接单准备

在通常情况下，仓库调度在成品出库的前一天接到从外运公司或从其他方面送来的提货单后，应按物品去向、运输工具等，分理和复审提货单，及时正确地编制好有关班组的出库任务单、配车吨位单、机械设备单以及提货单等，分别送给仓管员、收发员或理货员等，做好出仓准备工作。

当仓管员从调度手中接到出库通知后，应做好以下工作，具体如图7-8所示。

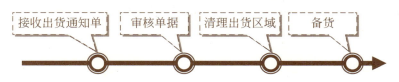

图7-8　接单后的准备流程

1.接收出货通知单

当需要出货时，一般由销售部门发出"出货通知单"，通知仓库做好出货准备。在进出库业务通知牌上写明出库产品的品名、规格、数量以及产品的货位货号、发往地点及出货时间等，以便于仓库及时配合。

2.审核单据

仓管经理收到"出货通知单"后，要对其进行审核，审核无问题才能签字确认，安排发货。若有问题，应查找原因，并与销售部做好沟通工作，对通知单进行必要的修改。

3.清理出货区域

仓库应对出货区域进行整理、整顿，腾出出货存放位置。有理货条件的情况，可先将出库产品按产品去向，运到理货场地上并理好货，以便于运输车辆一到即能进行装车作业。

4.备货

（1）仓管人员按照"出货通知单"的要求进行备货，即将货物取出后，清点好数量，并分类存放。

（2）仓管人员取货时要注意仔细查看货品的外包装是否有破损、污渍等情况，如果有，要及时更换。

按提货单所写的入库凭证号码，核对好储存凭证（即仓管员的记录），根据储存凭证上所列的货位、货号寻找到该批产品的货垛，然后将提货单与储存凭证、产品进行核对，确认正确无误后，做好出库标记，以确保单、货相符。

（二）初步核查

审核成品出库凭证，主要审核以下4个方面。

（1）正式出库凭证填写的项目是否齐全，有无印鉴。
（2）所列提货单位名称、产品名称、规格、重量、数量、唛头、合约符号等是否正确。
（3）单上填写字迹是否清楚，有无涂改痕迹。
（4）单据是否超过了规定的提货有效日期。

如在审核中发现问题，应立即联系或退请业务部门更正，不允许含糊不清地先行发货。

（三）货物配备

仓库要按照相关流程，核实出库凭证所列的项目内容，然后以最快的速度配好货物，并及时发出。配货流程如图7-9所示。

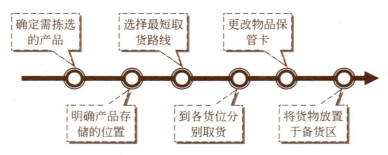

图7-9 配货流程

1. 确定需拣选的产品

仓库接到"出货单"后,要对"出货单"进行审核,明确需要拣选的产品。

2. 明确产品存储位置

仓库在明确需拣选的产品后,参照仓库储位设计,进一步明确产品在仓库中的位置。

3. 选择最短取货路线

仓库根据订单及确定的待选产品位置,合理设计取货路线,以便最大限度地减少取货时间。

4. 到各货位分别取货

仓库负责取货的人员运用适当的工具,到各个货位上取货。

5. 更改物品保管卡

仓库负责取货人员在取货结束后,及时更改"仓储保管卡",确保保管卡上的信息与实际信息一致。

6. 将货物放置于备货区

货物取下之后要放置于事先安排好的备货区内,备货区的设置必须方便装车。

(四)理货工作

仓库在配货完成后,理货员就可以开始理货了。仓库理货工作主要是合理积攒货物,在实现最大化积货的基础上,确保货物安全、取货方便,提高仓容利用率。理货员在理货时要注意以下3点。

(1)送货的产成品,不论整件或拼箱,均须进行理货,集中待运。

(2)待运产成品,一般可分公路、航空、铁路等不同的运输方式、路线和收货点,要进行分单(票)集中,以便于发货。

(3)待运商品要按配车的要求,清理分堆,以便装运。要按运输工具预约的到库时间,以先后顺序理货,随到随装,不误时间。

(五)发货作业

1. 原材料发料

发料是指由物料管理部门或仓储单位根据生产计划,将仓库储存的物料,直接向生产现场发放。一般对于直接需求的物料采取发料方式,采取该种方式须具备以下条件。

(1)有稳定的生产计划。生产计划的稳定与否影响着计划部门与货仓部门的配合,而计划部门与货仓部门配合是否良好又影响到物料发放的顺序。

一般来说，计划部门在2～3天前就要发出工作指示指派货仓备料，而货仓在现场制造前2～4小时内必须向制造现场直接发料。

（2）建立标准损耗量。货仓发了50组配套材料，生产现场一般不可能制造出50件成品，因为在生产过程中会发生不良品、制造损耗的现象。那么，货仓到底应发多少材料呢，这就要参照标准损耗量了。

2.原材料领料

领料是指生产现场人员在某项产品制造之前填写领料单向仓库单位领取物料，这主要适用于间接需求的物料，但仍有些企业的直接需求材料也会采取领料方式，这基于以下原因。

（1）A、B、C类物料中C类物料偏多，公司政策不加以严格控制。

（2）生产计划常变更或物料计划做得不好，进料常延迟或过分紧急，致使物料管理部门很难采取发料方式。

3.物料发放的方法

物料发放采用得比较多的方法是先进先出法，先进先出法的运用又有以下4种方式，如图7-10所示。

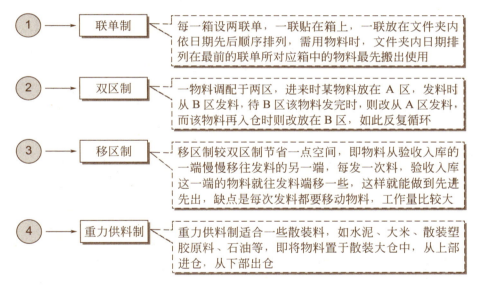

图7-10 先进先出法的运用方式

4.成品发货的一般流程

成品发货是指仓库根据销售部的要求将需要发给客户的货品及时发出，保障销售工作的顺利进行。成品出库流程如下。

（1）下达客户发货单。

（2）仓库统计根据库存情况复核后如果可以发车即打印出库单。

（3）仓管部经理安排车辆装车。

（4）仓库保管员按出库单数量、品种组织发货。

（5）仓库统计按实装情况填写装车码单，由运货司机复核。

（6）仓库统计按实装数量和品种开具销售清单。

（7）仓库统计依据复核后的销售清单开具收款收据。

5. 智能仓库成品发货流程

（1）货物出库准备。采用RFID系统后，操作人员在RFID系统中根据出库凭证输入货品的相关信息，系统进行查询，符合出库凭证的货品生成拣选单，拣选单应包含领料单号、拣选仓位、代码、箱号、目的地及整包装数量，仓位的拣选按照预先设定的规则自动指示并生成图形界面提示，允许操作人员在系统中手工指定。

（2）出库拣选。出库拣选的步骤，可以参照RFID系统的流程，但要注意的是：不同的货物，可能单独包装，也可能按产品分类包装，或者是几个产品并盘。单独包装不需要拆箱或者分拣，直接发货出库即可，后面两种情况就要拆零和分拣后再发货出库。当拆零和分拣无法彻底避免时，这就要求RFID系统能够有效地掌握被拆零和分拣的各个拆零单位的流向等信息（包括授权人员、操作人员、时间、原因等）。

（3）出库确认。运输车辆到库提货时，操作人员进行出库检验，确认拣选货物与领料单或送货通知单是否一致，完成出库的确认工作。这里要求最后将所需货物的出库信息同步到WCS系统中，在SCM系统中完成出库确认，并打印出库单。

要点2：装车手续要办理

运输部门人员持提货单到仓库时，仓管员或收发理货员应逐单核对，并点货交给运输人员，以分清责任。

（1）当运输车辆到仓库提货时，仓库车辆调度应指明装货的库号和配车情况。

（2）当运输车辆到仓库装货时，仓库仓管员或收发理货员应指明装车产品，并在现场监督装车，同时再一次对货单进行核对。对于边发货边装车的产品，还应及时查核余数。

（3）装车时，应指导装车工人轻拿轻放，并按一定顺序装载，完毕后，将发出的产品和有关单据同运输人员办理交接手续，分清责任。

（4）仓管员在产品装车完毕后，应开具随车清单，由运输人员凭随车清单到调度室去调换门票，门卫凭门票放行。放行时，门卫应核对车号、品名、数量，正确无误后方可放行。对于小型仓库，也可由仓管员直接开门票放行。

装车结束，应在随车清单上加盖"发讫"印记，并留据存查。

要点3：做好出库台账管理

台账原来是指摆放在台上供人翻阅的账簿，故名台账。台账是一种通俗的说法，最初是指在作业过程中由作业人员从柜台记录中直接记录的数据，后来引申为工作过程中的各种资料的规范记录，在多个领域均有使用，实际上就是一种流水账。仓库出库管理中主要涉及的是出货记录和出货报告这两类。

（一）出货记录

出货记录是出货责任人完成出货任务的证据。根据出货指令文件，仓库已经出了货，但是把货出给谁了、依据在哪里、具体的情况到底怎么样等，这些问题都需要靠出货记录来解答。出货记录要注意确认以下内容。

1.确认运单

运单确认内容如图7-11所示。

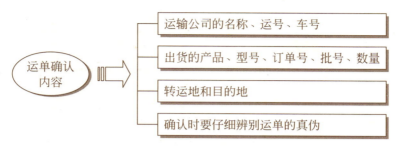

图7-11 运单确认内容

2.确认装箱的数量和包装状态

确认装箱的数量和包装状态，具体如图7-12所示。

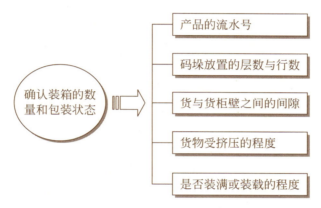

图7-12 确认装箱的数量和包装状态

3.其他需要确认的内容

其他需要确认的内容如图7-13所示。

图7-13 其他需要确认的内容

4.签字、确认

仓管员在上述内容确认后必须要让拉货的司机或运方负责人在该记录上签字确认。出货记录的详细格式应制成表单共同使用。

（二）出货报告

出货报告是仓库完成出货后制订的证实性记录文件。出货报告由仓库主管制订，制成后发放到财务部、市场部、生产部等相关部门使用。出货报告要及时发放，最好是出货的当天内就完成，其制订流程如图7-14所示。

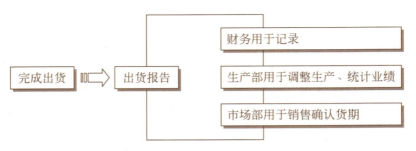

图7-14 制订出货报告的流程

1.出货报告的内容

出货报告的内容要清楚地反映本次出货的详细情况，如出货产品类别、名称、规格、型号；出货产品的批号、批量和数量；完成出货日期、出货地点；承接运输的单位和运输方式；产品出货的目的地等。出货报告是文件，可以用表单的形式表现，至少一式四份。

出货报告应作为重要记录进行保存，以便达到可追溯、明确责任、统计使用的目的。出货报告的保存期限一般应是使用的当年与之后的一个日历年，这个期限是最小的时间，使用中可以延长。比如，2016年3月的出货报告至少要保存到2017年12月31日。2016年是使用的当年，2017年1～12月是一个日历年。

出货报告一般是在公司内部使用的，仓管员要使用公司规定的格式，但有些个别的OEM顾客会要求使用他们的格式，从满足顾客要求的角度出发，也可以这样做。

2.出货后的复核

仓管员发货后，应及时核对产品储存数，同时检查产品的数量、规格等是否与批注的账面结存数相符，随后核对产品的货位量、货卡，如有问题，及时纠正。

3.销账销卡

产品出库工作结束后，仓管员应销账销卡，清点余数，做好登账记录。在产品出库工作中必须防止包装破损和受到污染的产品出库。

第三节　物品出入库管理制度

制度1：工厂出入库管理制度

××公司标准文件		××有限公司 工厂出入库管理制度	文件编号××-××-××	
版本	第×/×版		页　次	第×页

1　目的

为加强××工厂原材料、辅助材料、成品、包装物料、成品及剧毒化学品的出入库管理，使工厂仓储管理制度化、规范化，确保车间生产用原材料质量稳定、供应及时，并安全使用危险化学品，特制订本制度。

2　入库管理

2.1　原材料进厂后，保管员根据《接货明细单》准备接货，原材料车辆停放在待检区域。

2.2　保管员首先检验单据是否齐全，如果缺少出厂化验单，保管员电话通知采购人员，由采购人员确定是否接货，同时保管员在《接货明细单》上注明单据是否齐全。

2.3　保管员通知化验人员取样化验，并对货物进行过磅称重。

续表

××公司标准文件		××有限公司 工厂出入库管理制度	文件编号××-××-××	
版本	第×/×版		页次	第×页

2.4 质检合格，但由于实际收货品种、重量和《接货明细单》不符，保管员与采购人员先电话确认是否收货，采购人员如果要求收货，保管员按照实际数量、品种签收送货单，在《接货明细单》上注明实际接收情况和差异情况，并将《接货明细单》传真给采购人员签字确认后，办理入库手续。

2.5 保管员根据《质量检测报告》及过磅单办理入库手续，填写《材料接收单》，明确品名、规格、数量、产地、包装、生产日期等项目，并在接收当日将《材料接收单》（会计联）送交材料会计入账。

2.6 设备配件及五金备件入厂后，由保管员、生产管理部配件采购岗对其材质、外观、包装、数量进行验收，由保管员填写《材料接收单》，验收人员签字确认后挂上卡片登记入账，并于当日内将杦材料接收单送交材料会计。

2.7 成品加工完成后，由车间通知驻厂质检组对每个批次的成品进行检验，经检验合格，保管员核对数量后，凭《质量检测报告》填写成品入库单，并经车间负责人签字确认后，登记入账，并将《产品入库单》会计联当天送交财务科。经检验为不合格产品的，不得办理入库手续。

2.8 包装物料入厂后，保管员通知驻厂质检组，对图案、规格及质量进行检验合格后，并由质检员在《材料接收单》上签字确认后方可入账。

3 库存管理
3.1 安全库存管理。
3.1.1 每年年末，在制订年度销售计划前，由生产车间、销售公司、储运管理部、财务等相关部门共同协商制订主要原材料、产成品的安全库存参数，以确保有效指导采购和销售工作。
3.1.2 每季度由生产车间、销售公司、储运管理部等相关部门共同协商是否需要对设置的安全库存参数作季节性微调。
3.1.3 如果发现某种产品库存低于或者高于安全库存，储运管理部编制安全库存报警表，并发送至销售公司和生产管理部，以便及时调整生产计划和销售策略。
3.1.4 如果发现某种原材料的库存低于或者高于安全库存，储运管理部编制《安全库存报警表》，并发送至生产管理部和采购供应部，以便及时调整生产计划和采购计划。
3.2 日常库存管理。
3.2.1 保管员将每批入库的物料填写商品卡片，每天对卡片进行统计，保证账卡物相符。原料保管在原料入库后必须用油漆进行代码标识后按其属性单独存放。
3.2.2 对发现原料标识不清或有可能影响产品质量的情况，保管员应及时通知化验人员进行取样化验，重新标识。
3.2.3 物品堆放原则：标识清楚、过目点数、检点方便、成形成列、摆放整齐。
3.2.4 剧毒化学品的存放严格执行《剧毒化学品使用管理制度》，实行专人管理、双人收发、双人登记、双人双锁保管，保证剧毒化学品的安全使用和储存。若发现剧毒化学品被盗、丢失、误用时，应立即向当地公安机关报告。
3.3 暂存物资管理。
3.3.1 对于采购质检不合格的物资需要仓储保管的，由采购供应部采购人员填写《暂存物资保管申请》，采购供应部部长审批后交储运管理部部长安排物资存放。
3.3.2 采购质检不合格的暂存物资，如需要办理暂存出库，由采购供应部采购人员填写《暂存物资出库单》，采购供应部部长批准后凭单找保管员提取物资。
3.3.3 暂存物资报表编制。保管员根据申请暂存物资部门审批后的《暂存物资保管申请》和《暂存物资出库单》编制《暂存物资报表》，并对《暂存物资保管申请》进行编号管理。对于超过暂存时限的物资，应及时提醒相关部门进行暂存处理。

4 出库管理
4.1 需要领用原材料的部门，必须填写《领料审批单》，并经部门负责人签字同意后，交材料会计开出库单，保管员方可凭单发货。
4.2 需要领用设备、备件及五金杂品的部门，必须填写《领料审批单》，并经部门负责人和设备科负责人签字同意后，交材料会计开出库单，保管员方可凭单发货。剧毒化学品的出库使用每次必须如实登记名称、数量、用途及批准人、提单号、安全员。
4.3 成品出库保管员必须凭财务开具的送货单、驻厂质检组出厂检验合格开具的《质量检测报告》，方可发货。
4.4 例外处理。

续表

××公司标准文件		××有限公司	文件编号××-××-××	
版本	第×/×版	工厂出入库管理制度	页次	第×页

4.4.1 对于实物出库领用过程中确实出现库存不足或没有时,首先由保管人员通知财务开单人员库存缺少的数量、品种等。

4.4.2 财务开单人员根据库存不足的实物种类(原材料、包装物料、产成品等)与领用的审批人联系,告知库存不足情况,相关负责人重新安排领用数量后办理退库或重新开单。

4.4.3 储运管理部部长负责组织调查库存不准原因及相关责任人,并将调查结果上报总经理、生产副总裁。

5 退库管理

5.1 车间领用材料使用不完应立即到仓库办理退库手续,保管员在清点完数量后,用红笔填写《材料出库单》,并由车间经手人签字确认后将会计联交材料会计冲账。

5.2 产成品退库如果是市场退货必须由销售人员提交审批后的退货申请,保管员用红笔填写《成品出库单》并经经手人签字后将会计联送交财务冲账。如果是退车间再生产,必须由生产负责人签字后方可用红笔填写《成品出库单》并经经手人签字后将会计联送交财务冲账。

5.3 包装物料由车间退回后必须检查包装桶是否受到污染,是否拧紧桶盖并标识清楚且单独存放。

5.4 废弃剧毒化学品的处置应当依照固体废物污染环境防治法和国家有关规定执行,处置剧毒化学品的使用设备或者储存设施,应不得留有事故隐患,处置方案应当报公安部门备案。

5.5 不合格原材料、包装物料的退库。对于原材料、包装物料在生产车间使用后发现质量问题需要办理退库的,首先由生产车间主任将该问题提交驻厂质检组组长,经相关部门进行质量仲裁后,根据仲裁结果和《质量检测报告》,保管员办理相关退库手续。

6 仓储盘点

仓库采用随时抽检,及月度、年度进行统一盘点的原则,将初次盘点结果与库存账进行对比,对于出现差异的情况进行二次盘点,将二次盘点结果与库存账进行对比,对于差异情况,仓储部门要作详细的差异调查报告,汇报发生差异的品种、数量、原因等,报财务科审批后作库存差异调整。

7 报表要求

7.1 保管员必须每天填制《库存日报表》上报总经理及相关部门。每月25日为月末结账日,原材料和成品保管员必须于23日前将月报汇总后报财务。

7.2 原料保管必须每月向公安机关报告剧毒化学品的使用情况,并将相应记录长期保留。

拟订		审核		审批	

制度2:出入库管理制度

××公司标准文件		××有限公司	文件编号××-××-××	
版本	第×/×版	出入库管理制度	页次	第×页

1 目的、职责和适用范围

1.1 目的。为规范公司物料管理,降低生产成本,保证公司物资与财产的准确、完好,规范物料出入库流程,确保生产的正常进行,提高公司成本核算水平,实现公司精细化管理,结合公司实际情况特制订本制度。

1.2 适用范围。本制度适用于所有涉及公司库房物料收发的部门。

1.3 职责。

1.3.1 物资供应部负责物料入库的部分搬运工作,负责生产物料出库的配料工作。

1.3.2 库房负责外协物料的发出与收回的管理、库房所有物料的出入库及储存管理。

1.3.3 制造部物料科负责除成品仓外的其他仓库日常管理,负责下达物料采购计划。

1.3.4 品管部负责物料质量检验工作。

1.3.5 生产车间负责现场物料的管理与保全,组织退料工作。

续表

××公司标准文件		××有限公司 出入库管理制度	文件编号××-××-××	
版本	第×/×版		页　次	第×页

1.3.6　采购部负责按物料采购申请准时采购，及时处理外购不合格品的退料与换料工作，负责外购物料的采购价格录入与维护和计量单位转换系数的维护与管理。

1.3.7　商务部负责物料的销售出库及退换货管理。

2　物料管理基本原则

2.1　账、物、卡一致性原则。仓库负责做好物料的保管工作，如实登记仓库实物账，经常清查、盘点所管辖的物料，确保在每一时点库存物料的账面数、销存卡数与实物数相同，对出现的盘盈、盘亏应及时上报财务部进行处理，保证账、卡、物的一致性。

2.2　库存资金最小化原则。

2.2.1　仓库对物料实行分类控制，在确保不断料、不呆料、不囤料的情形下，合理优化各物料的库存数量，对常用物料的备货实行库存上、下限管理，减少库存占用资金，加速资金周转。

2.2.2　公司积极开展废旧物料、生产余料的回收、整理、利用工作，物资供应部负责主持联合其他部门开展积压物料的处理工作。

2.3　安全性原则。

2.3.1　仓库以及车间等物料存放单位应按照规定要求做好物料储存、保管工作，减少存储过程中的损耗。

2.3.2　仓库以及车间等物料存放单位应加强安全保护措施，做好防盗、防火、防潮工作。

2.4　物料储存原则。

2.4.1　为了确保公司财产的安全，仓库应按照5S管理标准，加强对仓库物料的存储管理，物料堆放要整齐、平稳、有序、便于盘点和领取，物料标识清晰。未经检验及正在检验的物料要与仓库的正常物料分别存储与标识。

2.4.2　物料发放遵循先进先出的原则，减少库存过期物料的积压。仓库员在发料时应遵循"推陈建新、先进先出、按规定供应、节约用料"的原则，做到一盘点、二核对、三发料、四减数。

2.4.3　物料进仓后须根据储存要求提供满足物料要求的存放环境。

2.4.4　库存的过期物料在需要使用时提供清单给质检员由其进行质量的复查，以便对质量发生变化的物料采取措施进行再利用。

2.4.5　仓库内应配置经计量局检验合格的度量衡量器具，并随时校正妥善保管，度量衡量器具至少每年做一次总体校正。

3　仓库分类

公司仓库按以下类型进行分类管理。

3.1　原料库。主要储存和管理公司外购的各种原材料、零件、成品。主要包括仓库如下。

（1）原材料库主要用来储存和管理本公司产品耗用的主要元器件。

（2）低值易耗品库主要用来储存和管理本公司产品加工所需的各种外购辅助材料，包括包装物、纸箱、线材等。

3.2　半成品库。

3.2.1　自制半成品仓库：主要负责储存和管理经本公司车间加工但尚未形成最终外销成品的物料。

3.2.2　委外加工半成品库：主要负责储存和管理由外加工单位加工收回后的半成品。

3.3　成品库。主要用来负责管理本公司加工完成已具备出厂销售条件的各种产成品。

3.4　待处理库。主要用来存放、跟踪处理不合格物料仓库（取消、增加合格与不合格的标识）。

4　物料出入库方式

根据本公司产品生产的工艺特点，物料采用以下6种入库方式与8种出库方式，所有出入库应该按照下述方式准确出入库。

4.1　入库方式见下表。

续表

××公司标准文件		××有限公司 出入库管理制度	文件编号××-××-××	
版本	第×/×版		页次	第×页

入库方式

序号	物料入库方式	适用范围
1	采购入库	适用于公司采购的各种物料,包括原材料、零部件、成品等,系统中为外购入库
2	外协入库	适用于公司提供材料或零部件委托外单位(非本公司)进行专项加工,完工后交回本公司仓库的物料,系统中为委外加工入库
3	自制入库	适用于本公司车间加工完成后,入半成品仓库和产成品仓库的物料,系统中为产成品入库
4	调拨入库	适用于将其他仓库的物料转移到本仓库,系统中为调拨入库
5	盘盈入库	适用于盘点时发现仓库物料实际库存数大于账面库存数而无法查明原因时的物料,系统中为盘盈入库
6	其他入库	适用于其他形式的入库,系统中为其他入库

4.2 出库方式见下表。

出库方式

序号	物料出库方式	适用范围
1	生产出库	适用于各种自制半成品和产成品的生产加工,最终形成产品实体的组成部分而领用的原材料、零部件等物料,系统中为生产领料单
2	外协出库	适用于公司提供材料或零部件委托外单位(非本公司)进行专项加工时,仓库发出的物料,系统中为生产领料单(添加加工单位)
3	基建出库	适用于公司各种基建项目领用的材料,系统中为其他出库
4	调拨出库	适用于将本仓库转移到其他仓库的物料,系统中为调拨出库
5	盘亏出库	适用于盘点时发现实际库存小于账面库存而无法查明原因时的物料,系统中为盘亏出库
6	销售出库	适用于公司对外销售的物料,系统中为销售出库
7	报废出库	适用于因各种原因存放在仓库需要报废的物料
8	其他出库	适用于为维护公司正常运行非生产车间领用的各种物料,包括工具用具、劳保用品、低值易耗品、机物料消耗等,系统中为其他出库

5 物料入库规定

5.1 物料入库流程。物料入库按照下图所示流程操作。

物料入库流程

续表

××公司标准文件		××有限公司 出入库管理制度	文件编号××-××-××	
版本	第×/×版		页次	第×页

5.2 外购件入库规定。

5.2.1 物料到达仓库或车间现场后,采购员进行收货工作,点清数量、型号,核对送货单,核对无误后及时送检。

5.2.2 对于车间急用的外购件,可先由检验员检测,合格后转车间进行装配并补办相关检验单据及办理出入库手续。

5.2.3 检验员必须在产品或者样品送检后2个工作日内完成检验。根据检验结果,在合格物料的外包装上贴上合格标签,交由仓管员办理入库手续,仓管员须在检验员出具检验报告后1个工作日内办理完入库手续。对于不合格物料,质检员须在外包装上贴上不合格标签,并在检验单上注明不合格原因,于(产品或者样品送检后)2个工作日内出具《不合格报告》转交采购部处理并及时通知物料申购单位。采购部应在接到通知的一个工作日之内进行处理。检验人员或者仓管人员以及采购部不得无故延迟。

5.2.4 入库单上填写的数量一定要与实物数量相符,严禁没见实物或超实物数量开入库单。

5.2.5 仓库于实物入库当天打印一式三联的入库单,库房留存白联,将黄联和粉联传递到采账。

5.2.5.1 采购部核对入库单和供应商所开发票,核对相符采购管理将外购入库单下推成发票并将发票和入库单传递到财务部入账,如果发票与入库单不一致,采购员不得下推。物料进账、上卡和上货架必须在物料入库1个工作日之内完成,在财务结账日前,所有到库的合格物料均须完成进账手续。

5.2.5.2 当月未开具发票的,采购部做估价入账并在财务结账日后2个工作日内将粉联传递到财务。

5.2.6 库管人员点数时发现实际数量与送货单数量不符时,及时与采购员联系,采购员应在一天之内核对清楚,并及时反馈给库管人员,实际数量与送货单数量不符,又却需入库的,需有物资供应部经理签字确认。

5.2.7 若供应商送来的物料种类或规格型号与收料通知单上所核准的内容不符时,仓管员应及时通知采购部处理,不得办理入库手续。

5.3 外协加工件入库。委外加工半成品收回入库时,库房人员依据实际入库数量及委外加工送货单,由收料通知单下推生成委外加工入库单,并将系统中的委外加工入库单单号填写在送货单上,之后将其中一联传递到采购部,加工单位开具加工费发票后,采购部依据发票和委外加工入库单在仓存管理中将委外加工入库单下推生成发票,并审核钩稽。当月未开具发票的由采购部对加工费估价入账。

5.4 自制件入库。

5.4.1 生产车间生产完成的半成品和产品要及时送检,品管部应及时检验入库,自制件到达收货地点时,库管员必须依产品入库单的内容,核对生产部门送来的物料名称、规格、数量等,核对无误后,办理收料入库,并于当日上卡上账,并将系统上的单据号写在相应的原始单据上。生产部应于财务结账日的2日内,向财务报送月度产量表。

5.4.2 仓库按品管部检验的合格数量在1个工作日内办理入库手续。对于即入即出的半成品,库房可不做实物出入库,但出入库手续必须完整。

5.5 盘盈入库规定。

5.5.1 当盘点发现仓库物料实际库存数大于账面数时,仓管员应及时调查原因,按以下方式处理并以书面形式向物资供应部、财务部报告。

5.5.2 若为点数错误导致发料时实物数与出库单的数量不符,经库房主管及物资供应部经理批准,由车间领料员确认后则应补发料给车间或以负数形式冲减出库数。

5.5.3 若经调查确定为盘盈,必须填写"物料盘盈报告",注明原因报部门经理及总经理审批后,以盘盈入库方式办理入库手续。

5.6 调拨入库规定。因仓库管理需要,在本公司内各仓库之间物料需要进行转移,由调入方仓库填写"调拨单",经物资供应部审批后交调出仓库,办理调拨手续。

6 物料出库规定

6.1 生产出库规定。

6.1.1 出库流程。

6.1.1.1 生产车间调度根据生产通知单在生产管理中做生产任务单,生产任务单必须录入合同号、计划号,并根据生产工序将生产任务单分解、下达,然后根据生产计划下推生成领料单,并将生产领料单打印一式三联,经生产调度签字后传递到库房进行备料,库房发出原料时,由领料人签字并将一联领料单交领料人进行核对,核对无误后由库管人员对领料单进行审核,一联库房留存备查,一联传递到财务留存。

续表

××公司标准文件		××有限公司 出入库管理制度	文件编号××-××-××	
版本	第×/×版		页　次	第×页

6.1.1.2　未设置 BOM 的产品，由生产人员根据工艺保障部下发的材料表填制领料单。领料单应标明合同号、计划号、工程名称等要素。库房根据领料单办理出库。单据要求见 6.1.1.1。

6.1.1.3　技术部小批量试制产品，需由生产车间生产的，领料时，由生产车间填制领料单，由技术部负责人签字，并在用途中标明小批量试制。单据要求见 6.1.1.1。

6.1.2　因物料被人为损坏或遗失而需重新领料时，仓库需凭手续齐全的"报废单"或有责任部门经理签名的领料单才可进行发料，此类物料使用普通出库方式，主料须带合同号、计划号出库。

6.1.3　仓库放置在车间现场的物料，车间应按正常的领料手续办理领料，不准随意拿料、随意换料，保持现场的整齐。

6.1.4　已经出库存放于车间以及其他各单位现场的物料由领料单位负责保管，一旦遭遇盗窃、损坏，车间主任和班组长需要承担责任。

6.2　售后服务领料出库规定。

6.2.1　领料规定。

6.2.1.1　"三包"范围内的维修用材料，领料时需附顾客、业务人员和服务人员的传真、电子邮件和服务记录单等书面资料，领料部门为售后服务部，出库方式为"其他出库"。用途要注明是调试用还是维修用，调试领用的要写明项目名称。

6.2.1.2　现场服务的维修人员，应在维修返回的一个工作日内向售后服务部统计员提交"售后服务记录单"。售后服务部统计员应对"领料单"与"售后服务记录单"进行核对，检查物料的使用与领料数量是否符合，多余物料应退回仓库。

6.2.1.3　退仓物料处理。品管部完成退仓物料的重新验证后，在《退料单》上填写物料验证结论和处理意见，必要时出具《不合格品报告》，注明物料的不合格原因和责任划分，并将《退料单》和《不合格品报告》传递给采购科和相应仓库备查，外购件不合格品运到"采购部积压品仓库"存放，自制件不合格品运到零件仓库指定地点存放，由采购部和相应仓库组织作进一步处理。合格品则直接办理进仓手续，入库方式为"售后服务退回"，单价参照同类物料的最新采购单价。月底将单据交售后服务统计员，并可直接冲减售后服务的材料费。

6.3　外销出库规定。

6.3.1　销售出库。

6.3.1.1　产成品销售出库，由商务部根据销售合同及产成品入库单下推生成销售出库单，销售方式选赊销。库房根据销售出库单，审核后办理产品出库，财务人员根据已审核的销售出库单开具发票并在系统中下推生成销售发票，当月不能开具发票的将销售方式改为分期收款销售。保存后，由库房审核。当销售产品退回时，由商务部做退货通知单，退回的物料要求与原物料型号规格一致，审核后下推生成红字的销售出库单，并由库房审核后入成品库。当拆箱入半成品库时，分别做产成品的出库和半成品的入库，出库类型为"其他出库"。已销售的物料又退回，须经过质检员检验合格后仓库才能接收，财务将红字的销售出库单与对应的销售出库单进行核销。

6.3.1.2　原料销售出库，由商务部根据销售合同填写销售出库单并录入系统，库房对销售出库单审核出库，销售出库单未录入系统，库房不得发货。销售出库单一式三联，商务部、财务部、库房各执一联。月底结账日之后 3 日内，商务部应向财务部报送月度销售统计表，库房应向财务部报送产成品收发存报表和半成品收发存报表。

6.4　盘亏出库规定。

6.4.1　当盘点发现仓库物料实际库存数小于账面数时，库管员应及时调查原因，按以下方式处理并以书面形式向物资供应部、财务部报告。

6.4.2　若出账错误，则以原方式出库。若为车间已经领用而未办理任何出库手续，则应补办出库手续，并做好登记。

6.4.3　若经调查确定为盘亏，必须填写"物料盘亏报告"，注明原因报物资供应部经理、系统主管副总、总经理审批后，以"盘亏方式"出库。

6.5　借料出库规定。

6.5.1　特殊情况下需借料时，借料部门需经物资供应部和本部门负责人签名批准后，方可到仓库办理借料手续。

续表

××公司标准文件		××有限公司 出入库管理制度	文件编号××-××-××	
版本	第×/×版		页次	第×页

6.5.2 车间严禁直接对其他部门借出物料,若只有车间才有此物料时,需由车间退回仓库,仓库负数冲减原领用数量与金额,待借料单位退回时再次按正常手续办理出库。

6.5.3 借料人必须在5个工作日内归还所借物料,如因特殊情况不能按时归还物料,借料人必须到仓库办理续借手续,续借时间不能超过5天。

6.5.4 归还物料时,必须经过质检的检验,检验合格,仓库注销原借料记录;如检验不合格,由质检开具报废单,公司内部员工由借料责任人按价赔偿。

6.6 调拨出库规定。

6.6.1 因仓库管理需要,公司内各仓库之间物料需要进行转移,由调入方仓库填写"调拨单",经物资供应部经理审批后交调出仓库,办理调拨手续。

6.6.2 仓库之间的调拨需有双方仓管员的确认,并在月底的报表上,调拨仓库之间的报表应相符。除仓库之间的物料转移可采用调拨方式出库外,其他情况一律不能使用调拨出库的方式。

其他部门领用物料,需填写领料单,领料单应注明所领物料的名称、代码、规格型号、数量、用途等要素,并需由部门主管或经理签字,以上要素不全库房可拒绝出库。

6.7 材料、半成品出库规定如下图所示。

材料、半成本出库流程

7 物料退换规定

7.1 退料规定。经过品管部检验的物料,车间填写一份一式三联的"退料单",合同退料单上应注明型号规格、数量、退料原因等要素。物资供应部至少每季度组织一次物料报废清点、检查、申报、评审工作,报废物料由采购部统一集中负责外销。

7.2 自制零部件报废。由物资供应部提出申请,检验员填写"报废单",经品质管理部签名确认后,交财务部经理、主管副总经理审核批准报废,价值超过5000元以上须经总经理审批方能办理报废出库手续。

7.3 外购物料报废。由物料科提出申请,检验员填写"报废单",经品管部签名确认后,交财务部经理、采购部经理、主管副总经理会签批准报废,价值超过5000元以上须经总经理审批方能办理报废出库手续。

8 仓库盘点规定

8.1 为确保仓库物料账、物、卡的一致性,仓库应定期组织盘点。仓库每周组织一到两次库存盘点,物资供应部每月组织一次库存准确率抽样检查并形成书面记录。

8.2 为了检查库存情况的准确性,财务部不定期地对公司的各个仓库的库存情况进行抽查,并将抽查结果以书面形式上报总经理。

8.3 盘库结果计入绩效考核。

拟订		审核		审批	

制度3：物资入库验收管理制度

××公司标准文件		××有限公司 物资入库验收管理制度	文件编号××-××-××	
版本	第×/×版		页次	第×页

1 总则

1.1 目的。为了确保所有入库物资的质量都符合企业的要求及生产经营需要，防止不合格物资入库、投入使用或流向市场，特制订本制度。

1.2 适用范围。本制度适用于所有进入本企业仓库的物资的验收。

1.3 相关定义。入库验收是对即将入库的物资进行质量、数量、包装、规格的查验，是保证入库物资合格的重要环节之一。

1.4 相关部门职责。

1.4.1 仓储部验收人员负责验收所有物资的数量、重量、规格，并检查包装及外观情况。

1.4.2 质量管理部质量检验人员负责检验所有物资的质量状况。

2 入库验收的规划

2.1 入库验收的内容。

2.1.1 核对采购订单与供货商发货单是否相符。

2.1.2 检查物资的包装是否牢固、包装标志标签是否符合要求。

2.1.3 开包检查物资有无损坏。

2.1.4 物资的分类是否恰当。

2.1.5 所购物资的数量、尺度比较。

2.1.6 物资的气味、颜色、手感等。

2.2 入库验收的方式。

2.2.1 入库验收有全检和抽验两种方式。对大批量到货一般只进行抽验。

2.2.2 若采用抽验的方式，则需要根据物资的特点、价值高低、物流环境等综合考虑，确定合理的抽验比例。下表列出了一些常见的例子。

入库验收抽验比例举例表

验收项目	抽验比例规定
质量检验	1.带包装的金属材料，抽验5%～10%，无包装的金属材料全部目测查验 2.10台以内的机电设备，验收率为100%，100台以内验收不少于10% 3.运输、起重设备100%查验 4.仪器仪表外观质量缺陷查验率为100% 5.易于发霉、变质、受潮、变色、污染、虫蛀、机械性损伤的货物，抽验率为5%～10% 6.外包装有质量缺陷的货物检验率为100% 7.对于供货稳定，质量、信誉较好的厂家产品，特大批量货物可以通过抽查进行检验 8.进口货物原则上逐件检验
数量检验	1.不带包装的（散装）货物的检斤率为100%，不清点件数，有包装的毛检斤率为100%，回皮率为5%～10%，件数清点率为100% 2.定尺钢材检尺率为10%～20%，非定尺钢材检尺率为100% 3.贵重金属材料100%过净重 4.有标量或者标准定量的化工产品，按标量计算，核定总重量 5.同一包装、大批量、规格整齐的货物以及包装严密、符合国家标准且有合格证的货物，可以采取抽查的方式验量，抽查率为10%～20%

2.3 入库验收的方法。

2.3.1 视觉检验。在充足的光线下，利用视力观察货物的颜色、状态、结构等表面状况，检验是否发生变形、破损、脱落、变色、结块等损害情况，对质量加以判断。

2.3.2 听觉检验。通过摇动、搬运、轻度敲击等操作，听取声音，以判断物资的质量。

2.3.3 触觉检验。利用手感鉴定货物的光滑度、细度、黏度和柔软度等，判定质量。

续表

××公司标准文件		××有限公司 物资入库验收管理制度	文件编号××-××-××	
版本	第×/×版		页 次	第×页

2.3.4　嗅觉、味觉检验。通过货物特有的气味、滋味,测定、判定质量。
2.3.5　测试仪器检验。利用各种专用测试仪器鉴定货物品质,如对含水量、密度、成分、黏度、光谱等的测试。
2.3.6　运行检验。对某些特殊货物,如车辆、电器等进行运行检验,确保其能够正常运行。
2.4　入库验收的时间。
2.4.1　对于外观等易识别的物资的检验,应于收到物资后一天内完成。
2.4.2　属用化学或物理手段检验的材料,验收人员应于收到物资的样件后三天内完成。
2.4.3　对于必须试用才能实施检验者,由验收主管于"物资验收报告表"中注明预计完成日期,一般不超过七天。

3　物资验收的程序

3.1　处理采购单。入库验收专员一收到采购部转来的"采购单",即应按物资类别、来源和入库时间等分类归档存放。
3.2　物资标签。在物资待验入库前,入库验收专员应于外包装上贴好标签,并详细填写批量、品名、规格、数量及到达日期,且将该物资与已验收的物资分开堆放(一般可放置在"待验区")。
3.3　内购物资验收。
3.3.1　物资入库前,入库验收专员应对照"采购单",对物资的名称、规格、料号、数量、送货单位和发票等进行一一清点核对,确认无误后,将到货日期及实收数量填入"验收单"。
3.3.2　如果发现实物与"采购单"上所列的内容不符,入库验收专员应立即通知采购人员及三管,在这种情况下,原则上不予接受入库。如果采购部要求入库,则应在单据上注明实际验收状况,并要求采购部相关人员在"验收单"上会签。
3.4　外购物资验收。
3.4.1　外购物资入库前,入库验收专员即会同质量管理部依"装箱单""采购单"开柜(箱)核对物资名称、规格及数量,并将到货日期及实收数量填入"验收单"。
3.4.2　开柜(箱)后,如果发觉所装载的材料与"装箱单""采购单"所记载的内容不同,应通知办理购入手续的采购人员及时进行处理。
3.4.3　若发觉所装载的物资有倾覆、破损、变质、受潮等异常现象时,应先初步计算损失。
(1)对于损失超过_____元以上(含)者,入库验收专员应及时通知采购人员进行处理或由其通知供应商前来处理,并尽可能维持异常状态以利于处理作业。
(2)若损失未超过_____元,则依实际数量办理验收,并于"验收单"上注明损失数量及实际情况。
3.4.4　经供应商代表人员确认后,入库验收专员开具"索赔处理单",呈相关主管审核后,送财务部门及采购部门督促办理。
3.5　入库验收结果的处理。
3.5.1　合格物资的处理。对于经验收合格的物资,入库验收专员应在外包装上贴"合格"标签,以示区别,并方便入库作业人员根据标识办理合格品入库定位手续。入库验收专员于每日工作结束时,将本日所收物资的数量汇总填入"验收日报表",以作为"入账消单"的依据。
3.5.2　不合格物资的处理。对不合格物资,入库验收专员在外包装上贴"不合格"标签,并于"物资验收报告表"上注明不合格原因,同时向相关主管请示处理办法,然后转采购部相关人员处理并通知请购部门。
3.5.3　交货数量超额处理。经过验收,若发现交货数量超过"订购量"部分,原则上应予以退回。但对于以重量或长度计算的材料,其超交量在3%以下时,可在"验收单"备注栏内注明超交数量,经请示相关负责人同意后予以接收。
3.5.4　交货数量短缺处理。经过验收,若发现交货数量未达"订购量"时,原则上应要求供应商予以补足,但经请购部门负责人同意后,可采用财务方式解决。
3.6　紧急物资入库处理。对于需急用的物资,若物资到达时仓储部仍未收到"请购单",入库验收专员应事先询问采购部相关人员,经确认无误后,方可进行入库验收和办理入库手续。
3.7　退货处理。办理不合格物资的退货手续时,应开具"物资交运单"并附"物资验收报告表",呈相关领导签认,作为异常物资出厂凭证。

4　附则

4.1　本制度由仓储部制订,其修改、解释权归仓储部所有。
4.2　本制度呈总经理核准后,于颁布之日起实施,修订时亦同。

拟订		审核		审批	

制度4：物品验收异常问题处理规定

××公司标准文件		××有限公司 物品验收异常问题处理规定	文件编号××-××-××	
版本	第×/×版		页　次	第×页

1　目的

为明确物品验收过程中发现异常问题时所应采取的措施，使问题迅速得到解决，防止有问题的物品进入仓库或投入使用，特制订本规定。

2　适用范围

适用于对物品验收过程中发现异常问题的处理，如证件不齐、数量短缺、品质不符合要求等。

3　内容

3.1　异常问题种类。

3.1.1　证件不齐。

3.1.2　数量短缺。

3.1.3　品质不符合要求。

3.2　异常问题处理原则。

3.2.1　在物品验收过程中，如果发现物品数量或品质有问题，应该严格按照有关制度进行处理，但要分清供货单位、承运部门、收货方的责任，以利于改进工作。

3.2.2　在物品验收过程中，若发现以上问题，应区别不同情况及时处理。

3.2.3　凡验收中发现问题且需等待处理的物品，应该单独存放，妥善保管，防止混杂、丢失、损坏。

3.3　证件不齐的处理。

3.3.1　在验收过程中，若证件未到或不齐时，应及时向供货单位索取，到达的物品应作为待验物品堆放在"待验区"，待证件齐全后再行验收。

3.3.2　证件未到之前，不得验收、入库，更不得办理发货及相关转移手续。

3.4　数量短缺的处理。

3.4.1　若数量短缺在规定的磅差范围内的，可按原数入账。

3.4.2　若数量短缺超过规定磅差范围的，应查对核实，如实填写"物品验收单"交部门主管审核，部门主管会同采购部相关人员与供货单位交涉。凡实际数量多于原发料量的，可由采购部向供货单位退回多发数，或补发货款。

3.5　品质不符的处理。

3.5.1　当发现品质不符合规定时，应及时通知采购部向供货单位进行退货、换货交涉，或在征得供货单位同意的前提下，交相关部门代为加工，或在不影响使用的前提下作降价处理。

3.5.2　物品规格不符或错发时，应先将规格正确的予以入库，规格不正确的如实填写"物品验收单"，交给部门主管审核，再与采购部协商、办理换货事宜。

3.6　其他异常问题的处理。

3.6.1　凡属承运部门造成的物品数量短少或外观包装严重残损等，应凭接运提货时索取的"货运单"向承运部门索赔。

3.6.2　若价格与采购合同有出入，供应单位多收部分应予以拒付，少收部分经过检查核对后，应主动联系，及时更正。

3.7　处理异常问题的注意事项。在对验收过程中发现的问题进行处理时，需特别注意以下3点事项。

（1）在物品入库凭证未到齐之前不得正式验收。如果入库凭证不齐或不符，仓库有权拒收或暂时存放，待凭证到齐再进行验收入库。

（2）如发现物品数量或品质不符合规定，要会同有关人员当场核实，并予以详细记录，交接双方应在记录上签字。若是交货方的问题，仓库应拒绝接收。若是承运部门的问题，应凭"货运单"索赔。

（3）在数量验收中，计件物品应及时验收，发现问题要按规定的手续办理，并在规定的期限内向有关部门提出索赔要求。

4　附则

4.1　本规定由仓库管理部门负责制订，其修改、解释权归仓库管理部门所有。

4.2　本规定经总经理批准后，自颁布之日起实施。

拟订		审核		审批	

制度5：成品入库制度

××公司标准文件		××有限公司 成品入库制度	文件编号××-××-××	
版本	第×/×版		页次	第×页

1 目的
为对成品的入库进行适当控制，防止品质发生变异，特制订本制度。

2 适用范围
适用成品入库的控制程序。

3 内容
3.1 成品生产。成品生产部门严格按照有关规程进行生产，并经品质部IPQC组制程检验合格。
3.2 成品检验。
3.2.1 生产部门组长开出"成品入仓单"，送至品质稽核员处。
3.2.2 经检验员核查合格后，贴上合格标签，并在"成品入仓单"上签名。
3.3 成品入库。
3.3.1 成品生产部门的物品人员将单和货一起送至成品仓库。
3.3.2 成品仓库管理人员应及时安排仓库物品人员检查数量。
3.3.3 数量无误后，仓库管理人员在"成品入仓单"上签名，各取回相应联单，将货收入指定仓位，挂上"物品卡"。
3.4 账目记录。仓库管理人员及时做好成品的入账手续。
3.5 表单的保存与分发。仓库管理员将当天的单据分类归档或集中分送到相关部门。

4 附则
4.1 本制度由仓库管理部门负责制订，其修改、解释权归仓库管理部门所有。
4.2 本制度经总经理批准后，自颁布之日起实施。

拟订		审核		审批	

制度6：货物入库操作规范

××公司标准文件		××有限公司 货物入库操作规范	文件编号××-××-××	
版本	第×/×版		页次	第×页

1 目的
检查货物在发货或运输过程中可能发生的问题，分清各方责任，了解入库货物的质量和包装状况，采取适当的养护措施，保证货物安全、完好入库。

2 责任
仓库主管及仓管员应保证入库的货物货单相符、数据准确、质量和包装完好。

3 范围
适用于公司仓库。

4 步骤
4.1 货物到达。
4.1.1 根据运输到货的预报，计划库位，落实装卸，做好接货准备。
4.1.2 送货车辆到达仓库时，仓管员应对车况进行检查（集装箱到达，应对施封是否完好、施封号是否正确无误、集装箱箱体四周和箱顶是否完好进行检查），并做好记录。
4.1.3 非仓库人员不得进入仓库。
4.1.4 货物应在防雨、防风沙的装卸区域安全卸货。
4.2 核对单证安排货位。仓管员核对单据的有效性，并核对单据上所列代码、批号、品名、规格、数量等项目是否与货物相符，确认无误后合理安排货位入库。
4.3 接货检查包装。仓管员逐件仔细查验外包装，严格要求装卸工文明作业，合理堆码，入库货物验收时如发现有问题，请按下列规定处理。
4.3.1 数量不符。仓管员应报告仓库经理，并及时与送货方联系处理，按货单上的数量补齐货物，然后签收入库。如送货方无法及时补齐货物，在送货单上按实收数量签收，并在备注栏注明原因。

××公司标准文件		××有限公司 货物入库操作规范	文件编号××-××-××	
版本	第×/×版		页次	第×页

    4.3.2 质量异状。仓管员及时与送货方联系,将有问题货物分开堆放,并通知仓库主管和质检员及时对有问题成品进行检查,由送货方提供完好货物按货单上的数量补齐,然后签收入库。如送货方无法及时补齐货物,在送货单上按实收数量签收,并在备注栏注明原因。
    4.3.3 批号及品种混乱。应及时把有问题货物分开堆放,及时通知送货方及质检员予以解决,并做好相关记录,由送货方提供正确批次及品种的货物按货单上的数量补齐,然后签收入库。如送货方无法及时补齐货物,在送货单上按实收数量签收,并在备注栏注明原因。
    4.3.4 包装破损。不允许包装破损的货物入仓,如果破损,应要求送货方重新更新包装,或根据与送货方的协议,由我方在翻工区更换包装后才能入库。
    4.3.5 二次封口。凡二次封口的货物必须拒收,与客户有协议的除外。
  4.4 签收手续。单据签收应用大写实收数,并按要求填写单据上有关项目。
  4.5 单据处理。按单据的要求及时传递各部门,仓库做好有关登记及统计工作。
  4.6 电脑入数。仓管员应在收到进仓单后当天内做好入数工作,入数前,应确保所输入的原始单据和数据准确无误。

拟订		审核		审批	

制度7:仓库备料管理制度

××公司标准文件		××有限公司 仓库备料管理制度	文件编号××-××-××	
版本	第×/×版		页次	第×页

1 目的
    为了规范本公司生产材料的投料、准备和领料管理,达成公司品质目标和满足客户关注的需求,特制订本制度。
2 适用范围
    适用于公司所有生产材料的投料、领用等活动的管理。
3 内容
  3.1 职责。
    3.1.1 品质部负责对领用过程中出现的品质问题的反馈和出具处理意见,并做好检验状态标志。
    3.1.2 生产部负责出具领料单据,并确保单据的正确性。
    3.1.3 仓库负责所有生产材料的准备及发放工作。
  3.2 备料流程。
    3.2.1 仓库记账员根据生产计划在ERP系统中的"生产投料单"打印"领料单",并交到仓库备料人员手中(生产计划应提前12小时下达"生产投料单"),紧急订单应在"生产投料单"上注明。
    3.2.2 如遇到无库存或其他问题,备料人员应马上通知车间领料人员。
    3.2.3 仓库备料人员应及时把"领料单"下发到仓库各保管员手中,并对其中的紧急订单要求保管员优先处理。
    3.2.4 仓库备料人员随时跟踪备料情况,及时通知车间领料人员领料。
    3.2.5 车间领料人员在接收材料的过程中,应认真核对材料的名称、规格和数量,并在"领料单"上签字确认。材料在车间生产过程中,出现短缺时,车间出具"超标物料领用单"领料。
    3.2.6 车间领料过程中出现的品质问题,应立即通知品质部进行判定,作出书面处理意见,并通知生产部、计划部、采购部、仓库等相关部门。
4 附则
  4.1 本制度由仓库管理部门主持制订,其修改、解释权归仓库管理部门所有。
  4.2 本制度经总经理批准后,自颁布之日起实施。

拟订		审核		审批	

制度8：物资出库管理办法

××公司标准文件		××有限公司 物资出库管理办法	文件编号××-××-××	
版本	第×/×版		页次	第×页

1 总则

1.1 为规范本公司的物资出库工作，保证各类物资快速、准确地出库，及时投入使用或进入市场，特制订本办法。

1.2 凡本公司仓储物资的出库工作，均按本办法的相关规定执行。

2 出库前准备

2.1 物资经多次装卸、堆码、翻仓和拆检，会使部分包装受损，不符合运输的要求，因此，出库工作人员必须视情况事先进行整理，加固或改换包装。

2.2 根据物资的特性及实际使用要求，有些物资需要拆零后出库，因此，出库工作人员要事先做好准备，备足零散物资，避免因临时拆零而延误发货时间。

2.3 对于需要拼箱的物资，出库工作人员应做好挑选、分类、整理和配套准备工作。

2.4 对于需要装箱、拼箱或改装的物资，出库工作人员应根据物资的性质和运输的要求，准备各种包装材料、相应的衬垫物，以及刷写包装标志的用具、标签、颜料和钉箱、打包等工具。

2.5 物资出库前，应留出必要的理货场地，并准备必要的装卸搬运设备，以方便运输人员的提货发运或装箱送箱，加快发送速度。

2.6 出库凭证的准备。

2.6.1 物资的出库，一律凭盖有财务专用章和有关部门签章的"领料表"（一式四联，一联存领用部门，一联交财务部，一联交仓库作为出库依据，一联交统计）。

2.6.2 仓库出库主管在发货时，根据"领料表"填写"物资出库单"。

3 物资出库作业程序

3.1 核对出库凭证。

3.1.1 物资出库，必须有正式的出库凭证。此类凭证均应由使用部门主管人员、仓储部经理签章。

3.1.2 出库凭证应包括的内容如下。

（1）经物资领用部门主管签名的"物资领用单"。

（2）经仓储部经理签章的"物资出库单"。

（3）物资检验合格报告书、合格证等。

3.1.3 出库工作人员接到"物资领用单"后，要认真核对物资的编号、规格、品名、数量有无差错和涂改，有关部门的签章是否齐全。

3.1.4 审核无误后，出库管理人员按照"物资出库单"上所列的物资品名、规格、数量与仓库账目，再做全面核对。

3.2 备货。出库凭证经复核无误后，出库工作人员按其所列的项目内容和凭证上的批注，与编号货位进行对货，核实后核销物资明细卡上的存量，按规定的批次备货。

3.2.1 销卡。物资出库时，应先销卡、后付货。

3.2.2 理单。根据物资的货位，按"物资领用单"的编号顺序排列，以便迅速找对货位，及时出库。

3.2.3 核对。按照货位找到相应的物资后，出库工作人员要"以表对卡，以卡对货"，进行单、卡、货核对。

3.2.4 点数。出库工作人员要仔细点清物资出库的数量，防止差错。

3.2.5 签单。应付物资付讫后，出库工作人员逐笔在出库凭证上签名。

3.3 理货。

3.3.1 核对。出库工作人员、领料员根据物资场地的大小、运输车辆到库的班次，对到场物资按照车辆配载。领料部门编配分堆，然后对场地分堆的物资进行单货核对，核对工作必须逐车、逐批地进行，以确保全货数量、品名、唛头、去向等完全相符。

3.3.2 标识。为方便收货方的收转，理货员必须在应发物资的外包装上标识收货方的简称。标识应在物资外包装的两侧，字迹应清楚，不错不漏。采用旧包装时，必须刷除原有的标识。如系粘贴标签，必须粘贴牢固。

3.4 复核查对。

3.4.1 出库复核人员按照出库凭证，对出库物资的品名、规格、数量进行再次核对，以保证物资出库的准确性。

续表

××公司标准文件		××有限公司 物资出库管理办法	文件编号××-××-××	
版本	第×/×版		页次	第×页

3.4.2 复核查对的具体内容。
（1）怕震怕潮的物资，衬垫是否稳妥、密封是否严密。
（2）每件包装是否有装箱单，装箱单上所列各项目是否和实物、凭证等相符。
（3）领料部门、箱号、危险品或防震防潮等标志是否正确、明显。
（4）是否便于装卸搬运作业，能否保证物资在运输装卸中不致破损。
3.4.3 复核查对的结果处理。如经反复核对确实不符时，应立即进行调换，并将错备物资上所刷的标记除掉，退回原库房。退回后，再次复核结余物资的数量或重量是否与保管账目、物资保管卡片的结余数目相符，若发现不符应立即查明原因，及时更正。
3.5 交接清点。
3.5.1 出库物资复核无误后，再把物资交给领料人清点，办清交接手续。
3.5.2 车辆到库装载待运物资时，出库工作人员、领料员要亲自在现场监督装载全过程，实际装车件数必须共同点交清楚。
3.6 经点交清楚的物资发运后，该物资出库工作即告结束，出库工作人员应做好清理工作，及时核销物资明细卡，调整货位上的吊牌，以保持物资的账、卡、物一致，及时、准确地反映物资进出、存取的动态。
4 特别注意事项
4.1 物资出库，必须按出库凭证办理，不得凭白条出库。
4.2 物资出库时，必须经复核员复核，复核员根据"物资出库单"仔细检验库别、签章、品名、产地、规格、数量是否清楚，发现问题及时与有关部门联系，妥善解决。
4.3 验单合格后，先销账后出库。
4.4 物资出库时，必须以单对账、以账对卡、以卡对物。
4.5 物资出库时，出库工作人员要仔细清点出库数量，做到"人不离垛、件件过目、动碰复核、监搬监运"，对搬运不符合要求的动作要及时纠正，防止物资损坏。
4.6 物资出库时，要严把"货票审核关""动碰制度关""加盖货已付讫章关"。
4.7 在下列情况下，出库工作人员可以拒付物资。
4.7.1 白条出库。任何人开的白条都不能视同物资出库凭证。
4.7.2 物资出库凭证字迹不清，单货型号不符或涂改。
4.7.3 领料人与物资出库凭证所列部门不符。
4.7.4 "物资领用单"盖章不全。
5 附则
5.1 本办法由仓储部制订，其解释权、修改权归仓储部所有。
5.2 本办法自核准颁布之日起执行。

拟订		审核		审批	

制度9：货物出库操作规范

××公司标准文件		××有限公司 货物出库操作规范	文件编号××-××-××	
版本	第×/×版		页次	第×页

1 目的
保证发放的货物是合格和正确的，防止不合格货物被发放到客户手中。
2 适用范围
适用于公司仓库。
3 责任
仓管主管、仓管员应保证出库货物数量准确、质量合格、包装完好。
4 步骤
4.1 货物出库应在防雨、防风沙的装卸区域内装卸。

续表

××公司标准文件		××有限公司 货物出库操作规范	文件编号××-××-××	
版本	第×/×版		页次	第×页

4.2 审核出库凭证。仓管主管、统计员应审核提单的有效性,并审核提货人在提单上的签名及身份证号码。
4.3 凭单核销存货。仓库统计员办理登记手续,核销库存数量。
4.4 仓管员检查提货车辆是否清洁,有否防雨措施,达要求后方可装车。
4.5 发货。仓管员将提单所列项目同货卡及货物复核包括品名、规格、代码。
4.6 发货后,随即在原进仓单上注明结存数、提单号、出货日期、发货数量、提货原因和签名。
4.7 交接签收。仓管员与提货人在仓库门口交接清楚,严格做到破包、破件、混批、渗漏不出仓,仓管员如发现货物出现上述等问题,继续发放完好货物,按实发数签单,将出现问题而不能发放的原因注明在进仓单和提单上并盖章,及时填写有关记录反馈有关部门待处理,在发货完毕后仓管员开出门证给予放行。
4.8 单据处理。按单据的要求及时传递各部门,仓库做好有关登记及统计工作。

拟订		审核		审批	

制度10:物料发放管理细则

××公司标准文件		××有限公司 物料发放管理细则	文件编号××-××-××	
版本	第×/×版		页次	第×页

1 目的
为规范公司的物料发放工作,保证物料及时、准确发放,特制订本细则。
2 适用范围
本细则适用于本公司原辅材料、半成品、产成品的发放出库工作。
3 职责
   3.1 仓储部出库专员具体负责物料的发放工作。
   3.2 质量检验现场监控员负责对物料发放过程进行监控。
4 发放物料前的准备
   4.1 出库管理人员接到物料使用部门开立的"领料单"或"提货单"后,先核对单据中的各栏目是否填写清楚、完整,再核实"领料单"或"提货单"是否经相关部门的主管人员确认(生产用原、辅、包装材料需经质量验收现场监控员确认)。
   4.2 审核需发物料的品名、规格、批号、检验报告书等是否与"领料单"或"提货单"中的项目相符。
5 物料发放原则
   5.1 未经检验合格的物料不得发放。
   5.2 已到有效期的物料不得发放。
   5.3 物料发放按"先进先出"的原则进行。
   5.4 同批物料中贴有"取样验证"的最后发放。
   5.5 上批退料先发(优先于复验合格的物料)。
   5.6 复验合格的物料先发放。
   5.7 接近有效期限的物料先发放。
   5.8 领料手续不全的物料不得发放。
6 物料发放程序
   6.1 出库专员核对出库凭证、领料单等。
   6.2 出库专员按"领料单"或"提货单"上指定的品种、数量备货,备货时注意检查外包装是否整洁完好、文字内容是否正确清晰、是否贴有产品合格证、是否在有效期内等。
   6.3 出库专员复核查对物料的数量、型号等是否准确。
   6.4 出库专员检查无误,交领料员复核后,两人均在"领料单"或"提货单"上签字认可。
   6.5 出库专员及时填写"物料发货记录"。
   6.6 出库专员发货完毕,清洁发料现场,并进行在库物料的清点。

续表

××公司标准文件		××有限公司 物料发放管理细则	文件编号××-××-××	
版本	第×/×版		页次	第×页

6.7 出库专员如实填写"物料分类账"和货位卡,及时结账销卡。

7 定额发放

7.1 生产部会同仓储部,根据通过总经理审批的生产计划和消耗定额,按物料的名称、品种和批别,确定发料定额。

7.2 发料定额确定后通知领料部门、车间、仓储部、仓库以及财务部等相关部门。

7.3 领料单位通过定额发料单领取限额发放的物料。

8 执行

本细则经主管副总审批通过后颁布执行。

拟订		审核		审批	

制度11:成品发货管理制度

××公司标准文件		××有限公司 成品发货管理制度	文件编号××-××-××	
版本	第×/×版		页次	第×页

1 总则

1.1 目的

为规范公司成品的发货工作,防止货物多发、错发、漏发等有损公司和客户利益的事件发生,特制订本制度。

1.2 适用范围

本制度适用于公司产成品的发货作业。

2 发货总体规定

2.1 仓储部接到"订货通知单"后,经办人员应依产成品规格及"订货通知单"编号顺序列档,内容不明确应即向销售部的业务人员确认。

2.2 经销商的订货、交货地点并非其营业所在地的,其"订货通知单"应经销售主管核签方可办理交运。

2.3 收货人非订购客户的,应有订购客户出具的"订货通知单"方可办理交运。

2.4 仓储部接获"订货通知单"方可发货,但有指定交运日期的,应依指定日期交运。

2.5 订制品(计划品)在客户需要日期前入库或"订货通知单"注明"不得提前交运"的情况下,仓库管理员若因库位问题需提前交运时,应先联络销售部的业务人员告知客户,经客户同意且收到业务人员的出货通知后方可提前交运。

2.6 若是紧急出货,应由销售主管通知仓储主管予以先行交运,再补办出货通知手续。

2.7 未经办理出库检验手续的成品不得交运,若需紧急交运时,需于交运的同时办理出库检验手续。

2.8 订制品(计划品)交运前,仓储部若接到销售部的暂缓出货通知时,应立即暂缓交运,等收到销售部的出货通知后再办理交运。在特别紧急的情况下,可由销售主管先以电话通知仓储主管,但事后仍应及时补办相关手续。

2.9 "成品交运单"填好后,应于"订货通知单"上填注交运日期、"成品交运单"的编号及交运数量等,以便相关作业人员了解交运情况,结案时可依流水号顺序整理归档。

3 交运期限规定

3.1 凡遇下列情况之一的,仓储部应提前一天办妥"成品交运单",并于一天内交运。

(1)属计划产品且已接获客户的"订货通知单"。

(2)内销、合作外销订制品。

3.2 直接外销订制品入库后,需配合结关日期交运。

4 承运车辆调派与控制

4.1 仓储部应指定人员负责承运车辆与发货人员的调派。

4.2 仓储部应于每日16:00以前备好第二天应交运的"成品交运单",并通知承运公司调派车辆。

4.3 如果承运车辆可能于非营业时间抵达客户指定的交货地址,则成品交运前,仓储部出库管理人员应将预定抵达时间通知销售部的业务人员,由其转告客户做好收货准备。

续表

××公司标准文件		××有限公司	文件编号××-××-××	
版本	第×/×版	成品发货管理制度	页次	第×页

5　复核货物

5.1　货物备好后准备装运前,出库管理人员应根据"订货通知单""成品交运单"仔细做好出库货物的复核工作。

5.2　出库复核的内容。出库管理人员对货物进行复核时,主要应关注配备的货物是否与"订货通知单""成品交运单"等出库单据相符,确保货物质量满足客户需要。具体复核的内容包括3点,具体见下表。

出库复核的内容一览表

复核项目	操作说明	具体检查项目
复核出库单据	主要审查货物出库凭证有无伪造编造、是否合乎规定手续、各项目填写是否齐全等	凭证有无涂改、过期
		凭证中各栏项目填写是否正确、完整等
		凭证中的字迹是否清楚
		印鉴及签字是否正确、真实、齐全
		出库货物应附的技术证件和各种凭证是否齐全
复核实物	根据货物出库凭证上所列项目对待发货物进行核对	核对货物的品种、规格、牌号、单位、数量是否与凭证相符
		核对货物的包装是否完好,外观质量是否合格
复核账、货结存情况	对配货时取货的货垛、货架上货物的结存数进行核对	检查货物的数量、规格等与出库凭证上标明的账面结存数是否相符
		核对货物的货位、货卡有无问题,以便做到账、货、卡相符

5.3　复核后,出库管理人员应根据实际情况做好复核记录,如实、详细地填写"出库复核记录表"。

6　内销成品交运

6.1　内销成品交运时,仓储部应依"订货通知单"开立"成品交运单"(一式六联),销售部开立发票,客户联发票核对无误后寄交客户,存根联与未用的发票于下月2日前送至财务部。

6.2　"订货通知单"上注明有预收款的,在开列"成品交运单"时,应在"预收款"栏内注明预收款金额及发票号码,分批交运的,其收款以最后一批交货时收取为原则,但"订货通知单"内有特殊规定者例外。

6.3　"成品交运单"的流转规定。

6.3.1　承运车辆入厂装载成品后,发货人及承运人应于"成品交运单"上签章,第一、二联送销售部业务人员核对后第一联由销售部保存,第二联交由财务部会计核对入账,第三、四、五联交承运商。

6.3.2　货物送达时,"成品交运单"经客户签收后,第三联由客户留存,第四、五联交由承运商送回本公司仓储部,其中第四联送回销售部,第五联交由承运商留存并依此申请运费,第六联由仓储部自存。

6.4　客户要求自运时,仓储部应事先联络销售部,与相关人员进行确认。成品装载后,承运人于"成品交运单"上签字确认。

7　外销成品交运

7.1　仓储部应于结关前将成品运抵指定的码头,以减少额外费用(如特验费、监视费等)。

7.2　成品交运时,仓储部应依"外销订货通知单"开列"成品交运单"(一式六联),第四、五联交由承运商送报关签收,第四联送交客户,第五联经报关签收后由承运人持回并依此申请运费支付。

7.3　外销发票正联送销售部收存,存根联与未用的发票则于下月2日前汇总送至财务部。

8　"成品交运单"的更正

8.1　内销"成品交运单"的更正。

8.1.1　尚未交运。

(1)开单人员应于原单错误处更正,并加盖"更正"章。

(2)如果难以更正,则将原单各联加盖"本单作废"字样,重开"成品交运单"办理交运。

续表

××公司标准文件		××有限公司 成品发货管理制度	文件编号××-××-××	
版本	第×/×版		页 次	第×页

（3）作废的"成品交运单"第一联留仓储部，其余各联依序装订成册送财务部核对存档。

（4）开错的发票则加盖"作废"章存于原发票本。

8.1.2 已交运。开单人员应立即开立"交运更正单"（内销），第一、二、三联送销售部核对后第一联由销售部留存，第二联送财务部，第三联依实际需要转送承运商，第四联寄送客户，第五、六联留仓储部。

8.1.3 如发票已寄送客户，因错误而需重开者，应将新开发票连同"交运更正单"第四联送销售部转交客户，并督促销售部向客户取回原开发票。

8.2 "外销成品交运单"的更正。

8.2.1 尚未交运。参照8.1.1的规定办理。

8.2.2 已交运。经办人员应立即至交运的码头办理"装箱单"等报关文件的更正，并立即开立"交运更正单"（外销），其流程按发票的更正规定办理。

8.2.3 "交运更正单"（外销）不得作为货物出厂凭证。

9 "成品交运单"签收回联的审核及责任追究

9.1 "成品交运单"的审核。仓储部收到"成品交运单"签收回联有下列情况的，应即附有关单据送销售部转交客户补签。

（1）未盖"收货章"。

（2）"收货章"模糊不清难以辨认，或公司名称非全称。

（3）其他章（如公文专用章）充当"收货章"。

9.2 责任追究。仓储部于每月10日前，汇总上月份"成品交运单"的签收回联尚未收回的，并依合同规定罚扣运费，同时应于本月底前收集齐全，依序装订成册送财务部核对存查。

10 运费审核

10.1 仓储部于每月接收承运公司送回的"成品交运单"签收回联、"运费明细表"及发票存根时，应于5个工作日内审核完毕，及时送财务部整理付款。

10.2 仓储部审核运费时，应检查开单出厂及客户签收的日期，若有逾期送达或违反承运合同规定，均依承运合同的规定罚扣运费。

10.3 若"成品交运单"签收回联存在异常时，除依规定办理外，其运费也应暂缓支付。

11 附则

11.1 本制度由仓储部负责制订，经总经理审批通过后颁布实施，并根据实际情况进行修订。

11.2 本制度自颁发之日起生效实施。

拟订		审核		审批	

第四节 物品出入库管理表格

表格1：到货交接表

到货交接表见表7-1。

表7-1 到货交接表

编号： 日期： 年 月 日

收货人	发站	发货人	货物名称	标志标记	单位	件数	重量	货物存放处	车号	运单号	提料单号
备注											

提货人： 经办人： 接收人：

表格2：原材料验收单

原材料验收单见表7-2。

表7-2　原材料验收单

编号：　　　　　　　订购单编号：　　　　　　　日期：　　　年　　月　　日

进料时间	料号	厂商名称	订购数	交货数
订单编号	发票规格	品名、规格	点收数	实收数
检验项目	检验规格	检验状况	数量	
AQL（允收水准）值		严重	一般	轻微
检验数量	不良数	不良率	判定	
			□允收　□拒收　□特采　□全检	
质量经理	仓储经理	验收主管	验收专员	备注

表格3：零配件验收单

零配件验收单见表7-3。

表7-3　零配件验收单

编号：　　　　　　　　　　　填写日期：　　　年　　月　　日

采购单号			零件名称					编号				
供应商							数量					
验收项目	标准	抽样结果记录										备注
		1	2	3	4	5	6	7	8	9	10	11	...	
验收结果	□合格　□不合格　□其他	审核						验收专员				

表格4：外协品验收单

外协品验收单见表7-4。

表7-4 外协品验收单

编号：　　　　　　填写日期：　　　　年　　月　　日

承制厂商		编号		送货日期	
品名		交货数量		箱数	
实际点收数量		点收人		点收日期	
质量验收方式	□全检　□抽检　□免检				
项次	检验项目	规格值	实测值		判定
1					
2					
3					
…					
综合判定	□允收　□特采　□选别　□拒收				
备注	质量管理部		仓储部		
	主管	检验员	主管		经办

表格5：货物验收单

货物验收单见表7-5。

表7-5 货物验收单

订购单编号：　　　　编号：　　　　填写日期：　　年　　月　　日

编号	名称	订购数量	规格符合		单位	实收数量	单价	总价
			是	否				
是否分批交货	□是　□否		会计科目		厂商供应		合计	
检查方式	抽样（　%不合格） 全数（　个不合格）		验收结果		检查主管		检查员	
总经理	财务部			仓储部			采购部	
	财务主管	核算员		仓储主管	验收专员		采购主管	制单员

表格6：物资验收日报表

物资验收日报表见表7-6。

表7-6　物资验收日报表

检验主管	制表人

编号：　　　　　日期：　　年　　月　　日

国外来料											
序号	品名	规格	数量	供应商	检验方式		不合格	不良品数	主要不良表现	处置		
					全检	抽检				允收	拒收	选别
国内来料											
序号	品名	规格	数量	供应商	检验方式		不合格	不良品数	主要不良表现	处置		
					全检	抽检				允收	拒收	选别
本日备注												

表格7：物品入库单

物品入库单见表7-7。

表7-7　物品入库单

采购合同号：　　　　　件数：　　　　　入库时间：

物品名称	品种	型号	编号	数量			进货单价	金额	结算方式	
				进货量	实点量	量差			合同	现款

采购部经理：　　　　　采购员：　　　　　仓管员：　　　　　核价员：

说明：物品入库单一式三联，第一联留做仓库登记实物账；第二联交给采购部门，作为采购员办理付款的依据；第三联交给财务记账。

表格8：入库单

入库单见表7-8。

表7-8　入库单

时间：　　　　　　　　　　　　　　　编号：

项次	品名、规格	供应商	货品编号	单位	储位	预计进货数量	实际进货数量

主管：　　　　　　　　　　　　　　　经办：

表格9：补货单

补货单见表7-9。

表7-9　补货单

类别				补货日期、时间：			本单编号：	
项次	存放储位	品名	货品编号	货源储位	单位	要求数量	实发数量

点收：　　　　　　　　　　　　　　　经办：

表格10：保管区整理、整顿检查表

保管区整理、整顿检查表见表7-10。

表7-10　保管区整理、整顿检查表

	作业内容	是	否
整理	1.储存的料架或空间应妥善规划，有无浪费		
整理	2.整理出仓库的呆滞品，制订标准，区分摆放标示		
整理	3.订定报废处理办法，指定权责单位处理		
整理	4.进货不良的退货品应订定退货期限，避免大量积压		
整理	5.不能使用的量具、搬运工具、料架、容器应立即处理		
整理	6.有无定期整理过期的文件、报表、资料		
整顿	1.合格货品应以颜色贴纸（要区分月份别）贴在所装容器上，以利先进先出作业的执行		
整顿	2.定期检视货品是否有库存过久，并加以处理		
整顿	3.料架放置场所的标示是否清楚		
整顿	4.储位上的标示是否有损毁掉落		
整顿	5.货品放置位置是否正确		
整顿	6.定期检讨库存资料		

表格11：库存表

库存表见表7-11。

表7-11　库存表

项次	货品名称、规格	货品编号	出、入库日期	出、入库单据编号	收发记录				备注
					昨日库存量	入库量	发货量	结存量	

主管：　　　　　　　　　　经办：

表格12：拣货单

拣货单见表7-12。

表7-12　拣货单

拣货单号：　　　　　　　拣货时间：起　　　　　迄
店家名称：　　　　　　　覆点时间：起　　　　　迄
批号：　　　　　　　　　拣货员签名：
出货日期：　　　　　　　覆点员签名：

序号	储位号码	商品名称	商品代号	箱	盒	散品	零散总数	拣货转换	拣取数量	备注
1										
2										
3										
4										

表格13：限额发料单

限额发料单见表7-13。

表7-13　限额发料单

编号：　　　　　　　　　　领料日期：＿＿＿＿年＿＿＿月＿＿＿日

领料部门			仓库			物料用途		
计划生产量					实际生产量			
物料名称	物料编号	物料规格	单位	领用限额	调整后的领用限额	实际耗用量		
						数量	单价	金额
发料记录								
发料日期	请领数量	实际发放量			退料数量			限额结余
		数量	发料人	领料人	数量	发料人	领料人	
生产部		采购部			仓储部		领料单位	

表格14：物资提货单

物资提货单见表7-14。

表7-14 物资提货单

日期：_____年____月____日

项目	产品	料号	品名规格	单位	数量	说明
						□销货
						□样品
						□检验
						□其他
厂长批示		生产部经理		质管部	仓储部	提货人

表格15：出库复核记录表

出库复核记录表见表7-15。

表7-15 出库复核记录表

编号：　　　　　　　　　　　　　　　　　　　　　　　　　　日期：_____年____月____日

序号	出库日期	货物名称	货物编号	货物规格	数量	批号	提货单位	发货人	质量情况
审核人意见									

表格16：材料借出记录表

材料借出记录表见表7-16。

表7-16 材料借出记录表

日期：_____年____月____日

	单据种类	借出公司	单据编号	品名	代号	单位	数量	备注
借出记录								
	单据种类	归还公司	单据编号	品名	代号	单位	数量	备注
归还记录								

表格17：仓库发货通知单

仓库发货通知单见表7-17。

表7-17　仓库发货通知单

编号：
客户名称：＿＿＿＿＿＿＿＿＿＿＿＿　订单号码：＿＿＿＿＿＿＿＿＿＿
地址：＿＿＿＿＿＿＿＿＿＿＿＿＿＿＿＿＿＿＿＿＿＿＿＿＿＿＿＿
交货日期：＿＿＿年＿＿月＿＿日　　　　□一次交货　　　　□分批交货

产品名称	产品编号	数量	单价	金额
总价				

仓库：　　　　主管：　　　　　　核准：　　　　　　填单：

表格18：出货指示

出货指示见表7-18。

表7-18　出货指示

车号：　　　　　　　　　　出货日期：
驾驶：　　　　　　　　　　出货时间：

品名	数量	客户名称	出货地点	领货地点	领货签章	备注

表格19：销售统计表

销售统计表见表7-19。

表7-19　销售统计表

产品代码	产品名称	规格型号	销售数量	销售收入	本期开票情况	备注
合计						

制单人：　　　　　　　　　　审核人：

表格20：出货记录表

出货记录表见表7-20。

表7-20 出货记录表

日期：											
车牌号：					转运国家、地区：						
货柜号、材积：					转运城市、港口：						
运输公司：					目的国家、地区：						
运单号：		司机姓名：			目的地城市名：						
序号	品名	型号	数量	单位	订单号	包装状态	箱数	货盘数	流水号	备注
进入时间：				开始时间：				完成时间：			
特别事项说明：											

经手人：　　　　　　批准人：　　　　　　司机：

表格21：出库复核记录表

出库复核记录表见表7-21。

表7-21 出库复核记录表

序号	出库日期	物品名称	规格	物品编号	数量	批号	提货单位	发货人	品质情况	复核人	备注

表格22：物品出库账目表

物品出库账目表见表7-22。

表7-22　物品出库账目表

日期		凭证		摘要（自提或送货）	收入	发出	结存
月	日	种类	号码				

表格23：出货台账表

出货台账表见表7-23。

表7-23　出货台账表

日期：　　　　　　　　　　　　　　　　仓库：

编号	名称	规格型号	单位	单价	出库数量	质量等级	销售清单号	交货人	检验人	收货人	储存位置	备注

复核：　　　　　　　　　　　　　　　　仓库主管：

表格24：产品收发存统计表

产品收发存统计表见表7-24。

表7-24　产品收发存统计表

物料代码	物料名称	规划型号	期初库存	入库		出库			期末库存
				产品入库	其他	销售	售后	其他	
		合计							

制表人：　　　　　　　　　　　审核人：

 **学习总结**

通过本章的学习，我对物品入出库管理有了以下几点新的认识：

1. _____
2. _____
3. _____
4. _____
5. _____

我认为根据本公司的实际情况，应制订以下制度和表格：

1. _____
2. _____
3. _____
4. _____
5. _____

我认为本章的内容不够全面，还需补充以下方法、制度和表格：

1. _____
2. _____
3. _____
4. _____
5. _____

第八章 仓库储存管理工具

引言

仓库储存是企业物流系统的一个重要环节，是企业各种物资、产品周转储备场所，同时担负着物流管理的多项业务职能。它的主要任务是：保管好库存物资，做到数量准确、质量完好、确保安全、收发迅速、面向产销、服务周到、降低成本、加速资金周转。

本章学习指引

目标	了解仓库储存管理的要点，并能够运用所提供的范本，根据本企业的实际情况制订相应的管理制度、表格

学习内容

管理要点	• 储存作业的考量因素与策略 • 物品堆放要合理 • 加强仓储品日常巡视管理 • 仓库的温湿度控制 • 不同物品的保管要领 • 储存日常质量监督 • 仓储品定期盘点
管理制度	• 仓储标准化管理规定 • 物资储存保管制度 • 仓储作业指导书 • 仓库温湿度控制管理办法 • 化学危险物品储存管理办法 • 成品仓管理办法 • 仓库盘点作业管理流程 • 仓库月终盘点计划 • 库存物品账务处理办法
管理表格	• 随机储放人工储存记录表 • 随机储放电脑记录表 • 仓库巡查记录表 • 半年无异动滞料明细表 • 安全库存报警表 • 使用剧毒化学品登记表 • 暂存物资保管申请 • 暂存物资出库单 • 暂存物资报表 ……

第一节　物流储存管理

要点1：储存作业的考量因素与策略

（一）储存保管的目标

（1）空间的最大化使用。
（2）劳力及设备的有效使用。
（3）储存货品特性的全盘考量。即对储存货品的材积、重量、包装单位等品项规格及腐蚀性、温湿度条件、气味影响等物性要求彻底了解，达到对货品能按特性适当储放。
（4）做到所有品项皆能随时准备存取。因为储存增加商品的时间值，因此若能做到一旦有需求时物品马上变得有用，则此系统才算是有计划的储位系统及良好的厂房布置。
（5）货品的有效移动。在储区内进行的大部分活动是货品的搬运，要很多的人力及设备来进行物品的搬进与搬出，因此人力与机械设备操作应达到经济和安全的程度。
（6）货品品质的确保。因为储存的目的即在保存货品直到被要求出货的时刻，所以在储存时必须保持在良好条件下，以确保货品品质。
（7）良好的管理。清楚的通道、干净的地板、适当且有次序的储存及安全的运行都是良好管理所关心的问题，将使得工作条件变得有效率及促使工作士气的提高。

（二）选择储区位置的建议

（1）依照货品特性来储存。
（2）大批量使用大储区，小批量使用小储区。
（3）能安全有效率储于高位的物品使用高储区。
（4）储存笨重、体积大的品项于较坚固的层架底层及接近出货区。
（5）储存轻量货品于有限的载重层架。
（6）将相同或相似的货品尽可能靠近储放。
（7）滞销货品或小、轻及容易处理的品项使用较远储区。
（8）周转率低的物品尽量远离进货、出货区及仓储较高的区域。
（9）周转率高的物品尽量放于接近出货区及仓储较低的区域。
（10）服务设施应选在低层楼区。

（三）储存策略

储存策略主要在订定储位的指派原则。良好的储存策略可以减少出入库移动的距离，缩短作业时间，甚至能够充分利用储存空间。一般常见储存策略如下。

1.定位储放（Dedicated Location）

每一储存货品都有固定储位，货品不能互用储位，因此须规划每一项货品的储位容量不得小于其可能的最大在库量。选用定位储放的原因如下。
（1）储区安排有考虑物品尺寸及重量（不适随机储放）。
（2）储存条件对货品储存非常重要时，如有些品项必须控制温度。
（3）易燃物必须限制储放于一定高度以满足保险标准及防火法规。
（4）依商品物性，由管理或其他政策指出某些品项必须分开储放，例如饼干和肥皂，化学原料和药品。

(5) 保护重要物品。
(6) 储区能被记忆，容易提取。
而定位储放的优缺点如图8-1所示。

(1) 每种货品都有固定储放位置，拣货人员容易熟悉货品储位
(2) 货品的储位可按周转率大小或出货频率来安排，以缩短出入库搬运距离
(3) 可针对各种货品的特性作储位的安排调整，将不同货品特性间的相互影响减至最小

储位必须按各项货品的最大在库量设计，因此储区空间平时的使用效率较低

图8-1　定位储放的优缺点

总体来说，定位储放容易管理，所用总搬运时间较少，但却需较多的储存空间，所以此策略较适用于以下两种情况。
（1）厂房空间大。
（2）多种少量商品的储放。

2.随机储放（Random Location）

每一个货品被指派储存的位置都是经由随机的过程所产生的，而且可经常改变。也就是说，任何品项可以被存放在任何可利用的位置。此随机原则一般是由储存人员按习惯来储放，且通常按货品入库的时间顺序储放于靠近出入口的储位。随机储放的优缺点如图8-2所示。

由于储位可共用，因此只需按所有库存货品最大在库量设计即可，储区空间的使用效率较高

(1) 货品的出入库管理及盘点工作的进行困难度较高
(2) 周转率高的货品可能被储放在离出入口较远的位置，增加了出入库的搬运距离
(3) 具有相互影响特性的货品可能相邻储放，造成货品的伤害或发生危险

图8-2　随机储放的优缺点

一个良好的储位系统中，采用随机储存能使料架空间得到最有效的利用，因此储位数目得以减少。由模拟研究显示出，随机储存系统与定位储放比较，可节省35%的移动储存时间及增加了30%的储存空间，但较不利于货品的拣取作业，因此随机储放较适用于以下两种情况。
（1）厂房空间有限，尽量利用储存空间。
（2）种类少或体积较大的货品。

若能运用电脑协助随机储存的记忆管理，将仓库中每项货品的储存位置交由电脑记录，则不仅进出货查询储区位置时可使用，也能借助电脑来调配进货储存的位置空间，依电脑所显示的各储区各储位剩余空间来配合进货品项作安排，必要时也能调整货品储放位置作移仓的动作规划。

3. 分类储放（Class Location）

所有的储存货品按照一定特性加以分类，每一类货品都有固定存放的位置，而同属一类的不同货品又按一定的法则来指派储位。分类储放通常按产品相关性、流动性、产品尺寸和重量、产品特性来分类。分类储放的优缺点如图8-3所示。

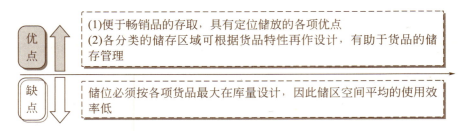

图8-3　分类储放的优缺点

分类储放较定位储放具有弹性，但也有与定位储放同样的缺点，因而较适用于以下情况。
（1）产品相关性大者，经常被同时订购。
（2）周转率差别大者。
（3）产品尺寸相差大者。

4. 分类随机储放（Random Within Class Location）

每一类货品有固定存放位置，但在各类的储区内，每个储位的指派是随机的。分类随机储放优缺点如图8-4所示。

图8-4　分类随机储放优缺点

分类随机储放兼具分类储放及随机储放的特色，所要的储存空间介于两者之间。

5. 共用储放（Utility Location）

在确定知道各货品的进出仓库时刻，不同的货品可共用相同储位的方式称为共用储放。共用储放在管理上虽然较复杂，所用的储存空间及搬运时间却更经济。

要点2：物品堆放要合理

物品堆放是根据物品的包装、外形、性质、特点、重量和数量，结合季节和气候情况，以及储存时间的长短，按一定的规律堆码成各种形状的货垛。其目的在于对货物进行维护、查点等管理和提高仓容利用率。

（一）堆放的一般性原则

物品堆放时，必须考虑下列原则。
（1）多利用货仓空间，尽量采取立体堆放方式，提高货仓实用率。
（2）利用机器装卸，如使用加高机等以增加物品堆放的空间。

（3）通道应有适当的宽度，并保持装卸空间，则可保持物品搬运的顺畅，同时不影响物品装卸工作效率。

（4）不同的物品应依物品本身形状、性质、价值等而考虑不同的堆放方式。

（5）物品的仓储要考虑先进先出的原则。

（6）物品的堆放，要考虑储存数量读取容易。

（7）物品的堆放应容易识别与检查，如良品、不良品、呆料、废料的分开处理。

（二）物品堆放的细节

1. 三层以上要骑缝堆放

骑缝堆放即相邻层面间箱体要互压，要求箱体相互联系、合为一体，这样可防止物料偏斜、倒塌（如图8-5所示）。

2. 堆放的物料不能超出卡板

堆放的物料不能超出卡板，即堆放的物料要小于卡板尺寸，要受力均匀平衡，不要落空，这样可防止碰撞、损坏纸箱（如图8-6所示）。

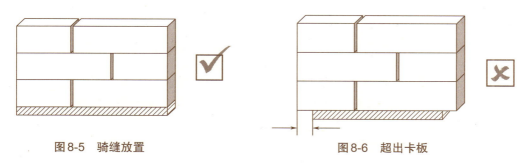

图8-5　骑缝放置　　　　　　　图8-6　超出卡板

3. 遵守层数限制

遵守层数极限，即纸箱上有层数限制标志，应按层数标志堆放，不要超限，以防止压垮纸箱、挤压物料（如图8-7所示）。

4. 不要倒放物料

纸箱上有箭头指示方向的，要求按箭头指向堆放，不要倒放或斜放，以防止箱内物料挤压（如图8-8所示）。

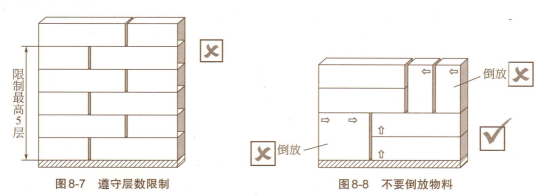

图8-7　遵守层数限制　　　　　　图8-8　不要倒放物料

5. 纸箱已变形的不能堆放

如果纸箱外部有明显的折痕就不能堆放，因为变形的纸箱不能承重。受损的纸箱要独立放置，以防止箱内物料受压（如图8-9所示）。

6.纸箱间的缝隙不能过大

由于纸箱的尺寸可能不一样，同层纸箱会有间隔的距离，但间隔距离不宜过大，以防止箱内物料受挤压（如图8-10所示）。

图8-9　变形的纸箱不能堆放　　　　　　　图8-10　纸箱间的缝隙不能过大

7.要按包装标志要求摆放

包装标志是印制或粘贴于物料包装箱上的各种图案，它的目的是指示物料在搬运与保管过程中需要遵守的注意事项，以便满足物料防护的有效性。

正确的标志和使用包装标志有助于对物料进行合理的保护，以减少因意外造成的损失。为了便于在不同语言环境中理解，包装标志应尽量使用通用的简明易懂的图形。

要点3：加强仓储品日常巡视管理

（一）日常巡视管理的内容

总体上讲，仓储品日常巡视管理的工作方式是定时巡回查看及做目视检查，用眼睛观察确认在库品的存储状态。日常巡视管理的内容主要有以下8个方面。

（1）仓库的温度和相对湿度。

（2）物品的摆放状态，如有无东倒西歪等。

（3）物品本身的状态，如有无腐烂、生锈等。

（4）物品的环境状态，如有无雨淋、日晒等。

（5）仓库的消防状况，如消防设备是否齐全有效、数量是否足够、存放的地点是否规范等。

（6）仓库的防盗状况，如门、窗有无破损；门、窗锁是否有效；防盗方面是否存在其他隐患等。

（7）仓库的照明状况，照明是否能够满足仓库作业要求、照明设施有无损坏等。

（8）仓库的设备状况，仓库的各项设备，如起重设备、叉车、货架、托盘等是否完好。

（二）定期检验的周期

凡库存期限超过一定时间的物品必须按规定的频次进行质量检验，以确保被储存的物品质量良好，这就是库存物品的定期检验。这里的定期到底定多久，需要根据物品的特性进行具体规定。

（1）油脂、液体类物品，定检期为6个月。

（2）危险性特殊类物品，定检期为3个月。

（3）易变质、生锈的物品，定检期为4个月。

(4)有效期限短的物品,定检期为3个月。
(5)其他普通的物品,定检期为12个月。
(6)长期储备的物品,定检期为24个月。

(三)定期检验的方法

一般情况下,库存物品定期检验的方法与入库检验的方法相类似,由IQC按抽样的方法进行。库存物品定期检验流程如图8-11所示。

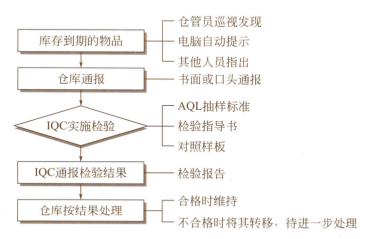

图8-11 库存物品定期检验流程

(四)定期检验结果的处理方法

对库存物品定期检验结果的处理应以质量检验报告为依据进行。合格时可以维持现状,不合格时则需要按如图8-12所示的步骤处理。

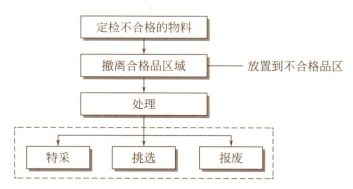

图8-12 库存定检不合格物品处理流程

要点4:仓库的温湿度控制

仓库的温湿度是影响库存物品质量变化的主要因素,因而对于库区温湿度的控制调节以及仓库物品霉变的防治是物品保管中的一项重要的日常工作。

(一)仓库温湿度控制及调节

物品在储存期间,都要求有一个适宜的温湿度,以确保物品的性质。

为了维护仓储品的品质完好，创造适宜于物品储存的环境，当库内温湿度适宜物品储存时，就要设法防止库外气候对库内的不利影响。当库内温湿度不适宜物品储存时，就要及时采取有效措施调节库内的温湿度。

1. 通风降温

它是根据空气自然流动的规律，有计划地使库内外空气互相流通交换，以达到调节库内空气温湿度的目的。

在采用通风降温时，必须符合以下两个条件。

（1）库外空气的温度和绝对湿度低于库内空气的温度和绝对湿度。

（2）库外气温高于库内气温，库外绝对湿度低于库内绝对湿度，并且具备库内露点小于库内气温和库外露点小于库内露点。

此外，必须注意通风时的气象条件，如在天晴风力不超过5级时效果较好；通风的季节性，如秋冬季节较为理想；通风的时间性，虽说夏季不宜采用通风降温，但有时会遇到有利的通风天气，可采取数小时通风的办法降温等。

2. 密封

密封是保持库存物品所需的温湿度条件的一种技术措施，它区分为封库和封垛。一般情况，对物品出入不太频繁的库房可采取整库封闭。对物品出入较为频繁的库房，不能封库，可以采取封垛的措施。封库、封垛可采取以下措施。

（1）关闭库房所有的门、窗和通风孔，并将缝隙用胶条、纸等涂以树脂封堵。

（2）用5厘米宽、2.5厘米厚的泡沫塑料条，刷上树脂后粘贴于门框四周，再在门的四边刻上槽，将胶管刷胶水按入槽内，使门关好后胶管正好压在泡沫塑料中间。

（3）库房大门上开一个人行小门，以减少潮湿空气侵入库内。

（4）利用塑料薄膜将货垛或货架全部遮盖包围直至地面，以隔绝或减少湿气和物品的接触等。

3. 吸潮

在梅雨季节或阴雨天，当库内相对湿度过高，不适宜物品保管，而库外相对湿度也过大，不宜进行通风散潮时，可以在密封库内用吸潮的办法降低库内相对湿度。

（1）吸湿剂。吸湿剂是一种除湿的辅助办法，它是利用吸湿剂吸收空气中水汽的办法，达到除湿的效果。常用的吸湿剂有生石灰、氯化钙、硅酸等。

（2）吸湿机。这是仓库普遍使用的吸潮方法，即使用吸湿机把库内的潮湿空气通过抽风机，吸入吸湿机冷却器内，使它凝结为水而排出。

吸湿机一般适宜于储存棉布、针棉织品、贵重百货、医药、仪器、电工器材和烟糖类的仓库吸湿。

（二）储存物品霉变防治

物品霉变的防治主要针对物品霉变的外因即微生物产生的环境条件，而采取的技术措施。常见措施有两条：一条是加强储存物品的保管工作；另一条是预防措施，采取药物防霉腐。

1. 储存物品的合理保管

（1）加强每批物品的入库检查，检查有无水渍和霉腐现象，检查物品的自然含水量是否超过储存保管范围、包装是否损坏受潮、内部有无发热现象等。

（2）针对不同物品的性质，采取分类储存保管，达到不同物品所需的不同储存保管条件，以防止物品的霉变。

（3）根据不同季节、不同地区的不同储存保管条件，采取相应的通风除湿措施，使库内温度和相对湿度达到具有抑制霉菌生长和繁殖能力的要求。

2. 药剂防霉腐

药剂防霉腐即采取对霉腐微生物具有抑制和杀灭作用的化学药剂，加到物品上，达到防止霉腐作用。防霉腐药剂的种类很多，常用的工业品防腐药剂有亚氯酸钠、水杨酰苯胺、多聚甲醛等。

另一种情况是，由于多数霉腐微生物只有在有氧气条件下才能正常繁殖，所以，可采用氮气或二氧化碳气体全部或大部分取代物品储存环境的空气，使物品上的微生物不能生存，从而达到防霉腐效果。这种方法常用于工业品仓库。

要点5：不同物品的保管要领

仓库物品因自身的性质和价值的差异有不同的管理方法。

（一）贵重物品的管理

贵重物品是指价值较高的物品，一般根据物品的贵重程度实施不同级别的管理。通常运用专用仓库管理和保险柜管理。

1. 专用仓库管理

专用仓库主要用来保管IC、焊锡条、羊绒等价值比较高，且数量又大的物品。保管时实行专人专管的管理制度，具体方法如下。

（1）专用仓库配置自动报警和监视系统，安装防盗门、密码保险锁等。
（2）指定专职仓管人员进行管理。
（3）增加盘点频次，一般每周盘点一次。
（4）保管人员须每周向上级报告工作主要内容。
（5）仓库主管应每月点检确认一次。

2. 保险柜管理

保险柜主要用来保管金、银等贵重物品。保管时实行两人管理制，具体方法如下。

（1）将保险柜放置在规定的仓库内。
（2）保险柜由保管员和监督员掌管密码，只有两人同时在场时方可开启。
（3）填写保管物品的清单，严格记账和过磅管理。
（4）仓库主管应每月点检确认一次。

（二）危险物品的管理

危险物品是指化工原料、印刷油墨、炸药、汽油、天那水等具有危险性的物料，其本身存在危险性，一般要根据物品的危险程度实施不同级别的管理。

1. 高危物品——专用仓库管理法

专用仓库管理法即设置专门用途的仓库，用以存放高危险性的物品，如炸药、汽油、天那水等。具体方法如下。

（1）针对存放物品的特性要求，建造适宜的库房，建造完成后需要得到相关专家的认可。
（2）制订专用库房管理细则。
（3）培训仓管人员对制度的认识、对物品的保管方法及安全要求的了解。
（4）按规定保管存放高危物品。

（5）加强高危物品对环境要求的监控。
（6）仓管人员要随时检查高危物品的状态。
（7）仓库主管要定时监督并确认。

2. 低危物品——隔离管理法

隔离管理法即把存在危险性的物品与其他物品隔离开来，分别放置，如包装完好的化工原料、印刷油墨等。具体方法如下。

（1）划分好需要隔离的区域。
（2）设置必要的栅栏等隔离器具。
（3）标示并指示隔离区域。
（4）按规定保管好存放的隔离物品。
（5）平时注意加强监视被隔离物品的存放状态。

（三）易损物品的管理

易损物品是指那些在搬运、存放、装卸过程中容易发生损坏的物品，如玻璃、陶瓷制品、精密仪表等。对这类物品按以下方法保管。

（1）尽可能在原包装状态下实施搬运和装卸作业。
（2）不使用带有滚轮的储物架。
（3）利用平板车搬运时，要对码层做适当捆绑后进行。
（4）一般情况下不允许使用吊车作业，严禁滑动方式搬运。
（5）严格限制摆放的高度。
（6）小心轻放，文明作业。
（7）不与其他物品混放。
（8）明确标示其易损的特性。

（四）易生锈材料的管理

易生锈材料是指那些具有加工切口的金属类物料，由于其切口处没有抗氧化的保护层，因而容易发生氧化生锈，如有冲口的机器外壳、有螺丝口的垫片等。对这类物料的管理应按以下方法进行。

（1）专门设置易生锈材料的仓库。
（2）按防锈标准要求及防锈技术实施管理。
（3）严格控制易生锈材料的库存时间，严格执行先进先出的原则。
（4）一旦发生生锈现象时，要及时通报并进行除锈处理。
（5）检查生锈的原因，积极采取应对措施。
（6）认真记录库区管理的有关数据，进行分析、判断和采取预防措施，在必要时制作控制图，使之有效管制。

（五）敏感材料

敏感材料是指那些材料本身具有很敏感的特性，若控制失误就有可能导致失效或产生事故。如磷可在空气中自燃、IC怕静电感应、胶卷怕曝光、色板怕日晒风化等。这类物品的管理要求如下。

（1）接收时认真阅读并执行原制造商的保管要求。
（2）了解和掌握该类物品的特性，实施对口管理。
（3）必要时，要设置专人保管仓库。

（4）必须在原包装状态下搬运、保管和装卸。
（5）设置必要的敏感特性监视器具，以有效消除不合适的环境因素。

（六）有效期限较短的物料

有效期限较短的物料是指有效期限不满一年，或随着时间的延长，其性能下降比较快的物料，如电池、黄胶水、PCB等。这类物品的管理要求如下。
（1）严格控制订货量，尽量减少库存积压。
（2）严格控制库存时间。
（3）严格按物料的制造日期实施先进先出管理。

（七）可疑材料

可疑材料是指那些性质、状态、规格、型号和名称等不明了，或缺乏证据的材料。如以下情况。
（1）生产过程中被拉乱，生产人员不能识别其规格或质量好与坏的物料。
（2）物品的标志或状态遭到损坏，相关人员不能确定其性质和状态，或者有疑问的物品。
（3）工作或使用中发现可疑因素，致使人们对物品的原标志或状态产生怀疑、不相信等情况下所关联的物品。
（4）其他任何情况下所产生的有争议且无法定夺的物品。

可疑材料一律按不合格品处理，具体要求可参见企业的不合格品管理方法执行，将其分为特采、挑选、报废等，只是在标示方法上注明是"可疑材料"。

（八）长期库存的物品

物品长期库存是不合理的，所以应该尽量减少这类物品或及早采取措施消除。
对长期库存的物品应按以下方法实施管理。
（1）指定专门存放区域予以隔离。
（2）定期检查专门存放区域的存放环境。
（3）定期确认存放物的包装状态和完好度。
（4）每月定期向上级通报被存物的状况。
（5）如物品有可能出货或使用时，要提前通知品质部重新进行检验。
（6）如物品有变质或不宜继续存放时，要迅速上报处理。
（7）存放物品的账目要清楚。

（九）退货产品的处理

退货产品是指出货后由于某些原因又被客户退回公司的产品。主要包括以下两类。

1. 客户检验退货品

客户检验退货品是指被客户整批退回的未经使用的产品。这类退货产品一般是因客户或其他机构在检验中发现了某些问题而引起的。处理要求如下。
（1）按"退货单"接纳退货品，清点数量，确认物品状态。
（2）按相关规定将退货品安置在不合格品区，并做好标志。
（3）通知品管部进行检验。
（4）通知工程技术部分析检验结果，并指定处理措施。
（5）由生管部安排返工计划，生产部按计划实施返工，返工后品质部再检验。
（6）品管部检验合格后再入库管理，等待再次出货。

2.客户使用退货品

客户使用退货品是指已经使用过的非批量性产品。这类退货产品的应对方法如下。

（1）按"退货单"接纳退货品，清点数量，确认物品状态。
（2）按相关规定将退货品安置在不合格品区，并做好标志。
（3）通知品管部进行检验，记录检验结果。
（4）通知工程技术部分析检验结果，依据分析结果制订纠正和预防措施，以改善生产。
（5）将退货品实施拆机处理，生管部安排拆机计划，生产部按计划拆机。
（6）拆出的零件视完好情况分类后交物料部处理，良品交来料检验，不良品及来料检验的不合格品作报废处理。
（7）检验合格的良品重新办理入库进行管理。

要点6：储存日常质量监督

物品放在仓库中由于保管不善可能会发生劣化，影响产品的质量。因而物料的存储与其质量有很重要的关系，而对在库品的日常质量监督正是为了保证库存物品的质量，也是仓储保管的重要内容之一。

1.日常质量监督的方式和性质

总体上讲，在库品日常质量监督的工作方式是巡视，性质是目视检查。
（1）巡视：定时巡回查看。
（2）目视检查：用眼睛观察确认。

2.日常质量监督的频率

一般来说，日常质量监督要做到每班不少于一次，夜班也不能例外。
日常质量监督无须记录检查报表，但必须有巡查记录表，以免责任人遗忘和进行必要的追溯。

要点7：仓储品定期盘点

盘点是指定期或不定期对库存物品的实际数量进行清查、清点的作业，即为了掌握物品的流动情况（入库、在库、出库的流动状况），对仓库现有物品的实际数量与保管账上记录的数量进行核对，以便准确地掌握库存数量。

（一）定期盘点和循环盘点

1.定期盘点

定期盘点，即按照一定的期限如三个月（季）、六个月（半年）进行一次盘点（定期盘点），这时，仓库、制程中所有的物品都要同时做盘点。
同时盘点，是把所有的物品一起盘点，这就必须停止出入库、移转等物流活动。

2.循环盘点

循环盘点，是对规定应盘点的物项（A类物料），以几天的时间为周期，进行盘点的工作。

（二）账簿盘点和实地盘点

1.账簿盘点

账簿盘点，是以记录着每天的出入库数量及单价的库存总账簿或是库存卡为准，再依照理论来计算并且掌握库存的数量。也就是说，将一般库存的进货、出货、存货的这种流动性持续记录并计算于账簿内。

如果没有将库存状况持续记录下来，在经营上也会浮现许多问题。如果无法实行账簿盘点，则必须进行实地盘点的工作，否则便无法得知利润的多寡。

再说，要得知采购量和销售量是否相符，就必须靠持续的库存记录来判断，否则等到发现交易不正常的情形，可能为时已晚了。

2.实地盘点

实地盘点，以实际调查仓库的库存数计算出库存额，又称实盘。因为在实际工作中，记录在账簿上的库存量以及实际库存量并非完全一致，这就必须将实际的现货量进行仔细确认。

实地盘点的进行时间及其方法分为以下3种。

（1）依场地的不同可分为仓库盘点、在制品盘点。

（2）依期限的不同分类分为定期盘点、不定期盘点、平日盘点。依公司的规定在每个月月底、每半个月或每星期的间隔中进行的盘点就是定期盘点，而属于一般业务的每月盘点即是平日盘点，这是许多企业最常用的盘点方法，还有一种只在需要时才进行的，就是不定期盘点。

（3）依方法分类，分为统一盘点、循环盘点。

第二节　物品储存管理制度

制度1：仓储标准化管理规定

××公司标准文件		××有限公司 仓储标准化管理规定	文件编号××-××-××	
版本	第×/×版		页　次	第×页
1　总则				
1.1　为加强物流基础管理，规范物资仓储管理标准，促进物流管理精细化，提高物流管理水平，降低物流管理成本，根据集团《物流管理实施办法》，特制订本规定。				
1.2　本规定适用于有限公司各省（直辖市）分公司、有限公司总部及各直属单位的自有仓储库区的标准化管理。				
1.3　仓储管理是企业物流管理的基础组成部分，实行仓储标准化管理，准确提供存储物资信息，有利于支撑企业生产和辅助市场经营，是实现仓储服务和费用成本之间经济平衡的根本基础。				
1.4　仓储标准化管理是做好物资保管工作的必备条件，是保证物资质量完好、数量准确、快收快发的重要手段。仓储标准化管理包括仓储库区布局、仓储配套设备设施以及装卸、搬运、码放、保管、盘点、安全保卫等一系列相关行为的标准化管理。				
2　库区布局				
2.1　仓储库区的布局必须做到全面规划，因地因物制宜。应以"科学合理、节约适用、方便作业"为原则，仓库面积利用率不低于75%。按使用功能划分库内区域，以方便物资的收发操作和盘点保养。按经济节省的原则划分运输通道，以高效使用仓储空间，保证物资的快速装卸、搬运和收发。按物资类别属性划分码放位置，尽可能提高物资的收发效率。				
2.2　仓库布局合理，图牌配备齐全，警示及引导标记明显。				
2.3　库区内环境整洁、道路通畅、标识明显，各项规章制度上墙张挂（岗位责任制、安全规定、作业流程等）。设立库区平面示意图，明示办公区、作业区、储存区、待收待发区、大小通道和方向指示。				
2.4　物资排列规范，做到库区有编号、架位有标牌，库房内严禁存放私人物品。				
2.5　库区的布局应符合消防安全要求，有完整的经消防安全部门验收合格的防火、防盗、防水等安全设施。				
2.6　库容库貌整洁，库区做到日清理、月清扫，经常检查和维护库区环境。				

续表

××公司标准文件		××有限公司 仓储标准化管理规定	文件编号××-××-××	
版本	第×/×版		页　次	第×页

3　配套设施设备

3.1　仓储配套设备设施应根据存储物资的特性相应配备。存储大型设备或器材，应配有吊装设备，以便于装卸搬运。存储有温控要求的物资，应配有符合安全要求的供暖装置，以保证物资质量的安全。

3.2　仓储配套设备设施必须建立管理、使用、维修、保养制度。各省采购与物流部门应根据自有库区仓储规模的大小和分布情况，配备所需的设备，采取分级管理，由专人负责，确保设备的完好和储运业务的正常进行。

4　装卸与搬运

4.1　物资进、出库的装卸、搬运、移动作业应根据实际情况使用人工或机械设备（包括吊车、叉车、铲车、自动升降机等）进行操作，大宗货物应采用统一规格的托盘货物装载方式。

4.2　装卸作业时，现场工作人员必须按劳动作业安全防护标准着装，严格执行物资搬运、装卸、铲吊以及危险品防护操作规程，按照包装标志明示要求进行操作，搬运时要尽量保持物资水平状态，轻拿轻放，确保人身、物资和机具安全。装车的同时要考虑卸车的方便，装卸任务完成后要及时清扫现场，检查有无丢失的工具和物品。

5　物资码放

5.1　物资码放要根据物资特性、自然因素、外部环境的要求，做到科学分类、合理码放、妥善保养。

5.2　专业化物资码放标准。

5.2.1　分类：不同品种、规格、型号的物资分开码放。

5.2.2　固定：码放稳定、不偏不倚、不歪不斜。

5.2.3　定量：码放单位（垛、层、行、包）力争整数，尽量采用五五式码垛法、托盘式码垛法，做到过目见数，检点方便。

5.2.4　整洁：码放成行成线、标志清晰、无杂物积尘。

5.2.5　方便：码放要易于搬运、装卸、检查、操作。

5.2.6　节约：节省库位、人力、物力、财力。

5.2.7　规矩：距墙0.3米、距地0.1米、距顶0.5米、垛距0.5米、架距0.6米、小作业通道0.8米、大作业通道1.5米、机械通道2.5米，排水畅通、垫物平实。

5.3　物资的码放要面向通道，分层摆码，以方便物资在仓库内的移动、存放和取出，保证操作作业的安全性，防止物资在搬运、装卸过程中受损。

5.4　仓库物资的排列走向应由左到右、由前到后，按顺时针方向摆放各类物资。相同类型不同规格的物资应由小到大，位摆所列物资应是上管下、左管右、前管后。

5.5　包装标准化的物资宜码放在托盘或货架上，包装非标准化的物资应对应于其形状规则选择不同码放方式，或通过将其装入特殊的保管设备中使其在包装上标准化。

5.6　物资码放必须防潮湿、通风，在码放物资时须使用衬垫材料（枕木、木板、钢板等）进行地面铺垫。对于露天存放的物资，应及时进行苫盖，以防止阳光、雨雪、风沙、尘土等对物资形成侵蚀、损害。

5.7　物资存储位置必须设有标牌，明确标示物资的名称、规格、库区货位、计量单位、新旧程度、入库时间、供应商名称、保管人员等信息（专用物资注明使用方向），拴挂在货架上或摆放在货垛正面明显的位置，以方便物资的盘核、保养与发放。

5.8　专项物资（拆旧物资、报废物资、暂存物资和防汛救灾物资）应依照其使用特性单独划分专区进行码放。

6　物资保管

6.1　物资保管必须建立检验制度。物资检验包括外观质量检验和内在质量检验：外观质量检验包括包装检验、重量尺寸检验、标签标志检验、气味颜色、手感检验、开外包装检验等；内在质量检验包括对物资的物理结构、化学成分、使用功能等进行鉴定。一般情况下，仓储物资检验只对物资的品种、规格、数量、外包装状况进行直观检验。

6.2　专业化物资保管标准。

6.2.1　存储物资实行账料分管和危险品严管制度，危险品和稀有贵重物资要设专人、专库严加保管，实时监控。

6.2.2　按照物资分类管理要求，根据物资特性和存储数量，合理安排料场、料棚、库房进行保管，其中露天料场应设置遮蔽棚架。

6.2.3　存储物资要做到管理科学化、作业标准化、保养经常化、库容整洁化。

6.2.4　物资保管要做到按物资性质定库、按物资分类定区、按物资品种定架（列）、按物资数额定位［库、区、架（列）、位——四号定位］。

6.2.5　经常检查和维护库区环境，确保物资无腐烂变质、无损坏丢失，库区无隐患、无杂物积尘、无鼠咬虫蛀，确保物资防潮、防冻、防压、防腐、防火、防盗（五无六防）。

续表

××公司标准文件		××有限公司 仓储标准化管理规定	文件编号××-××-××	
版本	第×/×版		页 次	第×页

6.2.6 物资码放苫垫要合理、牢固、整洁、规矩、四周无杂物。

6.2.7 库区自用设备、仪表、工具应有专人管理，建立备查簿，并做到经常维护、保养、核查。

6.3 物资保管应按通用的计量标准执行，对不同物资采用不同的计量方式。为确保物资计量的准确性，应定期对计量器具进行校验。

6.4 物资保管要定期进行库龄分析，实物发放遵循先进先出原则，防止因存放时间过长而导致物资发生减值（变质、损耗、老化、跌价等）。

6.5 物资保管必须按物资类别建立实物台账，按照物资种类、制造商设立账页，内容包括：物资名称、物资类别（编码）、规格型号、计量单位、新旧程度、存放地点、日期、单据编号、案由、项目名称（编号）、单价、入库数量、出库数量、结存数量、结存折算金额、制造商等信息。

6.6 物资保管信息［库、区、架（列）、位］发生变动，库管人员须及时将变动情况通知料账人员，以便料账人员及时调整物资分类明细账，保持账实记录物资信息的一致性。

6.7 物资保管必须做到日清点月清结，确保物资实物台账记录的数量、规格、质量与实物相符。库管人员必须对所管物资进行随时清点，及时记录清点结果。每月结账期库管人员要汇总物资当期动态总量，核算物资当期余量，并自行盘点实物进行核对，发生差异，必须如实上报，不得擅自更改数据或撤换、销毁实物台账。

6.8 未经批准禁止将保管物资擅自借出。总成物资，一律不准拆件零发。

7 盘点检查

7.1 物资保管必须建立盘点检查制度，确保三清三符（三清，数量清、规格清、质量清；三符，财务账与物资分类明细账相符、物资分类明细账与物资实物台账相符、物资实物台账与实物相符）。物资的盘点检查分为月度盘查、季度盘查和年度盘查。

7.2 月度盘查可采用永续盘存制，由采购与物流部门物流负责人、料账人员和库管人员共同对物资进行实物数量盘点，并与实物台账核对，核对无误后，与物资分类明细账核对。盘查时还需检查物资质量、保管期限、保管条件、库容库貌，及计量器具是否准确无误、装卸机具是否完好、堆码苫垫是否符合规定。

7.3 季度、年度盘查是由采购与物流部门组织，相关财务、审计、纪检监察等部门参与，共同对保管物资进行清点核查。

7.4 物资盘点检查后须填写物资盘查表，物资盘查表包括：表单编号、盘查日期、物资类别（编码）、名称、规格型号、计量单位、账面数量、实盘数量、单价、盈亏数量、盈亏金额、库龄、存放地点、库管人员、料账人员、负责人等信息。盘查表一式三联，分别为仓库联、料账联、财务联。

7.5 盘点检查过程中发现物资实物数量与实物台账和物资分类明细账记录数量不符、物资数量盈亏或存在变质损坏的，由库管人员按规定填写盈亏报告单，详细注明盈亏原因，转料账人员报本部门主管领导，经相关审批手续后进行账务调整。盘查中发现的变质损坏物资，需单独存放，不得出库。

8 安全保卫

8.1 库区的安全保卫是物资安全存放的基本保障，库区必须建立安全防火责任制度、安全设施保管使用制度、车辆人员及物资进出仓库管理制度、保卫人员值班巡查制度，以防止盗窃、破坏、火灾、水灾及各种事故发生。同时，应配备齐全的适应物资特性的消防器具和防爆灯具及库区监视系统，明示严禁烟火和报警电话。

8.2 根据工作需要和季节变化，定期检查、维护库区防火、防盗、防汛设施，杜绝安全隐患。

8.3 必须实行人员和物资进、出库登记制度，严格禁止无关人员擅自进入库区。物资出库时，必须查单验对，无出门凭证的物资禁止出库。

9 附则

9.1 各省必须实行仓储标准化管理，集团采购与物流中心负责监督和检查各省的执行情况，并将检查情况进行通报。

9.2 各专业部门负责管理的专用物资实物库必须按本规定进行标准化管理，建立物资实物台账，实时记录物资动态信息。

9.3 对于租用的实业公司库区和第三方物流公司库区，应由各省采购与物流部门比照本规定提出管理要求，明确双方权责，并监督其执行。

9.4 本规定解释权在集团采购与物流中心。

9.5 本规定自下发之日起执行。

拟订		审核		审批	

制度2：物资储存保管制度

××公司标准文件		××有限公司 物资储存保管制度	文件编号××-××-××	
版本	第×/×版		页 次	第×页

1 总则

1.1 为加强仓库物资储存管理，降低物资储存费用，特制订本制度。

1.2 本制度适用于企业仓库物资的储存保管事项。

1.3 仓储管理科为物资存储管理的归口管理部门，在物资存储方面，其他部门负责协助仓储管理科的工作。

2 储存保管规定

2.1 物资的储存保管，原则上应根据物资的属性、特点和用途规划设置仓库，并根据仓库的条件考虑划区分工，合理、有效地使用仓库面积。

2.2 建立码放位置图、标记、物资卡，并置于明显位置。物资卡上载明物资名称、编号、规格、型号、产地或厂商、有效期限、储备定额等相关信息。

2.3 仓库管理员对所经管的物资，应以有利于先进的作业原则分别决定储存的方式位置。

2.4 凡吞吐量大的用落地堆放方式，周转量小的用货架存放方式。落地堆放以分类和规格的次序排列编号，上架的以分类号定位编号。物资堆放的原则如下。

2.4.1 本着"安全可靠、作业方便、通风良好"的原则合理安排垛位和规定地距、墙距、垛距、顶距。

2.4.2 物资品种、规格、型号等结合仓库条件分门别类进行堆放（在可能的情况下推行五五堆放），要做到过目见数、作业和盘点方便、货号明显、成行成列、文明整齐。

2.5 物资存放时应考虑其忌光、忌热、防潮等因素，妥为存放，仓库内部应严禁烟火，并定期实施安全检查。

2.6 经常进行盘点，做到日清月结，按规定时间编报库存日报和库存月报。

2.7 仓库管理员整理该仓储保管物资的出货、储存、保管、检验及账务报表的登录等业务，每日根据出入库凭单及时登记核算，月终结账和实盘完毕后与财会部门对账。

2.8 仓库管理员对于所保管的库存物资应予严密稽核清点，各仓库随时接受单位主管和财务稽核人员的抽查。

2.9 每月必须对库存物资进行实物盘点一次，并填报库存盘点表。

2.9.1 发现盈余、短少、残损或变质，必须查明原因，分清责任，写出书面报告，提出处理建议，呈报上级和有关部门，未经批准不得擅自调账。

2.9.2 积极配合财会部门做好全面盘点和抽点工作，定期与财会部门对账，保证账表、账账、账物相符。

2.10 每年年终，仓储会同财务部、业务部门等共同处理总盘存时必须实地查点产品的规格、数量是否与账面的记载相符。

2.10.1 盘点后，应由盘点人员填写盘存报告表，若有数量短少、品质不符或损毁情况，应详加注明后由仓库管理员签名确认。

2.10.2 盘点后，如有盘盈或不可避免的亏损情形时，应由仓储管理科报经理呈报总经理核准调整，若为保管不当引起的库存短少，由仓库经管人员负责赔偿。

3 仓储储存保管注意事项

3.1 仓库环境卫生要每日清扫并做好保持工作，每次作业完毕要及时清理现场，保证库容整洁。

3.2 做好各种防患工作，确保物资的安全保管。预防内容包括防火、放盗、防潮、防锈、防腐、防霉、防鼠、放虫、防尘、防爆、防漏电。

3.3 切实做好安全保卫工作，严禁无关人员进入库区。建立和健全出入库登记制度，对因工作需要出入库人员、车辆按规定进行盘查和登记，签收"出门证"。

3.4 确实做好防火安全工作，库区内严禁吸烟，严禁携带易燃易爆物资，严禁明火作业。对库区的电灯、电线、电闸、消防器具、设施要经常检查，发现故障及时维修排除，不得擅自挪动或挪用消防器具。

3.5 库存物资如有呆废或损毁、仓库管理员不能自行克服的，应立即填写"物资送修单"，连同物资送交服务单位维护。

3.6 仓库管理员如有变动，应先由其所属的部门主管查对库存物资的移交清册后，再由交接双方会同监交人员实地盘存。

3.7 除仓库管理员外，其他人员未经允许不得擅自进入仓库。

拟订		审核		审批	

制度3：仓储作业指导书

××公司标准文件		××有限公司 仓储作业指导书	文件编号××-××-××	
版本	第×/×版		页 次	第×页

1 目的

为加强仓库管理，保证库房规范、高效、有序运作，保障公司财产物资安全，减少不良、呆滞物料损失，降低库存占用资金，满足生产经营对物料管理的要求，制订本文件。

2 适用范围

适用于公司所有仓库，包括原材料仓、零部件半成品仓和成品仓的管理。工具备件仓、废品仓、车间仓库及存放于车间的物品参照本文件执行。

3 职责及目标

3.1 高效有序地进行物料、产品的收发作业，保证出入库数量准确且合乎质量管理、订单管理和财务管理的要求。

3.2 库房管理科学、有序，货物摆放整洁、整齐，合乎货物储存和安全管理的要求。

3.3 单据、存卡管理有序，登记及时、准确。电脑入单及时、准确。

3.4 定期和循环盘点，及时查处差异，保证账、物、卡一致。

3.5 与客户及外协单位及时对账，及时查处差异，维护公司利益。

3.6 及时反映和跟催不合格品、呆滞品的处理，减少不良损失，降低库存资金占用。

3.7 做好防火、放水、防盗等安全防护工作，保障仓库财产物资的安全。

4 具体内容

4.1 仓管人员应具备的基本技能。

4.1.1 熟练掌握出入库作业及库房管理的方法、规范及操作程序。

4.1.2 熟悉仓库管理制度及相关管理流程。

4.1.3 具备一定的家电产品知识，熟悉经管物料、产品。

4.1.4 具备一定的质量管理知识和财务知识。

4.1.5 懂电脑操作。

4.2 收货验收。

4.2.1 货物进仓，需核对订单（采购订单和生产订单），待进仓物品料号、名称、规格型号、数量与订单相符合方可办理入仓手续。

（1）严禁无订单收货。因生产紧急、人员外出等特殊情况需请示上级和订单管理部门并获得授权、同意可通融办理，但订单管理部门必须在一个工作日内补办订单。

（2）严禁超订单收货。因合理损耗领料或计量磅差或机台最少生产数量等原因导致的少量超订单收货，应在合理范围内并符合相关管理规范或规定。

4.2.2 货物进仓，必须采用合适的方法计量，清点准确。大批量收货可采用一定的比例拆包装抽查，抽查时发现实际数量小于标识数量的，应按最小抽查数计算接收该批货物。

4.2.3 货物进仓，需办理质量检验手续。

（1）外协、外购物料、产品必须填报"报检单"，检验合格后方可办理正式入仓手续，打印电脑入库单。除检验合格后用电脑打印确认的"收料单"或"入库单"（注：暂时没有采用电脑管理的仓库以公司填制的格式单据为准）可以加盖代表公司的"收货专用章"（或其他指定公章）外，其他供应商提供的送货凭证或临时填写的暂收凭证均只能由仓管员签名暂收数量，且不得加盖代表公司的任何公章。

（2）对抽检不合格而生产部门要求"回用"或"挑选使用"的物料，必须符合相关流程和审批手续，而且仓管员必须在签收时注明"不合格回用"或"挑选使用"字样。对该类业务，输单员也应及时进行电脑处理以保证库存数据准确，但打印的电脑"入库单"不能直接交供应商，须待挑选回用完毕后连同相应的电脑"退货单"一起交供应商签收。

（3）自产成品、零部件，必须凭当批次质检合格文件（或单证）办理入仓手续，部分客户的产品还需有客户确认合格的文件。

（4）车间不合格产品、物料需进仓或退仓的，需符合相关制度、流程规定并获物管经理批准。进仓后应在专门的不良品区域单独存放并做好明显标志，严禁与正常物料、产品混合堆放。

4.2.4 入库物料、产品，必须采用合适、规范的包装（或装载物）。包装标志清晰且与实际装载货物相符。同一包装装载数量统一，同批次货物只允许保留一个尾数。

4.2.5 对验收不合格或未按要求办理回用或超出订单的物料、车间生产中发现经质检确认外协厂责任的不合格品，仓库必须及时通知采购部门办理退货、补货事宜。

续表

××公司标准文件		××有限公司 仓储作业指导书	文件编号××-××-××	
版本	第×/×版		页　次	第×页

4.3　货物出仓。
4.3.1　货物出仓，必须有合法的经批准的凭证、指令。
（1）生产发料凭"生产排产领料单"和"临时领料单"办理。
（2）成品出仓凭"销售订单"和经营部门下达的"出货通知书"办理。
（3）委外加工发外物料凭外协"采购订单"办理。
（4）调让出仓凭"调让出仓单"。
（5）技术研发或其他非生产领料凭"非生产领料单"办理。
4.3.2　所有计划外发料和非生产性发料，需经计划采购经理签字。
4.3.3　货物出仓，需由领料人、提货人在出库单上签字确认。
4.3.4　车间领料必须是车间指定人员。本公司送货的，送货人、提货人必须是业务部门指定人员。外单位自行提货，必须核对提货人身份及授权委托。
4.3.5　对外送货发出，必须在第一时间取得加盖收货单位公章和收货经办人签字的签收回执或收货凭证。
4.3.6　正常生产发料和成品出仓，必须是合格物料。不合格物料和产品发出，必须符合相关规定、流程，有审批手续。
4.3.7　所有销售发货，发货单据必须经由财务部门审核并加盖"发货专用章"方可办理出仓放行。如有需要发外磅量的物品，需由两人（经管仓管员和保安各一人或行政部门指定的其他人员）陪同办理并签字确认，并确认数量后及时办理缴款、开单手续。
4.3.8　公司内部单位领用成品或非生产领料或超定额生产领料，需经总经理或其授权人员批准后方可到相应仓区办理领用手续。
4.3.9　严禁用白条出仓或擅自从仓库借用物品，确需借用，需经总经理或其授权人员批准并约定归还日期（一般不超过三个工作日）。
4.4　货物堆码及库房管理。
4.4.1　仓库应根据生产经营的需要和库存周转物品的类别、性状、特点等合理规划仓区、库位。按物品类别划分待检区、合格品区、不合格品区并做好明显标志。
4.4.2　所有货物均必须按仓区、库位分类别、品种、规格型号摆放整齐，小件物料上架定置摆放。堆码规范、整齐，同一货物仅保留一个包装尾数。收发作业后按上述要求及时整理。
4.4.3　物料、产品状态标志和存卡记录清晰、准确且及时更新，摆放于对应货物当前明显位置。
4.4.4　仓库设施、用具、杂物如叉车、地台板、装载容器（铁筐）、清洁工具等，在未使用时应整齐地摆放于规定位置，严禁占用通道或随意乱丢乱放。
4.4.5　现场（包括办公场所及库房）整洁、干净，如有废纸等废弃物或发现较多灰尘时随时清理、清扫，符合5S管理要求。
4.4.6　严格按"先进先出"原则发出货品。
4.5　安全防护。
4.5.1　仓库内一律严禁烟火。工程焊接等需事先报批且做好防范措施，专人专责管理。
4.5.2　仓库必须按规定设置消防器材并定期检查、修护、补充，严禁堵塞消防通道、设施及器材。
4.5.3　保证库房通风、干燥，做好防盗、防锈、防水、防潮、防虫、防尘等工作。
4.5.4　严禁将易燃易爆物品带入仓库。对应进仓管理的易燃易爆物品应放置于符合安全管理要求的独立的库区。
4.5.5　不得将物料、产品直接放置于地面。
4.5.6　定期巡查保管物资的储存质量，对超保质期物料及时报复检。
4.5.7　未经许可，除经管仓库仓管员之外的其他人员不得随意进出仓库，送货、提货人员需在仓管员的陪同下进出仓库，搬运完毕，不得在仓库逗留。
4.5.8　仓管人员于下班离开前，应巡视仓库门窗及电源、水源是否开闭，确保仓库的安全。
4.6　单据、存卡及电脑数据处理管理。
4.6.1　单据管理。
（1）日常进出仓等单据应分单据类别、处理状态分别有序夹放。
（2）需递送其他部门、人员的单据应按规定时间及时递送，不允许随意押单。
（3）每月一次将单据分类别按顺序进行装订，在单据封面、脊面做好标识，分类别、按时间有序地存放在相应的箱、柜内，并在箱、柜表面做好目录标志。

续表

××公司标准文件		××有限公司 仓储作业指导书	文件编号××-××-××	
版本	第×/×版		页次	第×页

4.6.2 存卡管理。
(1) 存卡记录规范、及时（日清日结），书写工整清楚，有合法单据。
(2) 用完的存卡应分物品类别按月装订，参照单据管理要求归档保管。
(3) 每年年底，应配合财务扎账时间统一更换新的存卡。
4.6.3 电脑数据处理。
(1) 所有进出仓事务必须以电脑入单并打印电脑单据为完结（送货客户的还必须以客户签收并打印收货单证为完结）。
(2) 当天的进出仓数据必须当天处理完毕，特殊情况（如下班后）需经物管经理批准并知会计划采购。
(3) 暂未实施电脑管理的仓库，也应及时且日清日结地将收发情况登记入手工账。
4.7 盘点及对账。
4.7.1 仓库需根据经管物品重要程度及价值高低设定盘点频度，进行循环盘点。原则上要求所有库存物品每两月至少循环一次。
4.7.2 物管中心应在财务部的组织下，每年至少组织一次全面盘点。
4.7.3 盘点后及时将实物数与电脑数核对，如有差异应查证原因并及时跟进处理。如属供应商原因造成的短少应第一时间通知采购、财务等相关部门处理。如属盘盈或不可避免的亏损情形时，应呈报财务核准后作账务调整，相关损失报总经理审批后处理。若为保管责任短少时，则由仓库经管人员负责赔偿。
4.7.4 仓库应及时与供应商、客户进行对账工作，包括以下事项。
(1) 成品发货对账，由成品仓负责，每月4日前完成。
(2) 外协、外购收货对账，由各分仓负责，每月10日前完成。
(3) 外协发料及核销对账，由外协核算员负责，每月10日前完成。
(4) 客户供料及核销对账，由客户供料核算员负责，每月10日前完成。
(5) 对账数据应以电脑记录为准（手工管理的仓库暂以手工账为准）。
(6) 发现对账差异，应及时查证原因并予以更正，如有损失或其他异常情况（如非正常超定额领发料）应及时报告财务部门和相关业务部门。
4.8 呆滞、不良品处理。
4.8.1 仓库应随时关注呆滞、不良物料和产品，至少每月定期填报一次。
4.8.2 对重大质量事故或操作失误造成的呆滞、不良品或物料，应随时填报处理。
4.8.3 对已填报的呆滞、不良品应及时连续跟进直至处理完毕。
4.9 沟通协调及服务。
4.9.1 仓库及仓管员必须具备良好的服务意识，保持良好的服务态度，客户优先，生产为重。当服务对象违规操作或提出不合理要求时，应不卑不亢、以理服人。
4.9.2 对工作中遇到问题、困难及矛盾时，应及时采取"沟通三步骤"，进行良好沟通直至问题解决。
4.10 人员变动及移交。
4.10.1 仓管人员变动，必须办理交接手续。移交事项及有关凭证，要列出清单，写明情况，双方签字，领导见证，事后发生纠葛，仍由原移交人负责赔偿。对失职造成的亏损，除照价赔偿外，还要给纪律处分。
4.10.2 应移交事项包括但不限于以下内容。
(1) 经管的货物。
(2) 单据、存卡、账本（必要时）及经管的文件、档案资料。
(3) 经管的操作设备、设施、工具及文具用品等。
(4) 未了应跟进事宜。
4.11 检查、监督与考核。
4.11.1 电脑工程负责对仓库的ERP运作实施指导、检查与考核。
4.11.2 品质保证负责对仓库的质量控制实施审计、监督。
4.11.3 行政总务负责对仓库的安全管理、现场管理实施检查、监督与考核。
4.11.4 财务部负责对仓库的整体运作及单据、账卡、档案管理实施指导、检查、监督与考核。

拟订		审核		审批	

制度4：仓库温湿度控制管理办法

××公司标准文件		××有限公司 仓库温湿度控制管理办法	文件编号××-××-××	
版本	第×/×版		页　次	第×页

1　目的
　　建立本公司仓库温度、相对湿度控制管理制度，使其在仓库温度、相对湿度控制管理工作中有法可依。
2　范围
　　本公司仓库的温度、相对湿度控制。
3　责任
　　仓库保管员具体负责执行。
4　内容
　　4.1　本公司的仓库划分为：常温库、暖库、阴凉库、冷柜（库）。
　　4.1.1　常温库：原料库、辅料库、包装材料库、成品库、危险品库。
　　4.1.2　暖库：净料库。
　　4.1.3　阴凉库。
　　4.1.4　冷柜（库）。
　　4.2　各仓库温度、相对湿度要求如下。
　　4.2.1　对常温库的温度、相对湿度要求如下：温度 10～30℃，相对湿度 40%～65%。
　　4.2.2　对暖库的温度、相对湿度要求如下：温度 18～30℃，相对湿度 40%～65%。
　　4.2.3　阴凉库的温度、相对湿度要求如下：温度 2～10℃，相对湿度 40%～65%。
　　4.2.4　对冷柜（库）的温度、相对湿度要求如下：温度 2～–10℃，相对湿度 30%～65%。
　　4.3　仓库温度、相对湿度的监控。
　　4.3.1　仓库保管员应在每个工作日都对本库的温度、相对湿度进行监控，一天两次，一般在早上 8:00 和下午 4:00，用温湿度表进行测量并将结果做好记录。
　　4.3.2　仓库温湿度记录由保管员保存，按月汇报并于月底交给生产设备部审核后存档。
　　4.3.3　当发现库区温湿度范围超过规定数值时，应立即汇报质检人员。当天气不正常时，应加大监控密度，并做好记录和各项防范措施。
　　4.4　采取措施。
　　4.4.1　当温度过高时，应采取通风降温的方式。
　　4.4.2　当相对湿度过高时，应采取通风措施来降低相对湿度。

拟订		审核		审批	

制度5：化学危险物品储存管理办法

××公司标准文件		××有限公司 化学危险物品储存管理办法	文件编号××-××-××	
版本	第×/×版		页　次	第×页

1　目的
　　为了加强对化学危险物品的储存管理，保证安全生产，保障人民生命财产的安全，保护环境，特制订本制度。
2　适用范围
　　我公司化学危险品的储存管理。
3　职责
　　我公司内储存、使用化学危险物品的单位和个人。
4　管理规定
　　4.1　化学危险品定义
　　本标准所指化学危险物品是根据《危险化学品安全管理条例》分类，包括爆炸品、压缩气体和液化气体、易燃液体、易燃固体、自燃物品和遇湿易燃物品、氧化剂和有机过氧化物、有毒品和腐蚀品等。
　　4.2　仓库设置
　　4.2.1　危险化学品仓库按其使用性质和经营规模分为三种类型：大型仓库（库房或货场总面大于 $9000m^2$）；中型仓库（库房或货场总面积在 $550～9000m^2$ 之间）；小型仓库（库房或货场总面积小于 $550m^2$）。

续表

××公司标准文件		××有限公司 化学危险物品储存管理办法	文件编号××-××-××	
版本	第×/×版		页　次	第×页

4.2.2　大中型危险化学品仓库应选址在远离市区和居民区的当在主导风向的下风向和河流下游的地域。

4.2.3　大中型危险化学品仓库应与周围公共建筑物、交通干线（公路、铁路、水路）、工矿企业等距离至少保持1000m。

4.2.4　大中型危险化学品仓库内应设库区和生活区，两区之间应有2m以上的实体围墙，围墙与库区内建筑的距离不宜小于5m，并应满足围墙建筑物之间的防火距离要求。

4.2.5　危险化学品专用仓库应向县级以上（含县级）公安、消防部门申领消防安全储存许可证。

4.3　建筑结构

4.3.1　危险化学品的库房建筑应符合GBJ 16—1987第4章的要求。

4.3.2　危险化学品仓库的建筑屋架应根据所存危险化学品的类别和危险等级采用木结构、钢结构或装配式钢筋混凝土结构，砌砖墙、石墙、混凝土墙及钢筋混凝土墙。

4.3.3　库房门应为钛门或木质外包铁皮，采用外开式。设置高侧窗（剧毒物品仓库的窗户应加高铁护栏）。

4.3.4　毒害性、腐蚀性危险化学品库房的耐火等级不得低于二级。易燃易爆性危险化学品库房的耐火等级不得低于三级。爆炸品应储存于一级轻顶耐火建筑内，低中闪点液体、一级易燃固体、自燃物品、压缩气体和液化气体类应储存于一级耐火建筑的库房内。

4.4　储存规定

4.4.1　认真贯彻执行《常用化学危险品储存通则》（GB 15603—1995）。

4.4.2　化学危险物品的储存要有专用仓库、专用场地或专用储存室（柜），要定量、定性储存，并设专人管理。易燃易爆物品禁止存放在冰箱内。

4.4.3　化学危险物品仓库，应当符合有关安全防火规定，并根据物品的种类、性质设置相应的通风、防爆、泄压、防火、防雷、报警、灭火、防晒、调温、消除静电、防护围堤等安全设施。

4.4.4　化学危险物品要分类、分项存放，标签完整清晰，封口严密。堆垛之间的主要通道要有安全距离，不得超量储存。

4.4.5　遇水、遇潮易燃烧、爆炸或产生有毒有害气体的化学危险品，不得在露天、潮湿、漏雨和低洼容易积水的地点存放。

4.4.6　受阳光照射容易燃烧、爆炸或产生有毒气体的化学危险物品和桶装或罐装等易燃液体、气体应当在阴凉通风地点存放。

4.4.7　与化学危险物品的化学性质或防护、灭火方法相互抵触的化学危险物品，不得在同一仓库或同一储存室内存放，不得同地装卸、同车并运。

4.4.8　化学危险物品入库前，必须进行严格的检查登记，入库后要定期检查，发现异常，及时整改。

4.4.9　危险物品，要设专人保管，严格领取制度。剧毒物品应严格实行"双人保管""双人收发料""双人领料""双本账""双锁"的"五双"管理制度。

4.4.10　储存化学危险品的仓库和储存易燃、可燃物品的仓库内，严禁吸烟和使用明火作业。因特殊需要，要由仓库负责人上报办理动火手续，采取安全措施后方可进行作业。对进入仓库内的机动车辆必须采取防火措施和履行审批手续。

4.4.11　不准在危险品仓库设置办公室、休息室，更不准住人。每日工作结束后，应进行安全检查，然后关闭门窗、切断电源，方可离开。

4.4.12　储存化学危险品的仓库，要根据《储存化学危险品的安全消防管理标准》配备消防力量和灭火设施以及报警装置。

4.4.13　化学危险品的入库、领用、清退要有严格的检查制度。

4.4.14　危险化学品在生产使用场所实行限量存储制，一般不超过三天的用量，防止重大事故。停产检修、节日停产期间的危险化学品必须退库保管，严禁在车间存放。

4.4.15　仓库保管员和从事易燃易爆等危险品工作的人员，必须具有优秀的政治、业务素质，并熟练掌握防火、灭火、防毒等安全知识和应急措施。

4.4.16　储存易燃、易爆化学危险品的库房，必须安装避雷设备。

4.4.17　储存化学危险品的库房必须安装通风设备，并注意设备的防护措施。

4.4.18　储存化学危险品的库房通排风系统应设有导除静电的接地装置。

4.4.19　通风管应采用非燃烧材料制作。

4.4.20　通风管道不宜穿过防火墙等防火分隔物，如必须穿过时应用非燃烧材料分隔。

4.4.21　采暖管道和设备的保温材料，必须采用非燃烧材料。

××公司标准文件		××有限公司 化学危险物品储存管理办法	文件编号××-××-××	
版本	第×/×版		页 次	第×页

4.4.22　储存化学危险品的仓库必须配备有专业知识的技术人员，其库房及场所设专人管理，管理人员必须配备可靠的个人安全防护用品，并正确使用。

4.4.23　危险品仓库要符合国家《建筑设计防火规范》要求，并配备足够数量的消防、防护器材，且与生产、生活区有适当的距离。

4.4.24　危险品库必须有出入库存、发放管理制度，主管部门要加强检查，严格执行。

4.4.25　储存化学危险品的压力容器如液氨储罐等安全附件必须齐全可靠且按"压力容器安全监察规程"的有关规定由设备部负责对附件和容器定期进行检验，确保安全可靠。

4.4.26　储存化学危险品的常压容器应定期由有资质部门进行探伤、检验，合格后方可继续使用。

4.4.27　危险化学品储罐应设置防溢堤及独立排放、回收设施。

4.4.28　危险化学品使用、储存场所必须设置应急、收集、清洗设施。

4.4.29　入库的危险化学品应符合产品标准，收货保管员应严格按GB 190的规定验收内外标志、包装、容器等，并做到账、货、卡相符。

4.4.30　库存危险化学品应根据其化学性质分区、分类、分库储存，禁忌物料不能混存。灭火方法不同的危险化学品不能同库储存。

4.4.31　库存危险化学品应保持相应的垛距、墙距、柱距。垛与垛间距不小于0.8m，垛与墙、柱的间距不小0.3m，主要通道的宽度不于小1.8m。

4.4.32　危险化学品仓库的保管员应经过岗前和定期培训，持证上岗，做到一日两检，并做好检查记录。检查中发现危险化学品存在质量变质、包装破损、渗漏等问题应及时通知货主或有关部门，采取应急措施解决。

4.4.33　危险化学品仓库应设有专职或兼职的危险化学品养护员，负责危险化学品的技术养护、管理和监测工作。

4.4.34　各类危险化学品均应按其性质储存在适宜的温湿度环境内。

4.5　库房管理"十不准"

4.5.1　不准设办公室。

4.5.2　不准社休息室。

4.5.3　不准住人。

4.5.4　不准用可燃材料搭建隔层。

4.5.5　不准使用碘钨灯。

4.5.6　不准使用日光灯。

4.5.7　不准使用电熨斗。

4.5.8　不准使用点炉子。

4.5.9　不准使用电烙铁。

4.5.10　不准使用60W以上的灯泡。

拟订		审核		审批	

制度6：成品仓管理办法

××公司标准文件		××有限公司 成品仓管理办法	文件编号××-××-××	
版本	第×/×版		页 次	第×页

1　目的

规范仓库作业，做好物流管理工作。

2　适用范围

××中心仓及各分公司、子公司、生产基地成品、样品、次品的收、发、存等仓库及账务管理。

3　定义

3.1　成品：生产完工，已经包装，可以销售的产品。

3.2　半成品：成型车间生产完工，但仍需后期加工，未包装，不能进行销售的产品。

3.3　样品：用于销售展厅和客户需要的产品样板。

续表

××公司标准文件		××有限公司成品仓管理办法	文件编号 ××-××-××	
版本	第×/×版		页次	第×页

4 权责

4.1 仓管员：负责成品、样品、次品的入库、储存和发货。

4.2 搬运工：负责成品、样品、次品的入库、出库搬运、装车、卸车、堆放工作和板车使用、维修、保养工作。

4.3 叉车工：负责成品和次品的装卸车、产品转仓、车间转产、配件车间转产、饭堂叉油等，以及叉车的使用、维修、保养工作。

4.4 记账员：负责成品仓的账务管理。

5 管理内容

5.1 产品进出仓。

5.1.1 产品进仓。产成品经质量检验合格，由分级车间人员填写《产品送货清单》（一式五联，发货部门、收货部门、电脑室、司机和搬运工各一联），仓管员、分级车间人员和司机共同核对产品编号、等级、色号、规格、包装、数量，并签名确认后才能入库。

5.1.2 产品出仓。

（1）仓管员按序号在调度室接单，并核对《提货单》的日期、购货单位、产品编号、等级、数量、印章、打单人员签名、打印时间、打印次数等，正确无误后方可发货。超过三天的《提货单》必须办理延期手续，在延期时间内方能发货，超过延期时间的必须重新开《提货单》方能发货。如因停电等特殊原因不能及时开单，必须凭证证部门负责人当天签名的《临时手写提货单》，并说明不能及时开单的原因，同时要求在K6系统内有货时一天内补单。

（2）接单后仓管员带领客户提货车辆进入仓库装车区，按照装车数量安排车辆停放好并检查车箱是否清洁。将《客户满意度调查表》交给客户司机。

（3）仓管员把《提货单》中的搬运工联交给指定的搬运组组长，由组长安排专人负责打板。

（4）仓管员与负责打板的搬运工一起，按照《提货单》上的产品编号、色号、规格、等级、区位、数量核对物、卡是否一致，确定无误后进行打板（首先打大堆头产品，再打小堆头产品）。打板过程中搬运工必须在打的每个托板上都要用粉笔写明提货车的车牌号码以及产品编号，且仓管员必须在存卡上做好标识以便销卡。

（5）仓管员把《提货单》中的叉车司机联交给叉车司机，并安排叉车司机按照《提货单》上的区位将打好板的产品叉到指定的车边（托板上的车牌与提货车的车牌一致），等待装车。验货仓管员不在提货车处，叉车司机不准将产品叉上车。

（6）验货仓管员和搬运工以及客户司机按照《提货单》上的产品编号、色号、规格、等级、区位、数量进行点货装车，做好装车记录（柜车填写一式二份装柜记录，记录上必须填写车牌号、柜箱号、产品清单、时间、《提货单》编码、客户编码），并准备好所装产品的客户编码章，监督搬运工盖好"客户编码章"。装车时必须严格分开产品编码、色号并做好标识，方便客户卸车。检查产品包装是否完好（需要更换的必须更换）。遇到特殊情况需要变更《提货单》内容的（如改色号、区位、实发数等）须经请示，方可变更，并在《提货单》上注明变更原因，以便记账员调账。

（7）装车完毕后，仓管员再次确认确定所发品种的产品编号、色号、等级、数量等信息，无误后填写《提货单》实发数、司机车牌号码，盖上已提货印章并签名，同时将填写清晰完整的《提货单》和装车（柜）记录交给客户司机确认签名，把《提货单》（一式六联）各联分别交给相应人员（仓管员、客户司机、叉车司机、搬运工、调度员及门卫），并收回《客户满意度调查表》，给客户司机放行。

（8）发货后，仓管员按《提货单》上的内容回区位点数，逐笔在《存卡》上销数，并签名确认。

（9）如果有产品破损，仓管员必须在调度室统一填写《成品仓产品破损出库表》，注明破损原因并签名。

5.1.3 样品发放。

（1）经销商或业务员需要样品时，必须填写《样品申请单》，经审批后交单证员进行开单。

（2）样品必须在样品的左上角贴上产品标签，填写产品编号，然后再适当包装好。

（3）样品发放完毕，仓管员在《提货单》上盖上已提货印章并签名确认，同时要求顾客签名确认，一联交给顾客，一联自存。

5.2 产品、次品的储存。

5.2.1 仓库产品储存每栋限高（略）。

5.2.2 产品堆放要整齐、稳固，有漏雨的地方要盖好雨布。仓库出现白蚁时要立即用药物喷杀。仓库内严禁烟火。下班后要切断电源，每个仓库应按照消防要求合理设置灭火器及消防通道。

××公司标准文件		××有限公司	文件编号××-××-××	
版本	第×/×版	成品仓管理办法	页　次	第×页

5.2.3　仓管员要经常对储存的产品进行检查，发货时出现质量问题的要及时通知仓库主管，经品管部检验合格后方能发货，包装损烂的要及时更换。

5.2.4　仓库应划分区域，并设置标识，产品入库时应按区域堆放。

5.2.5　包装纸箱上产品标识出现错误时，要及时退回分级车间更改，并办理出入仓手续。

5.2.6　产品应严格按照编码、等级、色号、规格、包装、数量整车入库，仓管员负责安排搬运工卸车进仓，并不定期将小堆头的同编号、同色号产品合并。仓库容量不足时，要及时向主管反映。

5.3　样品储存。

5.3.1　不同类别、编号、规格的样品贴好标签后，分别整齐地摆放在样品架上，在样品架上相应的位置处要标明相同的编号。

5.3.2　样品的储存量每个品种为2箱以内，并根据需要及时补充新产品，每月盘点一次，对停产或已淘汰的产品、样品要及时取消。

5.4　产品破损处理。

5.4.1　产品破损由仓管员填写《成品仓产品破损出库表》，写明破损原因。运输破损、仓储破损由仓库主管审批。质量原因破损、品管抽检破损由品管部经理（分公司品管科科长）审批。淘汰产品报损处理由总经理审批。

5.4.2　仓库破损产品由仓库人员统一堆放在一个地点，监察部每周清点并在破损出库单上签名确认。监察部确认后的破损实物才可清理。

5.4.3　记账人员凭已签名的破员单在存卡、分类账、电脑账减数。

5.4.4　月结后，破损数据报财务。

5.5　放行管理。

5.5.1　除出口装货柜的产品外，原则上成品仓不开《产品放行条》。放行的依据是信息系统打印出来的提货单。

5.5.2　出口装货柜的《产品放行条》由仓库主管签名才有效。

5.5.3　非我公司产品的放行由发货人（部门）填写《物资放行条》，《物资放行条》必须注明发货日期、单据日期、号码、单号、编码、等级、包装、数量，提货人、发货人确认并签名。

5.5.4　《物资放行条》一式两联，存根联和门卫联，如果作废必须收齐两联贴在原号码上写上作废字样。

5.6　退货、换货的规定（按《退换货管理流程》进行操作）。

5.7　盘点（按《成品仓盘点作业流程》进行操作）。

5.7.1　记账员应负责仓库盘点工作，根据仓管员提供的数据，计算出盘盈、盘亏数据，填写《成品仓盘盈盘亏报告表》报仓库主管领导审核，公司分管领导审批后方可记账。

5.7.2　每月月结记账员编制《产成品收发存月报表》一式两份，一份报财务部，一份自存。

5.8　账务管理。记账员严格按《成品仓业务操作手册》的要求进行系统操作和单据录入。

5.9　搬运工作业守则。

5.9.1　搬运工必须服从搬运班长及仓管员的管理，做好产品的搬运工作。

5.9.2　搬运过程中要做到轻拿轻放，禁止碰撞、丢摔，保持包装整洁、标识完整，堆放时要整齐、稳固。

5.9.3　产品出仓装车前需经仓管员点数确认后方可搬运装车，并按客户要求保质、保量把产品装好。装车完毕要协助仓管员核对数量，检查装车质量。

5.9.4　作业完毕必须搞好场地卫生，每天对仓库清扫一次，每月对库存产品灰尘清扫一次，确保仓库干净、整齐。

5.9.5　所使用的板车等工具，实行定人、定车、定维修保养。

5.9.6　严禁穿拖鞋上班，严禁在厂内、仓库吸烟。

6　仓管员工作职责

6.1　按时上班，如因工作需要加班的，必须无条件加班完成工作任务，否则作离岗处理，情节严重者则调离工作岗位。

6.2　衣冠不整者不能上班。

6.3　勤检查所管区域的产品、卫生。凡公司、车间检查卫生不合格者要进行适当的处分。

6.4　离开办公室要关灯、关电风扇。

6.5　必须熟悉产品的品种编码、规格、色号、配套等产品知识及产品存放的地点、区号。

续表

××公司标准文件		××有限公司 成品仓管理办法	文件编号××-××-××	
版本	第×/×版		页 次	第×页

6.6　必须熟悉发货操作流程和规定要求，认真检查核对提货单中的品种、等级、色号、规格、数量等内容，发货时要认真、细心检查核对。

6.7　收货时要认真核对品种、色号、尺码、级别、数量，有错处要及时向车间反映并在回单上注明，同时要指挥搬运工将产品堆放到指定地方按要求堆放整齐，不得让搬运工自作主张，发现有产品堆错者（混色、混尺、错数）作失职处理，对包装不合格的产品要拉回分级处并做好记录。

6.8　拿单时特别注意是不是三天内提货、有没有调拨章和打单员的签名。

6.9　装车前必须与搬运工共同验单确定所发产品的编码、等级、色号、数量等才能装车。

6.10　在装车过程中仓管员和搬运工要检查包装箱上所盖的编码、色号、尺码，以免混夹其他品种。

6.11　装好车后要上车对照提货单点数，要回头重点所发堆头数，确定无误后才能放行。

6.12　凡发错产品、发错数量的要追究发货人的责任。

6.13　凡报废的产品，必须注明原因、数量。

6.14　产品发货装柜时，必须要认真核对每个柜的柜号、封号、车号，记录在放行条上，同时也把柜号、封号、车号记录在提货单上。即使未装满柜，或要到其他仓库再装货的，也要记录柜号、封号、车号。

6.15　发货必须有提货单，无提货单不准发货。

6.16　装车完毕后，仓管员确认产品无误后填写《提货单》实发数，盖上已提货印章并签名。装柜的要写柜号和封号并填写柜单，并将客户联贴到柜门封柜，同时将填写清晰完整的《提货单》和装柜记录交给客户司机确认签名，把《提货单》（一式六联）各联分别交给相应人员（仓管员、客户司机、叉车司机、搬运工、仓库及门卫，并收回《客户满意度调查表》，给客户司机放行。

6.17　仓管员负责的管区，对所管理的产品要做到每日部分小盘点、核对，一周内一大盘。每月月终盘点时间为两天（一天盘点、一天为返盘）。盘点时不能休息，凡需要返盘的均由各自区域管理员负责复盘完毕，不能拖拉、等待。如无特殊原因者迟一天扣1分。

6.18　对顾客要热情、礼貌，主动去接单，及时组织搬运、发货、装车，热情解答顾客的疑问，对顾客提出而不能立即解决的问题，不能一口回拒，要有回旋余地，尽可能帮助顾客解决困难，急顾客所急。

6.19　以上规定如有不按要求执行者扣（1～5）分/次，并承担一切后果。

7　搬运工岗位职责

7.1　对产品进行人工搬运，包括产品出货装车、区内位移、区间位移等工作。

7.2　必要时负责仓库的抢险、抗洪、消防及其他工作。

7.3　托板维修、保养（专人负责）。

7.4　工作要求、注意事项如下。

7.4.1　必须服从部门领导、班长、组长及仓管员的工作安排。

7.4.2　出货时，应协助仓管员，严格按照提货单所标的规格、等级、色号进行装车，并就产品准确度进行把关。

7.4.3　搬运产品时必须轻拿轻放，严格按照部门规定的装车标准进行装车。

7.4.4　不得与客户司机、仓管员及叉车司机等发生争吵。

7.4.5　严格遵守公司各项规章制度，不得在仓库禁烟区抽烟。

7.4.6　装车前，必须看好提货单上的客户编码，然后将转轮印调成对应数字，加盖于产品包装箱表面。

7.4.7　装车后，应把场地打扫干净。

7.4.8　装货完成后，须把包材、托板及指定的地方堆放好，破损产品移至指定的地方进行堆放。

7.4.9　若在过程中不慎摔坏产品，必须按公司规定价格进行赔偿。

8　叉车司机的岗位职责与要求

8.1　协助仓管员，负责已打板产品的进出仓移动。

8.2　协助仓管员，对指定产品进行搬仓。

8.3　维修工负责叉车及相关设备的维修、维护和保养。

8.4　服从部门领导、班长及仓管员的各种工作安排。

8.5　叉车操作安全注意事项如下。

8.5.1　升高时，人不能站在货叉及托盘上。

8.5.2　不能把叉车用于牵引其他车辆。

8.5.3　禁止用货叉去推货物或其他物体。

8.5.4　禁止用货叉去开、关其他门或车门。

8.5.5　车速必须控制在5公里/小时。

8.5.6　拐弯时，需多加留意，确认其附近是否有人。

拟订		审核		审批	

制度7：仓库盘点作业管理流程

××公司标准文件		××有限公司	文件编号××-××-××	
版本	第×/×版	仓库盘点作业管理流程	页 次	第×页

1 目的

为确保公司库存物料盘点的正确性，达到仓库物料有效管理和公司财产有效管理的目的，特制订合理的盘点作业流程。

2 范围

适用于仓库所有库存物料的盘点工作。

3 职责

3.1 仓库部：负责组织、实施仓库盘点作业；最终盘点数据的查核、校正；盘点总结。

3.2 财务部：负责稽核仓库盘点作业数据，以反馈其正确性。

3.3 IT部：负责盘点差异数据的批量调整。

4 盘点方式

4.1 定期盘点。

4.1.1 月末盘点：仓库平均每两月组织一次盘点，盘点时间一般在第二月的月底，月末盘点由仓库负责组织，财务部负责稽核。

4.1.2 年终盘点：仓库每年进行一次大盘点，盘点时间一般在年终放假前的销售淡季，年终盘点由仓库负责组织，财务部负责稽核。

4.1.3 定期盘点作业流程参照7.1～7.9执行。

4.2 不定期盘点。不定期盘点由仓库自行根据需要进行安排，盘点流程参考7.1～7.9，且可灵活调整。

5 盘点方法及注意事项

5.1 盘点采用实盘实点方式，禁止目测数量、估计数量。

5.2 盘点时注意物料的摆放，盘点后需要对物料进行整理，保持原来的或合理的摆放顺序。

5.3 所负责区域内物料需要全部盘点完毕并按要求做相应记录。

5.4 参照初盘、复盘、查核、稽核时需要注意的事项。

5.5 盘点过程中注意保管好"盘点表"，避免遗失，造成严重后果。

6 盘点工作安排

6.1 盘点计划书。

6.1.1 月底盘点由仓库和财务部自发根据工作情况组织进行，年终盘点需要征得总经理的同意。

6.1.2 开始准备盘点一周前需要制作好"盘点计划书"，计划中需要对盘点具体时间、仓库停止作业时间、账务冻结时间、初盘时间、复盘时间、人员安排及分工、相关部门配合及注意事项做详细计划。

6.2 时间安排。时间安排见下表。

盘点时间安排

事务	时间安排	具体目的
初盘	计划在一天内完成	确定初步的盘点结果数据
复盘	根据情况安排在第一天完成或在第二天进行	验证初盘结果数据的准确性
查核	在初盘、复盘过程中或复盘完成后由仓库内部指定人员操作	验证初盘、复盘数据的正确性
稽核	根据稽核人员的安排而定，在初盘、复盘的过程中或结束后都可以进行，一般在复盘结束后进行	稽核初盘、复盘的盘点数据，发现问题，指正错误

盘点开始时间和盘点计划共用时间根据当月销售情况、工作任务情况来确定，总体原则是保证盘点质量和不严重影响仓库正常工作任务。

6.3 人员安排。

人员分工见下表。

续表

××公司标准文件		××有限公司 仓库盘点作业管理流程	文件编号××-××-××	
版本	第×/×版		页次	第×页

盘点人员分工

人员分工	责任
初盘人	负责盘点过程中物料的确认和点数、正确记录盘点表,将盘点数据记录在"盘点数量"一栏
复查人	初盘完成后,由复盘人负责对初盘人负责区域内的物料进行复盘,将正确结果记录在"复盘数量"一栏
查核人	复盘完成后由查核人负责对异常数量进行查核,将查核数量记录在"查核数量"一栏中
稽核人	在盘点过程中或盘点结束后,由总经理和财务部、行政部指派的稽核人和仓库经理负责对盘点过程予以监督盘点物料数量,或稽核已盘点的物料数量
数据录入员	负责盘点查核后的盘点数据录入电子档的"盘点表"中

根据以上人员分工设置,仓库需要对盘点区域进行分析,进行人员责任安排。

6.4 相关部门配合事项。

6.4.1 盘点前一周发"仓库盘点计划"通知财务部、QC部、采购部、客服部、销售部、IT部,并抄送总经理,说明相关盘点事宜。仓库盘点期间禁止物料出入库。

6.4.2 盘点三天前要求采购部尽量要求供应商或档口将货物提前送至仓库收货,以提前完成收货及入库任务,避免影响正常发货。

6.4.3 盘点三天前通知QC部,要求其在盘点前4小时完成检验任务,以便仓库及时完成物料入库任务。

6.4.4 盘点前和IT部主管沟通好,预计什么时间将最终盘点数据送到,由其安排对数据进行库存调整工作。

6.5 物资准备。盘点前需要准备A4夹板、笔、透明胶、盘点卡。

6.6 盘点工作准备。

6.6.1 盘点一周前开始追回借料,在盘点前一天将借料全部追回,未追回的要求其补相关单据。因时间关系未追回也未补单据的,借料数量作为库存盘点,并在盘点表上注明,借料单作为依据。

6.6.2 盘点前需要将所有能入库归位的物料全部归位入库登账,不能归位入库或未登账的进行特殊标示注明不参加本次盘点。

6.6.3 将仓库所有物料进行整理整顿标示,所有物料外箱上都要求有相应物料编号、储位标示。同一储位物料不能放超过2米远的距离,且同一货架的物料不能放在另一货架上。

6.6.4 盘点前仓库账务需要全部处理完毕。

6.6.5 账务处理完毕后需要制作"仓库盘点表",表的格式请参照附件,并将完成后的电子档发邮件给对应财务人员(有单项金额)。

6.6.6 在盘点计划时间只有一天的情况下,需要组织人员先对库存物料进行初盘。

6.7 盘点会议及培训。

6.7.1 盘点作业培训:包括对参加盘点人员培训有关盘点作业流程、上次盘点错误经验、盘点中需要注意事项等。

6.7.2 会议:组织相关参加盘点人员召开会议,以便落实盘点各项事宜,包括盘点人员及分工安排、异常事项如何处理、时间安排等。

6.7.3 模拟盘点:让所有参加盘点的人员了解和掌握盘点的操作流程和细节,避免出现错误。

6.8 盘点工作奖惩。

6.8.1 在盘点过程中需要本着"细心、负责、诚实"的原则进行盘点。

6.8.2 盘点过程中严禁弄虚作假、虚报数据;盘点粗心大意导致漏盘、少盘、多盘;书写数据潦草、错误;丢失盘点表;随意换岗;复盘人不按要求对初盘异常数据进行复盘,"偷工减料";不按盘点作业流程作业等(特殊情况需要领导批准)。

6.8.3 对在盘点过程中表现特别优异和特别差的人员参考"仓库人员工作及奖惩制度"做相应考核。

6.8.4 仓库根据最终"盘点差异表"数据及原因对相关责任人进行考核。

续表

××公司标准文件		××有限公司 仓库盘点作业管理流程	文件编号××-××-××	
版本	第×/×版		页次	第×页

7 盘点作业流程

  7.1 初盘前盘点

  7.1.1 因时间安排原因,盘点总共只有一天或时间非常紧张的情况下,可安排合适人员先对库存物料进行初盘前盘点。

  7.1.2 初盘前盘点作业方法及注意事项。

(1)最大限度保证盘点数量准确。

(2)盘点完成后将外箱口用胶布封上,并要求将盘点卡贴在外箱上。

(3)已经过盘点封箱的物料在需要拿货时一定要如实记录出库信息。

(4)盘点时顺便对物料进行归位操作,将箱装物料放在对应的物料零件盒附近,距离不得超过两米。

  7.1.3 初盘前盘点作业流程。

(1)准备好相关作业文具及"盘点卡"。

(2)按货架的先后顺序依次对货架上的箱装(袋装,以下统称箱装)物料进行点数。

(3)如发现箱装物料对应的零件盒内物料不够盘点前的发料时,可根据经验拿出一定数量放在零件盒内(够盘点前发货即可)。一般拿出后保证箱装物料为"整十"或"整五"数最好。

(4)点数完成后在盘点卡上记录编号、储位、盘点日期、盘点数量,并确认签名。

(5)将完成的"盘点卡"贴在或订在外箱上。

(6)最后对已盘点物料进行封箱操作。

(7)将盘点完成的箱装物料放在对应的物料零件盒附近,距离不得超过两米。

(8)按以上流程完成所有箱装、袋装物料的盘点。

  7.1.4 初盘前已盘点物料进出流程。

(1)如零件盒内物料在盘点前被发完时,可以开启箱装的已盘点的物料。

(2)开启箱装物料后根据经验拿出一定数量放在零件盒内(够盘点前发货即可),一般拿出后保证箱装物料为"整十"或"整五"数最好。

(3)拿出物料后在外箱上贴的"盘点卡"上予以记录拿货日期、数量,并签名。

(4)最后将外箱予以封箱。

  7.2 初盘

  7.2.1 初盘方法及注意事项。

(1)只负责"盘点计划"中规定的区域内的初盘工作,其他区域在初盘过程不予以负责。

(2)按储位先后顺序和先盘点零件盒内物料再盘点箱装物料的方式进行先后盘点,不允许采用零件盒与箱装物料同时盘点的方法。

(3)所负责区域内的物料一定要全部盘点完成。

(4)初盘时需要重点注意下盘点数据错误原因:物料储位错误、物料标示编号错误、物料混装等。

  7.2.2 初盘作业流程。

(1)初盘人准备相关文具及资料(A4夹板、笔、盘点表)。

(2)根据"盘点计划"的安排对所负责区域内进行盘点。

(3)按零件盒的储位先后顺序对盒装物料进行盘点。

(4)盒内物料点数完成确定无误后,根据储位和编号在"盘点表"中找出对应的物料行,并在表中"零件盒盘点数量"一栏记录盘点数量。

(5)按此方法及流程盘完所有零件盒内物料。

(6)继续盘点箱装物料,也按照箱子摆放的顺序进行盘点。

(7)在此之前如果安排有"初盘前盘点",则此时只需要根据物料外箱"盘点卡"上的标示确定正确的编号、储位信息和盘点表上的编号、储位信息进行对应,并在"盘点表"上对应的"箱装盘点数量"一栏填上数量即可,同时需要在"盘点卡"上进行盘点标记表示已经记录了盘点数量。

(8)如之前未安排"初盘前盘点"或发现异常情况(如外箱未封箱、外箱破裂或其他异常时)需要对箱内物料进行点数。点数完成确定无误后根据外箱"盘点卡"上信息在对应盘点表的"箱装盘点数量"一栏填上数量即可。

(9)按以上方法及流程完成负责区域内整个货架物料的盘点。

(10)初盘完成后根据记录的盘点异常差异数据对物料再盘点一次,以保证初盘数据的正确性。

(11)在盘点过程中发现异常问题不能正确判定或不能正确解决时可以找"查核人"处理。初盘时需要重点注意下盘点数据错误原因:物料储位错误、物料标示编号错误、物料混装等。

续表

××公司标准文件		××有限公司 仓库盘点作业管理流程	文件编号××-××-××	
版本	第×/×版		页次	第×页

（12）初盘完成后，初盘人在"初盘盘点表"上签名确认，签字后将初盘盘点表复印一份交给仓库经理存档，并将原件给到指定的复盘人进行复盘。

（13）初盘时如发现该货架物料不在所负责的盘点表中，但是属于该货架物料，同样需要进行盘点，并对应记录在"盘点表"的相应栏中。

（14）特殊区域内（无储位标示物料、未进行归位物料）的物料盘点由指定人员进行。

（15）初盘完成后需要检查是否所有箱装物料都有进行盘点，和箱上的盘点卡是否有表示已记录盘点数据的盘点标记。

7.3　复盘
7.3.1　复盘注意事项。
（1）复盘时需要重点查找以下错误原因：物料储位错误、物料标示编号错误、物料混装等。
（2）复盘有问题的需要找到初盘人进行数量确认。

7.3.2　复盘作业流程。
（1）复盘人对"初盘盘点表"进行分析，快速作出盘点对策，按照先盘点差异大后盘点差异小、再抽查无差异物料的方法进行复盘工作。复盘可安排在初盘结束后进行，且可根据情况在复盘结束后再安排一次复盘。

（2）复盘时根据初盘的作业方法和流程对异常数据物料进行再一次点数盘点，如确定初盘盘点数量正确时，则"盘点表"的"复盘数量"不用填写数量，如确定初盘盘点数量错误时，则在"盘点表"的"复盘数量"填写正确数量。

（3）初盘所有差异数据都需要经过复盘盘点。
（4）复盘时需要重点查找以下错误原因：物料储位错误、物料标示编号错误、物料混装等。
（5）复盘完成后，与初盘数据有差异的需要找初盘人予以当面核对，核对完成后，将正确的数量填写在"盘点表"的"复盘数量"栏，如以前已经填写，则予以修改。

（6）复盘人与初盘人核对数量后，需要将初盘人盘点错误的次数记录在"盘点表"的"初盘错误次数"中。

（7）复盘人不需要找出物料盘点数据差异的原因，如果很清楚确定没有错误可以将错误原因写在盘点表备注栏中。

（8）复盘时需要查核是否所有的箱装物料全部盘点完成及是否有做盘点标记。
（9）复盘人完成所有流程后，在"盘点表"上签字并将"盘点表"给到相应"查核人"。

7.4　查核
7.4.1　查核注意事项。
（1）查核最主要的是最终确定物料差异和差异原因。
（2）查核对于问题很大的，也不要光凭经验和主观判断，需要找初盘人或复盘人确定。

7.4.2　查核作业流程。
（1）查核人对复盘后的盘点表数据进行分析，以确定查核重点、方向、范围等，按照先盘点数据差异大、后盘点数据差异小的方法进行查核工作。查核可安排在初盘或复盘过程中或结束之后。

（2）查核人根据初盘、复盘的盘点方法对物料异常进行查核，将正确的查核数据填写在"盘点表"上的"查核数量"栏中。

（3）确定最终的物料盘点差异后需要进一步找出错误原因并写在"盘点表"的相应位置。
（4）按以上流程完成查核工作，将复盘的错误次数记录在"盘点表"中。
（5）查核人完成查核工作后在"盘点表"上签字并将"盘点表"交给仓库经理，由仓库经理安排"盘点数据录入员"进行数据录入工作。

7.5　稽核
7.5.1　稽核注意事项。
（1）仓库指定人员需要积极配合稽核工作。
（2）"稽核人"盘点的最终数据需要"稽核人"和仓库"查核人"签字确认方为有效。

7.5.2　稽核作业流程。
（1）稽核作业分仓库稽核和财务行政稽核，操作流程基本相同。
（2）稽核人员用仓库事先做好的电子档的盘点表根据随机抽查或重点抽查的原则筛选制作出一份"稽核盘点表"。

续表

××公司标准文件		××有限公司	文件编号××-××-××	
版本	第×/×版	仓库盘点作业管理流程	页 次	第×页

（3）稽核根据需要在仓库进行初盘、复盘、查核的过程中或结束之后进行稽核（具体时间参照"仓库盘点计划"）。

（4）稽核人员可先自行抽查盘点，合理安排时间，在自行盘点完成后，要求仓库安排人员（一般为查核人）配合进行库存数据核对工作。每一项核对完成无误后在"稽核盘点表"的"稽核数量"栏填写正确数据。

（5）稽核人员和仓库人员核对完成库存数据的确认工作以后，在"稽核盘点表"的相应位置上签名，并复印一份给到仓库查核人员，由查核人负责查核。查核人确认完成后和稽核人一起在"稽核盘点表"上签名。如配合稽核人员抽查的是查核人，则查核人可以不再复查，将稽核数据作为最终盘点数据，但数据差异需要继续寻找原因。

7.6 盘点数据录入及盘点错误统计

7.6.1 经仓库经理审核的盘点表交由仓库盘点数据录入员录入电子档盘点表中，录入前将所有数据，包括初盘、复盘、查核、稽核的所有正确数据手工汇总在"盘点表"的"最终正确数据"中。

7.6.2 仓库盘点录入员录入数据以"盘点表"的"最终正确数据"为准录入电子档盘点表中，并将盘点差异原因录入。

7.6.3 录入工作应仔细认真保证无丝毫错误，录入过程发现问题应及时找相应人员解决。

7.6.4 录入完成以后需要反复检查三遍，确定无误后将电子档"盘点表"发邮件给总经理审核，同时抄送财务部、采购组、客服主管、IT部主管。

7.7 最终盘点表审核

7.7.1 仓库确认及查明盘点差异原因。

（1）因我司物流系统的原因，一般经过仓库确定的最终盘点表在盘点数据库存调整之前没有足够的时间去查核，只能先将"盘点差异表"发给IT部调整再查核未查明原因的盘点差异物料。在盘点差异物料较少的情况下（可以先发盘点差异给采购，不影响采购交货的情况下），需要全部找出原因再经过总经理审核后再调整。

（2）在盘点差异数据经过库存调整之后，仓库继续根据差异数据查核差异原因，需要保证将所有的差异原因全部找出。

（3）全部找出差异原因后查核人将电子档盘点表的差异原因更新，交仓库经理审核，仓库经理将物料金额纳入核算，最终将"盘点差异（含物料和金额差异）表"呈交总经理审核签字。

（4）仓库根据盘点差异情况对责任人进行考核。

（5）仓库对"盘点差异表"进行存档。

7.7.2 财务确认。

（1）在仓库盘点完成后，财务稽核人员在仓库"盘点表"的相应位置签名，并根据稽核情况注明"稽核物料抽查率""稽核抽查金额比率""稽核抽样盘点错误率"等。

（2）总经理审核完成后"盘点差异表"由财务部存档。

7.7.3 总经理审核。

7.8 盘点库存数据校正

7.8.1 总经理书面或口头同意对"盘点表"差异数据进行调整后，由IT部门根据仓库发送的电子档"盘点表"负责对差异数据进行调整。

7.8.2 IT部门调整差异数据完成后，形成"盘点差异表"并发邮件通知财务部、采购组、仓库组、客服主管、总经理。

7.9 盘点总结及报告

7.9.1 根据盘点期间的各种情况进行总结，尤其对盘点差异原因进行总结，写成"盘点总结及报告"，发送总经理审核，抄送财务部。

7.9.2 盘点总结报告需要对以下项目进行说明：本次盘点结果、初盘情况、复盘情况、盘点差异原因分析、以后的工作改善措施等。

8 相关表单

8.1 盘点表。

8.2 稽核盘点表。

8.3 盘点差异表。

拟订		审核		审批	

制度8：仓库月终盘点计划

××公司标准文件		××有限公司 仓库月终盘点计划	文件编号××-××-××	
版本	第×/×版		页次	第×页

1 目的
为明确参与盘点人员的责任，保证盘点数据的准确性，特制订本仓库月终盘点计划办法。

2 盘点范围
指正常在库商品和其他应列入盘点范围的物品。

3 盘点时间
由物流部牵头会同相关部门于30～31日全天8:00～17:30，实施盘点工作，如需加班另行通知。8:00所有人员直接到仓库集合，集中培训盘点具体要求和方法。吃饭时间中午1个小时，11:30～12:30，工作餐由公司统一安排。

4 盘点人员的指派与职责
  4.1 总盘人：由仓储部经理担任，负责盘点工作的总指挥，督导盘点工作的进行及异常事项的裁决。盘点表，按品牌分类，分货位号打印好，分发每个小组，具体工作财务部负责。由行政部准备水笔和10个计算器。
  4.2 初盘人：由各部门参加人员负责点计数量。
  4.3 复盘人：由各部门参加人员负责2次盘点。
  4.4 抽检人：由财务部和各部门主管对复盘数据进行抽检确定最终数据，记录抽检结果（抽检数据以正常销售单品总数量的40%作为抽检依据）。

5 盘点前准备
  5.1 盘点安排及会议。
  5.1.1 盘点总负责人提前做好书面盘点安排，即提前确定盘点时间、盘点单位、盘点人员及盘点单位负责人、盘点时注意事项、盘点表录入人员、录入时间及完成时间。
  5.1.2 盘点表应准确记录以下内容：盘点日期、盘点品牌、货号及自编码、数量、点数人员、复核记录人员。
  5.1.3 盘点总负责人在盘点前3天召开盘点会议，即对各盘点单位负责人召开本次盘点会议。
  5.2 外部客户沟通准备。营销部经理具体安排部门人员以电话、QQ、邮件、短信等方式，通知到客户，告知我公司30～31日盘点时间不发货，可以提前订货。
  5.3 物品整理。
  5.3.1 盘点单位管理人员在盘点前安排整理被盘点商品，并按正品、赠品、封箱商品、待处理商品4类商品划分。正品按货架、货位整理。
  5.3.2 残品、赠品、封箱商品，将返厂商品和待处理商品集中分类存放。
  5.3.3 待处理商品和将返厂商品存放待发区域，对此类商品必须与仓库管理人员确认完毕，盘点总负责人并将对其进行检查。

6 盘点要求
  6.1 所有盘点应静态盘点，盘点开始3小时前禁止货物进出及移动。
  6.2 初盘人盘过后保留数据，复盘人盘过后和出盘人数据核对，并记录出错信息，复盘人不得以初盘人数据为参考进行复盘。
  6.3 盘点中不得玩手机、不得听音乐、不得串岗。
  6.4 抽检人应认真如实记录抽检结果。
  6.5 所有参加盘点人员应认真负责、团结一致，确保本次盘点数据的准确率。

7 奖惩措施
  7.1 抽检人发现有一个错误的对初盘复盘人每人罚款5元，并对错误单品采取重盘。
  7.2 发现有2～3个错误的罚款10元，上报总盘负责人安排人员对其品牌重盘。
  7.3 对于在此次盘点中所负责盘点品牌无误，表现突出的小组每人给予50元奖励。

8 盘点表录入
  8.1 盘点表的录入由盘点总负责人安排仓库人员4日内录完，并当天审核盘点单据。
  8.2 录入的录单人员应保证货号准确。
  8.3 录入盘点数量与盘点表记录的数量一致，要求快捷而准确。所有盘点表上的商品在规定时间之内全部录入。
  8.4 录不上去的商品做标记，并上报主盘人。

9 台账建立
以此次盘点的实际数量为台账的期初数据，由仓储部库管员负责录入工作。

拟订		审核		审批	

制度9：库存物品账务处理办法

××公司标准文件		××有限公司 库存物品账务处理办法	文件编号××-××-××	
版本	第×/×版		页　次	第×页

1　目的

为了让公司员工明确库存物品账务处理的相关知识，使公司的库存物品账务处理明细化，提高公司的运作效率，特制订本办法。

2　适用范围

适用于公司对库存物品账务处理的相关事宜。

3　具体内容

3.1　入库账务处理

3.1.1　对于新购物品，采购部在物品到达仓库前3日内将相关订购单、提货单和验收单等单据交仓储部，仓储部根据单据对物品进行验收和入账。

3.1.2　仓库管理员将入库物品根据类别将其型号、规格和数量等信息详细进行登记。

3.1.3　仓储部在所购物料入库当日，根据实际进货规格和数量填制"物品（供应品）进库单"，并根据公司财务管理制度将相关单据及时转送财务部入账。

3.2　分公司进货账务处理

3.2.1　公司下属分公司进货凭借"物品（供应品）订货单"向仓储部订货。

3.2.2　仓储部对各分公司的订货，应于接到订货单的当日答复并组织出货，出货时应填制"物品（供应品）调拨单"，除第四联自存外，第一联、第二联、第三联应连同物品寄送进货单位签收。

3.2.3　各分公司在收到仓储部发出的物品时，应及时根据"货品交运明细表"及"物品（供应品）调拨单"上的进货内容办理验收进货，而后在"库存物品明细表"或"存货日记簿"上入账。"物品（供应品）调拨单"应于验收无误签收后，将其第二联寄还仓储部，第三联连同"货品交运明细表"第二联及时送交财务部，第一联自行留存。

3.2.4　仓库管理员就所保管的物品按型号或规格分别填写"型号明细表"或"存货日记簿"。

3.3　出货账务处理

3.3.1　库存任何物品的出货，由领货人出示经单位主管签准的"物品领货单"，销售部人员还应另填写"物品领货卡"等作为出货的凭单。

3.3.2　"物品领货单"一式两联，第一联由领货人交财务人员存查，第二联由仓储部存查。"物品领货卡"由仓储部于每月月底当天将销售部各月内所领出的物品（尚未还仓部分）逐一按人员分别登入，而后发文至各单位，并由各公司财务人员统一代为保管。

3.3.3　库存物品出货后，仓库管理员应于当日凭着"物品领货单"上的记载登入型号登记簿中有关的记载栏内，作为该物品去向的追踪，物品领货记录卡则应于出货时，由仓库管理员签注后，立即交还原出货人。

3.3.4　领货人必须在出货当日开具发票交货，若不能当天开立发票交货则应于出货当日下班前将领出的物品归还仓储部。如因将物品送往客户处试用以致无法还仓时，应于出货的当日下班前，将已经客户正式盖章签收或单位主管签发的"物品试用签收单"交仓库管理员保管。

3.3.5　领出物品如系已商妥欲交货的，领货人应于出货后根据物品领货记录卡上的型号、号码等有关资料，另填写"交货通知请示单"，请示核准后，交公司财务会计开具发票。

3.3.6　财务会计在开具发票时应先核对"交货通知请示单"内有关客户名称、物品型号、号码等的记载是否与"物品领用记录卡"上所载相符，同时还应根据卡上所载内容将其详细记载到发票摘要栏内，不得误登或漏登。

3.4　还仓账务处理

领出的物品如系供客户试用、演示或更换等而还仓的，原领货人应将物品及物品领用记录卡一起交到仓储部，仓库管理员负责验收后，在物品领用记录卡上签收，并将原领货人的"物品领货单"加注物品还仓日期后作废，还仓的物品若经发现有毁损或附件短缺情形时，则仓库管理员应依据实际验收情形，另行填制"物品（附件）毁损赔偿明细单"，交由领货人签认后，第一联由领货人留存，第二联送财务部扣款，第三联由仓库管理员留存。

3.5　旧货回收账务处理

3.5.1　销售部销售物品应客户要求必须收回旧货时，应依"权责划分办法"的规定，在事先请示核准后，才能办理旧货回收手续。旧货回收应填写"物品进库单"，同时在备注栏内注明"旧货估回"等字样，并依"权责划分办法"的规定，呈请签准后，向仓储部办理物品进仓。

续表

××公司标准文件		××有限公司 库存物品账务处理办法	文件编号××-××-××	
版本	第×/×版		页 次	第×页

3.5.2　仓库管理员在收到回收的物品时，应依照"物品进库单"上所示内容，办理签收入账，第二联交由原持人送交公司财务会计附于当日销货报告后，并由财务部稽核，第三联由仓储部留存。

3.6　销货退回账务处理

3.6.1　销售部在销售物品时遇有销货退回情形发生时，应立即填写"物品（供应品）进库单"，同时在备注栏内注明"销货退回"字样，并依"权责划分办法"的规定呈请签准后，向仓储部办理物品进仓。

3.6.2　仓库管理员在收到销货退回的物品时，应立即详细检查，如无毁损或附件短少情形，应立即在"物品（供应品）进库单"上予以签收，同时登入物品登记簿内，并将"物品（供应品）进库单"的第一联转送财务部入账，第二联交由原持货人向公司财务办理销货退回手续，然后附于当日的销货报告后一并送交财务部稽核，第三联由仓储部留存。如物品经仓库管理员检查发现有毁损或附件短少情形时，应立即依实际验收情形另行填写"物品（附件）毁损赔偿明细单"，经由原持物品人签认后，第一联由原持物品人留存，第二联送财务部扣款，第三联由仓库管理员留存。

3.7　供应品出货账务处理

3.7.1　供应品经出货后，如是耗用，则领货人应填写"附件（供应品）耗用单"，并依"权责划分办法"规定呈报核准后，交仓储部凭以销账。

3.7.2　公司财务人员在编制销货报告时，不得有漏填型号的事情发生。凡未经出货，财务人员不得擅自虚开发票，如因实际需要，应由该笔交易的经办人事先书面呈副总经理核准后，方能先行开具发票，而该书面报告应随同销货报告转送仓储部保管。未附送书面报告者，一律不予核计实绩。

3.7.3　仓库管理员根据每日销货报告分别销账，不得误销或漏销。

3.7.4　库存物品如因不可避免的因素，导致有所毁损时，仓库管理员应填写"物品送修单"表明缺件或故障情形，连同物品一起送服务单位修护。

3.7.5　"物品送修单"一式四联，第一联由送修单位仓库管理员存查，第二、第三联由送修单位连同物品送仓储部转送服务部签收后，第二联由仓储部留存，第三联由服务部留存，第四联由服务部填写预定修妥日期后，寄还送修单位交仓库管理员收存。

3.7.6　服务部修妥送修的物品后，应将原留存的"物品送修单"第三联及物品一并转交仓储部，并由仓库管理员签收后留存，如该物品是分公司送修的物品，则仓库管理员应于两日内寄还送修单位。

3.7.7　分公司送修的待料物品，除非向仓储部办理调拨手续转由仓储部进货，否则一律视为存货账上的库存物品。

3.7.8　仓库管理员应于每日自行清点所经管的物品，并于月底填写"物品存货月报表"和"供应品存货月报表"送交仓储部及财务部核对，仓储部核对无误后，在次月5日前向上级主管呈报上月全公司的"物品存货月报表"及"供应品存货月报表"。

拟订		审核		审批	

第三节　物品储存管理表格

表格1：随机储放人工储存记录表

随机储放人工储存记录表见表8-1。

表8-1　随机储放人工储存记录表

储位号码	储位空间		货品名称	货品代号
存取日期、时间	采购单号码	进货量	拣货单号码（订单号码）	拣取量	库存量

表格2：随机储放电脑记录表

随机储放电脑记录表见表8-2。

表8-2　随机储放电脑记录表

储位号码	储位空间	货品名称	货品代号	货品库存	储位剩余空间

注：此记录表要随时与进货、出货、退货资料配合更改。
（1）进货：该货品进货量→加至货品库存→扣减储位剩余空间。
（2）出货：该货品出货量→由货品库存扣减→增加储位剩余空间。
（3）退货：该货品维修后再入库量→加至货品库存→扣减储位剩余空间。

表格3：仓库巡查记录表

仓库巡查记录表见表8-3。

表8-3　仓库巡查记录表

检查项目	月 日 星期一	月 日 星期二	月 日 星期三	月 日 星期四	月 日 星期五	月 日 星期六	月 日 星期日
库房清洁							
作业通道							
用具归位							
货物状态							
库房温度							
相对湿度							
照明设备							
消防设备							
消防通道							
防盗							
托盘维护							
检查人							

注：1.消防设备每月做一次全面检查。
2.将破损的托盘每月集中维护处理。

表格4：半年无异动滞料明细表

半年无异动滞料明细表见表8-4。

表8-4　半年无异动滞料明细表

物料名称	单位	名称规格	入库日期	最近半年无异动			发生原因		拟处理方式		
				数量	单位	金额	原因	说明	办法	数量	期限

主管批准：　　　　　　　　　　　　经办人：

表格5：安全库存报警表

安全库存报警表见表8-5。

表8-5　安全库存报警表

物料编号	物料名称	最低安全库存	最高安全库存	实际库存数量

表格6：使用剧毒化学品登记表

使用剧毒化学品登记表见表8-6。

表8-6　使用剧毒化学品登记表

剧毒化学品名称：

日期	入库登记				出库登记						库存数量/kg
	批准文号	供货单位	数量/kg	保管员	数量	用途	出库批准人	提货单号	安全员	保管员	
月　日											
月　日											
月　日											
月　日											
月　日											
月　日											

表格 7：暂存物资保管申请表

暂存物资保管申请表见表 8-7。

表 8-7　暂存物资保管申请表

申请单编号：

申请部门		申请日期	
暂存原因		暂存部门	
预计暂存时间		对应单据编号	
物资名称	规格	暂存数量	备注

申请人及日期：　　　　　　　　　　审批人及日期：

表格 8：暂存物资出库单

暂存物资出库单见表 8-8。

表 8-8　暂存物资出库单

对应暂存申请单编号：

申请部门		出库日期		
物资名称	规格	暂存数量	实际出库数量	备注

申请人及日期：　　　　审批人及日期：　　　　保管员及日期：

表格 9：暂存物资报表

暂存物资报表见表 8-9。

表 8-9　暂存物资报表

申请单编号	暂存部门	暂存日期	预计暂存时限	暂存物资名称	规格	暂存数量	实际出库时间	实际出库数量	备注

表格 10：库存盘点表

库存盘点表见表 8-10。

表 8-10　库存盘点表

物料编号	物料名称	账面数量	库存数量	盈亏	差异原因	处理办法

仓储人员：　　　　　日期：　　　　财务人员：　　　　　　日期：

表格 11：盘点传票样式

盘点传票样式见表 8-11。

表 8-11　盘点传票样式

```
            盘点传票

    日期：_____
    品名：_____
    品号：_____
    数量：_____
    - - - - - - - - - - - - - - -
    日期：_____
    品名：_____
    品号：_____
    数量：_____
                    [印]
```

表格 12：盘点卡

盘点卡见表 8-12。

表 8-12　盘点卡

卡号		日期			
物品名称		物品编号			
物品规格		存放位置			
账面数量		实盘数量		差异	
备注					
复盘人					
盘点人					

表格13：盘点架样式

盘点架样式见表8-13。

表8-13　盘点架样式

盘点架				
日期：_____ 品名：_____ 品号：_____ 数量：_____				
日期	传票	出	入	余

表格14：盘点清册

盘点清册见表8-14。

表8-14　盘点清册

编号：

部门				盘点日期						
盘点卡号	编号	单位	实盘数量	账面数量	差异数量	单价	差异金额	差异原因	储放位置	
合计										
说明				会计		复盘		盘点人		

表格15：盘点差异分析表

盘点差异分析表见表8-15。

表8-15　盘点差异分析表

物品编号	仓位号码	单位	原存数量	实盘数量	差异数量	差异/%	单价	金额	差异原因	累计盘赢盘亏数量	累积盈亏金额	建议对策
				合计						合计		

表格16：盘点异动报告表

盘点异动报告表见表8-16。

表8-16　盘点异动报告表

盘点日期	物品编号	物品名称	盘盈数量	盘亏数量	盘盈（亏）金额	原存数量	实盘数量	累计盘盈亏数量	单价	累计盘盈亏金额

表格17：库存盈亏明细表

库存盈亏明细表见表8-17。

表8-17　库存盈亏明细表

类别：　　　　　　　　　　　日期：

项次	品名	物料编号	单位	账面数量	盘点数量	差异	差异原因

厂长：　　　　　　　　主管：　　　　　　　　制表：

表格18：盘盈（亏）库存账目调整表

盘盈（亏）库存账目调整表见表8-18。

表8-18　盘盈（亏）库存账目调整表

年		凭证		摘要	收入	发出	结存
月	日	种类	号码				

表格19：盘盈（亏）保管卡调整表

盘盈（亏）保管卡调整表见表8-19。

表8-19　盘盈（亏）保管卡调整表

收发记录							
日期	单据号码	出库量	存量	入库量	退回	订货记录	备注

表格20：物资盘查表

物资盘查表见表8-20。

表8-20　物资盘查表

编号：　　　　　　　　　　　　　日期：

物资类别（编码）	物资名称	规格型号	计量单位	账面数量	实盘数量	单价	盈亏数量	盈亏金额	库龄	存放地点
合计	—	—	—						—	—

库管：　　　　　　　　料账：　　　　　　　　　　　　负责人：

注：一式三联，分别为仓库联、料账联、财务联。

表格21：盈亏报告单

盈亏报告单见表8-21。

表8-21　盈亏报告单

编号：　　　　　　字号：　　　　　　　　　　日期：

物资编码	物资名称	规格型号	计量单位	单价	盈亏数量	盈亏金额	盈亏原因	存放地点
合计	—	—	—				—	—

主管领导意见：

　　　　　　　　　　　　　　　　　负责人：　　　　年　　月　　日

财务部门意见：

　　　　　　　　　　　　　　　　　负责人：　　　　年　　月　　日

上级主管部门意见：

　　　　　　　　　　　　　　　　　负责人：　　　　年　　月　　日

财务主管部门意见：

　　　　　　　　　　　　　　　　　负责人：　　　　年　　月　　日

料账：　　　　　　　　库管：　　　　　　　　　　　　负责人：

 **学习总结**

通过本章的学习，我对仓库储存管理有了以下几点新的认识：

1.＿＿＿＿＿＿＿＿＿＿＿＿＿＿＿＿＿＿＿＿＿＿＿＿＿＿＿＿＿＿＿＿＿＿＿＿＿

2.＿＿＿＿＿＿＿＿＿＿＿＿＿＿＿＿＿＿＿＿＿＿＿＿＿＿＿＿＿＿＿＿＿＿＿＿＿

3.＿＿＿＿＿＿＿＿＿＿＿＿＿＿＿＿＿＿＿＿＿＿＿＿＿＿＿＿＿＿＿＿＿＿＿＿＿

4.＿＿＿＿＿＿＿＿＿＿＿＿＿＿＿＿＿＿＿＿＿＿＿＿＿＿＿＿＿＿＿＿＿＿＿＿＿

5.＿＿＿＿＿＿＿＿＿＿＿＿＿＿＿＿＿＿＿＿＿＿＿＿＿＿＿＿＿＿＿＿＿＿＿＿＿

我认为根据本公司的实际情况，应制订以下制度和表格：

1.＿＿＿＿＿＿＿＿＿＿＿＿＿＿＿＿＿＿＿＿＿＿＿＿＿＿＿＿＿＿＿＿＿＿＿＿＿

2.＿＿＿＿＿＿＿＿＿＿＿＿＿＿＿＿＿＿＿＿＿＿＿＿＿＿＿＿＿＿＿＿＿＿＿＿＿

3.＿＿＿＿＿＿＿＿＿＿＿＿＿＿＿＿＿＿＿＿＿＿＿＿＿＿＿＿＿＿＿＿＿＿＿＿＿

4.＿＿＿＿＿＿＿＿＿＿＿＿＿＿＿＿＿＿＿＿＿＿＿＿＿＿＿＿＿＿＿＿＿＿＿＿＿

5.＿＿＿＿＿＿＿＿＿＿＿＿＿＿＿＿＿＿＿＿＿＿＿＿＿＿＿＿＿＿＿＿＿＿＿＿＿

我认为本章的内容不够全面，还需补充以下方法、制度和表格：

1.＿＿＿＿＿＿＿＿＿＿＿＿＿＿＿＿＿＿＿＿＿＿＿＿＿＿＿＿＿＿＿＿＿＿＿＿＿

2.＿＿＿＿＿＿＿＿＿＿＿＿＿＿＿＿＿＿＿＿＿＿＿＿＿＿＿＿＿＿＿＿＿＿＿＿＿

3.＿＿＿＿＿＿＿＿＿＿＿＿＿＿＿＿＿＿＿＿＿＿＿＿＿＿＿＿＿＿＿＿＿＿＿＿＿

4.＿＿＿＿＿＿＿＿＿＿＿＿＿＿＿＿＿＿＿＿＿＿＿＿＿＿＿＿＿＿＿＿＿＿＿＿＿

5.＿＿＿＿＿＿＿＿＿＿＿＿＿＿＿＿＿＿＿＿＿＿＿＿＿＿＿＿＿＿＿＿＿＿＿＿＿

第九章　仓储安全卫生管理工具

引 言

仓库一旦发生意外，轻则造成公司财产的损失，重则危及到现场人员的生命安全。因此，企业应对仓库安全的预防及维护工作予以特别重视。

本章学习指引

目标	了解仓储安全卫生管理的要点，并能够运用所提供的范本，根据本企业的实际情况制订相应的管理制度、表格

学习内容

管理要点	• 做好仓库消防安全管理 • 仓库机械设备操作安全 • 仓库电器设备安全 • 危险品安全操作要求 • 仓库治安保卫管理 • 仓管人员安全管理 • 加强仓库5S管理
管理制度	• 库房安全管理制度 • 仓库安全管理制度 • 仓库安全作业指导书 • 仓管员安全操作规程 • 仓库防火安全管理办法 • 仓库消防安全管理制度 • 仓库安全事故应急预案 • 仓库安全考核与奖惩方案 • 仓库清洁卫生标准操作规程 • 仓储5S管理规定
管理表格	• 仓储单位安全生产检查表 • 仓库安全情况检查记录表 • 危险化学品仓库检查表 • 危险化学品仓库检查记录表 • 仓库消防检查记录 • 防火检查记录 • 仓库防火管理检查表 • 消防安全活动记录 • 消防设施器材检查、维修保养记录 • ……

第一节　仓储安全卫生管理要点

要点1：做好仓库消防安全管理

要做好库区环境安全管理，重点是要做好消防安全管理。消防安全管理涉及很多工作，如火灾报警、灭火器使用、灭火器检查、火灾扑救、消防培训等，每项工作都应当按照相关流程进行。消防安全管理的流程如图9-1所示。

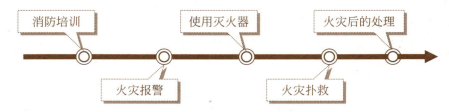

图9-1　消防安全管理流程

（一）消防培训

仓库集中储存着大量的物品，从仓库不安全的因素及危害程度来看，火灾造成的损失最大，因此，仓库消防管理是仓库安全管理的重中之重。仓库消防管理必须认真贯彻"预防为主，防消结合"的消防方针，学习和执行《中华人民共和国消防法》和公安部制订的《仓库防火安全管理规则》。

1. 制订培训计划

计划是行动的前提，因此必须有针对性地做好消防培训计划。

2. 选定授课人

明确授课人，由人力资源部指派，多为消防管理负责人或当地消防管理部门的仓管人员。

3. 确定地点与实践

选择授课地点，确定授课时间。

4. 明确培训内容

明确授课内容：防火知识、灭火常识、火场的自救与救人、灭火的基本方法与原则。

5. 培训考核

培训结束后，应对参加人员进行考核。

6. 记录存档

必须做好相关培训记录，并存档，以作为员工日后绩效考核的重要依据。

（二）火灾报警

消防工作实践证明，报警晚是酿成火灾的重要原因之一。仓库应配备准确可靠的报警系统，一旦仓库中某处发生火情，报警装置能及时准确地报警，仓库保卫部门就能迅速报告消防队和通知全体仓库员工，以便及时组织扑救，避免火势的蔓延。

不管火势大小，只要发现失火，就应立即报警。报警时，应根据火势情况，选择既快又好的方式。首先向身边人员发出火警信号，同时以迅捷的方式报告公安消防队，然后再通知其他人员和有关部门。报警越早，损失越小，报警后应有人到路口接消防车到达火灾现场。火灾报警的流程具体如下。

1. 通知消防中心

（1）仓库现场任何人员发现火灾时要使用最快捷的方式通知消防中心，通知时说明火警地点、类型、火势情况，以及自己的姓名、部门、职位。

（2）找不到电话可击碎报警器玻璃或按下手动报警器报警。

（3）注意通知时尽量保持冷静，以免引起恐慌。

2. 拨打119急救电话

如果火势严重，须立刻拨打119火警电话。报警内容应包括以下信息。

（1）发生火灾的详细地址，包括街道名称、门牌号码、高层建筑要讲明第几层楼等。设在乡村的仓库发生火灾要讲明县名、乡（镇）名、村庄名称等。

（2）起火物，如库房、油库、露天堆场等。库房着火应讲明为何种建筑物，如砖木结构、钢筋水泥结构、高层货架仓库等。尤其应注意讲明起火物是何物，如液化石油气、汽油、化学试剂、棉花等，以便消防部门根据情况派出相应的灭火车辆。

（3）火势情况，如冒烟、有火光、火势猛烈，有几栋房屋着火等。

（4）报警人要报明自己的电话号码、姓名，以便再联系。

3. 报警后处理

报警后，返回火警发生处并召集火警现场的同事，使用最近且适合的灭火器控制燃烧范围。

（三）使用灭火器

当火灾发生时，在报警之后可以使用现场的灭火工具来控制火灾的蔓延。以下是常见灭火器的使用方法和注意要点。

1. 干粉灭火器的使用

这种灭火器使用的灭火材料是干粉和CO_2，类型有手提式和推车式，其使用方法如下。

（1）手提式的使用：使用手提式灭火器灭火时，应先拔去保险销，一只手握住喷嘴，对准火苗根部，另一只手提起提把，然后拉起拉环或压下压把，灭火器即可喷射。灭火时人要保持直立，不可水平或颠倒使用。

（2）推车式的使用：使用推车式灭火器灭火时，使用前首先要颠倒数次，使干粉松动，然后取出喷管，伸展软管，再用双手紧握喷管，用力压紧喷枪开关，随后拉出保险销，将手柄推到垂直位置或提起提环，对准火焰根部喷射推进。

2. 二氧化碳灭火器的使用

这种灭火器同样有手提式和推车式两种，其使用方法如下。

（1）手提式的使用方法：用右手拔去保险销，并下按压把即可灭火。

（2）推车式的使用方法：先去掉铅封，按逆时针方向旋转手轮即可灭火。

3. 泡沫灭火器的使用

泡沫灭火器的使用方法具体如下。

（1）手提式的使用方法：手提式泡沫灭火器有两种，一种的使用方法是手提提环，在距火源6～8米处，将筒体颠倒，让射流对准燃烧物；另一种的使用方法是拉出保险销，将喷嘴对准火源根部，按下压把，喷泡沫灭火。

（2）推车式的使用方法：先按逆时针方向转动手轮，将螺杆升到最高位置，使瓶盖完全开启，然后，将筒体倾倒，使拉杆触地，对准火源，手持喷筒，扳开阀门，喷射灭火。

4. 消防水带的使用

取出消防水带（一般为20米），展开消防水带，一个接头靠近消火栓，另一个接头尽量靠近火源，将靠近消火栓的接头接上消火栓，另一头接上喷枪，打开消火栓开关供水，紧握喷枪，对准火源喷射推进。注意消防水带每次使用完后要用清水洗净并晾干。

（四）火灾扑救

通常采用的各类灭火方法见表9-1。

表9-1　各类灭火方法

序号	类别	具体说明
1	冷却灭火法	将灭火剂直接喷洒在可燃物上，使可燃物的温度降低到自燃点以下，从而使其停止燃烧，如水、酸碱灭火器、二氧化碳灭火器等均有一定的冷却作用
2	拆移灭火法	又称隔离灭火法，它是将燃烧物与附近可燃物质隔离或疏散开，从而使燃烧停止，比如，将火源附近的易燃易爆物品转移到安全地点；关闭设备或管道上的阀门，阻止可燃气体、液体流入燃烧区；拆除与火源相毗连的易燃建筑结构，建立阻止火势蔓延的空间地带等
3	窒息灭火法	采用适当的措施，使燃烧物与氧气隔绝，火场上运用窒息法扑救火灾时，可采用石棉被、湿麻袋、砂土、泡沫等不燃或难燃材料覆盖燃烧物或封闭孔洞，用水蒸汽、惰性气体（二氧化碳、氮气等）充入燃烧区域，或用水淹（灌注）的方法进行扑救
4	抑制灭火法	将化学灭火剂喷入燃烧区参与燃烧反应，中止链反应而使燃烧停止。采用这种方法可使用的灭火剂有干粉和卤代烷灭火剂，灭火时，将足够数量的灭火剂准确地喷射到燃烧区内，使灭火剂阻止燃烧反应继续，同时还需采取必要的冷却降温措施，以防复燃

（五）火灾后的处理

一起火灾发生后，必须从中吸取教训，严防类似悲剧再次发生。火灾后的处理工作包括以下4个方面的内容。

1. 调查火灾原因

（1）通过调查访问，弄清起火前的情况和起火时间。

（2）仔细勘察现场，确定起火地点，搜集物证。

（3）综合分析，确定火灾原因，即把调查访问和现场勘察所获得的各种材料，综合起来进行归纳和推理，找出火灾原因。

2. 火灾损失估算与处理

有关部门协助财务部对火灾损失进行估算。已经办理保险的，报保险公司索赔，如果没有办理保险，则要计入损失项目。

3. 事后处理

（1）对因工作失职引起火灾的人员进行处理，对扑救过程中表现英勇者予以嘉奖。

（2）对消防管理工作中的隐患进行整改。

4. 出具处理报告

火灾的处理工作必须出具处理报告，将处理的经过、结果等事项完整地记录下来，并存档。

要点2：仓库机械设备操作安全

仓库的机械化、自动化程度日益提高，为避免在使用机械设备过程中发生事故，工作中需采取一系列安全技术措施，并遵循安全技术操作规程。仓管员应特别重视起重运输机械的安全技术工作。

（一）起重驾驶人员的要求

操作起重运输机械的驾驶人员，必须经过专门技术培训，经有关部门考核合格后持证上岗。驾驶人员应熟悉操作机械的结构和性能，懂得保养方法，严格遵守安全技术操作规则。机械设备在运输前，应对零部件进行检查，如发现问题，及时修复后才能使用。

（二）巷道式堆垛起重机的安全装置

巷道式堆垛起重机在又高又窄的巷道内快速运行，对于它的安全必须特别重视。除了一般起重机常备的一些安全保护装置和措施，如各种机构的终点限位开关、缓冲器、紧急停车、电机过电流和过热保护、控制回路的零位保护等外，还应根据实际需要，增加以下5种安全保护措施。

（1）货叉与运行、起升机构的连锁。当进行堆垛和高速升降时，堆垛机的运行和高速升降电路要闭锁。

（2）入库时要进行货物虚实探测。自动堆垛机到某货格进行入库作业时，应在伸叉存入货物之前，先探测该货格内有无货物，以防双重入库，造成事故。探测器可以是反射式光电开关或机械式探杆。若探测结果为货格内已有货物，则应停止入库作业，并发出"双重入库"的报警信号。

（3）钢丝绳松绳过载、弹簧变形过大时，均碰压行程开关，发出报警信号，使堆垛机停止运作。也可用压力传感器和电子线路代替行程开关作负载限制器。

（4）载货台断绳保护。钢丝绳一旦断裂，载货台连同司机室就会自由下落，这时保护装置的安全挂钩和楔块动作迅速把载货台夹住在立柱导轨上。

（5）声光信号。堆垛机开动前，应先用电铃或闪光灯发出信号，以警告机上或巷道内的检修人员及过往行人。

除此以外，还要设置巷道端头强迫换速、起升机构超速下降保护的超越限位器，及货台上货物不正报警等多种安全设施。

要点3：仓库电器设备安全

仓库中储存的物资有不少是易燃易爆物品，在一定的条件下遇到火花或达到危险温度时极易引起火灾或爆炸事故，所以做好仓库电气设备的安全技术管理工作非常重要。仓库电器设备的安全管理，主要是指防范电气设备和线路产生的电火花或危险温度而导致的事故。

（一）划分危险区域

企业可以根据国家有关标准将危险场所分为0区、1区、2区，具体如图9-2所示。

图9-2 危险场所的分区

（二）通风的等级

危险区域划分不是一成不变的，它与通风效果有密切关系，我国规定的标准中有通风等级评定对危险区域划分的影响的相关内容。通风一般分为高、中、低三级，具体如图9-3所示。

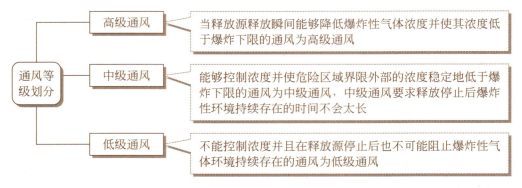

图9-3　通风等级划分

（三）仓库电器设备安全操作要求

（1）各种用电系统的设计、用电装置的选择和安装，都必须符合相关的技术规范或规程。

（2）经常检查电器线路有无破损、漏电现象，电线是否有年久失修现象。

（3）电源开关安装的位置离地面应大于1.5米。灯泡离地面应大于2米，与可燃物间的距离应大于50厘米。灯泡正下方，不准堆放可燃物。

（4）仓库内的灯泡严禁用纸、布或其他可燃物遮挡。仓库内可使用60瓦以下的灯泡，不准用日光灯及60瓦以上的灯泡，最好用防爆灯。

（5）库房内禁止使用电炉等电热器具，不准私拉乱接电线。

（6）库房内不准设置移动式照明灯具，必须使用时需报消防部门批准，并有安全保护措施。

（7）库房内敷设的配电线路，需穿金属管或用非燃性硬塑料管保护。

（8）库房内不准使用电炉、电烙铁、电熨斗、电热杯等电热器具和电视机、电冰箱等家用品。对使用电刨、电焊、电锯、各种车床的部门要严格管理，必须制订安全操作规程和管理制度，并报消防部门批准，否则不得使用。

（9）仓库电器设备的周围和架空线路的下方，严禁堆放物品。对输送机、升降机、吊机、叉车等机械设备易产生火花的部位和电机、开关等受潮后易出现短路的部位要设置防护罩。

（10）仓库必须按照国家有关防雷规定设置防雷装置，并定期检测，保证有效。对影响防雷装置效应的高大树木和障碍，要按规定及时清理。

要点4：危险品安全操作要求

危险品一般是指具有爆炸、易燃、毒害、腐蚀、放射性、污染危害等特性，在运输、装卸和储存过程中，容易造成人身伤害、财产损失或者环境污染而需要特别防护的物质或物品。仓库人员在对这类物品进行仓储作业时，要注意以下8个要点。

（1）存放数量有限量，堆高有限度。

（2）货物堆放要保持"五距"，即墙距、垛距、梁距、柱距和灯距，一般规定货垛与梁、柱距离不少于0.3米，物品与墙、灯的距离不少于0.5米，垛距不少于1米，底距不少于0.1米，超量储存可能发生倒塌造成危险，而且在发生事故时不利于抢救和疏散。

（3）危险仓不宜与其他用途的房屋毗连，也不得将危险化学品的储存场所设在地下室或半地下室内。

（4）危险仓内应设置良好通风条件和隔热、降温、防潮、防汛、防雷等设施，配置防爆灯管和悬挂式自动灭火装置。

（5）危险仓的窗下部离地面不得低于1.8米，地面采用易冲洗的不燃烧地面。

（6）危险仓内须安装洗手盆一个，保证工作人员受污染时能马上得到清洗。

（7）危险仓四周应加围栏，围栏距仓库外墙间距1.2米，危险仓门口应加斜度，仓库内地面比外面高0.2米。

（8）仓内面积5平方米左右，高度为3.2米左右。

要点5：仓库治安保卫管理

仓库治安管理是仓库管理的一项重要工作。仓管员在日常的管理中，要注意人员的治安、物品的安全以及防盗管理。

（一）人员治安管理

仓库治安管理应加强人员安全管理，包括内部人员安全管理和外部人员安全管理两个方面。

1. 内部人员安全管理

仓库内部人员的安全管理，通常是以严格的规章制度来进行约束的。同时，企业的各级行政部门对本部门所辖人员应进行治安宣传教育，一旦出现问题，则由保卫部门配合行政部门解决。

2. 外部人员安全管理

仓管员对外部人员的安全管理，主要是指对驻库员、押运员、提送货人员、联系业务人员、临时工以及探亲访友等人员的管理。

（1）驻库员是经仓库同意，由厂方或业务往来单位派驻仓库，处理日常业务事务的代表。仓库发给驻库员出入证，在治安管理方面视同仓库职工。

（2）提送货人员要进库办理业务，必须向门卫出示提送货凭证，门卫要做好入库登记，收存入库证，指明提送货地点。提送货人员一般不得进入库房，需要进入库房时，要经仓管员同意，并佩挂入库证，由仓管员陪同出入。

（3）来仓库联系业务的工作人员，须持身份证和单位介绍信，做好登记。

（4）仓库临时工一般由人事部门负责管理，临时工工作现场应由正式员工带领。

（5）对来库探亲访友人员，严禁在仓库生产区接待。

（二）物品安全管理

1. 一般物品安全管理

物品储存要分区分类，要求不同类型物品不能混存。物品在库储存，要有专人负责，仓管员要经常检查。

2. 特殊物品安全管理

特殊物品是指稀有贵重金属材料及其成品、珠宝玉器及其他贵重工艺品、贵重药品、仪器、设备、化工危险品、特需物品等。储存此类物品除要遵循一般物品的管理制度和公安部门的管理规定外，还要根据这些物品的性质和特点制订专门的储存管理办法。其主要内容如下。

（1）设专库（柜）储存。储存场所必须要符合防盗、防火、防爆、防破坏等条件。根据情况可以安装防盗门、监视器、报警器等装置。外部人员严禁进入库房。

（2）保管特殊物品要指定有业务技术专长的人员负责，并且必须是两人以上，一人无收发权。

（3）要坚持严格的审批、收发、退货、交接、登账制度，预防在储存、运输、装卸、堆码、出入库等流转过程中发生丢失或错收错发事故。

（4）特殊物品要有特殊的保管措施，要经常进行盘点和检查，保证账物相符。

（5）对过期失效和报废的易燃、易爆、剧毒、腐蚀、污染、放射性等物品，要按照公安部门和环保部门有关规定进行处理和销毁，不得随意处置。

（三）仓库防盗管理

仓库防盗管理包括防内盗管理与防外盗管理两部分。

1.防内盗管理

仓库内盗的主要原因是人员素质与监督措施的缺失。可以从以下两个方面入手，具体内容如下。

（1）提高仓库人员自身素质，开展素质培训，明确工作责任，消除管理盲点，用文明的环境感化人的意识、思维和行为。

（2）强化监督措施，如增加监督设施、提升监管水平、开展有奖举报等。

2.防外盗管理

仓库外盗的主要原因是仓库管理措施不得力，管理方式存在漏洞，要消除外盗必须从以下两个方面着手。

（1）加大管理力度、严格管理制度、提升奖惩幅度、实行主要领导负责制管理等。

（2）消除管理方式的漏洞就是要改善管理工作中的弊端。比如，增设保安人员、更新监控系统、开展巡逻等。

要点6：仓管人员安全管理

由于企业仓储作业的主要内容是装卸搬运货物以及接触不同特性的货品，因而必须注意做好仓管人员的人身安全管理工作。仓库人员的安全管理工作一般可以从以下3个方面着手进行。

（一）树立安全作业的意识

为使仓库能安全地进行作业，树立安全作业意识是非常重要的。为此，仓管员应该做好以下工作。

1.强化安全意识

仓管员应主动接受安全作业方面的培训，使自己从思想上重视安全作业。同时，通过提高仓储设备的技术水平，减少人工直接装卸、搬运，更多地采用机械设备和自动控制装置，是提高作业安全的最有效的方法。比如，现代自动化立体仓库的使用，使作业的安全性大大提高。

2.提高操作技能

作业技术水平的提高，可以有效降低事故的发生，因此，仓管员要接受企业提供的岗位培训和定期技能考核，这样既能提高企业的生产效率，又能提高自身劳动的安全性。

3.认真执行安全规程

仓库作业的安全操作规程，是经过实践检验能有效减少事故发生的规范化的作业操作方法,因此,仓管员应严格执行操作规程,并对不按照安全操作规程的行为进行严肃处理。

(二) 进行安全教育的培训

为了使仓库作业过程在符合安全要求的物质条件和工作秩序下进行,防止伤亡事故、设备事故及各种灾害的发生,企业需要对仓管员开展安全培训。仓库员工安全培训的主要内容如下。

(1) 自觉遵守安全生产规章制度和劳动纪律,不违章作业,并随时制止他人违章作业。
(2) 遵守有关设备维修保养制度的规定。
(3) 爱护和正确使用机器设备、工具,正确佩戴防护用品。
(4) 关心安全生产情况,向有关领导或部门提出合理化建议。
(5) 发现事故隐患和不安全因素要及时向组长或有关部门汇报。
(6) 发生工伤事故,要及时抢救伤员、保护现场,报告领导,并协助调查工作。

(三) 加强岗位规范的遵守

仓管员应遵守岗位职责,坚守岗位,恪尽职守,做到文明上岗。

1. 遵守岗位规范

仓管员要严格遵守岗位规范,做好自己的本职工作。

(1) 遵守作息时间。仓管员必须严格遵守仓库安全制度,坚守岗位,工作时间不得随意离开仓库,有事外出时,必须请假并获得批准后方可离开。
(2) 遵守检查制度。仓管员应熟悉出入仓库人员的证件和物品出库手续,并严格按照制度进行检查。对外来人员、车辆进行登记;对物品出库凭证及出库物品进行详细核对;对仓库安全进行定期检查,并详细地记录检查情况。
(3) 保护仓库安全。仓管员还要熟悉仓库附近的社会情况和地形,当发现行窃、破坏等不法分子时,应及时进行打击,做到心中有数、临危不乱。

2. 做到文明上岗

仓管员除了要履行自己的主要职责外,还要严格遵守所在岗位的文明规范。

(1) 当班必须着装整齐、统一标志、仪容整洁、坚守岗位。
(2) 当班必须热情服务、举止文明、礼貌待人、语言规范。
(3) 要实行文明站岗执勤,及时指挥车辆、人员的进出,保持仓库通道畅通,停车摆放整齐。
(4) 当班人员必须保持仓库的干净、清洁,生活用品(茶杯、毛巾等)应放置整齐,周围环境应整洁有序。
(5) 仓库内不得放置无关物品,无关人员不得随意进入。

要点7:加强仓库5S管理

仓库卫生管理对于仓库的高效运作有很大影响,采取5S管理对于仓库的卫生管理有很大的作用。

(一) 仓库5S问题分析

为了在仓库彻底执行5S,就有必要对仓库的问题进行分析,以便采取相应的对策。以下所列是仓库5S问题点,供参考。

(1) 物品管理5S问题点,见表9-2。

表9-2 物品管理5S问题点

序号	5S不良现象	危害
1	物品乱堆放	可能造成损坏和引起通道不畅
2	物品没有标志	可能造成误用或错取
3	物品上有灰尘	可能影响物品质量
4	物品堆积过高	有跌落的危险
5	物品没有定位	增加寻找物品的时间
6	物品包装破损	可能造成物品损坏
7	无用物品未处理	占用场地,增加管理难度

(2)安全管理5S问题点,见表9-3。

表9-3 安全管理5S问题点

序号	5S不良现象	危害
1	安全隐患多	可能造成火灾或事故
2	灭火装置配置不合理	出现灾害或事故时,可能造成应急对策措施的延误
3	安全通道不畅	
4	消防设备维护不好	
5	应急措施不明确	
6	有不安全设备	可能造成工伤事故

(3)员工精神面貌方面5S问题点,见表9-4。

表9-4 员工精神面貌方面5S问题点

序号	5S不良现象	危害
1	员工无精打采	效率低
2	员工穿戴不整齐	影响公司形象和士气
3	员工抱怨多	影响员工工作积极性,效率低
4	现场员工无所事事	影响公司形象和生产效率
5	员工之间没有问候	影响士气
6	员工不按标准作业	容易造成品质不良和引起安全事故

(4)区域管理方面5S问题点,见表9-5。

表9-5 区域管理方面5S问题点

序号	5S不良现象	危害
1	区域规划混乱	影响效率和形象
2	区域内有垃圾灰尘	影响质量或公司形象
3	区域管理责任不明	
4	区域内有乱张贴	
5	区域没有画线标志	
6	墙面、地面破损脏污	影响公司形象和员工士气
7	门窗桌椅等破损	影响公司形象和员工士气

（5）工作环境方面5S问题点，见表9-6。

表9-6　工作环境方面5S问题点

序号	5S不良现象	危害
1	空气不流通	危害员工身体健康
2	温度、相对湿度过高	
3	粉尘、气味、噪声严重	影响员工健康或产品质量
4	采光或照明不好	
5	地面、楼面震动	影响质量和建筑物安全
6	更衣室、休息室、厕所脏乱	影响员工士气
7	员工没有休息场所	

（6）作业方面5S问题点，见表9-7。

表9-7　作业方面5S问题点

序号	5S不良现象	危害
1	无谓走动多	作业效率低
2	无谓搬动多	
3	作业停顿多	
4	弯腰、曲背、垫脚作业多	作业效率低，工作强度高
5	困难作业多	
6	转身角度过大、不规范作业多	容易造成质量不良和引起安全事故

（7）设备方面5S问题点，见表9-8。

表9-8　设备方面5S问题点

序号	5S不良现象	危害
1	设备上有灰尘	影响形象，易造成设备故障
2	设备油漆脱落	
3	设备上乱张贴	
4	无用设备未处理	占用空间，造成浪费
5	设备故障等未修复	造成设备损坏，降低使用寿命
6	点检标准等不明确	易造成设备不良
7	设备上有安全隐患	可能引起事故

（二）仓库整理要领

1.现场检查

对仓库作业现场进行全面检查，包括看得见和看不见的地方，如设备的内部、文件柜的顶部、货架底部等位置。

2.区分必需品和非必需品

管理必需品和清除非必需品同样重要。首先要判断出物品的重要性，然后根据其使用频率决定管理方法。如清除非必需品、用恰当的方法保管必需品便于寻找和使用，具体见表9-9。

表9-9 必需品与非必需品的判定与处理

类别	使用频率		处理方法	备注
必需品	每个小时		放在工作台上或随身携带	
	每天		工作台附近存放	
	每周		现场存放必需品	
非必需品	每月		存放	定期检查
	三个月			
	半年			
	一年		封存	
	两年			
	不确定	有用	存储	
		无用	变卖、丢弃	定期清理
	不能用		存储	立即进行

3. 清理非必需品

清理非必需品时，把握的原则是看物品现在有没有"使用价值"，而不是原来的"购买价值"，同时注意以下4个着眼点。

（1）货架、工具箱、抽屉中的杂物；过期的报纸、杂志；空罐；已损坏的工具、器皿。
（2）各仓库的墙角、窗台上、货架后、柜顶上摆放的样品、零件等杂物。
（3）长时间不用或已经不能使用的设备、工具、原材料、半成品、成品。
（4）仓库办公场所、桌椅下面、揭示板上的废旧文具、过期文件表格、过期的数据记录等。

4. 非必需品的处理

对非必需品的处理，一般有以下2种方法。

（1）无使用价值。通过折价变卖或者转移为其他用途。
（2）有使用价值。涉及机密、专利，则特别处理；普通废弃物，则分类后出售；污染环境物，则特别处理。

5. 每天循环整理

整理是一个永无止境的过程，现场每天都在变化，整理也必须日日做、时时做。

（三）仓库整顿要领

1. 彻底进行整理

（1）彻底地进行整理，只留下必需物品。
（2）在工作岗位只能摆放最低限度的必需物品。
（3）正确判断出是个人所需品还是小组共需品。
（4）合理地决定物品的保管方法和布局，并彻底实施定点、定位存放管理。将物品、场所的有关内容（名称、数量、状态等）进行标示。

2. 确定放置场所

（1）放在岗位上的哪一个位置比较方便进行布局。
（2）制作一个模型（1∶50），便于布局规划。
（3）将经常使用的物品放在工段的最近处。

（4）特殊物品、危险品设置专门场所进行保管。

（5）物品放置100%定位。

3.规定摆放方法

（1）产品按机能或按种类区分放置。

（2）摆放方法各种各样，如架式、箱内、工具柜、悬吊式，各个岗位提出各自的想法。

（3）尽量立体放置，充分利用空间。

（4）便于拿取和先进先出。

（5）平行、直角、在规定区域放置。

（6）堆放高度应有限制。

（7）容易损坏的物品要分隔或加防护垫保管，防止碰撞。

（8）做好防潮、防尘、防锈措施。

4.进行标示

颜色标示法的运用，具体见表9-10。

表9-10　颜色标示法

颜色	标示内容
绿线	通行道、良品
绿线	固定永久设置
黄线	临时、移动设置
白线	作业区
红线	不良区、不良品

（四）仓库清扫要领

1.清扫要点

（1）对区域、设备进行彻底的清扫。

（2）责任到人，保证无清扫盲区。

（3）做到无垃圾、无污垢。

（4）强化对发生源的处理和对策。

2.清扫的准备工作

（1）安全教育。对员工做好清扫的安全教育，对可能发生的事故（触电、挂伤碰伤、涤剂腐蚀、尘埃入眼、坠落砸伤、灼伤）等不安全因素进行警示和预防。

（2）设备基本常识教育。对为什么会老化、会出现故障，和用什么样的方法可以减少人为劣化因素、如何减少损失等进行教育。

（3）了解机器设备。通过学习设备的基本构造，了解其工作原理，绘制设备简图。对出现尘垢、漏油、漏气、震动、异声等状况的原因进行解析，使员工对设备有一定的了解。

（4）技术准备。指导及制订相关指导书，明确清扫工具、清扫位置，以及加油润滑基本要求、螺钉卸除紧固方法及具体顺序步骤等。

3.清扫

清扫的要点如图9-4所示。

Management Tools
采|购|与|物|流 实用工具大全

要点一 扫除工作岗位一切垃圾、灰尘

(1) 作业人员动手清扫而非由清洁工代替
(2) 清除长年堆积的灰尘、污垢，不留死角
(3) 将地板、墙壁、天花板，甚至灯罩的里边打扫干净

要点二 清扫点检机器设备

(1) 设备本来是一尘不染、干干净净的，所以我们每天都要恢复设备原来的状态，这一工作是从清扫开始的
(2) 不仅设备本身，连带其附属、辅助设备也要清扫（如分析仪、气管、水槽等）
(3) 容易发生跑、冒、滴、漏部位要重点检查确认
(4) 油管、气管、空气压缩机等不易发现和看不到的内部结构要特别留心注意
(5) 一边清扫，一边改善设备状况，把设备的清扫与点检、保养、润滑结合起来

要点三 整修在清扫中发现有问题的地方

(1) 地面凹凸不平，搬运车辆走在上面会让产品摇晃碰撞，导致品质问题发生，连员工也容易摔跟头，这样的地面要及时整修
(2) 对松动的螺栓要马上加以紧固，补上不见的螺丝、螺母等配件
(3) 对需要防锈保护或需要润滑的部位，要按照规定及时加油保养
(4) 更换老化或破损的水管、气管、油管
(5) 清理堵塞管道
(6) 调查跑、滴、冒、漏的原因，并及时加以处理
(7) 更换或维修难以读数的仪表装置
(8) 添置必要的安全防护装置（如防压鞋、绝缘手套等）
(9) 要及时更换绝缘层已老化或被老鼠咬坏的导线

要点四 查明污垢的发生源（跑、滴、冒、漏），从根本上解决问题

即使每天进行清扫，油渍、灰尘和碎屑还是四处遍布，须查明污垢的发生源，从根本上解决问题；制订污垢发生源的明细清单，按计划逐步改善，从根本上灭绝污垢

要点五 实行区域责任制

对于清扫，应该进行区域划分，实行区域责任制，责任到人，不可存在没人理的死角

要点六 制订相关清扫基准

制订相关清扫基准，明确清扫对象、方法、重点、周期、使用工具、担当者等项目，保证清扫质量，促进清扫工作的标准化

图9-4 清扫的要点

（五）仓库清洁要领

仓库清洁要领见表9-11。

表9-11 仓库清洁要领

序号	要领	说明
1	进行教育	必须将5S的基本思想向组员和全体员工进行必要的教育和宣传
2	整理、区分工作区的必需品和非必需品	经过了必要的教育，就应该带领组员到现场，将目前所有的物品整理一遍，并调查它们的使用周期，将这些物品记录起来，再区分必需品和非必需品
3	向作业者进行确认说明	区分必需品和非必需品时，应先向作业者询问确认清楚，并说明一些相关的事情
4	撤走各岗位的非必需品	应该将非必需品从岗位上撤走，而且要迅速地撤下来，决不能以"等明天"的心态对待
5	规定必需物品的摆放场所	现场的必需物品该怎样摆放、是否阻碍交通、是否阻碍作业者操作拿取方便，必须根据实际条件、作业者的作业习惯、作业的要求，合理地规定摆放必需品的位置
6	规定摆放方法	摆放场所规定了，必须要确认一下摆放的高度、宽度以及数量，以便于管理，并将这些规定形成文件，便于日后改善、整体推进和总结
7	进行标示	所有的工作都做了，有必要做一些标志，标示规定的位置、规定的高度、规定的宽度和数量
8	将放置方法和识别方法对作业者进行说明	（1）将规定下来的放置方法和识别方法交给作业者，将工作从推进人员的手中移交给作业者日常维护 （2）在说明时，必须注意原则性的问题。有些作业者开始时会有些不太适应或自认为不对，但对于有必要实行的规定，一定要让他实施，告诉他在实施的过程中可以提出意见，改善这个规定，但是不能擅自取消 （3）对基本要求必须实施强制手段，在完善改进的领域里可以采取民主的手法，强制加民主可以让工作走向最好
9	清扫并在地板上画出区域线，明确各责任区和责任人	必须划分责任区和明确责任人。只有规定了责任范围和责任人，工作才能贯彻下去

第二节 仓储安全卫生管理制度

制度1：库房安全管理制度

××公司标准文件		××有限公司 库房安全管理制度	文件编号××-××-××	
版本	第×/×版		页次	第×页

1 目的
为了加强公司库房安全管理工作，确保库存物品和人员安全。
2 适用范围
本规定适用于公司内所有库房安全的管理，所属各部门可依据本规定，结合实际制订具体的规定。
3 术语定义
公司安全委员会（简称安委会）：公司安全生产的组织领导机构，组织人员与消防安全组织机构相同。
4 职责
4.1 综合管理部负责公司库房安全管理工作的监督和日常管理，负主要责任。

××公司标准文件		××有限公司 库房安全管理制度	文件编号××-××-××	
版本	第×/×版		页 次	第×页

4.2 业务部门负责公司库房安全的自检和执行。
4.3 规划部负责研究制订安全生产技术措施和劳动防护计划。
4.4 总经理负责公司库房安全相关事宜的审批和总监督，负第一责任。

5　工作程序和要求

5.1　库房安全管理原则。库房管理"六要"、"六不准"。
5.1.1　六要。
（1）库房内堆放物品与墙之间要有适当距离。
（2）库房内外要保持道路畅通。
（3）库房内要保持干爽、内外清洁、堆放整齐。
（4）库房外要保持不准有火种、易燃物品接近。
（5）库房内电源距物品要有不少于1米。
（6）要提高警惕，防止盗窃。
5.1.2　六不准。
（1）库房内不准吸烟。
（2）库房内不准设灶。
（3）库房内不准点蜡烛。
（4）库房内不准乱接电线。
（5）库房内不准把易燃物品带进去寄放。
（6）库房内不准无关人员出入。
5.2　库房物资安全管理。
5.2.1　库房应设专（兼）职库房安全员，负责库房物资安全的日常管理，并协助领导贯彻执行安全生产法令、法规、劳动保护政策。
5.2.2　库房使用专用系统对所管辖的物资进行分类登记，设置标识卡、台账，做到账（包括纸质和电子台账）、物、卡相符，及时反映库存。
5.2.3　对辅助材料、半成品、成品和工装器具等物资应按规定放置，并分类标识管理、分规格存放，有计划、有秩序安排物资进仓、出仓。
5.2.4　存放物品的库房应保持整洁通风，防潮湿，码放整齐。在库房中存取物品应办理相关手续，分类物品应标识明显，分类分区存放，不合格品应单独隔离。
5.2.5　对辅助材料、零部件、在制品和成品的管理应严格按照公司的制度或程序执行，防止其在包装和储存过程中被损坏或降低质量。
5.2.6　注意安全，离开库房后必须关闭库房门。不得磕、碰、摔、挤压物资。
5.2.7　严格坚持物资出仓手续，做到先进先出，减少物资积压时间。监督库存量，根据公司库存量标准，如有超标、不足现象，及时向库房负责人反映。
5.2.8　库房安全员应定期检查库存物资状况，库房管理部门应定期组织盘点。
5.3　库房设施、设备的管理。
5.3.1　保持库房库容库貌，不得带食品到库房，每天下班前清洁地面，清除库存物资上灰尘杂物。
5.3.2　库房设施、设备设有专人管理，各种设备和仪器不得超负荷和带病运行，并要做到正确使用、经常维护、定期检修，不符合安全要求的陈旧设备，应提请公司安委办报经公司领导研究决定后，有计划地更新和改造。
5.3.3　电气设备和线路应符合国家有关安全规定。电气设备应有可熔保险和漏电保护，绝缘必须良好，并有可靠的接地或接零保护措施。产生大量蒸气、腐蚀性气体或粉尘的工作场所，应使用密闭型电气设备。有易燃易爆危险的工作场所，应配备防爆型电气设备。潮湿场所和移动式的电气设备，应采用安全电压。电气设备必须符合相应防护等级的安全技术要求。引进国外设备时，对国内不能配套的安全附件，必须同时引进，引进的安全附件应符合我国的安全要求。
5.3.4　生产用房、建筑物必须坚固、安全，通道平坦、畅顺，要有足够的光线。为生产所设的坑、壕、池、走台、升降口等有危险的处所，必须有安全防护设施和明显的安全标志。
5.4　库房消防安全的管理。
5.4.1　库房负责人为主要防火责任人，全面负责库房的消防安全管理工作。
5.4.2　库房管理部门应把库房作为日常安全巡逻、例行安全检查的重点，及时发现、处置安全隐患，防止安全事故的发生。

××公司标准文件		××有限公司 库房安全管理制度	文件编号××-××-××	
版本	第×/×版		页次	第×页

5.4.3 库房管理部门协助库房做好定期消防演练,提高库房员工消防意识。
5.4.4 易燃易爆物品与一般物品或化学性质、防护灭火方法相抵触的化学危险品,不得同一库房或同室存放。
5.4.5 要严格控制易燃易爆、有毒有害化学用品和化工用品的发放,需要领用时必须经有关领导同意。
5.4.6 库房应当设置醒目的防火标志,禁止带入火种。物品入库前必须检查确定无火种等隐患后方准入库。
5.4.7 库房内禁止吸烟,禁止煮食及用火取暖,并禁止使用明火。库外动火作业时,必须经过公司有关部门的同意。
5.4.8 不准设置移动式照明灯具,离开时必须关掉电源,不准加设临时线路。
5.4.9 库房应当配置相应的消防设施和灭火器材。消防器材必须设置在显眼和便于取用的地点,并有明显标识。附近不得堆放物品和杂物,并确保任何时候都完好、有效。
5.4.10 库区的消防通道和安全出口等严禁堆放物品。
5.4.11 一旦发生火灾时,要及时报告公司管理部门,同时组织人员扑救,并打火警电话119报警,事后协助查明原因,提出处理意见。
5.5 库房安全培训、生产及检查的管理。
5.5.1 安全培训的管理。
(1)对新入职员工、实习人员,必须先进行安全生产三级(即公司级、部门级、班组级)教育培训后,才能准其进入操作岗位。
(2)对改变工种的员工,必须重新进行转岗安全教育才能上岗。
(3)对从事电气、起重、车辆(包括叉车)驾驶作业和易燃易爆等特殊工种(特种作业)人员,必须进行专业安全技术培训,经有关部门严格考核并取得合格操作证(执照)后,才能准其独立操作。
(4)对特殊工种的在岗人员,必须进行经常性的安全教育。
5.5.2 安全生产的管理。
(1)新购的特种设备必须是取得国家有关许可证并在劳动部门备案的正规单位设计、生产的产品,经安全员或安全管理机构检验合格方可使用,销售商须提供有(经劳动局备案认可的)维修保养点或正式委托保养点。确需聘请外单位人员安装、维修、检测特种设备时,被雇请的单位必须是经劳动部门安全认证的单位。
(2)负责管理使用特种设备的部门,要切实加强管理、使用和维修、保养、配合综合管理部对特种设备年审等工作,发现隐患要立即消除,严禁带隐患运行。
(3)根据工作性质和劳动条例,安全员要做好防尘、防毒、防辐射、防暑降温计划落实工作,为员工配备或发放合格的个人防护用品,各生产部门必须协助安全员教育职工正确使用劳动防护用品,不懂得防护用品用途和性能的,不准上岗操作。
(4)对从事有毒有害作业人员,要实行每年一次定期职业体检制度。对确诊为职业病的患者,应立即上报公司安委办,视情况调整工作岗位,并及时作出治疗或疗养的决定。
(5)禁止雇佣中小学生和年龄不满18岁的青少年,禁止安排女职工在怀孕期、哺乳期从事影响胎儿、婴儿健康的有毒有害作业。
(6)办理新进、安装的特种设备移交时,除应移交有关文件、说明书等资料以外,还须告知接收部门有关的维修、检测和年审等事宜。
5.5.3 安全生产的检查管理。
(1)坚持定期或不定期的安全生产检查制度。公司安委会组织全公司的检查,每季度不少于一次;各生产部门每月检查不少于一次;各班组每周检查不少于一次,同时还应实行班前班后检查制度;特殊工种和设备的操作者必须进行每天检查。
(2)发现安全隐患,必须及时整改,如本部门不能进行整改的要立即报告安委办统一安排整改。凡安全生产整改所需费用,应经安委会审批后,在安全生产专项经费列支。
(3)库房管理部门参加事故的调查和处理,负责伤亡事故的统计、分析和报告,协助有关部门提出防止事故的措施,并督促其按时实现。
(4)安委会每季度组织召开一次安全工作会议,主要总结上季度工作中出现的问题和部署下一步工作。安全生产工作应每年总结一次(可以和年终总结同时进行),在总结的基础上,由公司安委会组织评选安全生产先进集体和先进个人。对在安全生产方面有突出贡献的部门和个人给予奖励,对违反安全生产制度和操作规程造成事故的责任者,给予严肃处理,触及刑律的,交由司法机关论处。

续表

××公司标准文件		××有限公司 库房安全管理制度	文件编号××-××-××	
版本	第×/×版		页次	第×页

5.6 库房外委施工安全的管理

5.6.1 凡新建、改建、扩建、迁建生产场地以及技术改造工程，都必须安排劳动保护设施的建设，并要与主体工程同时设计、同时施工、同时投产（简称三同时）。

5.6.2 工程建设主管部门在组织工程设计和竣工验收时，应提前提出安全保护设施的设计方案、完成情况和质量评价报告，经公司采购部门和安全管理等部门审查验收，并签名盖章后，方可施工、投产。未经以上部门同意而强行施工、投产的，要追究有关人员的责任。

5.6.3 外单位人员在公司的场地进行施工作业时，安全主管部门和生产部门应加强安全管理，必要时实行监管。对违反作业规定并造成公司财产损失者，按相关合同，须索赔并严加处理。

5.6.4 被雇请的施工人员需进入库区、机房等地施工作业时，必到安全管理部门办理《出入许可证》，需动明火作业者还须填写《明火、电作业安全保证书》和办理相关手续。

5.6.5 电器、电信、IT线路的设计、施工和维护，均要严格执行有关安全技术法律法规。电器、电信、IT线路施工单位必须保证安全施工。对架空线路、天线、地下及平地电缆、地下管道等施工工程及施工环境都必须相应采取安全防护措施。施工工具和仪表要合格、灵敏、安全、可靠。需高空作业的工具和防护用品，必须由专业生产厂家和管理部门提供，严格按照操作规程作业，并经常检查，定期鉴定，要严防触电、高空坠落事故。

6 相关文件
6.1 《安全生产奖惩制度》。
6.2 《安全生产教育培训制度》。
6.3 《库房门卫管理制度》。
6.4 《消防管理制度》。

7 相关记录
7.1 《安全组织机构及紧急联络方式》。
7.2 《劳保用品发放标准》。
7.3 《特种设备交接单》。
7.4 《安全检查记录表》。
7.5 《外委施工安全协议书》。
7.6 《明火、电作业安全保证书》。
7.7 《库房紧急逃生及消防设施设备示意图》。
7.8 《消火栓+灭火器点检卡》。
7.9 《温湿度检查表》。

拟订		审核		审批	

制度2：仓库安全管理制度

××公司标准文件		××有限公司 仓库安全管理制度	文件编号××-××-××	
版本	第×/×版		页次	第×页

1 总则

1.1 为规范仓库物资的安全管理，特制订本制度。

1.2 本制度由仓储管理科负责制订、解释，报经理呈报总经理批准后执行，修改时亦同。

2 仓库安全保障措施

2.1 做好安全管理的各项工作。仓库安全保卫工作是仓库安全管理的重要方面，它要求采取一切措施，提高警惕，防止事故的发生，保卫仓库及储存的安全。通常情况下，仓库应设置专门的安全人员，由其全面负责仓库的保卫工作。

2.2 明确工作职责。安全保卫工作的主要内容是严防破坏盗窃事故，预防灾害事故的发生，保证仓库及库存物资的安全。具体来说，仓库保卫工作的主要任务是做好警卫及保卫工作。

2.2.1 做好警卫工作。仓库安全管理人要负责仓库日常的警戒，做好仓库的守卫工作。

续表

××公司标准文件		××有限公司 仓库安全管理制度	文件编号××-××-××	
版本	第×/×版		页次	第×页

（1）守卫仓库大门，掌握出入库人员的情况，做好仓库的守卫工作。
（2）阻止非仓库人员进入仓库，严禁火种、易燃、易爆等危险品被带进仓库。
（3）核对出库凭证，检查出库商品与出库凭证是否相符，并做好相应记录。
（4）日夜轮流守卫仓库，防范破坏活动，确保仓库的安全。
2.2.2 做好保卫工作。仓库安全管理员还要做好仓库的防灾工作，预防并处理各类突发事件。
（1）对仓库中的设施、人员及存储商品的安全负责，消除各种不安全的因素，确保仓库的安全。
（2）负责在本仓库开展安全生产教育，提高仓库作业人员的安全意识。
（3）全面落实防台风、防汛、防暑降温、防寒防冻等工作，以保障仓库及存储物资的安全。
（4）配合消防部门进行消防训练和消防安全竞赛。
（5）积极完成上级领导和公安机关交办的各项治安保卫工作。
（6）定期对仓库的安全工作进行总结，提出改进意见。
2.3 仓库的安全管理员应遵守岗位职责，坚守岗位，文明上岗。
2.3.1 遵守岗位规范。安全管理员要严格遵守岗位规范，做好自己的本职工作。
（1）遵守作息时间。
——仓库安全管理员必须严格遵守仓库保卫制度，坚守岗位，工作时间不得随意离开仓库，有事外出时，必须请假并获得批准。
——为保证安全管理员的休息，仓库可设立专供安全管理员休息的保卫室，并采用三班轮休的方法。
（2）遵守检查制度。仓库安全管理员应熟悉仓库的工作人员、证件和出库手续，严格按照制度进行各项检查。
——对外来人员、车辆进行登记，对商品出库凭证及出库商品进行详细核对。
——对仓库安全进行定期检查，并详细地记录检查情况。
（3）保护仓库安全。仓库安全管理员还要熟悉仓库附近的社会情况和地形情况，当发生不法分子行窃、破坏时，应坚决制止，并及时报警抓捕。
2.3.2 做到文明上岗。安全管理员除了要履行自己的主要职责外，还要严格遵守安全管理员的文明岗位规范。
（1）安全管理员当班必须着装整齐、统一标识、仪容整洁、坚守岗位。
（2）安全管理员当班必须热情服务、举止文明、礼貌待人、语言规范。
（3）安全管理员要文明站岗执勤，及时指挥车辆、人员的进出，保持仓库通道畅通，停车摆放整齐。
（4）安全保管员必须保持保卫室的干净、清洁。
（5）保卫室不得兼作其他场所，不得放置无关物资，无关人员不得进入保卫室内闲谈。
3 仓库安全管理规定
3.1 安全管理员必须严格执行我公司仓储安全保卫的各项规章制度，贯彻预防为主的方针，做好防火、防盗、防汛、防工伤事故等工作。
3.2 本着"谁主管谁负责，宣传教育在前"的原则，坚持部门责任制。建立健全各级安全组织，做到制度上墙、责任到人、逐级把关、不留死角。
3.3 库区配备的各种消防器材和工具，不得私自挪用。
3.4 非仓库管理相关人员未经允许一律不得进入库房，对不听劝阻者，记下工牌号码，上报有关部门，按过失处理。
3.5 各种生活用危险品及车辆、油料、易燃品严禁进入库区。
3.6 仓库区域内严禁烟火和明火作业，确因工作需要动用明火，按安全保卫有关规定执行。
3.7 做好来宾登记工作，严禁夜间留宿，特殊情况必须报公司行政保卫科备案。
3.8 仓库管理员下班前要关闭水、暖、电源的开关，锁好门窗，消除一切安全隐患，上班后如发现库房内有被盗迹象，要保护现场，并尽快通知相关部门。

拟订		审核		审批	

制度3：仓库安全作业指导书

××公司标准文件		××有限公司 仓库安全作业指导书	文件编号××-××-××	
版本	第×/×版		页次	第×页

1 目的

仓库安全作业指导书是仓库日常安全管理工作的指导性文件，通过对仓库日常入库、储存、包装、装卸、移位、出库等操作的安全方面进行指引和规定，以保证仓库日常工作有序和安全地进行。

2 范围

本规定适用于各库房。

3 职责

3.1 仓库管理人员：负责库房的安全性检查以及异常事故的通报、处理。

3.2 仓库组长：负责库房的安全性检查以及异常事故的通报、处理，对各个库房的安全性检查进行监督、抽查。

3.3 仓库主管：负责对各个库房的安全性检查进行监督、抽查。

4 定义

4.1 仓库安全：是指库存物料实物安全，无因规定的不完善或人为的失误导致物料被盗、丢失或受损。

4.2 仓库储存区：指仓库除办公区及办公区通道以外的区域。

4.3 外部人员：指由于业务需要，必须进入库区的非仓库管理人员，包括物控员、质检人员、供应商送货人员、退库人员、领料人员、消防检查人员、清洁人员等。

5 运作程序

5.1 库房内部管理要求。

5.1.1 仓库实行封闭式管理，库房入口处要有"库房重地，非仓库人员未经允许，不得入内"字样的警示标识，并在入口醒目处张贴《进入库房管理规定》（内容见第5.3条），仓库各区域用标识牌标示清楚。

5.1.2 仓库分为成品储存区、电子料储存区、组装料储存区、电芯储存区、包材储存区、待检区、物料交接区、备料暂放区、杂物周转区等。

5.1.3 物料交接区，主要用于与外部人员进行物料的交接、清点，具体位置根据库房实际情况而定。

5.1.4 备料暂放区，用于套料单备料的临时周转。

5.1.5 废弃包装材料的处理。

（1）作业完成后，必须马上清理现场，做到人走无垃圾。

（2）空的包装箱暂时不使用或丢弃时，如果里面有泡沫等填充材料，需要区分开，对各种纸箱，不论大小，一律要拆开、压平，能再次利用的，放入杂物区，不能利用的，放进垃圾箱。

（3）用于包装物料的塑料管、包装袋等包材在丢弃时，要检查是否有物料残留，不许将塑料管等材料放在其外包装内一起丢弃。

5.1.6 库房内各种用电设备与物料至少保持0.5米距离。

5.1.7 库区消火栓、灭火器以及消防通道在任何情况下都不得堵塞。

5.1.8 放在栈板上储存的物料在符合外包装标示叠放要求的基础上控制高度，摆放要符合消防要求。

5.1.9 电芯需放置专区保存，并对储存环境定期检查。

5.2 设立仓库安全员值班制度。

5.2.1 仓库安全员主要负责库房上下班、加班时的开门、关门，及照明、电气等电源的开关等工作。

5.2.2 仓库安全员由各仓库管理人员担任，如遇请假，需交由其他库房人员代执行，值班期间由值班人员负责，指定的值班人员履行安全员一切职责，临时安全员需要报主管审批。

5.2.3 仓库安全员每天早上9:00对门、窗、架柜、库房设施等完好性例行检查并做好记录，对安全隐患应及时报告。

5.2.4 检查消防通道是否通畅、物料的摆放是否合理，发现不合格项要马上处理。

5.2.5 下班时，检查门、窗等是否关闭、上锁，办公设备、照明、电气等电源是否关闭。

5.2.6 《仓库安全自检表》要求每天早晚各登记一次，要放在仓库进门附近位置，库房主管、组长对表的填写进行监督与检查。

5.3 外来人员进入仓库区域的管理规定。

5.3.1 非仓库管理人员严禁进入仓库储存区域。

5.3.2 物料人员在库房物料交接区域内与仓管人员进行物料交接。

5.3.3 送货人员在卸货区内与仓管人员进行物料交接。

续表

××公司标准文件		××有限公司 仓库安全作业指导书	文件编号××-××-××	
版本	第×/×版		页次	第×页

5.3.4 对必须进入仓库物料储存区的相关业务人员（如IQC、品质复检、稽查审核等），经库房同意后，在《外来人员登记表》上进行登记，并由仓库人员陪同后方可进入，严禁携带与物料无关的物品进入，离开时在登记表中登记"离开时间"，如有携带物品，要接受仓库人员的检查。

5.3.5 对物料进行筛选、维修的供应商指派人员，在指定的接待区域进行，不得进入库房物料储存区域内。

5.3.6 清洁人员只能在正常工作时间进入仓库区域。

5.3.7 进入仓库区域的外来人员有义务接受仓库员工的监督与检查。

5.3.8 《外来人员登记表》需放在库房门口位置。

5.4 安全管理检查。

5.4.1 仓库主管、组长是库区安全检查的负责人，每天都要对库区安全性进行抽查。

5.4.2 检查安全检查表的记录是否完整，对记录不完整的要记录责任人的姓名及违规事实。

5.4.3 检查进入库区的外来人员手续是否完整。对进入库区的外部人员，看是否有准入许可证，如果没有劝其离开。对有许可证的外来人员，要抽查是否进行登记。对违反规定的人员要记录其姓名。

5.4.4 垃圾及垃圾箱的检查。垃圾的清理要及时，垃圾箱不许压黄色地标线，垃圾箱内的废弃物要用手翻查，如发现里面有物料或未拆开的包装盒、箱，马上找责任人改进。

5.4.5 检查物料的摆放是否符合要求。如发现垃圾箱内有物料或物料的摆放超高，马上找责任人进行整改。

5.4.6 检查人员要如实记录检查情况，并向部门负责人汇报检查结果。

5.5 安全事件的处理。发生安全事件，安全员和仓库组长为第一责任处理人。对重大安全事件，责任人在知情后应马上报部门主管处理，并保护好现场。

5.6 违规人员的处罚。

5.6.1 对违反本规定的外来人员，仓库员工要尽可能记录其姓名，每月将违反规定的外来人员信息进行汇总，报主管处理。对违规情节严重以及以非正常方式进入库区的外部人员报总经办处罚。对每发现三起外来人员违规，奖励发现人员一次（金额视实际情况而定）。

5.6.2 对检查中发现的问题，对责任人进行处罚（金额视实际情况而定）。

拟订		审核		审批	

制度4：仓管员安全操作规程

××公司标准文件		××有限公司 仓管员安全操作规程	文件编号××-××-××	
版本	第×/×版		页次	第×页

1 目的
制订本规程是为了规范仓库保管员的操作，以免发生人身伤害事故。

2 适用范围
适用于有仓库保管员岗位的操作仓间或作业场所。

3 操作规程

3.1 一般仓库员工安全管理规程

3.1.1 大小物体分类摆放，平稳整齐、高度适当。精密仪器单独妥善保管。

3.1.2 仓库内道路畅通无阻，无污物。搬运物件拿牢放稳，相互配合。严禁烟火。

3.1.3 货架物件与屋顶、墙壁、灯和屋柱、货垛之间距离不得少于50厘米，堆放不准超高，通风良好。

3.1.4 采用机械搬运应遵守机械搬运操作规程。

3.2 油料保管安全管理规程

3.2.1 严禁烟火，无关人员禁止入内，进入时禁止带入任何打火器具。

3.2.2 仓库围墙30米内禁止烟火，库内消防器具摆放位置明确。工作人员必须熟悉灭火知识，库内必须通风良好。

续表

××公司标准文件		××有限公司	文件编号××-××-××	
版本	第×/×版	仓管员安全操作规程	页 次	第×页

3.2.3　库内一切电器、照明应按规范采用防爆型，夜间值班备有手电筒。
3.2.4　启闭罐桶，严禁用铁制工具，以防产生火花。机动车辆进入油库区应戴防火帽。
3.2.5　严禁漏罐漏桶装油，地面无油。
3.2.6　预警系统定期检查，确保有效。
3.2.7　油料按类存放，标志明显。
3.2.8　经常保持环境清洁，库内不准有引火物。

3.3　地下油品保管安全管理规程
3.3.1　严禁烟火，无关人员禁止入内。工作环境整洁，无引火物。机动车辆进入库区，应戴防火帽。
3.3.2　一切电器、照明应按设计规范采用防爆型，夜间值班备有手电筒。
3.3.3　加油设备专人保管，操作精力集中，不得麻痹大意。
3.3.4　交接班时，必须认真检查油库的各部位，包括油门、气动阀门、油柜、气包、管路是否漏油漏气，发现问题随时解决，并做好检查记录。
3.3.5　工作前，检查安全阀、气压表是否准确，不准超规定负荷。
3.3.6　下班时要将各油门气阀关紧，检查有无异常现象后方可离开工作岗位。
3.3.7　油库工作人员必须坚守岗位，不准吸烟、饮酒，不准穿带钉鞋。

3.4　剧毒保管安全管理规程
3.4.1　工作人员必须熟知毒品性质和存放、收发、搬运、临时解毒知识。
3.4.2　库房必须严密无缝，门窗应牢固。
3.4.3　库房通风设备经常保持良好状态，开库前必须先启动通风，出库后关闭风机电源。
3.4.4　库房应严格控制出入人员，无关人员严禁入内，进入库内禁止抽烟、饮食。
3.4.5　收发保管账目应清楚，账物必须相符。领用审批手续应健全，不得涂改。
3.4.6　严格执行双人双发、双人领料、双本账、双锁、双人保管的"五双"制度。
3.4.7　盛过有毒物质的器具，不用时应及时收回，统一处理，不得乱放。
3.4.8　作业人员必须按规定穿戴防护用品，确保安全。摸过剧毒品后必须洗手。
3.4.9　消防器材设备要放在明显位置，作业人员要懂得灭火知识。
3.4.10　经常保持库房内外环境整洁卫生。

3.5　气瓶保管安全管理规程
3.5.1　氢、氧气库门前应挂有"严禁烟火"及"严禁油脂烟火"字样的危险警告标志牌。
3.5.2　氧气库房不得存放油脂和棉纱，身上沾有油污人员，禁止进入氧气库。充了气的气瓶储存时应符合下列要求：
（1）放置整齐，并留有适当宽度的通道。
（2）直立放置，并设有栏杆或支架固定，防止跌倒。不能立放的气瓶可以卧放，但必须使之固定防止滚动，头部朝向一方，堆放高度不应超过五层。
（3）安全帽必须配置齐全。
（4）远离热源，防止曝晒。
3.5.3　盛装有毒气体的气瓶，应单独储存在室内，并设有专用的防毒设置。
3.5.4　盛装互相接触后引起燃烧、爆炸的气体的气瓶必须单独分库储存。
3.5.5　储存氧气、可燃性气体气瓶的仓库或临时仓库，周围10米以内禁止堆放易燃物品和使用明火。
3.5.6　气瓶库房应有适当种类和数量的消防用具。

3.6　化学易燃品保管安全管理规程
3.6.1　无关人员禁止入库，因公入库人员严禁携带打火机、火柴等易燃物品。
3.6.2　库区严禁烟火并保持整洁，库房周围10米内无杂草。
3.6.3　因公进入化学易燃品库的人员，必须先登记后入库。岗位人员认真做好日查记录，发现安全隐患，及时报告有关领导，并及时采取措施。
3.6.4　剧毒品、放射性物品按有关规定及化工技术要求守则执行。
3.6.5　仓管人员必须熟悉所管化工材料的性能，并了解发生事故的条件及预防办法。
3.6.6　化学易燃品要分类定量存放，严格管理，防止自行分解和互相反应发生火灾、爆炸及中毒事故。
3.6.7　为保障人身安全，不准食用生产用化学材料（如酒精、碱面、糖精等）。
3.6.8　易燃品的容器包装应牢固，发现破漏应立即更换。

××公司标准文件		××有限公司 仓管员安全操作规程	文件编号××-××-××	
版本	第×/×版		页次	第×页

3.6.9　库内保持通风良好，温度、相对湿度符合要求，要有避光、防冻、防热等措施，电器照明应防爆。
3.6.10　库房设有足够的消防器材，保证完备有效。保管人员应熟悉消防器材使用方法，做到三懂三会。库内应留有通道。
3.7　木料保管安全管理规程
3.7.1　无关人员禁止入库，因公入库人员登记后入库，严禁携带任何易燃品。
3.7.2　库区严禁烟火，保持整洁，无其他易燃物品和杂草。
3.7.3　保管人员必须熟悉所管木材的性能，并了解发生事故的条件及预防办法。
3.7.4　木材进库按规格分类，码垛存放。要有防护措施，不得雨淋、日晒、腐烂。
3.7.5　库内严禁存放腐蚀木材的材料（如酸、碱等）。
3.7.6　库内保持通风良好，做好日查记录。
3.7.7　经常检查消防器材，保证完备有效。仓管人员应熟悉消防器材的使用方法。
3.8　废品保管安全操作管理规程
3.8.1　库房保持通风良好，严禁烟火。消防器材放在明显位置。懂得灭火知识。
3.8.2　在收发搬运过程中，要拿稳放妥，勿使物件落下伤人。
3.8.3　各种物品堆放平稳牢固、整齐有序，便于取放。库区内保持道路畅通。
3.8.4　工作人员熟悉废旧物品存放、保管、处理知识。经常保持库内外环境整洁卫生。

拟订		审核		审批	

制度5：仓库防火安全管理办法

××公司标准文件		××有限公司 仓库防火安全管理规定	文件编号××-××-××	
版本	第×/×版		页次	第×页

1　总则
1.1　为了加强公司消防安全管理，保护仓库免受火灾危害，根据《中华人民共和国消防法》及其实施细则和公司具体情况与有关制度制订本规定。
1.2　仓库消防安全必须贯彻"预防为主，防消结合"的方针，实行"谁主管，谁负责"的原则，仓库消防安全由公司防损部、仓库日常管理相关部门负责。
2　组织管理
2.1　仓库扩建、改建要符合国家建筑设计、防火规范的有关规定并由公安消防监督机构审核，仓库改扩建竣工时，公安消防监督部门进行验收，未合格的不得交付使用。
2.2　仓库最高负责人为仓库防火责任人，负责仓库消防安全管理工作。
2.3　仓库防火负责人负有以下职责。
2.3.1　组织学习贯彻消防法规，完成上级部署的消防工作。
2.3.2　组织制订电源、火源、易燃易爆物品的安全管理和值班巡视等制度。落实逐级防火责任制和岗位防火责任制。
2.3.3　组织对员工进行消防宣传、培训和考核，提高员工的安全素质。
2.3.4　组织开展防火检查，消除火险隐患。
2.3.5　定期总结消防安全工作，实施奖惩。
2.4　仓库防火负责人的确定和变动，应向防损部及公司消防安全委员会备案。
2.5　仓库应建立义务消防组织，定期进行培训，开展自防自救工作。
2.6　仓库管理员应当熟悉储存物品的分类、性质、保管业务知识和防火安全制度，掌握消防器材的操作使用和维护保养方法，做好本岗位的防火工作。
2.7　对仓库新入职员工应进行仓库仓储业务和消防知识的培训，经考核合格后，方可上岗工作。
3　储存管理
3.1　库存物品应当分类、分垛储存，每垛占地面积不宜大于100平方米，垛与垛间距不少于1米，垛与墙间距不小于0.5米，垛与梁、柱的间距不少于0.3米，主要通道的宽度不小于2米。

续表

××公司标准文件		××有限公司 仓库防火安全管理规定	文件编号××-××-××	
版本	第×/×版		页次	第×页

3.2 容易相互发生化学反应或者灭火方法不同的物品，必须分间、分库储存，并在醒目处标明储存物品的名称、性质的灭火方法。

3.3 易自燃或遇水分解的物品，必须在温度较低、通风良好的空气干燥场所储存，并安装专用仪器定期检测，严格控制温度与相对湿度。

3.4 物品入库前应有专人负责检查，确定无火种等隐患后，方准入库。

3.5 甲、乙类物品的包装容器应当牢固、密封，发现破损、残缺、变形的物品变质、分解等情况时，应当及时进行安全处理，严防跑、冒、滴、漏。

3.6 使用过的油棉纱、油手套等沾油纤维物品以及可燃包装物，应当存在安全地点，定期检查。

4 电器管理

4.1 仓库的电气装置必须符合国家现行的有关电气设计和施工安装验收标准规范的规定。

4.2 仓库不准使用碘钨灯和超过60瓦以上的白炽灯等高温照明灯具，当使用日光灯等低温照明灯具和其他防燃照明灯具时，应当对镇流器采取隔热、散热等防火保护措施，确保安全。

4.3 库房内不准设置移动式照明灯具，照明灯具下方不准堆放物品，其垂直下方与储存物品水平间距不得小于0.5米。

4.4 库房内铺设的配电线路，需穿金属管或用硬塑料管保护。

4.5 库区的每一个库房应当在库房处单独安装开关箱，仓管人员离库时，必须拉闸断电。

4.6 库房不准用电炉、电烙铁、电熨斗等电热器具和电视机、电冰箱等家用电器设备。

4.7 仓库、电器设备的周围和架室线路的下方严禁堆放物品，对提升码垛等机械设备易产生火花部位要设置防护罩。

4.8 仓库必须按照国家有关防雷设计安装规范的规定、设置防雷装置，并定期检测，保证有效。

4.9 仓库的电器设备，必须由持合格证的电工进行安装、检查和维修保养，电工应严格遵守各项电器操作规程。

5 火源管理

5.1 仓库应当置醒目防火标志，进入甲、乙类物品库区人员，必须登记并交出携带的火种。

5.2 库房内严禁使用明火，库房外动用明火作业时，必须申请动火证，经仓库或大厦防火负责人批准，并采取严格的安全措施。动火证应当注明动火地点、时间、动火人、现场监护人、批准人和防火措施等内容。

5.3 库房内不准使用火炉取暖，在库区使用时应当有防火负责人批准。

5.4 防火负责人在审批火炉的使用时，必须根据储存物品的分类，按照有关防火间距的规定审批，并制订防火安全管理制度，落实到人。

5.5 库区以及周围五十米内不准吸烟、燃放烟花爆竹。

5.6 库房仓管人员及入库人员，入库前应当交出携带的火种，接受防损人员的检查。

6 消防设施和器材管理

6.1 消防器材应设置在明显和便于取用的地点，周围不堆放物品、杂物。

6.2 仓库的消防设施、器材应当由专人管理，负责检查、保养，保证完好有效，严禁圈占、埋压和挪用。

6.3 对消火栓、灭火器等消防设施器材应当经常进行检查，保持完整好用，不准堵塞、隔离、挪用。

6.4 库区的消防安全出口、疏散楼梯等消防通道严禁堆放物品。

拟订		审核		审批	

制度6：仓库消防安全管理制度

××公司标准文件		××有限公司 仓库消防安全管理制度	文件编号××-××-××	
版本	第×/×版		页次	第×页

1 总则

1.1 为规范仓库物资的消防安全管理，特制订本制度。

1.2 本制度由仓储管理科负责制订、解释，报经理呈报总经理批准后执行，修改时亦同。

2 适用范围

适用于本公司各仓库。

续表

××公司标准文件		××有限公司 仓库消防安全管理制度	文件编号××-××-××	
版本	第×/×版		页 次	第×页

3 管理规定

3.1 仓库消防安全一般规定。

3.1.1 仓库应当确定一名领导为防火责任人,全面负责仓库的消防安全管理工作。

3.1.2 仓库应当按照国家有关消防技术规范设置,配备消防设施和器材。消防器材应设置在明显和便于取用的地点,周围不准堆放物资。仓库内的消防器材应由专人管理,保证完好有效,严禁圈占、埋压和挪用。对消火栓、灭火器等消防设施,应当经常进行检查,保持完整可用。库区的消防车道和仓库的安全出口、疏散楼梯等消防通道,严禁堆放物资。

3.1.3 仓库的电气装置必须符合国家现行的有关电气设计和施工安装验收标准规范的规定。库房内不准设置移动式照明灯具。库房内不准用电炉等取暖设备。仓库的电器设备必须由持合格证的电工进行安装、检查和维修保养,电工应当严格遵守各项电器操作规定。

3.1.4 仓库应当设置醒目的防火标志。进入物资区人员,必须登记,并交出携带的火种。库房内严禁使用明火,库房外动用明火作业时,必须办理动火证,并采取严格的安全措施。库区以及周围50～100米内严禁燃放烟花爆竹。

3.1.5 物资入库前应当有人负责检查,确定无火种等隐患后,方准入库。各类物资的包装容器应当牢固、密封,发现破损、残缺、变形和物资变质、分解等情况时,应当进行安全处理。使用过的油棉纱、油手套等沾油纤维物资以及可燃包装物,应当存放在安全地点,定期处理。

3.1.6 露天存放物资应当分类、分堆、分组和分垛,并留出必要的防火间距。对于易燃易爆类桶装液体,不宜露天存放,必须露天存放时,在炎热季节必须采取降温措施。对于容易相互发生化学反应或者灭火方法不同的物资,必须分间、分库储存,并醒目处标明储存物资的名称、性质和灭火方法。

3.1.7 仓库内严禁吸烟,严禁使用明火,不得随意乱接电源线,不得使用电炉子等禁止使用的其他电器设备。

3.1.8 仓库内不准存放易燃杂物,货物存放地距照明灯不得小于0.5米。

3.1.9 仓库管理员要经常清洁库内地面、货架、物资的尘土,保持库内干净整齐。

3.1.10 仓库管理员、搬运人员应严格执行仓库设备的使用操作规程。

3.1.11 不得乱动仓库内配备的消防设施,或挪作他用,消防设施周围不许堆放任何物资。经常检查消防设施,使之保持有效状态。

3.1.12 仓库管理员应熟记火灾报警信号,按规定程序报警;熟知灭火器材的属性,并能熟练使用各种灭火器材。

3.2 消防器材的配置。

3.2.1 仓库应当按照国家有关消防技术规范,设置、配备消防设施和器材。消防设施包括消火栓、消防供水管道等。消防器材主要是各类灭火器、沙箱、大小水桶等。这些器材与设施,应当由专人负责检查、维修、保养、更换和添置,保证完好有效,严禁圈占、埋压和挪用。

3.2.2 消防器材应当设置在醒目和便于取用的地点,周围不准堆放物品和杂物。仓库的安全出口、疏散楼梯等消防通道,也严禁堆放物品。

3.3 仓库的防火措施。

3.3.1 仓库管理员消防技能培训。

(1)仓库管理员应当熟悉储存物资的分类、性质、保管业务知识和防火安全制度,掌握消防器材的操作使用和维护保养方法,做好本岗位的防火工作。

(2)对仓库新职工应当进行仓储业务和消防知识的培训,经考试合格,方可上岗作业。

3.3.2 基本的灭火方法。

(1)冷却法。冷却法就是把燃烧物的温度降低到其燃烧点以下,使之不能燃烧。比如,水、酸碱灭火器及二氧化碳灭火器等均有一定的冷却作用。

(2)窒息法。窒息法就是使燃烧物与氧气隔绝,使火熄灭。比如,黄沙、湿棉被、四氯化碳灭火器、泡沫灭火器等,都可用于窒息法灭火。

(3)拆移法。拆移法又叫隔离法,即搬开、拆除可燃烧的东西,使火不能蔓延。

(4)遮断法。遮断法就是将浸湿的麻袋、旧棉被等物遮盖住火场附近的其他易燃物和未燃物,防止火势蔓延。

(5)分散法。分散法就是将集中的物资迅速分散,孤立火源,一般用于露天仓库,库内也可以采用。

3.4 仓库管理人员工作细则。

3.4.1 为规范仓库管理员的工作,加强仓库的管理,特制订本细则。

续表

××公司标准文件		××有限公司 仓库消防安全管理制度	文件编号××-××-××	
版本	第×/×版		页 次	第×页

3.4.2 所有仓库管理人员必须做好保密工作。
3.4.3 仓库管理人员调动工作时,一定要办理交接手续,由上级监交,只有当交接手续办妥之后,才能离开工作岗位。移交中的未了事宜及有关凭单,要列出清单三份,写明情况,双方与上级签字确认,各保留一份。
3.4.4 仓库管理人员需要监督有关人员做好文明安全装卸、搬运工作,保证物资完整无损。
3.4.5 做好仓库的安全、防火和卫生工作,确保仓库和物资完全完整,库容整洁。
3.4.6 做好仓库用工具、设备设施的维护与管理工作。
3.4.7 仓库管理人员工作中的"四检查"。
(1) 上班必须检查仓库门锁有无异常、物资有无丢失。
(2) 下班检查是否已锁门、拉闸、断电及是否存在其他安全隐患。
(3) 经常检查库内温度、相对湿度,保持通风。
(4) 检查易燃、易爆物资或其他特殊物资是否单独存储、妥善保管。
3.4.8 仓库管理人员需要严格遵守仓库工作纪律,具体内容如下。
(1) 严禁在仓库内吸烟、动用明火。
(2) 严禁酒后值班。
(3) 严禁带无关人员进入仓库。
(4) 严禁未经财务总监同意涂改账目、抽张账纸。
(5) 严禁在仓库堆放杂物。
(6) 严禁在仓库内存放私人物资。
(7) 严禁私领、私分仓库物资。
(8) 严禁在仓库内谈笑、打闹。
(9) 严禁随意动用仓库的消防器材。
(10) 严禁在车间内私拉乱接电源、电线。
3.4.9 未按本细则执行而造成物资短缺等,仓库管理人员要承担由此引起的经济损失,其上级负领导责任,并视情节轻重给予相应的行政处罚。

拟订		审核		审批	

制度7:仓库安全事故应急预案

××公司标准文件		××有限公司 仓库安全事故应急预案	文件编号××-××-××	
版本	第×/×版		页 次	第×页

1 总则
　1.1　目的。为确保国家财产和人员安全,完善应急管理机制,提高本配送中心仓库消防安全应急事故的快速反应和应急处理能力,保证迅速、有序、有效地开展应急处置,最大限度减少人员伤亡和财产损失,特制订《配送中心仓库消防安全事故应急预案》(以下简称预案)。
　1.2　工作原则。坚持预防为主、统一指挥、以人为本、安全第一、职责分明、快速反应、立足自救、内外结合。
　1.3　编制依据。根据《中华人民共和国安全生产法》、《中华人民共和国消防法》、《仓库消防安全事故应急预案》及相关管理规定等编制。
　1.4　适用范围。本预案适用于本中心仓库及各中转站仓库发生的火灾、洪涝、地震、盗窃、霉变、雷击等事故(事件)。
2 应急组织机构和职责
　2.1　组织机构。成立配送中心仓库消防安全应急领导小组(以下简称仓库应急领导小组)。
　　组长:(略)。
　　副组长:(略)。
　　成员:(略)。

××公司标准文件		××有限公司 仓库安全事故应急预案	文件编号××-××-××		
版本	第×/×版		页　次		第×页

2.2　应急领导小组职责。
（1）负责编制、修订仓库消防安全事故应急预案。
（2）负责仓库消防安全事故的应急处置工作。
（3）负责仓库消防安全事故调查、上报和查处工作。协助有关部门对突发事件的调查、取证。
（4）完善仓库事故（事件）监测和预防系统。做好应急处置物资、设备的储备和维护。
（5）组织仓库及相关工作人员，对预案进行培训和演练。

3　有关应急预案
3.1　火灾事故应急预案。
3.1.1　发现火情时，第一目击人应大声呼喊，使用附近的消防器材采取有效措施进行先期处置，按响火灾警报，并及时向仓储部主任报告。
3.1.2　仓储部主任应立即报告仓库应急领导小组，同时指令切断电源，迅速组织扑救。
3.1.3　仓库应急领导小组接到报告后，应立即赶赴现场组织指挥应急处置，并及时向市局（公司）应急领导小组报告。火情较重时立即拨打119报警，发生人员受伤及时拨打120救助。火灾无法控制危及人员安全时，仓库应急领导小组应组织疏散人员和车辆至安全区域，实行现场警戒，并派专人引导消防车辆进入现场。
3.1.4　市局（公司）应急领导小组、消防部门到达现场后，仓库应急领导小组应配合做好应急处置工作。财产面临重大安全危险或出现人员伤亡时，市局（公司）应急领导小组按规定及时向省局（公司）应急指挥部和地方政府报告。
3.1.5　应急处置结束后，仓库应急领导小组应在公安、消防等部门勘察完现场后，迅速组织清理现场，核实损失，做好恢复生产和善后处置工作，并将事故经过、损失情况、调查处置结果和改进措施，在调查结束后一日内书面报告市局（公司）应急领导小组办公室。
3.2　洪涝灾害事件应急预案。
3.2.1　接到洪涝灾害预警后，仓库应急领导小组应及时通过广播和电话发布预警，安排相关单位进入戒备状态，展开预防工作。
3.2.2　发现洪涝灾情后，事发单位仓库值班人员应立即切断总电源，并迅速报告仓库应急领导小组和仓库负责人。仓库负责人应立即采取有效措施组织人员开展自救，并随时向仓库应急领导小组报告灾情变化。
3.2.3　仓库应急领导小组接报后，应立即赶赴现场，采取有效措施，组织转移库存物资和商品，构筑围堰阻截洪水，并及时向市局（公司）应急领导小组报告。
3.2.4　若灾情无法控制，仓库应急领导小组应组织人员撤离到安全地带，清点人数，必要时拨打110报警，并随时向市局（公司）应急领导小组报告灾情发展。
3.2.5　应急处置结束后，仓库应急领导小组组织人员清理现场，核实损失，在调查结束后一日内将书面调查报告上报市局（公司）应急领导小组办公室。
3.3　地震灾害事件应急预案。
3.3.1　接到地震预报后，仓库应急领导小组应根据市局（公司）应急领导小组指令，采取有效措施开展先期处置。依法发布有关信息和警报，全面组织各项抗震工作，对事发地仓库建筑物进行全面检查、加固，关闭电源，转移物资，撤出工作人员。同时组织人员对仓库进行安全警戒，禁止人员进入，保证人员财产安全。
3.3.2　若未有预报突然发生地震灾害，事发单位仓库人员应迅速撤离现场至安全地带，并在第一时间上报仓库应急领导小组。若地震来临时，事发单位仓库人员无法及时撤离，可选择卫生间等空间小、不易塌落的地方躲藏，待情况稳定，确保无危险后，再想办法离开仓库或大声呼救等待救援。事发单位应在第一时间上报仓库应急领导小组，并拨打110、120要求援助。
3.3.3　地震发生后，仓库应急领导小组应立即报告市局（公司）应急领导小组，同时采取有效措施开展先期处置，组织救援队伍搜救受灾人员，安排有余震危险的所属仓库全部人员撤至安全地带。搜救工作应在确保安全的条件下进行，避免造成新的人员伤亡。
3.3.4　仓库应急领导小组应在确认没有余震后，在地方政府相关部门指导下，分配救援任务，划分责任区域，全面展开人员搜救和财产抢救，并及时收集汇总地震破坏、人员伤亡、救援行动等情况，随时向市局（公司）应急领导小组进行续报，并负责采取防御措施，消除次生灾害隐患。

续表

××公司标准文件		××有限公司 仓库安全事故应急预案	文件编号××-××-××	
版本	第×/×版		页次	第×页

3.3.5 应急处置结束后,仓库应急领导小组组织人员进行现场清理,核实灾害损失,配合保险营销部做好理赔取证,抚恤伤亡家属,并将处置结果在调查结束后一日内报市局(公司)应急领导小组办公室。市局(公司)应急领导小组应及时向省局(公司)应急指挥部和地方政府报告灾情和处置结果。

3.4 仓库被盗事件应急预案。

3.4.1 发生盗窃事件,事发单位仓库值班人员应立即拨打110报警电话,并向仓库应急领导小组报告,同时注意保护好现场,防止无关人员进入现场。

3.4.2 发现正在行窃时,仓库值班人员应立即向仓储部主任报告,并拨打110报警,在保证人身安全的情况下采取有效措施阻止盗窃行为,控制行窃人员。行窃人员脱逃的,值班人员应记住其体貌特征及逃逸方向,交通工具的车种、车型、颜色、牌号等,协助破案。仓库主任接到报告后应迅速向仓库应急领导小组报告,并视情况组织追抓行窃人员,挽回损失。

3.4.3 发生盗窃事件后,事发单位应对现场实行警戒,保护现场,配合有关部门对现场进行勘察。

3.4.4 仓库应急小组接到报告后,应立即赶赴现场核实情况,采取有效措施,并向市局(公司)应急领导小组办公室报告。

3.4.5 应急处置结束后,仓库应急领导小组应配合有关部门进行现场勘察、事件调查,并将事件经过、损失情况、处置措施在调查结束后一日内书面报告市局(公司)应急领导小组办公室。

3.5 霉变事件应急处置。

3.5.1 如遇仓库内空调、除湿机等防霉设备大面积损坏或停电,事发单位及时报告仓库应急领导小组,仓库应急领导小组指令仓库工作人员将仓库密封,控制人员进出,减少空气流动,减缓库内温湿度的变化。如为停电,尽快联系供电部门送电,需要时启动备用发电设备。如为设备损坏,联系厂家或专业维修人员尽快上门抢修。

3.5.2 发现有卷烟出现霉变的,事发单位仓库值班人员应立即报告仓库应急领导小组,仓库应急领导小组负责组织人员进行隔离检查(严重的要送检),防止霉变蔓延。如出现大面积霉变,应尽快隔离,防止霉变继续扩大,同时转移未霉变的卷烟或烟叶,并对仓库进行消毒杀菌,防止事态进一步扩大。

3.5.3 应急处置结束后,仓库应急领导小组应将霉变产生的原因、经过、霉变数量、损失等形成书面报告在调查结束后一日内报送市局(公司)应急领导小组办公室。

3.6 雷击灾害事件应急预案。

3.6.1 接到雷击灾害天气预警后,仓库应急领导小组应及时通过广播和电话发布预警,安排相关单位进入戒备状态,展开预防工作。

3.6.2 仓库发生雷击灾害,事发单位仓库值班人员应立即向仓库应急领导小组报告,并及时切断电源。如有人员受伤,仓库值班人员首先立即展开先期救治,并拨打120救助。

3.6.3 仓库应急领导小组接报后应立即赶赴现场,采取有效措施开展应急处置,保护雷击灾害现场,保证人员安全,灾害严重时,应向市局(公司)应急领导小组报告。

3.6.4 出现重大财产损失或人员伤亡的,市局(公司)应急领导小组应按规定及时向省局(公司)应急指挥部和地方政府报告。

3.6.5 由雷击引发的卷烟仓库火灾事故,参照仓库火灾事故应急预案进行处置。

4 应急处置

4.1 仓库发生事故后,第一目击者应立即报告事发单位负责人,采取紧急措施开展先期处置,并及时向仓库应急小组报告。

4.2 仓库应急领导小组应在第一时间赶赴现场,根据相关预案立即采取有效措施,迅速开展先期处置工作。

4.3 在事发10分钟内向市局(公司)应急领导小组报告,并按市局(公司)应急领导小组的指令,配合做好应急处置工作。

5 善后处置

仓库事故应急处置结束后,仓库应急小组应做好事故调查、核实损失、现场清理、恢复生产,并按市局(公司)应急领导小组要求制订整改措施,组织整改,按国家有关规定做好善后处置工作。

6 保障措施

6.1 通信保障。仓库应急领导小组应在所属仓库醒目位置公布报警电话。仓库应急领导小组全体人员移动电话和仓库值班电话必须24小时保持通畅。

6.2 物资保障。应配备必要的应急救援物品,并指定专人保管和维护保养,确保应急处置工作有效开展。

续表

××公司标准文件		××有限公司 仓库安全事故应急预案	文件编号××-××-××		
版本	第×/×版		页次		第×页

7　宣传、培训和演习

　　7.1　宣传教育。仓库应急领导小组每月至少组织各单位仓库管理人员、工作人员和相关部门进行一次法律法规和应急知识的学习,提高应急处置能力。

　　7.2　培训与演习。仓库应急领导小组应定期组织各单位仓库管理人员、工作人员和相关部门进行应急救援技能培训,熟悉预案操作程序和处置方法,每年至少组织一次预案演练,检验预案培训效果,提高应急救援人员的应急处置能力。

8　附则

　　8.1　预案更新。根据预案实施与演练情况,及时对预案进行修订,保证其有效性、可操作性。

　　8.2　奖励与责任。仓库应急领导小组对及时报告险情的单位或个人、在应急处置中消除重大险情或做出突出贡献的单位或个人给予表彰或奖励。对相关责任人的责任追究,按照国家和行业有关规定提出处理意见。

拟订		审核		审批	

制度8：仓库安全考核与奖惩方案

××公司标准文件		××有限公司 仓库安全考核与奖惩方案	文件编号××-××-××		
版本	第×/×版		页次		第×页

1　目的

　　为加强仓库安全管理,使仓储人员的安全考核有章可循,特制订本方案。

2　适用范围

　　适用于各仓库的仓储人员。

3　管理规定

　　3.1　组织管理

　　3.1.1　仓储部安全考核工作由集团仓储部经理配合人力资源部实施。仓储部发生安全事故由仓储部经理承担领导责任。

　　3.1.2　分支机构的仓储安全考核工作由分支机构仓储部经理负责。

　　3.2　奖励方案

　　3.2.1　只有认真贯彻各项安全保卫制度,全年实现无火警火灾、无各类案件、无职工违法犯罪,坚持开展普法教育、坚持检查记录和坚持法制宣传教育的集团分支机构仓储部,年终方可参加先进集体的评比。

　　3.2.2　凡认真贯彻执行仓储部各项安全保卫制度,符合下列条件之一的安全管理员,应予表彰、奖励或记功普级。

　　(1) 及时发现、防止各类案件和治安灾害事故发生或在抢险救灾中有立功表现者。

　　(2) 一贯忠于职守,热爱治安消防工作,并做出一定贡献者。

　　(3) 检举、揭发、制止违法犯罪活动,提供重要线索,协助侦破案件有功或抓获违法犯罪分子者。

　　3.3　惩罚方案

　　凡出现下列任一项行为者,个人罚100元,相关部门罚500～1000元,触犯刑律的移交司法部门,追究刑事责任。

　　3.3.1　仓库内重点要害部位发现安全隐患,经仓储部安全管理人员指出而不整改的。

　　3.3.2　仓库内重点要害部位未指定责任人,或责任人未与仓储部签订责任书的追究双方责任。

　　3.3.3　仓库内重点要害部位没有具体安全措施的。

　　3.3.4　在仓库内禁火区或防火重点部位及非吸烟区吸烟,在吸烟区将烟头、火柴杆、烟灰丢在地上的。

　　3.3.5　未经批准,违章明火作业者。

　　3.3.6　占压消火栓,损坏、挪用消防器材,在消防通道上堆放物资,没有及时发现、清理的。

　　3.3.7　发生火险、火灾或其他治安灾害事故的。

　　3.3.8　因违法受到公安机关行政拘留、治安裁决的。

续表

××公司标准文件		××有限公司 仓库安全考核与奖惩方案	文件编号××-××-××	
版本	第×/×版		页次	第×页

3.3.9　凡知情不举、包庇违法分子，对发生的案件和事故隐瞒不报的。
3.3.10　参与赌博的。
3.3.11　仓库安全管理员不能尽职尽责致使发生安全事故的。
3.3.12　不支持安全检查和不填写安全检查记录的。
3.3.13　违反仓储管理科其他相关管理制度的。

拟订		审核		审批	

制度9：仓库清洁卫生标准操作规程

××公司标准文件		××有限公司 仓库清洁卫生标准操作规程	文件编号××-××-××	
版本	第×/×版		页次	第×页

1　目的
建立仓库卫生清洁标准操作规程，规范仓库清洁卫生操作，保证仓库的卫生，确保物料在库储存条件达到最佳。
2　适用范围
原材料库、辅料库、包装材料库、成品库及各仓库。
3　责任人
仓库保管员、QA质监员、物料管理部经理。
4　程序
4.1　库房外的清洁。
4.1.1　仓库保管员每日要用扫帚对库房外周边地面进行清扫，并及时将清扫堆积物移入生活垃圾箱。
4.1.2　库房外地面环境清扫时，如遇尘土多时可对地面适当洒水除尘。
4.1.3　库房外运输道路路面要清扫清洁，无物料洒落物，保持物料运输畅通。
4.1.4　对雨后，库房外地面积水要及时进行排出清扫，要保持排污道畅通。
4.2　库房内的清洁。
4.2.1　库房内清洁工具：扫帚、拖布、抹布、掸子、簸箕等。
4.2.2　仓库办公室每日用拖布擦拭地面，抹布擦室内桌椅柜，擦去门窗及其他设施上的污迹，并清除废弃物。
4.3　库房内的地面清洁。
4.3.1　地面局部清洁，每批次收、发物料后，仓库保管员要使用扫帚和用簸箕将垛位周围地面洒落物料收集清理干净。
4.3.2　货垛间距之间地面要用扫帚扫除灰尘，并用拖布将库房拖擦干净。
4.4　货架垫板的清洁。
4.4.1　货架要用抹布擦拭干净表面的灰尘。
4.4.2　货架垫板、货架底部应使用扫帚探扫干净。
4.4.3　货架堆码存放的物料包装表面应用掸子掸去灰尘，但不要将标记刮落。
4.5　墙壁的清洁。
4.5.1　墙壁悬挂标示物灰尘要用掸子或抹布进行清扫。
4.5.2　库房内墙壁四角、窗台、顶棚应用扫帚或掸子将蜘蛛网清理干净。
4.5.3　换气窗口和窗户应用抹布擦拭干净。
4.6　器具清洁。
4.6.1　照明灯具、管线浮尘要用掸子弹除干净。
4.6.2　库房内摆放的消防器材、温湿度计、货位卡应用抹布擦去灰尘。
4.6.3　推车、计量磅秤要用抹布或扫帚清理表面污迹。
4.7　仓库内设备、设施及用具清洁后的废弃物要整理到垃圾存放处，要按《物料定置管理制度》进行执行，并做好《仓库清洁检查记录》。

拟订		审核		审批	

制度10：仓储5S管理规定

××公司标准文件		××有限公司 仓储5S管理规定	文件编号××-××-××	
版本	第×/×版		页 次	第×页

1　目的

规范现场管理，指导各班组"5S"工作规范化开展，创造干净、整洁、舒适、安全的工作环境，提高现场工作效率及准确性。

2　适用范围

适用于仓库的管理。

3　管理规定

　3.1　5S含义

　　3.1.1　整理（Seiri）：工作现场，区别要与不要的东西，只保留有用的东西，撤除不需要的东西。
　　3.1.2　整顿（Seiton）：把要用的东西，按规定位置摆放整齐，并做好标识进行管理。
　　3.1.3　清扫（Seisou）：将岗位保持在无垃圾、无灰尘、干净整洁的状态。
　　3.1.4　清洁（Seiketsu）：将整理、整顿、清扫进行到底，并且制度化。
　　3.1.5　素养（Shitsuke）：对规定了的事，大家都要遵守执行。

　3.2　目标

　　3.2.1　"两齐"：库容整齐、堆放整齐。
　　3.2.2　"三清"：数量、质量、规格清晰。
　　3.2.3　"三洁"：货架、货物、地面整洁。
　　3.2.4　"三相符"：账、卡、物一致。
　　3.2.5　"四定位"：区、架、层、位，对号入座。

　3.3　仓储区域划分

　　3.3.1　仓储部将仓储空间划分为移库组管理区、备料组管理区、成品组管理区，各组领班将所负责的区域划归给个人。
　　3.3.2　区域划分按照同一时间在同一地点只能有一人负责的原则。
　　3.3.3　个人负责的区域必须有明确的界线，不允许与他人区域交叉。
　　3.3.4　个人对自己所负责区域的5S执行情况负全部责任，领班对本管理区的5S执行情况负全部责任。
　　3.3.5　仓储部依据各班组的详细区域划分做出区域划分平面图，并根据实际情况及时更新。

　3.4　执行标准

　　3.4.1　区域与标识。
　　（1）区域划分清晰，区域名称、责任人明确标识。
　　（2）货架上的区域号码应准确、牢固。
　　（3）外包装箱上的标识必须清晰、牢固，标识中的零件名称、规格、数量必须与箱内的实物一致。
　　（4）高库位的托盘右下角必须贴有该库位的库位号。

　　3.4.2　整理。
　　（1）高库位的货物上不许存在飘挂物（缠绕膜、绷带等）。
　　（2）货架上的货物放置应遵从如下原则。
　　——同一类型或同一项目的货物集中放置。
　　——重量按照由重到轻的次序。
　　——取用频次由多到少。
　　（3）同一种零件只有一个非整包装。
　　（4）破损的包装应及时修补或者更换。
　　（5）托盘中除存储物品外不得有任何杂物。
　　（6）区域内不得存放非本区域的货物。
　　（7）所有桌面、操作台面上只得放置加工单、笔、计算工具、电子秤等工作直接必需品，严禁放置废品、手套、帽子、水杯、笔筒等非直接物品。
　　（8）消防区域内无杂物。

　　3.4.3　整顿。
　　（1）各区域中货物占用的托盘必须平行、同向码放，不得歪斜排列。
　　（2）码放在托盘上的货物，原则上不允许超出托盘，货物码放应整齐，不许斜放。
　　（3）同一托盘中的同一种货物要码放在一起，并且确保有一箱的标识冲外。

××公司标准文件		××有限公司 仓储5S管理规定	文件编号××-××-××	
版本	第×/×版		页 次	第×页

（4）一层（含）以上库位上的木托盘朝向通道的部分，应部分超出货架横梁，确保木托盘均衡地压在货架上。
（5）所有包装不得敞口放置，已经拆开使用的包装必须封闭（胶带）。
（6）通道中备料暂存物料的托数原则上为4托，不允许超过5托，且暂存的物料需靠通道的一头码放。
（7）饮水区的杯子，使用完毕后必须放回柜中。
（8）所有叉车在指定位置停放时必须方向一致、姿态一致。
（9）叉车不得在没有使用者的情况下停放在非指定的任何位置上。
（10）备料车排放整齐。
（11）备料车上的货物按如下规则码放。
——怕压易碎易划伤的货物放在最上面。
——不允许超过备料车加一个包装的高度。
——包装箱内只有一种物料时，应封口，且在外面做好标识。
——发料标识应注明发放的零件号、数量、发料人（编号）、发料时间。
——物料码放整齐。

3.4.4 清扫。
（1）存储的货物干净无灰尘、水渍等。
（2）地面无散落的零件及废纸、包装、胶带等垃圾。
（3）消防器材整齐洁净。

3.4.5 清洁。
（1）文件、单据分类清晰，文字填写清楚，资料整洁。
（2）现场的各类工具必须定位、定人管理，并按时清洁保养。
（3）电动叉车按照规定进行点检。

3.4.6 素养。
（1）工服、工帽穿戴整齐，符合公司要求。
（2）遵守《操作员工手册》的各项规章制度。
（3）注意节电节水。

3.5 5S小组
为了保证5S活动顺利，并且不断改进，成立5S小组，组织结构见下表。

5S小组组织结构

职务	职责	人员
组长	（1）5S管理规定的制订 （2）5S管理规定的执行 （3）5S活动的推动 （4）5S的员工培训 （5）5S检查 （6）5S的执行评定	
副组长	（1）5S管理规定的执行 （2）5S区域的划分 （3）协助组长5S推动活动 （4）协助组长对员工进行5S培训 （5）定期进行5S检查并通报检查结果 （6）本部门宣传评比专栏的维护	
组员	（1）由各领班组成 （2）执行仓储部的5S管理规定 （3）对本组的员工进行5S培训 （4）对本组的5S进行检查 （5）每月依据检查结果对本组各员工的5S执行情况打分 （6）本组中若有与5S标准不符的情况，及时给出改进措施并付诸行动	

续表

××公司标准文件		××有限公司 仓储5S管理规定	文件编号××-××-××	
版本	第×/×版		页次	第×页

3.6　5S检查办法及奖惩机制
3.6.1　检查办法。
（1）每周二和周五上午10:00 5S小组对仓储的5S情况进行检查。
（2）检查完毕后，公布检查结果（汇总各检查员的结果）。
（3）各组就出现的问题给出改进措施及时间。
（4）各组长每天依据该检查表对本管理区进行检查，并记录检查结果。
3.6.2　奖惩办法。
（1）领班根据每日的检查结果对月底员工的绩效考核5S项打分。
（2）5S小组的检查平均得分在70分以上，且排名第一的小组可推荐一名5S之星，5S之星须符合如下条件：改进比较大的，或者扣分为0的，且5S小组检查没有发现该员工责任区问题的。5S之星在月底的绩效考核时将获得5分的加分，发放"5S之星"徽章佩戴。
（3）对领班的奖惩以5S小组检查结果月平均分为准。
——连续3次月排名第一，领班绩效考核奖励20%。
——累计4次以上月排名第一，领班绩效考核奖励10%。
——累计2次月得分低于70分的，领班绩效考核扣除5%。
——连续3次月排名最后，领班绩效考核扣除10%。
——累计5次月排名最后，领班绩效考核扣除10%。

拟订		审核		审批	

第三节　仓储安全卫生管理表格

表格1：仓储单位安全生产检查表

仓储单位安全生产检查表见表9-12。

表9-12　仓储单位安全生产检查表

序号	检查项目	检查内容	检查依据	规范完整	基本符合	需要改进	责令整改
1	复查	前次安全检查时提出的安全隐患，是否整改完毕	公司安全管理规定				
2	特种设备安全管理	各种特种设备有无检验合格证书和安全使用证、标志、安全检测报告和登记证书	特种设备安全监察条例				
		特种设备作业人员，应按国家有关规定经特种设备安全监督管理部门考核合格，取得国家统一格式的特种作业人员证书，方可从事相应的作业或者管理工作	特种设备安全监察条例				
		单位应当建立特种设备安全技术档案，对在用特种设备应当至少每月进行一次自行检查，并作出记录	特种设备安全监察条例				
		各类起重设备的超速限制器、上下级限位器、联锁保护装置、限速保护装置等安全防护装置是否失灵，各类起重吊车、索具是否符合安全标准	特种设备安全监察条例				

续表

序号	检查项目	检查内容	检查依据	规范完整	基本符合	需要改进	责令整改
2	特种设备安全管理	对在用特种设备的安全附件、安全保护装置、测量调控装置及有关附属仪器仪表进行定期校验、检修,并作出记录	特种设备安全监察条例				
3	作业现场安全管理	危险作业场所和设备上有无醒目安全警示标志,设备、人员操作有无违反操作规程的情况	起重机械安全规程				
		作业场所是否符合紧急疏散的要求,安全标识明显,进出口道路保持畅通,作业场所有无明显限速标志	《安全生产法》				
		明火作业、消防设施设备是否符合消防有关规定	《消防法》				
		吊车作业有无专人负责指挥	起重机械安全规程				
		使用的氧气瓶、乙炔瓶有无安全检验合格证书,各种气瓶的颜色标志是否符合规定要求,气瓶间距是否大于5米;明火作业间距是否大于10米;氧气瓶和乙炔瓶不得与油脂类物质、可燃物存放在一起,不得放置在阳光暴晒处,不得横卧放置;氧气瓶、乙炔瓶与电焊机在同一工作地点使用时,瓶底是否垫绝缘物	《安全生产法》乙炔瓶、氧气瓶安全技术操作规程				
		生产作业现场是否存在"三违"现象	《安全生产法》				
4	用电安全管理	临时用电是否经主管领导审查批准,并有专人负责管理及限期拆除	电气安全管理规程				
		各种电气设备接地与接零是否规范可靠,是否使用空气开关及安装触电保护器	电气安全管理规程				
		有无移动电具领用手续、有无专人保管,有无保护装置和定期检测(标志)记录;手提行灯、射灯是否超过36伏	手持电动工具的管理、使用、检查和维修安全技术规程				
5	仓库、堆场安全管理	仓库、场地堆放货物是否留有规定的安全通道和间距,存放的货物有无倾斜、倒塌等危险堆垛	仓库防火安全管理规则 股份公司仓库、堆场安全管理规定				
		仓库有无消防预警装置,有无充足的消防水源,周围有无堆放货物;仓库、堆场的灭火机器设置是否符合规定要求;仓库、堆场有无火源和火种监控措施及手段;整个仓库、堆场是否安装避雷装置,是否检验合格有效	仓库防火安全管理规则 股份公司仓库、堆场安全管理规定				
		有无义务消防组织,有无火灾应急救援预案,有无实战演练;普通仓库、堆场内是否违规存放易燃、易爆等危险化工物品	《消防法》 股份公司仓库、堆场安全管理规定				

续表

序号	检查项目	检查内容	检查依据	规范完整	基本符合	需要改进	责令整改
5	仓库、堆场安全管理	仓库、场地的防台风、防汛、防雪等设备设施和器材是否良好，有无防台风、防汛、防雪等恶劣天气应急救援预案；仓库、场地的"三沟"排水是否保持畅通；台风期间露天货垛和场地集装箱有无防护措施	股份公司仓库、堆场安全管理规定				
		集装箱堆存是否符合要求	股份公司仓库、堆场安全管理规定 港口危险货物集装箱安全管理规则				
6	建筑消防设备设施管理	有消防水源图，同时标明消火栓的具体位置，并经总经理签署					
		消火栓出水测试水压符合相关标准要求，喷淋系统末端放水测试水压正常，能直接启动喷淋泵，水流指示器信号回馈正常；消火栓泵、喷淋泵主备泵手动启动正常；主、备电源切换正常；防火卷帘等能正常联动	建筑设计防火规范 建筑消防设施的维护管理				
		按规定配置消防器材，消防器材设置位置应在明显、便于取用的地点，不能埋压、遮挡灭火器材，并指定专人维护管理，保证消防设施、器材的正常、有效使用	《消防法》 建筑灭火器配置设计规范				
		各单位应当建立和落实消防设施的管理、检查、检测、维修、保养、建档等工作制度，对建筑消防设施、电器设备、电气线路每年至少进行一次全面检测，检测报告存档备查	《消防法》				
7	食堂安全管理	加工食品用设施、设备及工作用具是否清洁	《食品卫生标准》				
		食品或盛有食品的容器有无着地放置的现象					
		消洗、消毒水池与其他用途水池是否分开，消毒后餐具是否储存在专用消毒保洁柜内					
		食堂操作人员是否穿戴工作衣帽，有无吸烟等违规现象					
		采购的食品及原料有无卫生许可及检验检疫合格证；使用的食品、原料是否符合食品卫生标准，有无超过保质期食品、原料					
		库房存放的食品是否按要求离地隔墙；食品储存时是否存在生熟混放；食品或原料是否与有毒物品存放在同一场所					
8	其他						
	检查意见						

被检查单位：　　　　　　　　　　　　被查单位负责人确认：
被查单位地址：　　　　　　　　　　　检查时间：
检查组长：　　　　　　　　　　　　　检查人员：

表格2：仓库安全情况检查记录表

仓库安全情况检查记录表见表9-13。

表9-13　仓库安全情况检查记录表

检查内容 \ 日期	1	2	3	…	31
灭火器位置检查（无阻挡、依消防安全平面图位置摆放）					
灭火器检查（是否开启、是否超过五年有效期）					
灭火器压力检查（灭火器压力是否低于绿色区域）					
消火栓是否被阻挡					
消火栓外观检查					
消火栓内设施齐全（水枪、水带、水阀等）					
安全通道是否畅通					
应急灯开启是否正常					
安全出口指示灯是否正常					
门、窗检查（外观、能否关严）					
电线走线是否规范，是否有老化、破裂现象					
物料堆放是否规范（不超过1.5m）					
静电敏感器件是否做好静电防护					
有毒、有害、易燃、易爆物品是否按要求标识并隔离放置					
其他影响安全的因素					
检查人员签名：					
确认人员签名：					

备注：1. 检查合格的划"√"，检查异常时划"×"，并及时通知仓库负责人消除安全隐患。
2. 确认人员每周对本表检查内容进行一次复查。

表格3：危险化学品仓库检查表

危险化学品仓库检查表见表9-14。

表9-14　危险化学品仓库检查表

序号	检查项目填写内容	检查结果	依据	实际情况	备注
1	生产、储存危险化学品的车间、仓库不得与员工宿舍在同一座建筑物内，并应与员工宿舍保持符合规定的安全距离		《危险化学品生产企业安全生产许可证实施办法》第二章第十二条		
2	化学危险品必须储存在经公安部门批准设置的专门的化学危险品仓库中，经销部门自管仓库储存化学危险品及储存数量必须经公安部门批准，未经批准不得随意设置化学危险品储存仓库		《常用化学危险品储存通则》GB 15603—1995第4.2条		
3	化学危险品露天堆放，应符合防火、防爆的安全要求，爆炸物品、一级易燃物品、遇湿燃烧物品、剧毒物品不得露天堆放		《常用化学危险品储存通则》GB 15603—1995第4.3条		

续表

序号	检查项目填写内容	检查结果	依据	实际情况	备注
4	储存化学危险品的仓库必须配备有专业知识的技术人员,其库房及场所应设专人管理,管理人员必须配备可靠的个人安全防护用品		《常用化学危险品储存通则》GB 15603—1995 第4.4条		
5	储存的化学危险品应有明显的标志,标志应符合GB 190的规定,同一区域储存两种或两种以上不同级别的危险品时,应按最高等级危险物品的性能标志		《常用化学危险品储存通则》GB 15603—1995 第4.6条		
6	根据危险品性能分区、分类、分库储存,各类危险品不得与禁忌物料混合储存		《常用化学危险品储存通则》GB 15603—1995 第4.8条		
7	储存化学危险品的建筑物、区域内严禁吸烟和使用明火		《常用化学危险品储存通则》GB 15603—1995 第4.9条		
8	储存化学危险品的建筑物不得有地下室或其他地下建筑,其耐火等级、层数、占地面积、安全疏散和防火间距,应符合国家有关规定		《常用化学危险品储存通则》GB 15603—1995 第5.1条		
9	储存地点及建筑结构的设置,除了应符合国家的有关规定外,还应考虑对周围环境和居民的影响		《常用化学危险品储存通则》GB 15603—1995 第5.2条		
10	化学危险品储存建筑物、场所消防用电设备应能充分满足消防用电的需要。并符合GBJ 16第十章第一节的有关规定		《常用化学危险品储存通则》GB 15603—1995 第5.3.1条		
11	化学危险品储存区域或建筑物内输配电线路、灯具、火灾事故照明和疏散指示标志,都应符合安全要求		《常用化学危险品储存通则》GB 15603—1995 第5.3.2条		
12	储存易燃、易爆化学危险品的建筑,必须安装避雷设备		《常用化学危险品储存通则》GB 15603—1995 第5.3.3条		
13	储存化学危险品的建筑必须安装通风设备,并注意设备的防护措施		《常用化学危险品储存通则》GB 15603—1995 第5.4.1条		
14	储存化学危险品的建筑通排风系统应设有导除静电的接地装置		《常用化学危险品储存通则》GB 15603—1995 第5.4.2条		
15	通风管应采用非燃烧材料制作		《常用化学危险品储存通则》GB 15603—1995 第5.4.3条		
16	通风管道不宜穿过防火墙等防火分隔物,如必须穿过时应用非燃烧材料分隔		《常用化学危险品储存通则》GB 15603—1995 第5.4.4条		
17	储存化学危险品建筑采暖的热媒温度不应过高,热水采暖不应超过80℃,不得使用蒸汽采暖和机械采暖		《常用化学危险品储存通则》GB 15603—1995 第5.4.5条		
18	采暖管道和设备的保温材料,必须采用非燃烧材料		《常用化学危险品储存通则》GB 15603—1995 第5.4.6条		
19	库存危险化学品应保持相应的垛距、墙距、柱距,垛与垛间距不小于0.8m,垛与墙、柱的间距不小0.3m,主要通道的宽度不于小1.8m		《建筑设计防火规范》第6.1.3条		

续表

序号	检查项目填写内容	检查结果	依据	实际情况	备注
20	遇火、遇热、遇潮能引起燃烧、爆炸或发生化学反应，产生有毒气体的化学危险品不得在露天或在潮湿、积水的建筑物中储存		《常用化学危险品储存通则》GB 15603—1995 第6.3条		
21	受日光照射能发生化学反应引起燃烧、爆炸、分解、化合或能产生有毒气体的化学危险品应储存在一级建筑物中，其包装应采取避光措施		《常用化学危险品储存通则》GB 15603—1995 第6.4条		
22	爆炸物品不准和其他类物品同储，必须单独隔离限量储存，仓库不准建在城镇，还应与周围建筑、交通干道、输电线路保持一定安全距离		《常用化学危险品储存通则》GB 15603—1995 第6.5条		
23	压缩气体和液化气体必须与爆炸物品、氧化剂、易燃物品、自燃物品、腐蚀性物品隔离储存；易燃气体不得与助燃气体、剧毒气体同储；氧气不得与油脂混合储存；盛装液化气体的容器属压力容器的，必须有压力表、安全阀、紧急切断装置，并定期检查，不得超装		《常用化学危险品储存通则》GB 15603—1995 第6.6条		
24	易燃液体、遇湿易燃物品、易燃固体不得与氧化剂混合储存，具有还原性氧化剂应单独存放		《常用化学危险品储存通则》GB 15603—1995 第6.7条		
25	有毒物品应储存在阴凉、通风、干燥的场所，不要露天存放，不要接近酸类物质		《常用化学危险品储存通则》GB 15603—1995 第6.8条		
26	腐蚀性物品，包装必须严密，不允许泄漏，严禁与液化气体和其他物品共存		《常用化学危险品储存通则》GB 15603—1995 第6.9条		
27	化学危险品入库时，应严格检验物品质量、数量、包装情况、有无泄漏		《常用化学危险品储存通则》GB 15603—1995 第7.1条		
28	化学危险品入库后应采取适当的养护措施，在储存期内，定期检查，发现其品质变化、包装破损、渗漏、稳定剂短缺等，应及时处理		《常用化学危险品储存通则》GB 15603—1995 第7.2条		
29	库房温度、相对湿度应严格控制、经常检查，发现变化及时调整		《常用化学危险品储存通则》GB 15603—1995 第7.3条		
30	储存化学危险品的仓库，必须建立严格的出入库管理制度		《常用化学危险品储存通则》GB 15603—1995 第8.1条		
31	化学危险品出入库前均应按合同进行检查验收、登记，验收内容包括： （1）数量 （2）包装 （3）危险标志 经核对后方可入库、出库，当物品性质未弄清时不得入库		《常用化学危险品储存通则》GB 15603—1995 第8.2条		
32	进入化学危险品储存区域的人员、机动车辆和作业车辆，必须采取防火措施		《常用化学危险品储存通则》GB 15603—1995 第8.3条		

续表

序号	检查项目填写内容	检查结果	依据	实际情况	备注
33	装卸、搬运化学危险品时应按有关规定进行，做到轻装、轻卸，严禁摔、碰、撞击、拖拉、倾倒和滚动		《常用化学危险品储存通则》GB 15603—1995 第8.4条		
34	装卸对人身有毒害及腐蚀性的物品时，操作人员应根据危险性，穿戴相应的防护用品		《常用化学危险品储存通则》GB 15603—1995 第8.5条		
35	不得用同一车辆运输互为禁忌的物料		《常用化学危险品储存通则》GB 15603—1995 第8.6条		
36	修补、换装、清扫、装卸易燃、易爆物料时，应使用不产生火花的铜制、合金制或其他工具		《常用化学危险品储存通则》GB 15603—1995 第8.7条		
37	根据危险品特性和仓库条件，必须配置相应的消防设备、设施和灭火药剂，并配备经过培训的兼职和专职的消防人员		《常用化学危险品储存通则》GB 15603—1995 第9.1条		
38	储存化学危险品建筑物内应根据仓库条件安装自动监测和火灾报警系统		《常用化学危险品储存通则》GB 15603—1995 第9.2条		
39	储存化学危险品的建筑物内，如条件允许，应安装灭火喷淋系统（遇水燃烧化学危险品，不可用水扑救的火灾除外），其喷淋强度和供水时间如下：喷淋强度15L/min·m^2，持续时间90min		《常用化学危险品储存通则》GB 15603—1995 第9.3条		
40	禁止在化学危险品储存区域内堆积可燃废弃物品		《常用化学危险品储存通则》GB 15603—1995 第10.1条		
41	泄漏或渗漏危险品的包装容器应迅速移至安全区域		《常用化学危险品储存通则》GB 15603—1995 第10.2条		
42	按化学危险品特性，用化学的或物理的方法处理废弃物品，不得任意抛弃污染环境		《常用化学危险品储存通则》GB 15603—1995 第10.3条		
43	仓库工作人员应进行培训，经考核合格后持证上岗		《常用化学危险品储存通则》GB 15603—1995 第11.1条		
44	对化学危险品的装卸人员进行必要的教育，使其按照有关规定进行操作		《常用化学危险品储存通则》GB 15603—1995 第11.2条		
45	仓库的消防人员除了具有一般消防知识之外，还应进行在危险品库工作的专门培训，使其熟悉各区域储存的化学危险品种类、特性、储存地点、事故的处理程序及方法		《常用化学危险品储存通则》GB 15603—1995 第11.3条		
46	仓库应当确定一名主要领导人为防火负责人，全面负责仓库的消防安全管理工作		《仓库防火安全管理规则》第二章第六条		
47	甲、乙、丙类液体库房，应设置防止液体流散的设施；遇水燃烧爆炸的物品库房，应设有防止水浸渍损失的设施		《建筑设计防火规范》第4.3.1.5条		
48	库房或每个防火隔间（冷库除外）的安全出口数目不宜少于两个，但一座多层库房的占地面积不超过300m^{2}时，可设一个疏散楼梯，面积不超过100m^{2}的防火隔间，可设置一个门		《建筑设计防火规范》第4.3.1.7条		

续表

序号	检查项目填写内容	检查结果	依据	实际情况	备注
49	甲、乙类库房内不应设置办公室、休息室，设在丙、丁类库房内的办公室、休息室，应采用耐火极限不低于50h的不燃烧体隔墙和1h的楼板分隔开，其出口应直通室外或疏散走道		《建筑设计防火规范》第4.3.1.12条		
50	（1）危险化学品仓库建筑结构 （2）危险化学品仓库的建筑屋架应根据所存危险化学品的类别和危险等级采用木结构、钢结构或装配式钢筋混凝土结构，砌砖墙、石墙、混凝土墙及钢筋混凝土 （3）库房门应为钛门或木质外包铁皮，采用外开式，设置高侧窗（剧毒物品仓库的窗应加高铁护栏） （4）毒害性、腐蚀性危险化学品库房的耐火等级不得低于二级；易燃易爆性危险化学品库房的耐火等级不得低于三级；爆炸品应储存于一级轻顶耐火建筑内；低中闪点液体、一级易燃固体、自燃物品、压缩气体和液化气体类应储存于一级耐火建筑的库房内		《危险化学品经营企业开业条件和技术要求》第6.1.2条		
51	进入危险化学品库区的机动车辆应安装防火罩；机动车装卸货物后，不准在库区、库房、货场内停放和修理		《危险化学品经营企业开业条件和技术要求》第6.1.2条		
52	汽车、拖拉机不准进入甲、乙、丙类物品库房，进入甲、乙类物品库房的电瓶车、铲车应是防爆型的，进入丙类物品库房的电瓶车、铲车，应装有防止火花溅出的安全装置				
53	对剧毒、易制爆、易制毒化学品的管理应执行"五双"制度，即双人验收、双人保管、双人发货、双把锁、双本账				

表格4：危险化学品仓库检查记录表

危险化学品仓库检查记录表见表9-15。

表9-15 危险化学品仓库检查记录表

日期 \ 项目	化学品摆放符合要求	化学品无泄漏现象	通风良好	安全资料与危化标签齐全	仓库内的温湿度正常	消防安全器材与装置良好	防静电装置正常	仓库周边无其他隐患	检查人
1									
2									
3									
...									

备注：每个工作日对危险化学品仓库进行检查，并做好记录，检查正常时在相应项目下方框内划"√"，异常时划"×"并进行改善

表格5：仓库消防检查记录

仓库消防检查记录见表9-16。

表9-16　仓库消防检查记录

被检查部门或部位		检查时间	
参加检查人员			
检查的内容和发现的问题：			
处理情况：			

检查负责人（签名）：　　　　　　　　　　被检查部门负责人（签名）：

表格6：防火检查记录

防火检查记录见表9-17。

表9-17　防火检查记录

巡查内容＼巡查情况＼巡查时间	年			月			日					
用火用电												
安全出口、疏散通道												
安全疏散指示标志、应急照明												
消防设施、器材和消防安全标志												
防火门和防火卷帘												
消防重点部位人员在岗情况												
其他情况												
巡查人员签名												
主管人员签名												
备注：												

注：1.情况正常打"√"，存在问题打"×"，并在备注栏中写明存在问题及处理情况。
　　2.对发现的问题要及时处置，无法当场处置的要立即报告。

表格7：仓库防火管理检查表

仓库防火管理检查表见表9-18。

表9-18 仓库防火管理检查表

仓库防火管理	清理内容检测	是否清理	相关文件
电气设备检查	是否检查用电负荷	□是　□否	电气设备位置图
	是否检查电线，更换老化线路	□是　□否	
储存检查	易燃物资是否被隔离	□是　□否	存储检查记录
	是否检查易燃物资有无出现冒、跑、漏	□是　□否	
	灯具与物资距离是否适宜	□是　□否	
	是否检查通风散热性状	□是　□否	
器械检查	叉车、吊车进入库区是否有防护罩	□是　□否	器械检查记录、器械使用规范
	是否存在易产生火花的工具	□是　□否	
	器械是否在库房内修理	□是　□否	
火源检查	易燃物是否及时清理	□是　□否	火源检查记录
	库区是否无明火使用	□是　□否	
火灾隐患处理	是否使用正确方法排除隐患	□是　□否	火灾隐患排除办法
	对不能处理的火灾是否拨打火警电话	□是　□否	
	是否将火灾隐患处理情况上报仓储主管	□是　□否	
火灾处理	对普通物资起火，是否采用沙土、灭火剂等予以扑灭	□是　□否	灭火指南
	对危险品起火，是否依据其产生的化学反应选择了适宜的灭火物	□是　□否	灭火指南
组别	执行人	日期及时间	

表格8：消防安全活动记录

消防安全活动记录见表9-19。

表9-19 消防安全活动记录

活动内容		日期	
地点		承办部门	
召集人		记录人	
参加部门及人员：			
活动主要情况：			

注：活动内容包括会议、教育、培训及灭火疏散演练等。

表格9：消防设施器材检查、维修保养记录

消防设施器材检查、维修保养记录见表9-20。

表9-20　消防设施器材检查、维修保养记录

检查或维修保养的时间		负责检查或维修保养的单位（部门）	
检查或维修保养的人员			
检查或维修保养的内容			
发现问题及处理情况			
备注			

表格10：库区环境安全措施检查表

库区环境安全措施检查表见表9-21。

表9-21　库区环境安全措施检查表

序号	事项	具体情况
1	防潮措施	（1）仓库应通风良好，防潮防霉 （2）每日上班后，仓库管理员应打开窗户通风1～2个小时，并做好《仓库通风记录》 （3）如遇有大风、阴雨等天气，可停止通风，并在记录上注明 （4）仓库所有物料应按保存要求分别放置于货架或密闭容器中，避免受潮 （5）仓库根据需要设置温湿度的控制设施，以保证物料正常的储存条件，并做好《仓库温湿度记录》
2	防汛、防台措施	（1）积极防范，有备无患 （2）全员参与，防范损害 （3）不断改善仓库条件
3	防雨湿措施	（1）仓库有足够的防雨建筑 （2）仓库具有良好的排水能力 （3）做好货垛衬垫 （4）及时苫盖货物
4	防虫措施	（1）仓库进出口处上方安装灭蚊灯，防止飞虫的进入 （2）一旦发现有昆虫，应立即用灭蝇拍消灭 （3）对在保质期内的物品应加强检查并有必要的防虫、灭虫措施，已超过保质期的货物应妥善处理，以免污染周围环境 （4）每日上班后，仓库管理员应开启灭蚊灯，诱杀蚊蝇，下班关闭
5	防震措施	（1）结合当地地质结构类型，预见地震的可能性，在投资上予以考虑 （2）在情报信息上，要密切注视毗邻地区及地震部门的预测和预报资料 （3）在组织抢救上，要做充分的准备

表格11：仓库卫生安全检查表

仓库卫生安全检查表见表9-22。

表9-22 仓库卫生安全检查表

检查时间： 检查区域：

序号	项目	检查要求	是否合格	不合格原因
1	现场规划及物资摆放	每处标识形式符合规定		
		现场设置不同状态产品存放区域或区域标识，标识明确		
		物资按照定置图规定的定置摆放		
		物资标识或标识明确		
2	通道	通道上无摆放物资，无堵塞通道		
		通道内无推车、拖车、量具等长时间摆放，及时归位		
3	办公区及公告栏	办公区保持地面干净整洁、无杂物		
		文件类别都标识清楚		
		公告栏、宣传栏、目视板表面干净整洁		
		公告栏、宣传栏、目视板版面和信息无过时		
4	地面清洁度	地面无杂物、垃圾等现象		
		地面无产品、工具、箱子随意乱放		
5	员工着装及精神面貌	员工着装是否按公司要求，着装干净整齐		
		上班时间有无偷懒、打瞌睡和做与工作无关的事情		
		员工有无现场打闹、举止不文明		
6	安全	消防设备符合使用标准，良好的待用状态		
		安全设备合理布置，指示清楚		
		发现虫鼠害时是否采取必要措施		
		仓库内是否有漏雨		
7	水、电等各种管线	无跑、冒、滴、漏等损坏或连接松动的问题		
		地板有无破损		
8	生活卫生设施	个人物品摆放有序		
		卫生间清洁、无异味		
		洗手池清洁、无异味、无污垢等		
		卫生间无杂物		
		清洁用具放于指定位置		
9	叉车放置区	叉车是否按规定进行保养，每天一次		
		叉车设备是否都有操作规程和保养记录		
		地面无产品、工具、箱子随意乱放		
		辅助工具定位放置，不用时及时归位		

检查人签名：

表格12：仓库安全巡查记录表

仓库安全巡查记录表见表9-23。

表9-23　仓库安全巡查记录表

检查项目	月　日 星期一	月　日 星期二	月　日 星期三	月　日 星期四	月　日 星期五	月　日 星期六	月　日 星期天
库房清洁							
作业通道							
用具归位							
货物状态							
库房温度							
相对湿度							
照明设备							
消防设备							
消防通道							
防盗							
托盘维护							
检查人							

注：1.消防设备每月做一次全面检查。
2.将破损的托盘每月集中维护处理。

表格13：仓库清洁卫生检查记录表

仓库清洁卫生检查记录表见表9-24。

表9-24　仓库清洁卫生检查记录表

编号：

清洁日期	检查项目								
	地面	墙壁	门窗	货架垫板	物料包装	器具	照明管线	清洁人	检查人

备注：清洁合格打"√"，不合格打"×"。

表格14：仓库区域"5S"检查表

仓库区域"5S"检查表见表9-25。

表9-25 仓库区域"5S"检查表

责任区域		检查日期						检查人	
项目	检查内容		评分					问题点事实陈述	
			1	2	3	4	5		
整理	1.仓库无不用的材料或工具								
	2.仓库无废弃的材料或物品								
	3.仓库无物品凌乱、混装现象								
	4.周转架、运输工具无破坏或不良								
	5.仓库内无零件及物料散落地面								
	6.无不要物、杂物和卫生死角								
整顿	1.货物、料箱有明确标识								
	2.仓库内各区域划分明确、标识清楚								
	3.物品、工具定置摆放，无压线								
	4.物料箱码放高度不超过摆放高度基准								
	5.道路畅通，无阻塞现象								
	6.无乱拉电线等现象								
清扫	1.货架、办公桌摆放整齐								
	2.货架和物品无积尘、杂物、脏污，物品封装防尘								
	3.容器、货架、包装箱无破损及严重变形								
	4.产生污垢时能及时彻底地进行清扫								
清洁	1.办公桌、货架、地板干净亮丽								
	2.入库物料有明确的标识，并严格进行先进先出管理								
	3.逾过期物料能及时进行再检，并更新标识贴								
	4.防尘防静电设施正常，作业员有效执行								
	5.有值日表，并有员工值日								
	6.各种记录明确、清晰并有相关人员确认								
	7.正确张挂物料卡及标志								
素养	1.员工明白物料卡或物料标识内容								
	2.员工工衣、工鞋、厂牌整齐端正								
	3.员工无聊天、打瞌睡现象								
	4.库房无私人物品								
	5.仓库内无吸烟现象								
	6.下班关闭办公照明，并断开电源								
	7.员工举止及用语文明，行走靠右								
总分		平均分				区域责任人确认			

注：（1）5分，优秀；4分，良好；3分，一般；2分，差；1分，无实施。
（2）应得总分：150分。

表格15：仓储部5S检查表

仓储部5S检查表见表9-26。

表9-26　仓储部5S检查表

检查日期：　　　　检查人：　　　　管理区：　　　　得分总计：

分类	检查项目	分数标准	扣分	区域负责人	扣分原因
区域与标识	1.区域划分清晰，区域名称、责任人明确标识	4			
	2.货架上的区域号码应准确、牢固	4			
	3.外包装箱上的标识必须清晰、牢固，标识中的零件名称、规格、数量必须与箱内的实物一致	4			
	4.高库位的托盘右下角必须贴有该库位的库位号	3			
整理	1.高库位的货物上不许存在飘挂物（缠绕膜、绷带等）	4			
	2.包装破损无修补或者更换	4			
	3.同一种零件只有一个非整包装	4			
	4.托盘中除存储物品外不得有任何杂物	3			
	5.区域内不得存放非本区域的货物	3			
	6.所有桌面、操作台面上只得放置加工单、笔、计算工具、电子秤等工作直接必需品，严禁放置废品、手套、帽子、水杯、笔筒等非直接物品	3			
	7.消防区域内无杂物	3			
整顿	1.各区域中货物占用的托盘必须平行、同向码放，不得歪斜排列	2			
	2.码放在托盘上的货物，原则上不允许超出托盘，货物码放应整齐，不许斜放	2			
	3.同一托盘中的同一种货物要码放在一起，并且确保有一箱的标识冲外	2			
	4.一层（含）以上库位上的木托盘朝向通道的部分，应部分超出货架横梁，确保木托盘均衡地压在货架上	2			
	5.所有包装不得敞口放置，已经拆开使用的包装必须封闭（胶带）	2			
	6.通道中备料暂存物料的托数原则上为4托，不允许超过5托，且暂存的物料需靠通道的一头码放	2			
	7.饮水区的杯子，使用完毕后必须放回柜中	2			
	8.所有叉车在指定位置停放时必须方向一致、姿态一致	2			
	9.叉车不得在没有使用者的情况下停放在非指定的任何位置上	2			
	10.备料车排放整齐	2			
	11.备料车上的货物按如下规则码放： （1）怕压易碎易划伤的货物放在最上面 （2）不允许超过备料车加一个包装的高度 （3）包装箱内只有一种物料时，应封口，且在外面做好标识 （4）发料标识应注明发放的零件号、数量、发料人（编号）、发料时间 （5）物料码放整齐	10			

续表

分类	检查项目	分数标准	扣分	区域负责人	扣分原因
清扫	1.存储的货物干净无灰尘、水渍等	4			
	2.地面无散落的零件及废纸、包装、胶带等垃圾	4			
	3.消防器材整齐洁净	3			
清洁	1.文件、单据分类清晰,文字填写清楚,资料整洁	3			
	2.现场的各类工具必须定位、定人管理,并按时清洁保养	4			
	3.电动叉车按照规定进行点检	4			
素养	1.胸卡、工服、工帽穿戴整齐,符合公司要求	3			
	2.遵守《操作员工手册》的各项规章制度	3			
	3.注意节电节水	3			
	总计	100			

表格16：仓库5S检查表

仓库5S检查表见表9-27。

表9-27　仓库5S检查表

参评单位：　　　　　　　　　　　检查时间：

序号	项目	检查要求	扣分	备注
1	现场规划	仓库无定置图	5	
		标识形式不符合规定,每处	1	
		现场没有设置不同状态产品存放区域或区域标识、标识不明确,每处	3	
2	物资摆放	物资没有按照定置图规定的定置摆放,每处	3	
		物资没有标识或标识不明确,每处	2	
		物资没有摆放整齐,每处	1	
		物资里有混放其他类别或型号的物资,每处	2	
		物资里有杂物、垃圾未清扫,每处	1	
3	账、物、卡	账目表单没有及时如实填写,每处	2	
		账目表单填写随意潦草,难以辨认,每处	1	
4	通道	通道上摆放物资,堵塞通道,每处	3	
		通道被部分占用,每处	1	
		通道内有推车、拖车、量具等长时间摆放,未及时归位,每处	1	
5	办公区	办公区的桌椅不清洁,每处	1	
		办公区内物品摆放乱,每处	2	
		文件夹无标识或标识不明确、不具体,每处	2	
		办公区内的物品损坏没有及时修理,每件	1	
		办公区使用的桌椅未归位,每处	1	
		文件栏内有除文件以外的物品,每处	1	

续表

序号	项目	检查要求	扣分	备注
5	办公区	文件夹内文件与标识不符，每处	2	
		文件架没有标识或存放资料与标识不符，每处	2	
		文件夹内没有目录或不能按目录准确取出，每个	2	
		文件架承载过重，压弯变形，每处	2	
		文件柜没有保持柜面干净、无灰尘，每个	2	
		文件柜外应有标识，且标识应一律贴在右上角，每个	2	
		文件柜内文件（或物品）没有摆放整齐，没有分类摆放，每个	3	
		文件柜内摆放非必需品，每个	3	
6	公告栏宣传栏目视板	公告栏、宣传栏张贴不整齐，每处	1	
		公告栏、宣传栏、目视板表面脏（如灰尘、污垢、擦拭不净），每处	1	
		目视板破损，每块	1	
		公告栏、宣传栏、目视板版面过时和信息过时，每处	2	
		目视板未定置或未放于规定位置，每块	2	
		应填写部分未填写，每处	1	
7	地面清洁度	地面有杂物、垃圾未清理，每平方	1	
		地面有产品、工具、箱子随意乱放，每处	2	
		地面有称、车子随意乱放	1	
8	员工着装及精神面貌	员工着装是否按公司要求，着装干净整齐，每人次	1	
		员工没有佩戴厂牌，每人次	1	
		上班时间有无偷懒、打瞌睡和做与工作无关的事情，每人次	1	
		员工现场打闹，举止不文明，每人次	2	
		员工讲脏话，语言不文明的，每人次	1	
		违反工艺野蛮操作的，每人次	2	
9	安全	消防设备不符合使用标准，处不良的待用状态，每处	2	
		安全设备没有合理布置、指示清楚，每处	1	
		消防设施被阻挡，每处	3	
		产品堆放过高，有倾倒迹象或盛放器皿压变形，每处	2	
10	水、电等各种管线	有跑、冒、滴、漏等损坏或连接松动的，每处	2	
11	生活卫生设施	个人物品摆放无序的，每处	1	
		卫生间不清洁、有异味，每处	1	
		洗手池不清洁、有异味、有污垢等，每处	1	
		卫生间有杂物，每处	1	
		清洁用具没有放于指定位置，每处	2	

续表

序号	项目	检查要求	扣分	备注
12	机械工作区	机器是否按规定进行保养，每少一天	1	
		机器设备是否都有操作规程和保养记录，每处	2	
		地面有产品、工具、箱子随意乱放，每处	2	
		辅助工具没有定位放置，不用时没有及时归位，每处	2	
		机器上没有保持干净，每台	1	
13	现场验证	仓储物品取放30秒为合格，超出10秒扣1分，最多扣3分		
14	其他	其他不合理现象，根据现场情况扣1～3分		

检查人员签名：

表格17：事发单位突发事件报告记录表

事发单位突发事件报告记录表见表9-28。

表9-28　事发单位突发事件报告记录表

填报单位：

报告人		报告时间	
报告对象	（接电话者）	批准	
报告主要内容：			
事发时间、地点、事件性质、影响范围、事件发展趋势、已经采取的措施等：			

表格18：仓库安全事故报告书

仓库安全事故报告书见表9-29。

表9-29　仓库安全事故报告书

事故内容			
发生地点			
见证人		事故责任人	
发生日期	＿＿年＿＿月＿＿日	发生时间	□上午 □下午 ＿＿时
事故原因			
事故状况			
处理方式		负责人：	
根本对策		负责人：	
追踪检查		负责人：	

 **学习总结**

通过本章的学习，我对仓储安全卫生管理有了以下几点新的认识：

1. _____
2. _____
3. _____
4. _____
5. _____

我认为根据本公司的实际情况，应制订以下制度和表格：

1. _____
2. _____
3. _____
4. _____
5. _____

我认为本章的内容不够全面，还需补充以下方法、制度和表格：

1. _____
2. _____
3. _____
4. _____
5. _____

第十章 物流配送管理工具

引 言

配送中心是公司营销体系部门之一,其具体职能是作为公司货品储备、配送中心,完成营销活动货品流通职能;保证货品准确、准时流通,以配合公司营销活动展开;协助营销部门作业,为公司营销体系提供基础保障。

本章学习指引

目标	了解物流配送管理的要点,并能够运用所提供的范本,根据本企业的实际情况制订相应的管理制度、表格

学习内容

管理要点	• 配送作业的内容 • 进货作业 • 订单处理 • 拣货作业及补货 • 出货作业 • 配送作业 • 加强配送中心的信息处理
管理制度	• 配送中心工作目标(方针)、员工行为规范 • 配送中心组织架构与职责制度 • 配送中心业务流程规范 • 配送中心特殊业务作业办法 • 商品进货管理制度 • 商品出货管理制度 • 运输车辆施封管理规范 • 单货不符处理规定 ……
管理表格	• 发货计划表 • 发货安排计划表 • 月度配送计划表 • 配送业务订货单 • 配送货物调运单 • 配送成品交运单 • 货源动态表 • 提货通知单 • 拣货单 • 拣货清单 ……

第一节 物流配送管理要点

要点1：配送作业的内容

配送作业是按照客户需求，将货物进行分拣、重新包装、贴标签、配货、配装等物流活动，按时按量发送到指定地点的过程。

配送作业是配送中心运作的核心内容，其作业流程的合理性、作业效率的高低都会直接影响整个物流系统的正常运行。

（一）配送作业的具体内容

配送作业的具体内容包括：订单处理、进货、搬运装卸、储存、加工、拣选、包装、配装、送货、送达服务等作业项目，它们之间衔接紧密，环环相扣，整个过程既包括实体物流，又包括信息流，同时还包括有资金流。

（二）配送作业流程图

配送中心的主要活动是订货、进货、发货、仓储、订单拣货和配送作业。首先确定配送中心主要活动及其程序之后，才能规划设计。有的配送中心还要进行流通加工、贴标签和包装等作业，当有退货作业时，还要进行退货品的分类、保管和退回等作业，如图10-1所示。

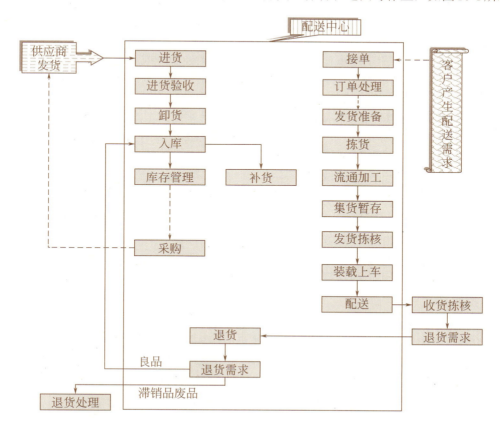

图10-1 配送中心作业流程图

（三）配送中心业务流程内容说明

1. 进货

进货就是配送中心根据客户的需要，为配送业务的顺利实施，而从事的组织商品货源和进行商品存储的一系列活动。

进货是配送的准备工作或基础工作，它是配送的基础环节，又是决定配送成败与否、规模大小的最基础环节，同时也是决定配送效益高低的关键环节。

2. 订单处理

从接到客户订单开始到着手准备拣货之间的作业阶段，称之为订单处理。订单处理是与客户直接沟通的作业阶段，对后续的拣选作业、调度和配送产生直接的影响，是其他各项作业的基础。

订单是配送中心开展配送业务的依据，配送中心接到客户订单以后需要对订单加以处理，据以安排分拣、补货、配货、送货等作业环节。

订单处理方式：人工处理和计算机处理，目前主要采用计算机处理方式。

3. 拣货

拣货作业是依据顾客的订货要求或配送中心的送货计划，迅速、准确地将商品从其储位或其他区域拣取出来，并按一定的方式进行分类、集中，等待配装送货的作业过程。

拣货过程是配送不同于一般形式的送货以及其他物流形式的重要的功能要素，是整个配送中心作业系统的核心工序。

拣货作业的种类：按分拣的手段不同，可分为人工分拣、机械分拣和自动分拣三大类。

4. 补货

补货是库存管理中的一项重要的内容，根据以往的经验，或者相关的统计技术方法，或者计算机系统的帮助确定的最优库存水平和最优订购量，并根据所确定的最优库存水平和最优订购量，在库存低于最优库存水平时发出存货再订购指令，以确保存货中的每一种产品都在目标服务水平下达到最优库存水平。

补货作业的目的是保证拣货区有货可拣，是保证充足货源的基础。补货通常是以托盘为单位，从货物保管区将货品移到拣货区的作业过程。

5. 配货

配送中心为了顺利、有序、方便地向客户发送商品，对组织来的各种货物进行整理，并依据订单要求进行组合的过程。配货也就是指使用各种拣选设备和传输装置，将存放的货物，按客户的要求分拣出来，配备齐全，送入指定发货区。

配货作业与拣货作业不可分割，二者一起构成了一项完整的作业。通过分拣配货可达到按客户要求进行高水平送货的目的。

6. 送货

配送业务中的送货作业包含将货物装车并实际配送，而达到这些作业则需要事先规划配送区域的划分或配送线路的安排，由配送路线选用的先后次序来决定商品装车顺序，并在商品配送途中进行商品跟踪、控制，制订配送途中意外状况及送货后文件的处理办法。

送货通常是一种短距离、小批量、高频率的运输形式，它以服务为目标，以尽可能满足客户需求为宗旨。

7. 流通加工

流通加工是配送的前沿，它是衔接储存与末端运输的关键环节。流通加工是指物品在从生产领域向消费领域流动的过程中，流通主体（即流通当事人）为了完善流通服务功能，为了促进销售、维护产品质量和提高物流效率而开展的一项活动。

流通加工的目的如下。

（1）适应多样化客户的需求。

（2）提高商品的附加值。

（3）规避风险，推进物流系统化。

不同的货物，流通加工的内容是不一样的。

8.退货

退货或换货在经营物流业中不可避免，但尽量减少，因为退货或换货的处理，只会大幅增加物流成本，减少利润。发生退货或换货的主要原因包括：瑕疵品回收、搬运中的损坏、商品送错退回、商品过期退回等。

要点2：进货作业

（一）进货作业基本流程

进货作业包括接货、卸货、验收入库，然后将有关信息书面化等一系列工作。进货作业的基本流程如图10-2所示。在其流程安排中，应注意以下事项。

（1）应多利用配送车司机卸货，以减少公司作业人员和避免卸货作业的拖延。

（2）尽可能将多样活动集中在同一工作站，以节省必要的空间。

（3）尽量避开进货高峰期，并依据相关性安排活动，以达到距离最小化。

（4）详细记录进货资料，以备后续存取核查。

图10-2　进货作业流程

（二）货物编码

进货作业是配送作业的首要环节，为了保证后续作业准确而快速地进行，并使货物品质及作业水准得到妥善维持，在进货阶段对货物进行有效的编码是一项十分重要的内容。编码结构应尽量简单，长度尽量短，一方面便于记忆，另一方面也可以节省机器存储空间，减少代码处理中的差错，提高信息处理效率。常用的编码方法如下。

（1）顺序码。

（2）数字分段码。

（3）分组编码。

（4）实际意义编码。

（5）后数位编码。

（6）暗示编码。

（三）货物分类

货物分类是将多品种货物按其性质或其他条件逐次区别，分别归入不同的货物类别，并进行有系统的排列，以提高作业效率。

在实际操作中，对品项较多的分类储存，可分为两个阶段、上下两层输送同时进行。具体操作步骤如图10-3所示。

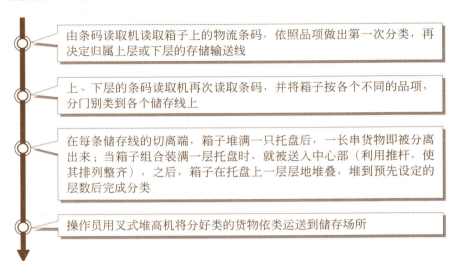

图10-3　货物分类的具体操作步骤

（四）货物验收检查

货物验收是对产品的质量和数量进行检查的工作。其验收标准及内容如下。

1.货物验收的标准

（1）采购合同或订单所规定的具体要求和条件。
（2）采购合约中的规格或图解。
（3）议价时的合格样品。
（4）各类产品的国家品质标准或国际标准。

2.货物验收的内容

（1）质量验收。
（2）包装验收。
（3）数量验收。

（五）货物入库信息的处理

到达配送中心的商品，经验收确认后，必须填写"验收单"，并将有关入库信息及时准确地登入库存商品信息管理系统，以便及时更新库存商品的有关数据。货物信息登录的目的在于为后续作业环节提供管理和控制的依据。此外，对于作业辅助信息也要进行搜集与处理。

要点3：订单处理

从接到客户订单开始到着手准备拣货之间的作业阶段，称为订单处理，通常包括订单资料确认、存货查询、单据处理等内容。

（一）订单处理的基本内容及步骤

订单处理分人工和计算机两种形式。人工处理具有较大弹性，但只适合少量的订单处理，计算机处理则速度快、效率高、成本低，适合大量的订单处理，因此目前主要采取后一种形式。订单处理的基本内容及步骤如图10-4所示。

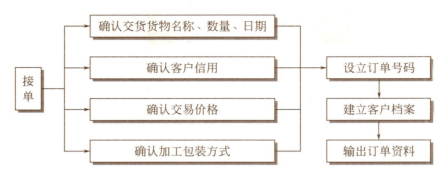

图10-4　订单处理的基本内容及步骤

（二）订单的确认

接单之后，必须对相关事项进行确认，主要包括表10-1所列内容。

表10-1　订单的确认事项

序号	事项		说明
1	货物数量及日期的确认		即检查品名、数量、送货日期等是否有遗漏、笔误或不符合公司要求的情形，尤其当送货时间有问题或出货时间已延迟时，更需与客户再次确认订单内容或更正运送时间
2	客户信用的确认		不论订单是由何种方式传至公司，配送系统都要核查客户的财务状况，以确定其是否有能力支付该订单的账款，通常的做法是检查客户的应收账款是否已超过其信用额度
3	订单形态确认	一般交易订单	交易形态：一般的交易订单，即接单后按正常的作业程序拣货、出货、发送、收款的订单 处理方式：接单后，将资料输入订单处理系统，按正常的订单处理程序处理，资料处理完后进行拣货、出货、发送、收款等作业
		间接交易订单	交易形态：客户向配送中心订货，直接由供应商配送给客户的交易订单 处理方式：接单后，将客户的出货资料传给供应商由其代配，此方式需注意的是客户的送货单是自行制作或委托供应商制作的，应对出货资料加以核对确认
		现销式交易订单	交易形态：与客户当场交易、直接给货的交易订单 处理方式：订单资料输入后，因货物此时已交给客户，故订单资料不再参与拣货、出货、发送等作业，只需记录交易资料即可
		合约式交易订单	交易形态：与客户签订配送契约的交易，如签订某期间内定时配送某数量的商品 处理方式：在约定的送货日，将配送资料输入系统处理以便出货配送或一开始便输入合约内容的订货资料并设定各批次送货时间，以便在约定日期系统自动产生所需的订单资料
4	订单价格确认		对于不同的客户（批发商、零售商）、不同的订购批量，可能对应不同的售价，因而输入价格时系统应加以检查，若输入的价格不符（输入错误或业务员降价接受订单等），系统应加以锁定，以便主管审核
5	加工包装确认		客户订购的商品是否有特殊的包装、分装或贴标等要求，或是有关赠品的包装等资料系统都需加以专门的确认记录

要点4：拣货作业及补货

拣货作业是配送中心依据顾客的订单要求或配送计划，迅速、准确地将商品从其储位或其他区位拣取出来，并按一定的方式进行分类、集中的作业过程。

在配送中心的内部作业中，拣货作业是其中极为重要的作业环节，是整个配送中心作业系统的核心，其重要性相当于人的心脏部分。在配送中心搬运成本中，拣货作业搬运成本约占90%。在劳动密集型配送中心，与拣货作业直接相关的人力占50%，拣货作业时间约占整个配送中心作业时间的30%～40%。因此，合理规划与管理分拣作业，对配送中心作业效率和降低整个配送中心作业成本具有事半功倍的效果。

（一）拣货作业基本流程

拣货作业在配送中心整个作业环节中不仅工作量大、工艺过程复杂，而且作业要求时间短、准确度高，因此，加强对拣货作业的管理非常重要。制订科学合理的分拣作业流程，对于提高配送中心运作效率及提高服务商品具有重要的意义。如图10-5所示为配送中心拣货作业基本流程图。

图10-5　拣货作业流程图

1. 发货计划

发货计划是根据顾客的订单编制而成。订单是指顾客根据其用货需要向配送中心发出的订货信息。配送中心接到订货信息后需要对订单的资料进行确认、存货查询和单据处理，根据顾客的送货要求制订发货日程，最后编制发货计划。

2. 确定拣货方式

拣货通常有订单别拣取、批量拣取及复合拣取三种方式。订单别拣取是按每份订单来拣货；批量拣取是多张订单累计成一批，汇总数量后形成拣货单，然后根据拣货单的指示一次拣取商品，再进行分类；复合拣取是充分利用以上两种方式的特点，并综合运用于拣货作业中。如图10-6所示。

方式一　订单别拣取

订单别拣取是针对每一份订单，分拣人员按照订单所列商品及数量，将商品从储存区域或分拣区域拣取出来，然后集中在一起的拣货方式
订单别拣取作业方法简单，接到订单可立即拣货，作业前置时间短，作业人员责任明确，但对于商品品项较多时，拣货行走路径加长，拣取效率较低订单别拣取适合订单大小差异较大、订单数量变化频繁、商品差异较大的情况，如化妆品、家具、电器、百货、高级服饰等

第十章　物流配送管理工具

方式二　批量拣取

批量拣取是将多张订单集合成一批，按照商品品种类别加总后再进行拣货。然后依据不同客户或不同订单分类集中的拣货方式

批量拣取可以缩短拣取商品时的行走时间，增加单位时间的拣货量，同时，由于需要订单累计到一定数量时，才做一次性的处理，因此会有停滞时间产生

批量拣取适合订单变化较小、订单数量稳定的配送中心和外型较规则、固定的商品出货，如箱装、扁袋装的商品，其次需进行流通加工的商品也适合批量拣取，再批量进行加工，然后分类配送，有利于提高拣货及加工效率

方式三　复合拣取

为克服订单别拣取和批量拣取方式的缺点，配送中心也可以采取将订单别拣取和批量拣取组合起来的复合拣取方式

复合拣取即根据订单的品种、数量及出库频率，确定哪些订单适应于订单别拣取、哪些适应于批量拣取、分别采取不同的拣货方式

图10-6　拣货方式

3. 输出拣货清单

拣货清单是配送中心将客户订单资料进行计算机处理，生成并打印出拣货单。拣货单上标明储位，并按储位顺序来排列货物编号，作业人员据此拣货可以缩短拣货路径，提高拣货作业效率。

4. 确定拣货路线及分派拣货人员

配送中心根据拣货单所指示的商品编码、储位编号等信息，能够明确商品所处的位置，确定合理的拣货路线，安排拣货人员进行拣货作业。

5. 拣取商品

拣取的过程可以由人工或自动化设备完成。通常小体积、少批量、搬运重量在人力范围内且出货频率不是特别高的，可以采取手工方式拣取；对于体积大、重量大的货物可以利用升降叉车等搬运机械辅助作业；对于出货频率很高的可以采取自动拣货系统。

6. 分类集中

经过拣取的商品根据不同的客户或送货路线分类集中，有些需要进行流通加工的商品还需根据加工方法进行分类，加工完毕再按一定方式分类出货。多品种分货的工艺过程较复杂，难度也大容易发生错误，必须在统筹安排形成规模效应的基础上，提高作业的精确性。在物品体积小、重量轻的情况下，可以采取人力分拣，也可以采取机械辅助作业，或利用自动分拣机自动将拣取出来的货物进行分类与集中。

（二）拣货作业的方式

拣货作业的方式有3种，如图10-7所示。

（三）补货作业

补货作业是将货物从仓库保管区域搬运到拣货区的工作，其目的是确保商品能保质保量按时送到指定的拣货区。

方式一 摘果式拣选

对于每张订单，拣选人员或拣选工具在各个存储点将所需物品取出，完成货物分配，该方法作业前置时间短，针对紧急需求可以快速拣选，操作容易，对机械化、自动化无严格要求，作业责任明确，分工容易、公平，但是当订单数量、商品品项较多，拣选区域较大时，该拣选方式耗费时间长、效率低、搬运强度大，该方法的特点适合于配送中心初期阶段，采用这一拣选方式作为过渡性办法

方式二 播种式拣选

把每批订单上的相同商品各自累加起来，从存储仓位上取出，集中到理货现场，然后将每一门店所需的数量取出，分放到要货单位商品运货处，直至配货完毕

方式三 分区拣选

将拣选作业场地划分成若干区域，每个作业员负责拣选固定区域内的商品，无论是摘果还是播种，配合分区原则，这样可以提高工作的效率

图 10-7 拣货作业的方式

1.补货方式

（1）整箱补货。
（2）托盘补货。
（3）货架上层至货架下层的补货方式。

2.补货时机

（1）批组补货。每天由计算机计算所需货物的总拣取量和查询动管区存货量后得出补货数量，从而在拣货之前一次性补足，以满足全天拣货量。这种一次补足的补货原则，较适合一日内作业量变化不大、紧急插单不多或是每批次拣取量大的情况。

（2）定时补货。把每天划分为几个时点，补货人员在时段内检查动管拣货区货架上的货品存量，若不足则及时补货。这种方式适合分批拣货时间固定且紧急处理较多的配送中心。

（3）随机补货。指定专门的补货人员，随时巡视动管拣货区的货品存量，发现不足则随时补货。这种方式较适合每批次拣取量不大、紧急插单多以至于一日内作业量不易事先掌握的情况。

要点5：出货作业

将拣选的商品按订单或配送路线进行分类，再进行出货检查，做好相应的包装、标识和贴印标签工作，根据门店或行车路线等将物品送到出货暂存区，最后装车配送。出货作业流程如图10-8所示。

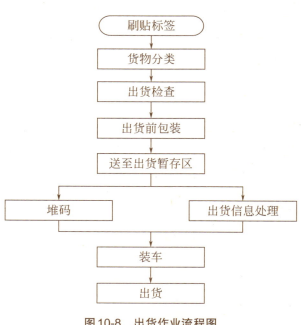

图 10-8 出货作业流程图

（一）分货作业

采用人工分货方式处理，在完成货物拣选之后，将所拣选的商品根据不同的门店或配送路线进行分类，对其中需要进行包装的商品，拣选集中后，先按包装分类处理，再按送货要求分类出货。

（二）出货检查作业

根据门店、车次、对象等对拣选商品进行产品号码和数量的核对，以及产品状态和品质的检验。可以采取以下两种方法检查，如图10-9所示。

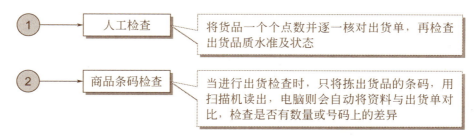

图10-9　出货检查作业方法

（三）出货形式

配送中心在拣取方面采用托盘、箱、单品为单位。

（四）出货作业质量控制

拣选作业的效率和对拣选准确性直接影响供应商的结算和库存的准确率和后续作业的正常进行。

（五）条码技术在出货作业中的应用

条码作业系统将拣选、包装和出货功能等多种作业会集成为一体。现配送中心为多家门店配送商品，处理采购订单较多，每张订单品种数也较多，如果仍采用以人工为主的订单拣选作业方式，那么很难避免较高的拣选错误率，出现出货差异也很难确认。条码技术识别产品、账单和库存准确率较高，接近100%。为避免或减少错误率，提高工作效率，我们采用条码技术，如图10-10所示。

1. 小型订单拣选

库存检查和单据准备完毕，发票和作业单应有一个订单编号，但号码必须以条形码和数字标识，如果使用RF（射频技术），相关作业可以无纸化，拣选作业员从储位将商品移动到包装处或暂存区，在此使用扫描器扫描订单号码和每一个品种。对于太小不能贴条形码标签的品种，可以提供印有条形码的商品目录，通过与电脑的电子图像匹配，校验拣选的准确性。当传输完毕后，包装装置通知系统生成装箱单，如果单据准备不能在拣选作业前完成，拣选作业员可以提取商品，进入销售终端，扫描条形码和生成销售清单或发票。

2. 大型订单和大量拣选

拣选人员使用带扫描器的手持终端进入拣选作业区域，订单已经通过下载或无线传输进入主机系统，需拣选的品种和数量会在手持终端显示。拣选员到储位，扫描储位条形码和商品条形码，系统校验商品是否被正确拣选。拣选完成后，将拣选商品放入发货暂存区，拣选员发出完成拣选的信号，电脑生成相应的单据。

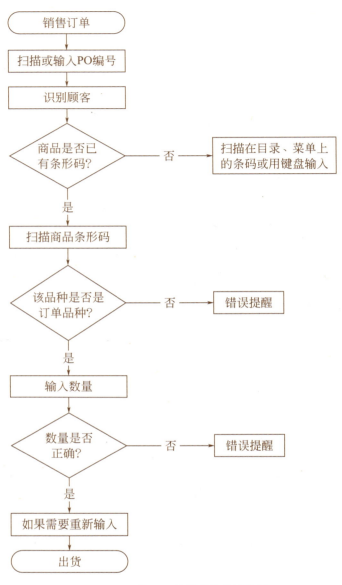

图10-10 条码系统拣选作业流程图

要点6：配送作业

（一）配送作业的组织

1. 配送组织工作的基本程序和内容
（1）物流作业配送线路的选择。
（2）拟订配送计划。
（3）下达配送计划。
（4）配货和进货组织工作。
（5）配送发货管理。
（6）费用结算管理。

2. 配送组织工作应注意的要点
（1）全面掌握用户的需求情况。
（2）建立稳定的资源基地和客户需求。
（3）加强配送的计划管理。
（4）调整建立与配送相适应的组织结构。
（5）科学地组织好配送。
（6）争取各方面的协作和支持。

3.配送组织的模式

（1）集权式组织模式和分权式组织模式。集权式组织模式和分权式组织模式说明如图10-11所示。

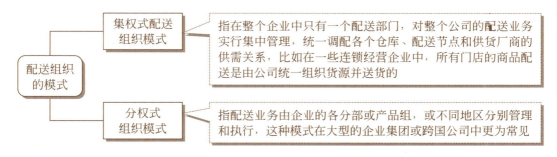

图10-11　集权式组织模式和分权式组织模式

总体看来，集权式组织模式对市场反应速度和柔性较差，但能够有效地控制配送成本。分权式组织模式对客户要求的反应迅速，但是成本较高。

（2）选择配送组织模式时应考虑的因素。

——公司的规模。

——产品特点及产品的销售地区。

——生产所需物资的采购地区。

——集权式配送组织模式提供的顾客服务标准能否达到所要求的水平。

现在有很多企业采用的是适当的集权与分权相结合的方式。同质性高、需求量大的产品或原材料由企业统一组织配送，而各分部之间差异较大的产品或是需求量波动大的零星产品，以及配送时间短和临时发生的配送要求，则由各分部自行组织货源及配送。配送作业流程如图10-12所示。

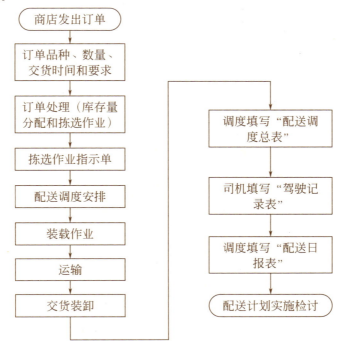

图10-12　配送作业流程图

（二）运输管理问题

运输的可变因素太多，且因素之间相互影响，造成运输管理难以控制，运输管理环节一直存在较多问题。为加强对配送中心的运输管理，我们灵活运用拣选作业方式，提高作业效率，对配送路线重新规划，提高车辆的利用率，加强对驾驶员的时间管理和培训，合理分配驾驶员的工作量和工作时间，并制订驾驶员的考核标准，同驾驶员的薪酬挂钩。加强车辆维护，对车辆的维修费用和运输费用进行严格控制，购置车辆保险解决车辆的安全问题，同时要求门店提高作业效率。

（三）运输成本管理

物流成本包括搬运费、包装费、输（配）送费、保管费和其他费用，配送成本比例占50%左右，其费用之高成为物流成本的决定性因素。因此需加强对配送人员的工作时间和作业管理，提高车辆的利用率，来提高配送效率。

（四）运输调度管理

遵循调度原则，同时编制出合理的行驶路线和时间安排。调度原则如下。
（1）相互临近门店的货装在一辆车上安排在同一时间配送。
（2）配送路线从离物流中心最远送货点开始。
（3）同一辆车途经各门店的路线呈凸状。
（4）条件允许的情况下，尽量使用载重较大的车辆。
（5）对于规划路线外的门店，特别送货量小的使用载重较小的车辆。
（6）尽量减少门店工作时间过短限制（针对工作时间中有冲突的解决方案）。

要点7：加强配送中心的信息处理

在配送中心的运营中，信息系统起着中枢神经的作用，对内向各子系统传递信息，把收货、存储、拣选、配送等活动整合起来，协调一致；对外与连锁商场进行联网，还可以与供应商、批发商及其他客户等联网。

（一）信息管理系统的功能

（1）随时（定时）掌握整个物流系统的现状。
（2）接受订货，通过各商场的电话、传真或电脑。
（3）指示发货，处理各种订单信息。
（4）反馈作业信息，结算费用。
（5）补充库存，提出要货计划。

（二）建立信息系统的目标

（1）库存合理化：依靠计算机管理库存，压缩库存并防止商品脱销。
（2）调节供需：把订货信息和库存信息反馈给供应、生产企业，使产、供、销一体化，从而提高流通效率。
（3）缩短从订货到发货的周期。
（4）提高运输装配的效率。
（5）提高装卸作业效率。

（三）订单处理

订单处理指的是从接到采购中心发出采购订单到准备出货之间的作业阶段物流中心所有

相关单据的处理，包括订单确认、存货查询、库存分配和出货配送等。

1.订单品项数量及日期确认

配送中心对门店的订单资料进行检查，发现要求送货时间有问题或出货有时间延迟时，需要与门店再次确认订单内容或更正要求的进货时间。

2.订货价格确认

核对送货单的价格与采购单的价格是否相符，若价格不符，系统加以锁定，以便主管审核。

3.包装确认

对订购的商品，是否有特殊的包装、分装或帖标等要求，或是有关赠品的包装等资料都应详加确认记录，并将出货要求在订单上注明。

4.订单号码

每一订单必须有唯一的订单号码，可以根据经营合同或成本单位来确定，便于计算成本、采购结算、配送等。整个商品流转过程，所有工作说明及进度报告均以此号码作为标准号码。

5.建立和维护客户主档

更新客户的详细记录，包括供方名称、代号、等级，以及负责本企业产品供应的业务员、车辆形态、送货地点、配送要求等。

6.存货查询及订单分配

（1）存货查询。确认有效库存能否满足门店需求。库存商品资料包括品项名称、SKU（最小存储单元）号码、产品描述、库存量、已分配存货、有效存货及顾客要求的送货时间。输入门店订货商品名称或代号时，系统应查对存档的相关资料，看此商品是否缺货。若缺货，则生成相应的采购订单，以便于门店协调订替代品或允许延迟交货，以提高接单率和接单处理效率。

（2）分配库存。订单资料输入系统，确认无误后，最重要的处理作业是如何有效汇总分类，调拨库存，以便后续的各项作业能有效进行。分配库存有两种方法，如图10-13所示。

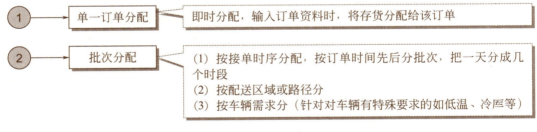

图10-13　分配库存的方法

7.分配存货不足的异动处理

若现有存货数量无法满足门店要求，且无替代品时，与采购中心联系进行协调处理。

8.订单排定出货日程及拣选顺序

对已分配存货的订单，通常根据门店要求，拣取标准时间以及内部工作负荷来确定出货时间和拣选顺序，订单经过以上处理，可以开始打印出货单据。

(1) 拣选单（出库单）。提供商品出库指示，作为拣货的依据，若拣货单考虑商品储位顺序打印，可减少人员行走距离。

(2) 配送单。交货时交送货单据给门店清点签收，作为收货凭证，要确保送货单上的资料与实际送货相符。

(3) 缺货资料。库存分配后，对于缺货的商品或缺货的订单信息，系统提供查询或报表功能，以便及时处理。对于库存缺货商品，提醒采购人员紧急采购。

第二节　物流配送管理制度

制度1：配送中心工作目标（方针）、员工行为规范

××公司标准文件		××有限公司 配送中心工作目标（方针）、员工行为规范	文件编号××-××-××	
版本	第×/×版		页次	第×页

1　目的
　　为了明确配送中心的工作目标，并且使员工有行为规范可循，特制订本办法。
2　适用范围
　　适用于本公司的物流配送中心。
3　配送中心工作目标（方针）
　　3.1　管理规范。要求配送中心遵循现代物流的经营理念，配送内部的各业务流程、各种资源管理、现场管理、质量管理都体现规范化、高效化、标准化，营造现代化的物流配送中心。管理是生产力，是企业经营的基础，配送全体员工须遵循现有各项业务、管理规范，同时不断集思广益、不断提升。高效、规范的管理是企业低成本运作的基础，是企业赢得竞争力的一个重要因素。低成本运作是需要配送各环节都重视的，需要不断优化流程，提升各环节运作效率，做好设施设备维护保养，节约各类物品使用等。
　　3.2　服务优质。
　　3.2.1　配送中心作为企业内部为门店服务的一个部门，必须做好服务工作，判断配送中心工作的唯一标准是"客户（门店、供应商）的满意，对配送中心服务（商品和物品运送、服务态度、服务方式）的满意，低成本运作的满意"。
　　3.2.2　优质的服务主要表现为：快速、准确、高满足率的将商品送达门店。低成本地将商品送达门店，微笑服务、耐心服务，门店有需求需要尽量满足，门店不清楚需要耐心解释，门店不懂需要做好培训（告知门店如何操作或与门店探讨如何操作）。
　　3.2.3　服务优质还包含配送中心内部上道工序为下道工序服务的内容，配送中心内部环节较多、业务综合，要做好配送为门店服务的工作，必须首先做好上道工序为下道工序的服务工作。
　　3.2.4　务必树立一种服务理念，把各自环节的每一个细节工作都做到位，多一些换位思考，多一些沟通与交流，下道工序发现问题，要及时告知上道工序，共同探讨解决模式。
　　3.3　配送及时。将门店的要货需求，各类带货、各类物品、各类赠品、企划用品、积分商品按时送达。必须按照流程关注到细节，关注到每一个环节，做好及时配送。
　　3.4　保障安全。
　　3.4.1　每一个配送中心员工都必须重视人身安全、商品安全、设施设备安全。
　　3.4.2　汽车驾驶员、叉车手、电动搬运车手、柴油叉车手都必须确保安全行驶，严格按照各项操作规范操作，确保自身以及他人的人身安全。
　　3.4.3　配送中心有几千万的商品，因此全体员工须做好商品安全工作，做到全员都参与商品防损、做好商品保质期管理、规范堆报、轻装轻卸等各项工作。
　　3.4.4　每一个操作员、每一个员工，都应做好相应的维护保养工作，尽量减少设施设备的损耗，延长设备使用年限。
4　员工行为规范
　　4.1　自觉遵守公司《员工手册》条例的各项内容要求。
　　4.2　上班时进行签到考勤制度，不许迟到、早退，不许无故旷工、串岗，下班后不能在仓库无故逗留。

续表

××公司标准文件		××有限公司 配送中心工作目标（方针）、员工行为规范	文件编号××-××-××	
版本	第×/×版		页次	第×页

4.3　库区工作人员要穿工作服，或佩戴工作牌，不允许打赤膊、穿背心或拖鞋，配合保安员工作。
4.4　除RF外，进出库区严禁携带任何包、袋、私人物品等，严禁在库区内吃东西。
4.5　员工自行车应停放于地下停车库，严禁库区内乱停乱放。地下停车库设有电动车充电插座，需充电的电动车车主须佩带配送中心的工号牌方可安排充电。
4.6　严禁在库区内、库区月台上吸烟，吸烟区范围仅限于洗手间的框架内以及办公大楼。烟蒂请在熄灭后丢弃在洗手间的垃圾筐内。
4.7　食堂就餐时自觉依次排队，用餐完毕后将餐具及时带离餐桌，集中存放。
4.8　节约用水、节约用电、节约物品，爱护仓库设施设备。
4.9　全员防损，对非工作人员以及形迹可疑者要及时制止并报告相关领导，防止公司财产受到侵害。
4.10　严禁员工向供应商索要任何商品、赠品。
4.11　必须树立正确的工作态度，严格遵守公司的各项规章制度及工作要求，按时保质完成本职工作。
4.12　员工必须服从上级的工作分配，听从指挥，服从岗位调动和工作班次的安排。

拟订		审核		审批	

制度2：配送中心组织架构与职责制度

××公司标准文件		××有限公司 配送中心组织架构与职责制度	文件编号××-××-××	
版本	第×/×版		页次	第×页

1　总则
　　连锁企业的配送中心是指汇集各连锁分店的订货，向供货方进行采购，接收供货方的送货，按各连锁分店的订货要求进行加工、包装、分拣、组配等作业，并按时、按质、按量地将订货、新货送到各连锁分店的流通机构。
　　配送中心是连锁经营的核心，因为连锁经营的几个统一中最重要的"统一进货、统一配送、统一价格"是靠配送中心来具体实施和保证实施的，通过发挥配送中心的功能，可以大大压缩整个连锁企业的物流总费用（不仅仅是压缩库存费用），提高各连锁分店的顾客服务水平等。

2　配送中心组织结构图
　　配送中心组织结构图如下图所示。

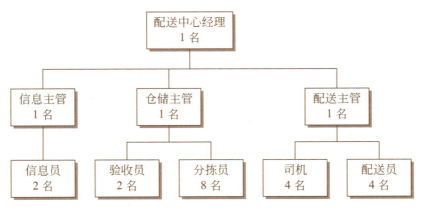

配送中心组织结构图

3　配送中心职能说明
　　配送中心职能说明见下表。

续表

××公司标准文件		××有限公司	文件编号××-××-××	
版本	第×/×版	配送中心组织架构与职责制度	页次	第×页

配送中心职能说明

部门名称	配送中心	直属上级	副总经理
部门经理		部门编制	
部门概述	本部门是公司商品管理和商品物流配送的最关键部门，是商品部与门店的中枢纽带部门，是门店、加盟主每天最关注的服务职能部门。配送中心负责商品物流配送管理和安全工作。本部门内部环节多，流程复杂，与门店、商品部流程更为复杂，想做好本部门工作必须先把商品配送做好，门店配合才会有效			
部门职责	1. 负责大库商品、人员、车辆行驶、设备资产等安全管理 2. 负责部门日常的全方位的营运管理 3. 负责大库商品的续定、验收、信息入库、储存、分拣、配送、退货等业务工作 4. 负责物流配送质量体系的建立和完善 5. 负责公司配送中心的发展规划、改造和完善 6. 负责与相关部门及门店的工作流程的制订和完善 7. 负责新开店、改造店、落后店的商品配送及调整工作			
部门权限	1. 对部门组织架构的调整有建议权 2. 对商品物流和管理方面的规范、流程有建议权及决策权 3. 对公司库区设施规划、改造有提报权 4. 有对门店商品配送及要货、接验货、退货满足门店需求，有合理安排、规范的权限 5. 对营运部、超市部、商品部的工作建议权 6. 有参加公司部门会议及关于商品方面的会议权限			

4 各岗位职位说明

4.1 配送中心经理职位说明书见下表。

配送中心经理职位说明书

部门名称	配送中心	直接上级	副总经理	职级	部门经理
岗位职责	1. 上级是主管副总经理，对主管副总经理负责 2. 负责本部门各种规章制度、管理流程、作业文件的编制和落实 3. 负责部门计划的制订、审核，督核落实有效运行 4. 负责部门费用预算的制订并控制在预算内 5. 负责协调各部门、门店及其他相关方的各项工作 6. 负责部门人员管理和组织架构调整及人员考核 7. 负责商品库存控制、供货商管理、信息规范化，做好商品防损降耗 8. 负责制订配送中心的发展规划及投资预算 9. 负责配送中心的企业文化建设				
工作标准	1. 完成部门担负的工作和主管总经理交办的任务 2. 逐步完善规章制度、业务流程、作业规范，并保证有效运行 3. 按时完成计划，确保各项目标的完成 4. 完成部门的创收预算任务，将费用控制到合理预算之内 5. 做到主动沟通解决问题，正确处理工作矛盾 6. 合理调配人员，确保部门的正常运转 7. 商品库存合理、供货商管理规范、信息物流顺畅、商品管理规范 8. 保证配送中心规划满足发展的需求，部门资产无不合理流失 9. 贯彻公司的方针政策和经营理念，使部门员工的综合素质和思想水平与公司的发展保持一致				

续表

××公司标准文件		××有限公司 配送中心组织架构与职责制度	文件编号××-××-××	
版本	第×/×版		页　次	第×页

续表

部门名称	配送中心	直接上级	副总经理	职级	部门经理
任职资格	1. 具有或相当高中以上文化水平 2. 具有一定的人员、营运、商品管理技术和能力 3. 具有很强的责任心 4. 具有一定的沟通能力和协调能力 5. 具有谈判和解决问题的能力 6. 具有制订规范、流程并实施运作的能力 7. 具有组织、统筹能力和技术培训指导能力 8. 认同公司企业文化和经营理念 9. 具有经营成本核算能力				

4.2 配送中心订货信息主管职位说明书见下表。

配送中心订货信息主管职位说明书

部门名称	配送中心	直接上级	部门经理	职级	部门主管
岗位职责	1. 负责向验收组提供商品到货月、周、日报表，大宗商品到货预报 2. 负责对到大库送货供货商的管理 3. 负责随时组织抽查库存商品 4. 商品退货情况的分析与流程改进建议、管理 5. 协助商品部组织的门店统一退货的执行及退供应商商品的退货管理 6. 负责信息通信信息正常 7. 负责对大库品库存控制及门店重点商品库存量的监控 8. 负责信息入库、调拨、返厂、退货的管理 9. 负责新开店、促销、新品分货、调价等所有商品的管理 10. 负责订货信息组人员做好培训、考核及评定 11. 负责盘点录入、复核及更新工作 12. 负责部门费用控制管理 13. 负责与相关方的沟通				
工作标准	1. 保证计划的准时、准确 2. 保证供货商到货的及时 3. 保证商品质量符合采购合同要求 4. 保证每周六中午12:00之前报退货报表和问题提报 5. 每月做计划之前要求商品部报本月统一退货计划，由仓储主管做好退货计划并执行落实 6. 保证订货、信息及库存准确 7. 保证库存控制合理 8. 保证数据的准确及流程、单据管理规范 9. 保证新开店促销、新品分货、调价及时准确 10. 保证每周、月有排行 11. 及时、准确，差错率在0.05%以下 12. 保证部门费用控制在预算之内 13. 保证与相关方协调好，解决问题				
任职资格	1. 具有高中以上学历 2. 有一年以上的信息订货经验并有很强的责任心 3. 有一定的微机操作技能和商品知识及软件开发能力 4. 有一定的管理业务技能 5. 有一定的涵养性和沟通能力、协调能力 6. 有很强的责任心				

续表

××公司标准文件		××有限公司 配送中心组织架构与职责制度	文件编号××-××-××	
版本	第×/×版		页次	第×页

4.3 配送中心仓储主管职位说明书见下表。

配送中心仓储主管职位说明书

部门名称	配送中心	直接上级	部门经理	职级	部门主管
岗位职责	1. 大库商品库存与微机库存一致 2. 负责对相关各组人员的培训和考核评定 3. 负责大库问题商品的提报和解决 4. 根据部门计划制订并落实工作计划执行 5. 负责本岗位一些管理报表的上报 6. 负责并确保账物相符和票据传递及时 7. 负责储存区、验收区和分拣区商品的管理 8. 盘点工作安排和盘点分析 9. 负责大库设备管理和库区消防及安全工作 10. 负责大库员工对操作规范的执行					
工作标准	1. 完成部门担负的工作项目及部门经理交办的任务 2. 保证按部门经理计划制订所负责工作的计划并实施 3. 保证大库商品盘点控制在合理损溢之内 4. 保证所负责的各组区域卫生、存放物品商品的规范及安全管理到位 5. 保证大库问题商品报警、退货及时 6. 保证赠品发放规范无差错 7. 按照验货规范和有关规定完成接验货入库、退货中工作无大失误 8. 保证所接商品达到储存、质量、退货要求,让柜组、供应商满意 9. 保证所有入库单、退货单传递及管理规范,并督核柜组做好复核工作 10. 保证所辖库区无安全隐患及事故的发生					
任职资格	1. 具有高中以上学历 2. 具有一定的组织和协调能力 3. 具有配送中心各岗位工作的经验和技能 4. 具有培训、指导和思想教育的能力 5. 具有一定的微机操作技能 6. 具有一定完善管理制度和流程的能力 7. 具有一定的人员和商品管理业务技能 8. 具有很强的责任心和工作主动性 9. 具有一定的处理和解决问题的能力 10. 具有一定的成本意识和管理思路					

4.4 配送中心配送主管职位说明见下表。

配送中心配送主管职位说明书

部门名称	配送中心	直接上级	部门经理	职级	部门主管
岗位职责	1. 负责车辆、人员安全工作 2. 负责车辆的保养和维修工作 3. 负责车辆费用的控制 4. 负责对配送组人员的技能培训、评比和考核 5. 负责商品配送准确准时、保质保量 6. 配合经理做好其他相关临时性工作 7. 负责配送路线的安排与调整					

续表

××公司标准文件		××有限公司 配送中心组织架构与职责制度	文件编号××-××-××		
版本	第×/×版		页次		第×页

续表

部门名称	配送中心	直接上级	部门经理	职级	部门主管
工作标准	1. 严格执行总部各项管理制度，安全、及时、圆满完成商品配送任务 2. 遵守驾驶员操作规程，严格执行各项交通法规，开文明车，严禁酒后开车，不准私自用车 3. 听从分配，听从调度，在做好本职工作外，要积极协助配送人员，共同完成商品配送 4. 保持良好的车容、车貌，完成任务后，负责车辆的维护和安全停放 5. 认真学习业务技术，提高驾驶水平及维护保养水平，保持车辆完好状态 6. 认真填写出车记录，完成一次任务后应立即返回向主管报告，等候新的任务 7. 费用控制在预算之内 8. 保证配送商品、单据传递无差错 9. 完成主管经理交办的其他工作					
任职资格	1. 有高中以上学历 2. 有半年以上库管员工作经验 3. 有一定商品管理知识 4. 有一定的组织能力 5. 有一定的沟通和协调能力 6. 有很强的责任心 7. 有一定的解决问题的能力					

4.5 配送中心订货信息员职位说明书见下表。

配送中心订货信息员职位说明书

部门名称	配送中心	直接上级	信息主管	职级	职员
岗位职责	1. 直接上级是订货信息主管，并对主管负责 2. 制订并执行分管柜组的订货计划 3. 负责分管柜组每日库存商品数量低于下限及数量为零的商品的信息跟踪及反馈 4. 随时抽查库存商品质量 5. 按商品退货标准，配合营运部执行商品退货流程 6. 负责分管柜组与门店进行涉及现金的商品兑奖工作 7. 负责与供应商联系商品部发布的淘汰商品的清库工作及不良、滞销商品的退货作业 8. 负责盘点录入、复核的及时、准确，差错率在0.05%以下 9. 负责商品订货、出库、退库及各种票据的生成、受理、审核、传递等和各种信息生成、装订、传递，门店对账准确率达100% 10. 负责的入库、调拨、返厂、退货等准确率达100% 11. 负责的新开店、促销、新品分货等配置商品的打印和单据传递 12. 负责订货信息组内外卫生区域清洁工作					
工作标准	1. 确保门店商品供应，确保有效商品的整体库存结构合理及库存周转天数合理 2. 确保对缺货做出原因说明，并向主管提报 3. 保证商品质量符合采购合同要求 4. 保证定期进行商品退货分析并提交 5. 保证门店现金兑奖及时准确 6. 保证仓库、门店商品库存量合理，滞销商品清理及时退供货商 7. 保证所有单据与门店对账无遗留问题，做到及时、准确、无差错 8. 保证盘点正常化、大库实际库存（盘点实存金额）的准确性 9. 保证商品订货、入退货及各种票据的生成、受理、审核、传递等工作的顺畅无差错 10. 保证新开店、促销、新品分货等配置商品的打印和单据传递及时准确 11. 保证订货信息组内外卫生区域的清洁					
任职资格	1. 具有高中以上学历 2. 有一年以上门店和库管员工作经验 3. 有一定的微机操作技能和商品知识 4. 有一定的沟通和协调能力 5. 有很强的责任心 6. 对软件功能的使用和开发有一定的创新能力					

续表

××公司标准文件		××有限公司 配送中心组织架构与职责制度	文件编号××-××-××	
版本	第×/×版		页次	第×页

4.6 配送中心配送员职位说明书见下表。

配送中心配送员职位说明书

部门名称	配送中心	直接上级	配送主管	职级	职员
岗位职责	\multicolumn{5}{l|}{1. 直接上级是配送主管，并对配送主管负责 2. 负责商品配送和退货 3. 负责与大库交接和装车及送货时的商品保管工作 4. 负责与门店的验收交付工作 5. 负责总部与门店之间的所有单据的传递和问题反馈交接 6. 负责门店的商品退货验收与退货组的交接 7. 配合主管做好车辆清洁工作}				
工作标准	\multicolumn{5}{l|}{1. 完成主管安排的各项工作 2. 保证达到配送和退货中商品无损失 3. 保证与门店验收交付规范，服务周到 4. 保证每天的商品配送后与门店、大库、退货库交接规范 5. 保证单据传递及时、无误，问题反馈及时、准确 6. 保证严格执行退货规定，并做好交接规范，有记录}				
任职资格	\multicolumn{5}{l|}{1. 具高中以上文化程度 2. 具有一年库管员的工作经验 3. 具有一定的工作责任心 4. 具有一定的沟通和解决问题的能力 5. 具有一定的服务意识}				

4.7 配送中心验收员职位说明书见下表。

配送中心验收员职位说明书

部门名称	配送中心	直接上级	仓储主管	职级	职员
岗位职责	\multicolumn{5}{l|}{1. 直接上级是仓储主管，并对主管负责 2. 配合主管确保账物相符和票据传递及时 3. 配合主管做好商品、赠品的验收、贴码和可追溯性记录 4. 负责所验收商品的准确、储存、安全工作 5. 负责所有需要物品的准备和保管 6. 负责卫生区清洁工作}				
工作标准	\multicolumn{5}{l|}{1. 保证完成主管安排的各项工作 2. 保证协助主管做好账物核对和票据传递工作 3. 保证做好商品、赠品的验收及贴码工作 4. 保证所验收商品的准确、储存、安全工作 5. 保证及时对所有需要物品的准备和保管 6. 保证卫生区清洁打扫工作}				
任职资格	\multicolumn{5}{l|}{1. 具有高中以上学历 2. 有半年以上库管员工作经验 3. 有一定的商品知识 4. 有一定的沟通和协调能力 5. 有很强的责任心}				

续表

××公司标准文件		××有限公司 配送中心组织架构与职责制度	文件编号××-××-××	
版本	第×/×版		页次	第×页

4.8 配送中心分拣员职位说明书见下表。

配送中心分拣员职位说明书

部门名称	配送中心	直接上级	仓储主管	职级	职员
岗位职责	1. 直接上级是仓储主管,并对主管负责 2. 负责商品储存定位和管理 3. 负责按周期配送顺序、分拣货位号对应分拣商品 4. 负责商品质量和库存的抽查及商品的先进先出 5. 负责商品分拣的准确 6. 负责卫生区清洁工作 7. 负责每月商品盘点工作及单品与库存相符				
工作标准	1. 完成主管安排的工作任务 2. 完成商品储存及时、定位、符合标准,规范管理 3. 完成每天的商品分拣工作 4. 完成每天应做的重点商品抽查记录,做到商品先进先出 5. 商品分拣差错率控制在2% 6. 每天保证库区卫生清洁 7. 严格按要求进行盘点和核查工作				
任职资格	1. 具有高中以上文化水平 2. 具有一定的商品知识 3. 具有一定的工作责任心 4. 具有一定业务技能				

4.9 配送中心贵重商品分拣员职位说明书见下表。

配送中心贵重商品分拣员职位说明书

部门名称	配送中心	直接上级	仓储主管	职级	职员
岗位职责	1. 直接上级是仓储主管,对仓储主管负责 2. 负责所保管的贵重商品的储存规范 3. 负责所管辖库区内商品分拣工作 4. 负责商品库存和微机账面库存的准确 5. 负责商品的质量及做到先进先出 6. 负责贵重商品封箱管理,做好明显标注 7. 负责到配送区与验收人员交接工作 8. 负责商品抽查和盘点工作 9. 负责库区内卫生清洁工作				
工作标准	1. 完成仓储主管安排的各项工作 2. 保证完成贵重商品储存及时、定位、规范 3. 完成并保证贵重商品的分拣的质量、准确、及时、无差错 4. 保证所辖商品的库存准确 5. 保证无过期商品和残损商品配送到门店 6. 保证按照规范要求做好分拣出库管理 7. 保证做好接收复核、交接签字工作 8. 保证每天对所有库存做好监控盘点,做到月底盘点无损溢 9. 保证区域卫生清洁				
任职资格	1. 具有高中以上文化水平 2. 具有很强的责任心 3. 具有很好的业务技能和商品知识 4. 具有一定的沟通能力				

续表

××公司标准文件		××有限公司 配送中心组织架构与职责制度	文件编号××-××-××	
版本	第×/×版		页 次	第×页

4.10 配送中心配送司机职位说明书见下表。

配送中心配送司机职位说明书

部门名称	配送中心	直接上级	配送主管	职级	职员
岗位 职责		1. 直接上级是配送主管，并对配送主管负责 2. 负责车辆、人身安全工作 3. 负责商品的配送、退货工作 4. 负责总部与门店之间单据传递 5. 负责出车记录的填写 6. 负责车辆的清洁、保养工作 7. 配合配送主管做好其他相关临时性工作			
工作 标准		1. 保持良好的车容、车貌，车辆安全停放 2. 保证无任何安全事故发生 3. 保证完成商品的配送、退货工作 4. 保证认真填写出车记录，完成一次任务后应立即返回向主管报告，等候新的任务 5. 保证单据传递、周转箱及其他物品无差错 6. 完成领导交办的其他工作			
任职 资格		1. 高中以上学历 2. 有半年以上库管员和一年司机工作经验 3. 有一定商品管理知识和业务技能 4. 有一定的沟通和协调能力 5. 有很强的责任心 6. 有一定的解决问题的能力			

4.11 配送中心退货员职位说明书见下表。

配送中心退货员职位说明书

部门名称	配送中心	直接上级	仓储主管	职级	职员
岗位 职责		1. 直接上级是仓储主管 2. 负责门店、大库退货的验收工作 3. 负责门店返回商品的验收、分拣、整理与交付 4. 负责信息组所打退货单的复核工作 5. 负责给供货商的退货工作 6. 负责商品抽查，确保退货库实物库存和账面相符 7. 负责退货库所管商品的盘点工作 8. 负责库内外卫生清洁			
工作 标准		1. 完成主管安排的各项工作 2. 严格按照规范完成门店、大库退货的验收 3. 完成对门店日常配送商品返回的验收、分拣、整理与交付 4. 保证所有退货实收数量和信息调拨一致 5. 保证给供货商的退货工作及时 6. 保证库存与账面数量相符 7. 保证商品盘点工作准确无误 8. 保证退货库内外卫生清洁			
任职 资格		1. 具有或相当高中以上文化水平 2. 具有一定的人员、商品管理技术和能力 3. 具有很强的责任心 4. 具有一定的沟通能力和协调能力 5. 具有谈判和解决问题的能力 6. 具有制订规范、流程并实施运作的能力 7. 具有组织、统筹能力和技术培训指导能力 8. 认同公司企业文化和经营理念 9. 具有经营成本核算能力			

拟订		审核		审批	

制度3：配送中心业务流程规范

××公司标准文件		××有限公司	文件编号××-××-××	
版本	第×/×版	配送中心业务流程规范	页　次	第×页

1　目的

为了对配送中心的各项业务流程加以明确，确定各个环节的作业点，特制订本规范。

2　适用范围

适用于配送中心。

3　流程规范

　3.1　订货流程

　　订货员根据分管品类，在自动补货中输入补货条件，自动补货生成建议需补货的商品→订货员根据建议补货量，结合实际情况，进行最后订货量确认→审核订货申请单，生成订货单→订货单上传VSS（零售商与供应商信息互通电子商务平台）或传真给供应商→供应商在收到订单后在规定的有效期内送货至配送中心。

　3.2　进货流程

　　供应商在VSS系统中确认订单并打印→凭打印的订单至配送中心预检室进行预检［预拣单下传到WMS——仓库管理系统（Warehouse Management System）］→将商品送至规定的月台等待收货→收货员持RF收货并结单→单据从WMS上传区汇总生成收货单→供应商凭打印的收货单进行财务结算。

　3.3　支持上架

　　商品收货托盘结束→支持员扫描托盘码，WMS系统提示上架仓位→把托盘放置到提示仓位，用RF确认上架成功。

　3.4　门店要货信息接收

　　门店在系统中将要货信息上传→区总接收并根据商品物流模式生成中转订单和出货通知单。

　3.5　拣货任务下发

　　中转商品出库由供应商的送货单生成的中转出货单出库，统配商品则由销货通知单与调拨通知单生成的拣选任务出库。

　　3.5.1　中转商品：供应商送货成功后会自动生成中转出货单，将此单确认至WMS生成中转出货任务。

　　3.5.2　统配商品：将销货通知单与调拨通知单审核确认至WMS→WMS进行库存比对数据处理后，根据商品各区属性生成拣选任务清单。

　3.6　拣选出库

　　3.6.1　中转商品：根据拣选任务整托出库。

　　3.6.2　统配商品：统一将门店的商品根据提示的仓位以及数量码放到一个托盘上，则结束托盘，等待搬运，一张单据上的商品必须全部拣选完毕。

　3.7　补货流程

　　根据拣货任务情况生成补货作业单→支持员根据补货单按提示信息进行补货→将商品从储存位补到拣选位并确认补货数量。

　3.8　集货搬运

　　将已经拣选完毕的商品搬运到指定的地方，并核对托盘上的商品件数，进行RF确认工作，集货完毕的托盘等待装车。

　3.9　装车发车

　　根据WMS系统提示的门店件数调度车辆，根据满载原则将托盘商品装车发车。

　3.10　退仓流程

　　门店按退仓规定将退仓商品装箱退回配送中心，同时将退仓信息发送→查询仓员工与驾驶员交接总件数→将退仓信息下传到WMS→查询员工按退货制度进行验货→验货完毕上架。

　3.11　退货流程

　　3.11.1　供应商持退货通知单前来退货→将该供应商退货信息下传WMS→商品下架→供应商确认退货数量→退货单结单，打印退货单。

　　3.11.2　查询仓将供应商退货信息下传WMS→商品下架→退货单结单，打印退货单→形成账外库存→VSS以电话通知供应商提货→供应商凭退货通知单前来提货（逾期弃货）。

　3.12　转仓流程

　　分为转入与转出两个环节，可以由统配仓转查询仓，也可以由查询仓转统配仓。根据转仓清单目录将商品下架→录入商品生成转仓单→与接收仓交接、验收→按实际验收数将转仓单审核→商品上架。

续表

××公司标准文件		××有限公司 配送中心业务流程规范	文件编号××-××-××	
版本	第×/×版		页次	第×页

3.13 损溢流程
  由经理室审批主管填写的损溢单→指定授权人员在WMS系统内进行损溢录入工作（仓位条码、商品编码、数量、损溢原因）→确认审核。损溢调整的目的是使账面库存与实际库存一致。损溢作业的原因包括商品串码、破损、NT商品、过保质期、质检不合格及来货空盒，还有盘点结清后的商品差异。

拟订		审核		审批

制度4：配送中心特殊业务作业办法

××公司标准文件		××有限公司 配送中心特殊业务作业办法	文件编号××-××-××	
版本	第×/×版		页次	第×页

1 目的
  为了使配送中心能够更好地处理团购业务、转单业务、带货业务的货物配送要求，特制订本办法。
2 适用范围
  适用于团购业务、转单业务、带货业务。
3 作业规定
 3.1 团购业务
  门店团购要货是指门店接到客户团购，门店商品库存不足以支持顾客需求的要货，门店团购以传真或者邮件向配送中心团购组要货，配送中心团购组联系仓库、订货组、运输部按门店要求将商品送达门店。
  3.1.1 配送中心团购传真电话（略），邮件可直接发配送中心部门邮箱转发。
  3.1.2 门店团购需提供商品编码、品名、规格、计量单位、要货件数、要货数量、店名、店号以及联系人和联系电话，特殊商品门店需写清楚要求。
  3.1.3 团购传真（或邮件）传至配送后请电话跟踪。
  3.1.4 门店在联系团购时，须考虑本门店在配送中心的集配货时间，在配送中心有货的情况下，一般1～2个工作日商品能够到门店，如商品需要订货一般需2～3个工作日到达门店。
  3.1.5 没有销售范围制订的商品，请门店不要做团购。
  3.1.6 非团购商品请门店不要以团购方式要货，一经查实后我们会暂停该门店的团购要货。
  3.1.7 门店到配送中心自提商品：必须提供制度中规定的已审核批发单才能发货，禁止未审核发货，先准备好前台的销售电脑小票或团购已审核批发单，加盖"款已收讫"章→再填写好工作联系单，上面注明何时何地何人到配送中心提货→店长签字并加盖店章→提货人员凭身份证和上述的签字单据到配送中心提货。
  3.1.8 限量分配商品，如门店有团购要货，需要有商管部、营运部确认的工作联系邮件。
  3.1.9 由于特殊情况客户取消团购业务的，配送中心对于已经集好货的商品、中转商品供应商已经送入库的商品，原则上需要送到门店，特殊情况协商处理。
 3.2 转单业务
  3.2.1 门店转单收货完毕之后将《转单收货清单》与《供应商送货单》用信封封好，封面上写上"配送中心转单"收，然后由配送来车的驾驶员带回。注意：《转单收货清单》严格按照规定表格形式填写，《转单收货清单》与《供应商送货单》都需盖上门店收货印章与收货人员签名，《转单收货清单》上必须写明商品的不含税进价。
  3.2.2 门店需要邮件通知配送中心，收件人：配送一转单。邮件主题格式：××门店××供应商转单。另外邮件里注明驾驶员车号，最后将《供应商送货单》以附件形式添加到邮件中。注意：邮件必须是门店部门邮箱发出，对于个人邮箱发出的邮件配送中心一律不予处理。
  3.2.3 配送中心收到《转单收货清单》、《供应商送货单》与门店邮件之后立刻转单，供应商凭配送中心的转单订单或者送货单，于货物送达门店后半个月内来配送中心信息室转单负责人处领取转单结算单。
  3.2.4 如有不明之处请电话联系配送转单相关电话，并进行跟踪。
  3.2.5 配送转单只能按目前的主档价格做，无法修改价格。如果有价格差异，请门店联系商品管理部或者与供应商协商。

续表

××公司标准文件		××有限公司	文件编号××-××-××	
版本	第×/×版	配送中心特殊业务作业办法	页 次	第×页

3.3 带货业务

3.3.1 带货分类及说明。

(1) 赠品。赠品说明如下图所示。

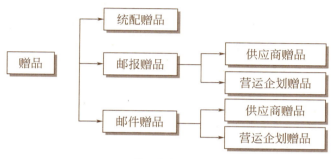

赠品分类说明

(2) 物品。物品说明如下图所示。

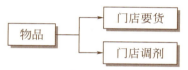

说明:物品仓发货都是经过装箱拆分,需要有"物品"字样的不干胶进行粘贴

物品分类说明

(3) 企划带货。企划带货说明如下图所示。

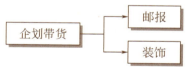

说明:企划带货类型有邮报、企划装饰、吊旗、插卡、赠券等,企划带货很容易辨认,不需要专门的不干胶标志来区分

企划带货分类说明

(4) 查询带货。查询带货有查询仓返退回门店的商品,查询带货很容易辨认,不需要专门的不干胶标志来区分。

(5) 店间调拨商品。店间调拨商品标志比较明显,每一箱商品上会贴有从哪个店调到哪个店的说明及商品明细。

(6) 信息设备。信息设备外箱上会有比较明显的标志,无需专门标志进行区分。

(7) 配送中心单货不符。配送中心单货不符补货商品很容易辨认,每个外箱上会贴有"单货不符补货"的字样,以及商品明细,不需要专门的标志来区分。

(8) 供应商付费带货。供应商付费带货有可能是赠品,也可能是商品,很难辨别。需要供应商在送到赠品仓前将收货门店、收货人姓名、所带商品品名用记号笔写在外箱上,方便门店接收后快速将物品送至接收人。

(9) 积分。积分商品比较容易区分,每箱积分商品的外箱上会有"积分"字样的不干胶进行粘贴。

(10) 公司福利带货。公司工会发放的福利时间比较集中,商品品种也相对较少,比较容易区分。

(11) 维修商品。维修商品是指门店受理顾客需要维修的小家电后,带回配送中心,配送让供应商修理完毕后,以带货的形式返回门店,该类型商品发生频率较少,维修好后的商品外箱会有随货维修单。

续表

××公司标准文件		××有限公司 配送中心特殊业务作业办法	文件编号××-××-××	
版本	第×/×版		页次	第×页

3.3.2　带货相关要求。
（1）赠品、物品需要在每箱外箱上贴"赠品"、"物品"字样不干胶。
（2）赠品收货参照配送中心商品收货制度进行收货，如果供应商未按要求送货，赠品仓有权拒收。
（3）赠品带货单需按赠品名称填写清楚，各种明细清单需要和总单装订在一起。
（4）各种赠品或带货单据赠品仓需进行保存，方便查账。
（5）供应商活动赠品目录须提前10天发到配送中心，赠品须提前5天送到配送赠品仓。
（6）总部所发邮件，赠品分配清单需要与供应商所发赠品数量相符。
（7）供应商赠品仓需要在外箱上用标签注明门店代码、门店名称、该赠品用途（如买××赠××）、赠品数量，如是邮报活动赠品还需要注明活动档期。
3.3.3　赠品退货相关规定。
（1）赠品退货需要在赠品退货单上写明店名、赠品名称、数量和件数。
（2）物品退货需要在物品退货单上写明店名、物品名称、数量和件数。

拟订		审核		审批	

制度5：商品进货管理制度

××公司标准文件		××有限公司 商品进货管理制度	文件编号××-××-××	
版本	第×/×版		页次	第×页

1　目的
为了规范配送中心的商品入库、验收要求，加强库存商品管理，特制订本制度。
2　适用范围
适用于商品的入库管理。
3　管理规定
3.1　库区安全管理规范
3.1.1　外地货车进入市区或绕城高速范围内的，必须做到提前办理通行手续。
3.1.2　所有送货车辆，必须听从配送中心人员（含保安）的管理，进入××配送中心库区必须从××路西大门驶入，从东大门驶离进入××路。
3.1.3　进出库区的车辆必须遵守交通法律法规，如驾驶员都要做到系上安全带。
3.1.4　库区内限速20公里/小时，进出大门口限速20公里/小时。违者将按照我公司内部有关规定进行处理。
3.1.5　库区内严禁吸烟（含车内），违者按库区内有关规定处理，厕所内、办公楼内允许抽烟。
3.1.6　供应商送货人员严禁在配送中心库区内打架斗殴，违者扣款500～2000元，情节严重者，移交公安机关处理。
3.1.7　进入配送中心库区内的所有人员必须严格遵守配送中心的相关规章制度，服从管理，更不能有不利于配送中心财产安全的行为发生，如送货人员有偷窃行为的，则该供应商必须做好批评教育工作，同时按照被窃物品价格的100倍赔偿配送中心的相关损失。情节严重者，移交公安机关处理。
3.1.8　不准携带小孩进入配送中心，否则，后果自负。
3.2　供货商送货流程
3.2.1　持送货单、订货单及商品送到配送中心。
3.2.2　到预检室等待预检，获取预检后的订货单。
3.2.3　按照订货单上的提示到指定的月台按卸货规则卸货。
3.2.4　等待验收员进行验收。
3.2.5　获取验收员签字（中转订单不签字）后的订货单。
3.2.6　凭验收完毕的订货单连同送货单到结算室换取结算单。
3.3　卸货规则
3.3.1　按订货单提示的月台卸货，如两个月台的商品都有，先去一个月台卸完货验收完毕，再去另一个月台卸货验收。

续表

××公司标准文件		××有限公司 商品进货管理制度	文件编号××-××-××	
版本	第×/×版		页次	第×页

3.3.2　送货人员使用托盘注意事项如下。
（1）注意码放原则，商品要放稳妥，高度不超过1.4米（地堆商品除外），四周垂直不超过托盘边缘并向里延伸2厘米。
（2）保证所使用的托盘底部无损坏，四周托盘码一致。
（3）相同商品一满托盘件数相等、堆垛方式相同。
（4）码放商品不倒置。
3.3.3　提示为自动库月台商品必须用底部为"田"字的完好无损托盘，便于上输送线。
3.3.4　中转商品供应商自己拼箱的箱体要贴有拼箱单，拼箱单内容有商品条码、商品名称、商品数量等，此外还要在箱体上写明门店代码。
3.4　供应商注意事项
3.4.1　送货员只能在月台、收货暂存区活动，未经允许不得擅自进入仓库其他区域，违者后果自负。如若有退货、换货、提货事宜必须进仓库的，要有相应仓库主管陪同。
3.4.2　收货时间：供应商凭订单到预检室预检，时间截止到下午3:30（中转预检截止时间为下午3:00），逾期不受理，超时按照附件的《配送中心超时收货规定》处理，由于配送中心缘故导致的延时除外。特殊情况，请另见我公司通知。
3.4.3　请将已预检订单交于相应月台保安处，按保安安排顺序收货。
3.4.4　送货请使用月台上的托盘或者库区内指定区域的托盘（供应商使用托盘区），严禁到仓库内拿取其他托盘，违者将按可能造成的损害支付赔偿。
3.4.5　请送货人员按照收货员的要求将商品堆垛正确，不牢固的按要求用胶带固定。在验收完成后，请送货人员将商品整齐摆放于收货暂存区。不按要求的送货人员，我们有权要求其重新整理，达到要求后再予以继续收货。
3.4.6　商品一旦进入收货暂存区，若有差错需要出库处理，必须有收货现场负责人确认，并左陪同下，方可出库。
3.4.7　配合收货员做好商品抽查，统配商品每个单品至少抽查一件。
3.4.8　对于拒收商品必须开拒收通知单，写明具体原因，由收货人员、主管及供应商代表共同签字。
3.4.9　商品涉及三信问题的必须严格按照合同要求。比如，商品外包装箱必须注明生产日期、保质期、品名、规格、包装等必须内容，必须具有出厂合格证明，未按要求的商品将开具整改通知书，限期整改，若未及时整改的，配送中心有权拒收，因此造成的所有损失，供应商承担。
3.4.10　对于供应商原因造成的商品三信问题，严格按照采购合同处理，并按具体情况要求赔偿。具体规定见双方采购合同。
3.4.11　请保持收货月台的整洁干净，禁止乱扔纸屑、胶带等垃圾，禁止吸烟，严禁将液压车或托盘拉入车内使用，胶带纸使用完后归还收货人员。若出现以上违规现象，按库区内规定予以赔偿。
3.4.12　请供应商安排好自己的送货顺序，同一订单尽量一次送货。由于数量较大超过单次送货能力的，应在最短时间内送完。对于个别供应商恶意拖单的情况，我们有权拒收，因此造成的缺品问题，供应商自负。
3.4.13　配送中心月台及库区，严禁送货人员穿拖鞋或赤膊，违者配送中心有权驱逐出库。
3.4.14　新开门店订单的送货日期必须按照订单上的日期送货，超过或提前均不予收货。
3.4.15　同一次送货不可以有两种包装形式，不能一部分是加量装、一部分是普通装，也不能一些是附带赠品的，一些是不带赠品的。如遇上述情况，则只收加量装或赠品装，同时拒收普通装。
3.4.16　邮报通知的有赠品的商品必须按照邮报期的前十后五搭送赠品，如不发赠品的，收货处可以拒收。
3.4.17　订单上的包装规格与实际包装规格不同的，供应商必须先联系商管部更改包装规格后，方可收货。
3.4.18　外包装箱不可两箱捆一箱，必须按照实际一箱的包装改包装，然后拆成整箱。
3.4.19　新品预检单、团购中转预检单送货数量必须与预定数量相符。
3.4.20　外箱注明附带赠品的商品，箱内必须附带相应赠品，否则收货处有权拒收，二次封箱商品需有合理解释。
3.4.21　整箱商品必须使用原包装箱。
3.5　超时收货收费标准及其他收费

续表

××公司标准文件		××有限公司 商品进货管理制度	文件编号××-××-××	
版本	第×/×版		页次	第×页

3.5.1 统配收货：100件以下50元；100～200件100元；200～500件200元；500件以上300元。

3.5.2 中转收货：10条信息以下50元，以上每增加一条加收5元，最高限额300元。

3.5.3 另外以下午4：00为起始时间，每多等待一个小时，增收100元。

3.6 商品检验

商品验收注意事项以及检验规则如下。

3.6.1 收货必须按照质量标准，检验外观质量和包装质量，要求外箱完好无损、封口严密、无外渗液体、无软塌现象、能够起到保护内容物不变形不散漏的作用、外箱呈四方体能够堆叠（麻包、大米除外）（检验包装质量）。

3.6.2 所验收的商品必须是符合国家、部委、地方、行业或企业标准，经生产厂检验合格的（检验合格证）。

3.6.3 商品标识齐全，有商标、产品质量检验合格证、生产厂家（经销商）名称、厂址、规格、等级、净含量、生产日期、产品标准号等相关必须标注内容，箱内外商品信息必须一致，并对商品标识标签内容进行抽查（检查商品标识）。

3.6.4 有使用期限的商品必须标明保质期和安全使用期或者失效日期，同时严格执行保质期管理的有关制度（检查保质期）。

3.6.5 需要索取证件和检查证件的商品，及其有关所索取证件的要求（索取证件）。

3.6.6 需要检查标志的商品（QS/3C）（检查安全认证）。

3.6.7 需要检查商品信息与实物的包装规格是否相符（检查包装规格）。

3.6.8 收货抽查比例保持在20%左右；对信誉好的供应商可以降低抽查比例；对重点供应商重点抽查，可以适当增加抽查比例（抽查）。

3.6.9 开箱检查后必须封箱，箱体上注明有赠品的，必须检查赠品（封箱）。

3.6.10 如遇到贵重商品开箱验收后，二次封箱必须有签名及检查时间（开箱检验）。

3.6.11 检查容器是否四码一致、齐全，托盘底部是否损坏，如果是，验收员应该指导送货员调换托盘，并把不能用的托盘集中堆放（检查托盘）。

3.6.12 检查商品堆放是否合理，判断上输送线的，托盘四周不能超出边缘，高度不能超过1.4m。为增加商品堆垛的稳定性，尽量打桩压缝。同一商品相同包装打桩必须一致，一满托盘的层数也必须一致，除特别小件商品，应尽量避免打暗桩，即外周一圈不可见（检查商品堆垛）。

3.7 保质期收货期限规定

保质期收货期限规定见下表。

保质期收货期限规定

No.	保质期天数	进口商品标志	入库保质期天数	发货保质期天数	库存警戒期天数	返仓警戒期天数
1	20	普通商品	4	8	6	18
2	20	进口商品	4	8	6	18
3	30	普通商品	5	10	8	28
4	30	进口商品	8	13	12	28
5	50	普通商品	10	20	18	48
6	60	普通商品	15	27	25	58
7	60	进口商品	20	27	25	58
8	90	普通商品	30	42	40	88
9	90	进口商品	30	42	40	88
10	120	普通商品	40	70	60	90
11	120	进口商品	50	70	60	90

续表

××公司标准文件		××有限公司 商品进货管理制度	文件编号××-××-××	
版本	第×/×版		页　次	第×页

续表

No.	保质期天数	进口商品标志	入库保质期天数	发货保质期天数	库存警戒期天数	返仓警戒期天数
12	150	普通商品	50	90	75	120
13	150	进口商品	65	90	75	120
14	180	普通商品	60	120	105	150
15	180	进口商品	90	121	120	150
16	210	普通商品	75	135	120	180
17	210	进口商品	105	150	135	180
18	240	普通商品	90	165	150	210
19	240	进口商品	120	180	165	210
20	270	普通商品	90	195	180	240
21	270	进口商品	120	210	180	240
22	300	普通商品	120	210	180	270
23	300	进口商品	150	225	195	270
24	360	普通商品	150	240	210	320
25	360	进口商品	180	270	240	320
26	365	普通商品	150	240	210	320
27	365	进口商品	180	270	240	320
28	450	普通商品	180	285	255	390
29	450	进口商品	210	330	300	390
30	540	普通商品	210	330	300	475
31	540	进口商品	270	390	360	475
32	720	普通商品	300	450	420	640
33	720	进口商品	360	510	480	640
34	730	普通商品	300	450	420	640
35	730	进口商品	360	510	480	640
36	810	普通商品	333	500	466	710
37	1080	普通商品	450	660	630	1000
38	1080	进口商品	540	750	720	1000
39	1800	普通商品	1170	1380	1350	1745
40	1800	进口商品	1260	1470	1440	1745
41	3650	普通商品	2970	3180	3150	3570
42	3650	进口商品	3060	3270	3240	3570

续表

××公司标准文件		××有限公司 商品进货管理制度	文件编号××-××-××	
版本	第×/×版		页　次	第×页

3.8　收货时须向供应商索证的商品及对应的证书

3.8.1　食品商品分类及证书名称见下表。

食品商品分类及证书名称

商品名称		证书名称	要求
药品类	××宝抗衰老片剂	出厂检验报告（厂检证）	须厂检证原件，且备注生产日期要与商品生产日期一致
	××宝抗衰老片礼盒	出厂检验报告（厂检证）	须厂检证原件，且备注生产日期要与商品生产日期一致
	××宝抗衰老片口服液	出厂检验报告（厂检证）	须厂检证原件，且备注生产日期要与商品生产日期一致
	××牌铁皮枫斗系列	出厂检验报告（厂检证）	须厂检证原件，且备注生产日期要与商品生产日期一致
含转基因的食品		文件	须农业部下发的可允许使用的文件
其他进口食品		中华人民共和国出入境检验检疫卫生证书	须加盖红色出入境检疫局检疫图章的卫生证书，商品实际生产日期与证书上备注生产日期一致的，索证一次，不一致的重新索证
大米		出厂检验报告	要求水分符合标准，要原件
婴幼儿奶粉		质检报告	实物生产批次与质检报告批次相符，可以是复印件
酒类		酒类流通随附单	根据实际送货数量开具

3.8.2　百货商品分类及证书名称见下表。

百货商品分类及证书名称

商品名称	证书名称	要求
进口漱口水、牙膏	浙江省备案证明	须出入境检疫局检疫图章的卫生证书，商品实际生产日期与证书上备注生产日期一致的，索证一次，不一致的重新索证（可用复印件）
进口化妆品	进口化妆品经营单位备案表	须出入境检疫局检疫图章的卫生证书复印件，商品实际生产日期与证书上备注生产日期一致的，索证一次，不一致的重新索证（可用复印件）
其他进口百货类	海关报关单	须海关报关单，可用复印件，但要清晰

拟订		审核		审批	

制度6：商品出货管理制度

××公司标准文件		××有限公司 商品出货管理制度	文件编号××-××-××	
版本	第×/×版		页次	第×页

1 目的
为了确保门店订单产品的按时出货，达到满足门店出货要求的目的，特制订本制度。

2 适用范围
适用于配送中心的出货管理。

3 管理规定

3.1 配送中心送货到门店的商品交接

3.1.1 门店收货员凭配送中心出具的商品交接单的总件（箱）数，验收清点实际到货商品总件（箱）数，交接单总件数＝商品总件数＋带货总件数。

3.1.2 所有带货都会随车携带具体的带货清单（即带货单），门店应建立带货接收台账，带货所含货物类型有赠品、物品、企划用品、查询带货（查询仓退回门店的退货）、调拨商品（门店间）、单货不符处带货、信息设备、供应商付费带货。

3.1.3 门店卸货前，对于有施封扣的车辆，门店防损员或收货人员需仔细核对车门施封扣编号是否与交接单施封编号相符，施封扣有无异常，一切正常后，由门店防损人员或收货人员打开施封扣，同时做好施封扣检查情况的相应登记台账。拼车门店卸货完毕后，由门店防损员或收货人员负责车辆再次施封，并在下一家门店的交接单上注明施封扣编号，同时做好相应登记台账（有关施封的具体要求详见《常温配送中心施封管理规范》及相关操作说明和注意事项）。

3.1.4 为有效降低交接中的差错率，商品未交接清楚，驾驶员和收货员（即收货课长或标超值班经理）对所清点商品件数不一致时，不得拉入卖场。如因特殊情况（如下雨等），在卖场外交接会对商品造成损失的，由驾驶员和收货员协商具体交接办法（如点一板拉一板入卖场）。配送车辆驾驶室中或车厢外围有商品的，需要在交接单中注明，在与门店交接过程中，应先交接这些商品。

3.1.5 所有因装卸不当等人为原因造成商品破损的都需责任人当场按商品正常会员价赔偿。如属于送货方人员造成破损又没当场赔偿的，请门店以邮件形式报配送中心单货不符处，并在交接单和邮件上注明条码或编码、数量、车牌号、到货时间。

3.1.6 门店在卸货过程中发现有破损的商品但责任不明确的，对于不影响销售的部分商品，门店应留下继续销售，对于破损商品门店开具拒收单后，由车辆带回配送中心处理，并以邮件形式告知配送中心单货不符处。

3.1.7 在卸货过程中，门店若发现外箱开口、外箱破裂等情况，应立即开箱检查，如发现商品内包装短少的，一律由承运方现场买单处理。

3.1.8 易碎商品要对包装情况进行检查，事后发现破损的，必须在24小时内报给配送中心单货不符邮箱。液体商品（不包括性质液态及礼盒装白酒）破损未当场发现的，24小时内如实反映，逾期不予受理（门店需真实反映情况，非配送原因，配送中心不予受理）。

3.1.9 对于外箱贴有"精品"标签字样的贵重商品以及其他贵重商品，门店应当场拆箱检查，如发现有破损、短少等问题，应与驾驶员协商解决，协商未果的，及时把具体情况反映给配送中心单货不符处。

3.1.10 对于有疑问的商品包装，门店需当场开箱验收，拒收商品门店应当场开具拒收单和拒收商品一起由驾驶员带回配送中心，并发邮件告知配送中心。

3.1.11 商品交接完毕后，收货员在交接单上签上实收件数（大写）、收货员姓名、到货时间，并由门店盖章。交接过程中，如实际到货件数和交接单总件数不相符，以实际到货件数为准，并签上实收件数（如实际到货总件数大于交接单上的总件数的，也必须按照实际到货件数签收）。交接单回单由驾驶员当车带回，门店不得扣留配送车辆的交接单回单。

3.1.12 如有单货不符，门店在一个工作日内用邮件形式向配送中心反映具体情况（逾期不予受理），配送中心单货不符的处理员在24小时内给予回复（注：节假日顺延）。对于不能退货的易碎商品破损、原包装短少或者中转商品拼箱短少的，门店必须两人以上证明，经理签字，并加盖门店公章交配送中心，由配送联系供应商解决。对于拼箱商品，门店需要检查拼箱单与箱内商品是否一致，不一致的需凭拼箱单反映单货不符情况。对门店未经核实或虚报的单货不符单，配送中心查实后，将报门店经理室，并通报营运部。

3.1.13 如有少量商品装不上车，配送中心将发邮件告诉门店，门店以交接单实际件数交接。

3.1.14 统配仓发货的非原包装的易碎品，其外箱上需有"易碎品"标志，统配拼箱商品超过三个（含三个）的需要有拼箱单且要封箱完好，由于未贴"易碎品"标志，而导致的商品破损由配送承担，原包装除外。

续表

××公司标准文件		××有限公司 商品出货管理制度	文件编号××-××-××	
版本	第×/×版		页　次	第×页

3.1.15　配送中心赠品发放有赠品清单（商品捆绑赠品除外），门店应建立赠品台账。

3.1.16　为了使配送中心的车辆快速周转，确保对其他门店的到货响应速度，对于统配来货车辆，门店应优先安排收货，并给予卸货支持。

3.1.17　门店若在配送中心送、退货中有意见和建议的，请以部门邮箱及时发送邮件至配送中心邮箱。

3.2　门店退回配送中心的商品

3.2.1　门店对于退回配送中心的所有货物须填写《门店退回配送中心单据汇总单》，告之配送中心当车退回的所有单据，配送中心运输部应审核所有退回货物是否交接完毕。

3.2.2　门店退货的交接单。

退货商品交接单：进行每车商品总件数交接的单据。

退货商品交接单＝门店每天退货总件数＋赠品＋带货。

即：N张退货商品验货单明细件数和＝门店退货每品项实际商品件数总和

3.2.3　门店与配送中心驾驶员交接时一般只点总件数，内包装的商品短少或不符的情况由配送中心查询仓在收到货后3个工作日内提出（串码商品不在此列）。

3.2.4　驾驶员必须和门店交接人员认真清点件数（贵重商品非破损查询需当场检验），商品清点完毕，由装卸工进行装车，装车过程中发现商品外包装箱明显破损严重的需当场验收或由门店封好箱（否则因此产生的商品短少由驾驶员和装卸工承担），方可在商品交接单上确认总件数并签名及标注车牌号（交接单二联由驾驶员带回，一联留门店）。配送中心查询仓若发现短少需在商品交接单上注明少几件，等卸货完毕后由驾驶员理赔，并通知配送运输组。

3.2.5　门店对非原包装调剂贵重商品（酒类、保健品等）需采用红色封箱带封装，并与驾驶员单独进行交接，配送中心对红色封箱带封装的商品进行当场开箱验收交接。

3.2.6　配送中心查询仓员工与驾驶员在商品清点过程中，发现商品因装卸不当的破损，压坏商品（酒、油、饮料等，除本身由于破损查询的商品），由驾驶员督促装卸工当场理赔。发现退仓商品外包装箱破损严重的必须当场验收，发现短少由驾驶员与装卸工理赔。

3.2.7　商品未办理清点手续，驾驶员就擅自离开，因此造成的商品短少由驾驶员自负。

3.2.8　配送中心查询仓员工在验货环节发现退货箱封条破损严重，有人为损坏痕迹，如有商品短少现象，联系运输部解决。

拟订		审核		审批	

制度7：运输车辆施封管理规范

××公司标准文件		××有限公司 运输车辆施封管理规范	文件编号××-××-××	
版本	第×/×版		页　次	第×页

1　目的

为了确保配送商品和退货商品在途安全，对运输车辆进行施封管理，特制订本规范。

2　施封使用范围

常温配送中心各送退货车辆，包括配送中心到门店的送货车辆、门店到配送中心的退货车辆。

3　管理规定

3.1　施封扣管理

3.1.1　施封扣购置管理。

（1）施封扣以物品的形式由总部物品仓统一购置，货号××××。

（2）施封扣要货形式与物品要货形式相同，施封扣要货起要量为100个。

3.1.2　施封扣保管管理。施封扣由门店物品保管统一保管，施封扣进出门店物品仓库必须有进出台账，台账上需注明进出施封扣的编号跨度（如88001～90000）、领用人、领用时间。

3.1.3　施封扣使用管理。施封扣使用由门店防损课负责，每次领用要有领用台账记录，每次使用要有使用台账，使用台账上要写明使用日期、车号、使用人、被施封门店（部门）名称。

续表

××公司标准文件		××有限公司 运输车辆施封管理规范	文件编号××-××-××	
版本	第×/×版		页次	第×页

3.2 施封操作流程
3.2.1 配送施封操作流程。
（1）施封扣由配送调度员负责妥善保管。
（2）调度员在派车时把施封扣交给发车员并在装车单上写上施封扣编码。
（3）装车结束时，由发车员负责进行施封，并检查施封扣是否牢固和完好。
（4）打单员在打交接单时，把装车单上的施封扣编码完整录入交接单中。
（5）门店在接收常温配送来货时，防损员应首先检查交接单上的施封扣编码同车厢上施封扣编码是否相同，同时检查该施封扣是否完好，并且做好《施封扣检查登记台账》，台账内容包括：来货日期、车号、施封扣编码是否相符、施封扣是否完好、检查人签名。如果施封正常则由门店防损员打开施封扣进行收货作业；如发现施封扣编码与交接单上施封编码不符或施封扣异常时，须马上与配送中心联系，明确原因和责任后进行卸货，同时门店须加强商品检查力度，如为运输问题则由相关责任方承担相关损失。
3.2.2 门店施封操作流程。
（1）该操作针对拼车送货时门店对下一家门店的施封或门店退回配送中心的退货的施封。
（2）门店在配送来货卸完后或门店退货装车完毕后，如果配送车辆仍有我公司商品则一律对该车辆进行施封。
（3）门店防损员对车辆施封后，在被施封门店交接单上或门店退货交接总单上填写施封扣编码。
（4）被施封门店在接收常温配送来货时，防损员应首先检查交接单上的施封扣编码同车厢上施封扣编码是否相同，同时检查该施封扣是否完好，并且做好《施封扣检查登记台账》，台账内容包括：到货日期、车号、施封扣编码是否相符、施封扣是否完好、检查人签名。如果施封正常则由门店防损员打开施封扣进行收货作业；如发现施封扣编码与交接单上施封编码不符或施封扣异常时，须马上与配送中心联系，明确原因和责任后进行卸货，同时门店须加强商品检查力度，如为运输问题则由相关责任方承担相关损失。
（5）配送中心在接收门店退货时，须检查交接单上的施封扣编码同车箱上施封扣编码是否相同，同时检查该施封扣是否完好，并做好《施封扣检查登记台账》，台账内容包括：到货日期、车号、施封扣编码是否相符、施封扣是否完好、检查人签名。如果施封正常则由配送退货收货员打开施封扣进行收货作业；如发现施封扣号码与交接单上施封号码不符或施封扣异常时，须及时与相关门店联系，明确责任后进行卸货，配送查询仓须加强商品检查力度，如为运输问题则由相关责任方承担相关损失。

拟订		审核		审批	

制度8：单货不符处理规定

××公司标准文件		××有限公司 单货不符处理规定	文件编号××-××-××	
版本	第×/×版		页次	第×页

1 目的
为了妥善处理配送商品单货不符的情况，特制订本规范。
2 定义及范围
配送商品单货不符是指配送中心按照门店的要货需求将商品送往门店时出现的整箱短少、商品整件串换、商品原包装短少、商品破损、商品串串、两个商品一多一少等现象。门店退货商品单货不符是指门店退货时出现的件数短少、退货商品与信息不符、退货商品数量短少、退货商品互串等现象。
3 管理规定
3.1 配送商品单货不符处理流程及有关规范。
3.1.1 运输上的单货不符。
（1）情况一：配送内部运输上造成的破损，未发给门店的商品。
处理方法：如果是整件商品破损的，配送中心将在总件数上减去相应的件数，并附上《配送中心少发通知单》；如果是个别数量破损的，则其他不影响销售的商品照样发给门店，并附上《配送中心少发通知单》，请门店在收货时注意查验，配送中心将在系统允许的情况下立即给门店冲单。

续表

××公司标准文件		××有限公司 单货不符处理规定	文件编号××-××-××	
版本	第×/×版		页次	第×页

(2) 情况二：门店在收货当场发现来货商品破损。

处理方法：因装卸不当等人为原因造成商品破损的，该破损责任由运输车辆承担，门店应找运输责任人，当场按商品进价赔偿，如驾驶员不肯当场赔偿，请发邮件给配送中心单货不符邮箱或打电话至配送中心。

(3) 情况三：门店发现商品整件短少，且交接总件数少。

处理方法：门店按实收件数签收交接单，同时门店需24小时内马上反映给配送中心，并将总件数少的交接单传真给配送并及时跟踪有没有收到，配送中心将对仓储、运输各个环节进行查询，两天内将给门店答复（可正常施封车辆，施封扣编号正确且完好的情况下除外）。

(4) 情况四：门店验收时发现商品整件短少，但交接单总件数正确。

处理方法：请门店在24小时内提供缺少商品、多余商品明细，并尽可能地提供一些可供配送中心查询的证据，配送中心查证后给门店处理；如果交接单总件数正确，只有整件数缺少没有多余件数商品，配送中心原则上不予处理。

(5) 情况五：交接时实际商品件数多于交接单件数。

处理方法：请门店将到货明细验收后，将多余商品目录告知配送中心，配送中心将联系门店具体处理办法，若为其他门店商品且此门店需要此商品，则请门店协助退回配送再由配送带给缺货门店，若为其他店但此门店不再需要此商品，如果多余门店需要则配送开调拨单或者销货单给门店，如果不需要则返回配送中心处理。

3.1.2　统配商品的单货不符。配送中心先核对配送中心电脑库存与实际库存。

(1) 情况一：确实存在着门店反映的差异（短少、多发、串发等）。

处理方法：立即给门店更正，同时记录拣货人员的差错，并根据配送中心相关制度进行处罚，每月将统计差错率及分析造成差异的原因并改进。

(2) 情况二：配送中心在核对了电脑库存与实际库存后，并查询电脑发货记录以及调取相关监控后，确定配送中心确实没有出现差异的。

处理方法：将以邮件或电话的形式告知门店，请其再仔细查找、给予回复（要求门店2天内给予回复），配送中心也将继续跟踪落实查找。

注：如果配送来货是原包装发货的，请门店及时出具原包装短少证明（要求：原件，两人以上签名，盖公章）带给配送单货不符处理相关人员，配送中心在收到证明后，将会给门店立即冲单（买断商品除外）。

3.1.3　中转商品的单货不符。

(1) 情况一：中转商品原包装短少（如：门店应收12个，实收10个，差异–2个）。

处理方法：要求门店在再次确认短少后，出具中转仓来货原包装短少证明，带来配送中心，收货人员将向供应商补货，并将相关证明传真给供应商（要求供应商三天内将货补到配送中心，配送将在三天后将货物补发门店），如果供应商不能及时补货的，配送中心以门店提供的中转商品原包装短少证明为依据，给门店冲单。

(2) 情况二：中转商品供应商来货串发。

处理方法：经过门店的再次核实后，给门店做更正，视情况对供应商按照采购合同进行处理。

3.1.4　其他情况的单货不符。

(1) 情况一：黑码商品。

处理方法：如果门店收到的是黑码商品，请门店以要货的商品码按退货流程退查询仓，并在箱外注明是黑码商品。

(2) 情况二：易碎、贵重商品。

处理方法：要求门店对外包装情况进行检查（贵重商品需当场打开验收），事后发现破损的，必须在24小时内将单货不符报给配送中心，逾期不予受理（门店需真实反映情况，非配送原因，不予受理）。

3.2　门店退货商品单货不符处理流程及有关规定。

3.2.1　门店退仓单货不符主要有以下3种情况：门店退货商品之间互串、商品实退数少于信息应退数、商品实退数多于信息应退数。

3.2.2　门店退货单货不符处理流程。

(1) 在当天工作结束后，查询仓员工需对自己所验收的单据进行复核，确保内部验收数量准确，同时单货不符专员核对相关交接等记录，确认单货不负责任方。

(2) 对于确认为运输责任或查询仓责任的，则按照相应制度进行处理。

续表

××公司标准文件		××有限公司 单货不符处理规定	文件编号××-××-××	
版本	第×/×版		页次	第×页

（3）每天综合员必须将已确认为验收门店原因的单货不符发送到门店，要求门店在24小时内回复，逾期不回复，则再次通知门店确认，如还不回复，则默认门店认可查询仓的验收数量。

（4）综合员根据门店回复的情况打印出退仓单交给查询仓主管，由查询仓主管分配给当时验收的员工24小时内复查，员工在查验到问题料箱时，则通知主管人员一起双人复核，验收错误的由员工当场进行更正，确认存在单货不符的单据员工检查结束后在退仓单上签字并交还主管（逾期不查的，后期由主管直接复核，发现验收错误的，则算做员工差错）。

（5）主管根据复查的结果与门店沟通，协商解决单货不符。

（6）每笔单货不符的处理时限为3天。

（7）对于验收时数量存在差异，但员工直接结单的，后期门店反馈到查询仓，如商品未退供应商，则根据检查结果进行相应的处理。如商品已经退给供应商，则默认以门店反馈的信息为准，对验收员工进行相应的处理。

（8）综合员每日登记昨天产生的单货不符信息，并根据后面的处理情况正确标识单货不符原因，每月提供单货不符报表，以备后期改进处理。

3.2.3　门店退仓请严格按照企业退货制度执行。

3.3　门店单货不符的规范处理。

3.3.1　门店单货不符设专人管理，电话号码和联系人姓名以邮件形式告知。

3.3.2　建立门店单货不符台账，补回的商品和冲单要及时消号，保证台账的正确性。

3.3.3　填写单货不符单前必须核对库存，不经盘实乱填的责任人，门店应做工作差错处理并扣奖。对故意乱填或有多余商品隐藏不还的门店应严肃处理，情节严重的报营运部按照公司制度处理。

3.3.4　门店发现单货不符的，必须在24小时内以邮件形式向配送中心反映，特殊情况必须提前进行电话沟通，否则配送中心将不予受理。

3.4　其他事项。

3.4.1　配送出货单货不符邮箱及电话：配送—单货不符（电话×××××××××）。

3.4.2　查询仓库单货不符邮箱及电话：配送—退货单货不符（电话×××××××××）。

3.4.3　生鲜单货不符：属生鲜采配中心管理，常温配送不受理。

3.5　各门店必须按照此流程及相关手续进行单货不符操作，如果门店未按上述流程和相关手续办理单货不符，配送中心将不予处理。

拟订		审核		审批	

制度9：商品退货管理制度

××公司标准文件		××有限公司 商品退货管理制度	文件编号××-××-××	
版本	第×/×版		页次	第×页

1　目的

明确退货商品的确认标准和审批权限，使公司内部商品的退货流程规范化。

2　适用范围

适用于门店与配送中心仓库之间的商品退货工作。

3　职责

3.1　商品部负责《配送中心退货单》、《滞销商品清单》的审批和退货通知的下发。

3.2　配送中心负责退货的验收和《配送中心返库调拨单》的打印。

3.3　门店负责商品部审批后退货的执行。

4　商品退货的步骤及规定

4.1　退货商品分为滞销商品、不合格商品和汰换商品。

4.2　滞销商品（门店商品40天以上无销售的为滞销商品）的退货。

4.2.1　门店销售的非直接入店的商品属于滞销商品的，门店要在距保质期2个月时间内填写《滞销商品清单》，并传至商品部，由商品部签署处理意见，报业务总经理审批（此单一式二份，门店自留一份，其余一份经商品部审批后留存）。

××公司标准文件		××有限公司 商品退货管理制度	文件编号××-××-××	
版本	第×/×版		页次	第×页

4.2.2 商品部通知统一退货的商品，业务员要提前二天把经商品部经理审批的退货通知送到配送中心，由配送中心通过微机通知各门店。

4.3 不合格商品的退货。

4.3.1 对于门店已经验收入店的商品，在整个销售过程中，如果在保质期内出现质量问题，门店店长要首先填写《配送中心退货单》，注明退货原因后，传商品部确认、审批（主管业务负责人在退货单上签字，对于可退商品，商品部在备注栏打"√"，不可退商品在备注栏打"×"）。店长在填写退货原因时应客观准确，如发现退货原因与实物不符，门店或仓库当事人自行负责。

4.3.2 门店执行商品部审批后的《配送中心退货单》的处理意见。

4.3.3 配送中心依据商品部确认审批后的《配送中心退货单》为门店办理退货，并当场验收退货数量。

4.3.4 对于直接入店的商品，如果接近保质期及在验收过程中或在保质期内出现质量问题，门店可直接向供货商办理退货。

4.3.5 接近保质期的商品填写《配送中心退货单》的时间如下。

（1）商品保质期在一年或一年以上的，在接近保质期2个月时。
（2）商品保质期在半年到一年的，在接近保质期1个月时。
（3）直接入店的商品在到期前一天撤下货架，并及时与供货商办理退货。

4.4 汰换商品的退货按《商品汰换作业流程》执行。

4.5 在门店接到退货通知3天内，配送中心与门店将退货办理完毕，对包装污损严重、未揭价签的商品不予办理退货。

4.6 不合格品的验收。

4.6.1 配送中心仓库管理员按照退货原因对不合格品进行验收，退货原因与不合格品不符的，仓库管理员不得接收，否则不合格品由仓库管理员负责。

4.6.2 配送中心接到《配送中心退货单》后，及时打印《配送中心返库调拨单》，以便于核实门店库存。

4.7 退货商品的处置。

4.7.1 商品部通知统一退回配送中心的商品，商品部业务员须在一周之内与供货商办理退货（外采商品在下一次送货时办理退货）。

4.7.2 滞销商品及汰换商品按《商品汰换作业流程》执行。

4.8 票据传递。

4.8.1 《配送中心退货单》由各门店在每周二的店长例会上统一交商品部，《滞销商品清单》在每月25日之前最后一个店长例会上交商品部。

4.8.2 票据填写不规范、不清楚的商品部不予审批。

4.8.3 《配送中心退货单》和《滞销商品清单》在周二由商品部审批后传到营运部，由营运部在周三传至各门店。

4.9 残损商品的处理。

4.9.1 为减少公司的损失，同时加强门店理货员对销售及库存商品的责任心，对验收入店的商品出现残损、鼠咬等不能进行再次销售和打折销售的，归入门店损益。

4.9.2 出现破损的商品，可以打折销售的，门店有权力打折销售，折扣部分归入门店损益。

5 相关文件

《商品汰换作业流程》。

6 质量记录

6.1 《滞销商品清单》。
6.2 《配送中心退货单》。

拟订		审核		审批	

制度10：配送中心库存管理规定

××公司标准文件		××有限公司 配送中心库存管理规定	文件编号××-××-××	
版本	第×/×版		页　次	第×页

1　目的

为了加强大库商品库存管理，有效控制库存商品数量及金额，特制订本规定。

2　适用范围

本规定适用于本公司配送中心。

3　管理规定

3.1　对库存积压的管理

3.1.1　库存积压的概念。

（1）库存量超过最近一个月调拨或销售量2倍的商品。

（2）有库存，但最近一个月销量小于等于0的商品。

（3）有库存，但最近一个月调拨小于等于0的商品。

3.1.2　造成库存积压的原因。

（1）货量过大。

（2）重复订货。

（3）商品脱销后新近入库。

（4）新商品入库。

（5）商品不适销，门店不点单。

（6）商品部信息维护错误。

3.1.3　对造成库存积压的处理办法。

（1）由于订货员订货原因，订货量过大造成库存积压的，一旦造成商品损失，对直接责任人按损失金额予以处罚。

（2）订货员不按照自动订货系统流程执行，擅自增加订货品种或订货量的，每笔处罚责任人20元。

（3）同一天有两次以上同样商品入库记录的，视为重复订货，核查后确定责任人并每笔处罚责任人20元。

（4）近一个月无库存现象，近几天内有入库记录的，不作为商品积压处理。

（5）近一个月内增加的新商品，不作为积压商品处理。

（6）有库存的情况下，月销量只是库存量的1/3，视为商品不适销（单价50元以上的除外），建议商品部汰换并由商品部负责与供应商协调处理，因处理不及时造成商品损失，对直接责任人按损失金额予以处罚。

3.2　对负库存的管理

3.2.1　造成负库存的原因。

（1）入库不及时。

（2）入库差错。

（3）退货差错。

（4）盘点差错。

3.2.2　对造成负库存的处理办法。

（1）所有到货必须当天入库，凡未能当天入库，又没有合理解释的，每笔处罚责任人_____元。

（2）对于入库差错，每笔处罚责任人_____元。

（3）对于退货差错，每笔处罚责任人_____元（商品自带条码出现差错除外）。

（4）对于盘点差错，按盘点管理办法执行。

（5）对于负库存没有合理解释，或无法落实责任人的，每笔处罚_____元。

3.3　商品缺货的管理

3.3.1　造成商品缺货的原因。

（1）供货商送货不及时，没有在规定的时间内送货到库。

（2）因包装率过大或认为不适应门店经营的商品，从而没有订货。

（3）因订货人员不熟悉门店经营的商品，不知道某种商品到底是什么，从而没有订货。

（4）订货人员订货时未逐笔核对，造成漏订现象。

3.3.2　对造成商品缺货的处理办法。

××公司标准文件		××有限公司 配送中心库存管理规定	文件编号××-××-××	
版本	第×/×版		页 次	第×页

（1）由于供货方原因造成大库商品断档的，信息主管应及时与公司商品部联系，同时做好商品断档的记录，商品部得到门店反映后，应向相关供货商了解情况，及时协调处理。对信息主管没有回复的，每笔对商品部责任人处罚_____元。

（2）由于订货员漏订货或未订货，造成商品断档的，处罚责任人_____元。

3.4　相关部门对门店库存的管理

3.4.1　配送中心信息主管负责按期分析大库和门店商品销售状况及库存状况，分析问题及其原因，针对不同情况，采取淘汰、退货、换货、调拨、特价等各种措施予以解决，并在每月30日之前上报主管总经理、配送中心、营运部、财务部。

3.4.2　配送中心负责协调门店之间的商品调拨事宜，并对缺货、退货商品进行有计划的统一、集中管理。

3.4.3　每月3日配送中心主持召开大库库存分析会，参加人为总经理、副总经理、商品部全员、配送中心经理、信息订货主管，在会上对积压商品、缺货断档商品分析原因，根据不同情况采取相应处理办法。

拟订		审核		审批	

制度11：配送中心各类设备管理办法

××公司标准文件		××有限公司 配送中心各类设备管理办法	文件编号××-××-××	
版本	第×/×版		页 次	第×页

1　目的

为有效地管理和使用好各种设备，即使企业的固定资产得到保护，而且又使配送中心的运作达到快速、高效，充分发挥先进设备应有的效能，促进配送中心工作的顺利开展，特制订本办法。

2　适用范围

适用于配送中心各类设备的管理。

3　管理规定

3.1　叉车、电动搬运车管理规定

3.1.1　叉车、电动搬运车是配送中心运作必需的工具，特对叉车、电动搬运车的使用和管理做出如下规定。

（1）叉车（含电动搬运车，下同）实行定人定车，机动操作员根据本组主管的安排，进行上车作业。非叉车指定人员不得驾驶叉车及作业。

（2）叉车驾驶员上车前和下班时，必须认真检查车辆情况，发现车况不良，应立即向主管报告，并停止使用。

（3）对叉车的保养。每个驾驶员都必须做到：保持车辆每日清洁，车身、车架无灰尘（包括每辆车的充电器）。叉车电瓶加水必须使用蒸馏水，加水时不能让水超过电瓶水箱中的网格，绝对不能溢出电瓶。电瓶电量在20%时，必须及时冲电，电量不足时，严禁行驶作业，以免损坏叉车。具体按照"电池维护与保养"的要求做。

（4）叉车作业时，商品重量不能超过1.4吨。上叉时确认托盘上商品堆码稳固、平衡，无倾斜现象。在库区行驶时，注意行驶速度和观察，确保安全。

（5）严禁在倾斜不平的路面行驶及升举作业。行驶时必须将前叉提升至离地面20厘米左右。作业时不得将手从门架中央伸出。

（6）行驶前须确认四周无人和无障碍物。上下架作业时，叉架下及周围必须确保没有人员。行驶时要全神贯注，控制好行驶速度。转弯时应减速并按喇叭。严禁超车、载人。行驶中注意头顶上的障碍物和载货与柱、横梁的空隙。

（7）人离车辆时，应切断电源，并拉好刹杆，防止车辆移动。

（8）托盘上货架时尽量确保托盘放置在货架正中间，托盘伸出货架不少于5厘米。

（9）当所叉货物高度挡住前方行驶视线时，驾驶员必须倒车行驶，确保行驶安全。

3.1.2　上述各条，各位叉车驾驶员应切实执行，如有违反规定，将视情节轻重给予10～50元的处罚。因违章作业或行驶，造成车辆损坏或人员伤亡的，将追究一定的经济责任和行政处罚。

续表

××公司标准文件		××有限公司 配送中心各类设备管理办法	文件编号××-××-××	
版本	第×/×版		页次	第×页

3.2　托盘使用管理规定

为加强企业资产的管理,最大限度延长资产的使用寿命,降低企业的运作成本,为了安全规范使用托盘,避免因不按规范操作而造成人身伤害或托盘损坏,现对托盘的使用做出如下规定。

3.2.1　取用托盘时必须用双手将托盘慢慢移滑至地面或两人抬至地面。

3.2.2　严禁以拉、踹、推等不安全动作将托盘放至地面。

3.2.3　拣货托盘堆放的高度不超过8块,搬运托盘的高度不超过12块。

3.2.4　运输发车后的空托盘堆高8块,并码放整齐后及时拉进库内。

3.2.5　收货组员工,对上输送线的托盘,必须做到托盘码放完整规范(四面都有同一托盘码,托盘码粘贴规范,不起皱、不残缺),否则不能上输送线。

3.2.6　支持组员工应协助托盘管理员将拣货组端架前的托盘拉到收货区,并将多余托盘及时上架。

3.2.7　托盘管理员应及时将空托盘整理搬运到位,并将破损托盘堆放至指定区域。

3.2.8　托盘管理员对破损、污染、残缺等不能使用的托盘码应及时更换,以保持托盘的正常使用。

3.3　RF(数据采集器)使用管理规定

RF作为贵重物品及日常工作所必需的精密仪器,在工作中要严加注意爱护及保养,现将RF操作规范做如下规定。

3.3.1　领用。

(1)每把RF都有固定编号,定人使用,在领用时按自己编号领用。

(2)领用时请登记RF编号及领用时间、姓名。

(3)领用RF后请检查:外壳是否完好、开机后是否可以正常登录、电池是否充足。

(4)检查完毕确认无误后方可离开,否则请立即向RF管理员指出。

3.3.2　使用。

(1)RF为定人使用,请勿交给他人使用。

(2)收发货时,如需搬运货物或其他,请在确认RF安全无误后方可作业。

(3)请勿按与作业无关的RF按钮。

(4)请绝对保持操作键盘干燥。

3.3.3　归还。

(1)RF为统一保管的物品,工作日作业完毕后请及时归还,休息日必须归还。

(2)RF归还原则为谁领用谁归还。

(3)归还时请必须退出使用者工号。

(4)归还时请在RF管理员检查完毕后方可离开。

3.3.4　更换电池。请在RF显示电池电量不足时立即至RF室更换电池。

3.3.5　日常保养。

(1)使用RF时请保持双手清洁、干燥。

(2)请勿将RF放置不清洁、潮湿处。

3.3.6　处罚与赔偿。

(1)RF使用中提示电池电量不足未及时更换电池导致数据丢失的,按员工过失处罚条例处理,处以____元/次的处罚。

(2)损坏RF的需按照维修单位开具的维修单价格进行赔偿:维修费用在500元以下的全赔,高于500元的按(500+超500以上金额×30%)赔偿,2000元封顶。

(3)丢失RF的按照全额赔偿。

3.4　周转箱管理制度

为了进一步提升配送中心作业效能及对门店的配送服务水平,配送中心配备了普通塑料周转箱,以期对配送商品起到更好的保护作用,避免商品因装卸不当造成不必要的损失。因此,为了做好周转箱的使用与保管工作,特制订以下规范。

3.4.1　周转箱基本情况。

(1)普通周转箱是外表深蓝色或红色的塑料箱,其箱体编号区间为A000001～A999999。

(2)统配拆零商品使用蓝色周转箱,蓝色周转箱内会有一张拼箱单。

(3)中转拆零或小件商品使用红色周转箱,红色周转箱内无拼箱单。

3.4.2　周转箱的保管。周转箱由配送中心周转箱保管员专门负责保管。周转箱保管员工作要求如下。

(1)负责周转箱的回收、清洁、周转箱交接、单据保管等工作,以及周转箱相关维护工作。

××公司标准文件		××有限公司	文件编号××-××-××	
版本	第×/×版	配送中心各类设备管理办法	页 次	第×页

（2）及时了解汇总有滞留周转箱的门店并要求门店归还，没有归还的要及时统计，以周报的形式上报质管部。

（3）由于周转箱管理员对周转箱保管不当造成破损的，周转箱管理员按购买价20%～100%赔偿。

（4）周转箱管理员要及时将回收的周转箱，根据需要送到急需使用的班组，确保拣货工作顺利进行。

（5）周转箱叠高不能多于15只。

3.4.3 周转箱的使用。

（1）配送中心拣货组。

——拣货员在使用周转箱时要注意轻拿轻放，严禁摔、砸、扔等现象，如有违反，扣罚20元/次，造成周转箱破损的，按购买价20%～100%进行赔偿。

——周转箱内放置的商品必须叠放整齐，同时商品摆放要从有利于保护商品的角度出发。

——周转箱内的商品放置完毕后，须及时把周转箱的扣带扣上。

——如在发车或后续环节发现，系统上有使用周转箱记录而实际没有使用周转箱的，则拣货员扣款20元/次。

——周转箱不得关联在虚拟托盘上或托盘件数为0件的托盘上。

（2）配送中心运输组（含驾驶员及装卸工）。

——装卸工没有按轻装轻卸要求操作，造成周转箱破损的，装卸工按周转箱进价100%赔偿，造成商品损失的，按商品金额100%赔偿。

——装车时，驾驶员或装卸工对周转箱内商品的完整性有疑义，如箱内商品是否破损等，驾驶员或装卸工可开箱检查，如不开箱则视同默认周转箱内商品完好无损，到门店收货现场发现有商品破损的，则由驾驶员和装卸工买单。发车员必须配合做好开箱检查及封箱等工作。

——周转箱带到门店后，必须当车次将箱子带回配送中心，并将箱子卸在指定的存放地点，做好与配送中心周转箱管理员的交接工作。

——如果是临时外叫的回程车，则配送中心调度员必须开具《周转箱无需当车带回通知单》。

——驾驶员把带回的周转箱，必须在第二天下午5:00前与配送中心周转箱管理员交接完毕（与门店交接时算第一天），或者在配送装车后第三天（装车当天为第一天）下午5:00前必须归还，逾期交接的，每超过一天每个周转箱扣款20元（不足一天按一天算），带回周转箱遗失的，驾驶员按照箱价100%赔偿。

——由于运输公司原因，拒绝把周转箱（含非本车次运送）带回配送中心的，运输公司须赔偿配送中心每次500元。

（3）门店的配合。

——门店在接到周转箱后有义务将其完整地交给当车驾驶员，由当车驾驶员带回配送中心，由于门店原因，如由于门店挪用或扣留周转箱不及时归还超过3天的（到货算第一天），配送中心视作门店遗失周转箱，门店须按价100%赔偿。

——如当车到货有配送中心开具的《周转箱无需当车带回通知单》，则请门店在下一车的正常配送来车当中给予带回。

3.4.4 周转箱的交接。

（1）驾驶员与运输部的交接。

——驾驶员要像抄托盘码一样，对其所装的周转箱号进行登记，装车结束后由发车员在周转箱装车单上签字确认，该周转箱装车单交给运输打单员，同时该周转箱装车单由运输打单员保存。

——驾驶员对交接单上的周转箱数进行核对，如果自己所装周转箱数与交接单上的周转箱数相同，则在交接单上签字确认。

（2）驾驶员与门店的交接。

——门店在交给驾驶员周转箱时，必须填写《门店归还常温配送周转箱交接单》，由驾驶员签字确认并带回周转箱。

——如驾驶员随车携带《周转箱无需当车带回通知单》的，则门店收货人员核对周转箱编号及个数后，由门店收货人员签字确认，并把周转箱交给下一车的配送来货车辆带回。

（3）驾驶员与周转箱保管员的交接。

——驾驶员凭《门店归还常温配送周转箱交接单》及周转箱与配送中心周转箱保管员进行交接。

——周转箱回收时，周转箱保管员必须核对周转箱交接单上填写的号码与实际周转箱号码是否一致。

——驾驶员是否已归还配送中心周转箱，以周转箱保管员在《门店归还常温配送周转箱交接单》上的签收为准。

××公司标准文件		××有限公司 配送中心各类设备管理办法	文件编号××-××-××	
版本	第×/×版		页 次	第×页

3.4.5 周转箱消号操作要求。
(1)周转箱保管员在对周转箱消号时,必须用RF扫描枪进行扫描消号,不得在电脑上或RF上手工输入周转箱号进行消号。如周转箱号码RF无法扫描识读的,必须把无法识读的周转箱交给质管部进行消号处理。
(2)质管部对于RF无法识读的周转箱号进行消号处理后,必须换上新的可正常使用的周转箱号码。
3.4.6 周转箱盘点。
(1)盘点形式:实行定期和不定期盘点相结合,具体时间由综合部与质管部共同确定。
(2)各部组分工。
——盘点时间确定后,各部组非拣货用的周转箱必须全部归还。
——各拣货组盘点各自场地上的周转箱数。周转箱回收处的周转箱由运输部盘点。
——综合部与质管部各派1人对盘点结果进行复盘。
——运输信息组对在途周转箱数进行汇总。
——盘点结果由质管部上报配送经理室。
3.4.7 违反相关要求的处理规定。凡违反以上相关规定的责任人,扣款20元/次(以上条款有具体处理措施的情况除外)。

拟订		审核		审批	

制度12:配送中心业务规范

××公司标准文件		××有限公司 配送中心业务规范	文件编号××-××-××	
版本	第×/×版		页 次	第×页

1 总则
根据公司货物运输、物流配送等工作程序及《经营管理大纲》的要求,本业务规范有助于您所从事的工作条件、任务和具体要求。我们会随时参照具体行为规则进行质量评估和奖惩,请严格按照本规范进行操作。
2 组织结构
配送中心组织结构如下图所示。

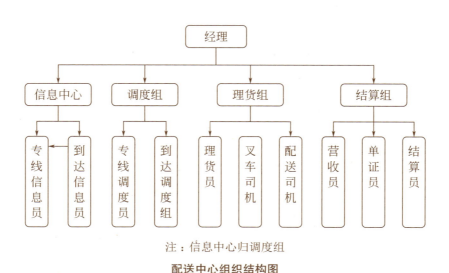

注:信息中心归调度组
配送中心组织结构图

续表

××公司标准文件		××有限公司 配送中心业务规范	文件编号××-××-××	
版本	第×/×版		页 次	第×页

3 营运流程图

营运流程图如下图所示。

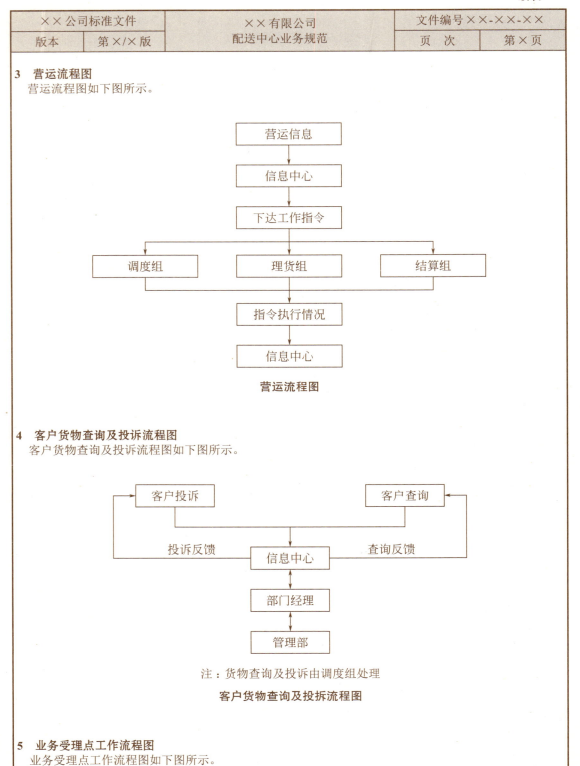

营运流程图

4 客户货物查询及投诉流程图

客户货物查询及投诉流程图如下图所示。

注：货物查询及投诉由调度组处理

客户货物查询及投拆流程图

5 业务受理点工作流程图

业务受理点工作流程图如下图所示。

续表

××公司标准文件		××有限公司 配送中心业务规范	文件编号××-××-××	
版本	第×/×版		页 次	第×页

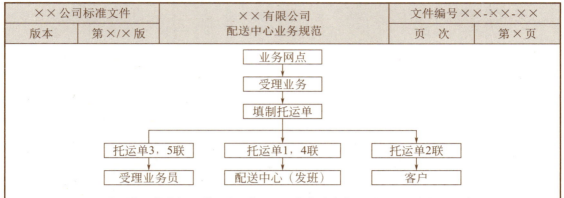

注：1. 货到收运费的托运单3联随货同行，收款地交款必须附相对应的托运单3联
2. 易燃、易爆、易碎、易腐货物严禁受理

业务受理点工作流程图

6 调度组职责及作业规范

6.1 职责

（1）负责各业务网点受理货物的归集。
（2）负责派车计划的落实。
（3）负责车辆调度及货物的合理积载配载。
（4）负责承运合同的签订。
（5）负责各区域公司营运信息的接收与转换；负责本中心运输信息的归集与运输。
（6）负责工作指令的下达和工作指令完成后的信息处理。
（7）负责工作指令执行情况的跟踪。
（8）负责客户的维护（投诉、查询）。
（9）负责商务事故的处理（配送中心经理）。

6.2 到达信息员

6.2.1 职责：负责营运信息的接收、转换与传递；负责到达货物客户的维护及投诉、查询事宜处理。
6.2.2 工作流程图如下图所示。

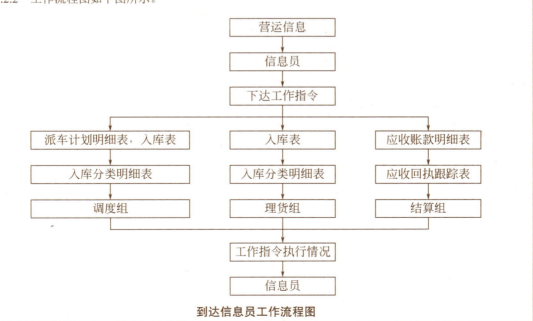

到达信息员工作流程图

6.2.3 单证的传递。

（1）《入库计划表》一式二份，一份传理货组，一份传调度组。

（2）《应收账款报表》、《应收回执跟踪表》各一式二份，两份传到结算组。

6.3 专线信息员（发出）

6.3.1 职责。

（1）负责配送中心发车营运信息的采集、传输及有关单证的传递。

（2）负责发出货物客户的维护及查询、投诉事宜的处理。

6.3.2 工作流程图如下图所示。

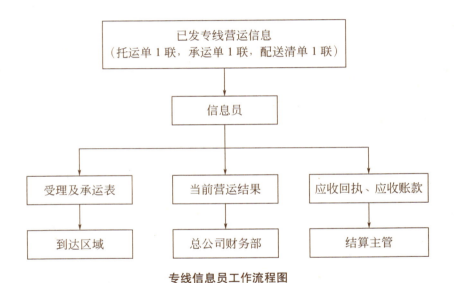

专线信息员工作流程图

6.3.3 单证的传递。

（1）《应收账款报表》、《应收回执跟踪表》，一式两联传结算主管。

（2）《受理承运表》，一式一份，次日上午10:30传真至到达区域。

（3）凭回单收款托运单3联，由信息员传递到结算主管。

6.4 调度员

6.4.1 职责。

（1）负责各业务网点受理货物的归集。

（2）负责派车计划的落实。

（3）负责车辆调度及货物的合理积载配载。

（4）负责承运合同的签订。

6.4.2 调度工作流程图。

（1）到达工作流程图如下图所示。

续表

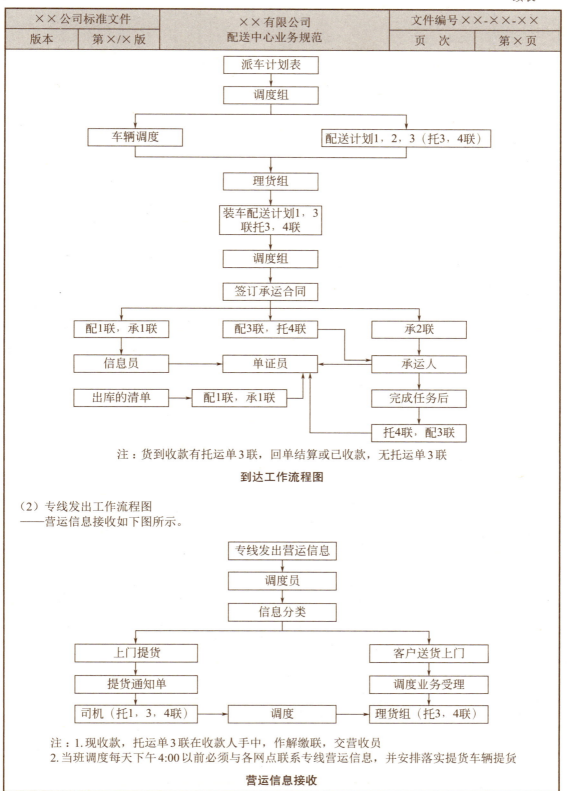

到达工作流程图

（2）专线发出工作流程图
——营运信息接收如下图所示。

注：1. 现收款，托运单3联在收款人手中，作解缴联，交营收员
2. 当班调度每天下午4:00以前必须与各网点联系专线营运信息，并安排落实提货车辆提货

营运信息接收

续表

××公司标准文件		××有限公司 配送中心业务规范	文件编号××-××-××	
版本	第×/×版		页　次	第×页

——专线发出流程图（货物发出）如下图所示。

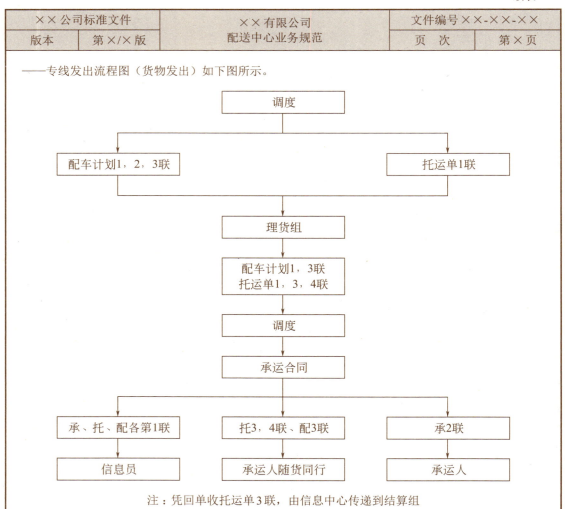

注：凭回单收托运单3联，由信息中心传递到结算组

专线发出流程图

6.5　单证的传递
6.5.1　接受信息中心下达的"派车计划表"。
6.5.2　"配送清单"一式三份传理货组。
6.5.3　到达货物的"托运单"第3、4联，随配送计划表传理货组（已收、凭回单收款，无托运单第3联）。
6.5.4　装货完毕，专线货物的发出，收回相对应的托运单1、3、4联及配送计划1、3联。到达货物配送收回相对应的托运单3、4联（已收、凭回单收款，无托运单第3联）。
6.5.5　与承运人签订承运合同，承运合同1联、配送计划1联交信息员（货物出库清单，信息员整理单证，输入信息后，将承运单1联、配送计划1联，交单证员作收单证、付款依据），2联交承运人，3联为承运人预付运费交割联。
6.5.6　随货同行单证，配送计划3联，相对应的托运单3、4联及客户签收联（已收、凭回单收款，无托运单第3联）。
6.6　货物配送时间
　　货物入库，干线运输时间为3天内到达；市内分流当天完成（当天12点以前入库）；省内及周边，当天中转（当天6点以前入库）。

××公司标准文件		××有限公司 配送中心业务规范	文件编号××-××-××		
版本	第×/×版		页 次		第×页

7 结算组职责及作业流程

7.1 结算主管

7.1.1 职责。

（1）负责到达、发出工作指令完成后已收、已付、已收回执的信息处理（已收销单）。

（2）负责应收运费的整理；已收运费、未收运费工作的落实。

（3）负责应付运费、已付运费、未付运费工作的落实。

（4）负责应收回执、已收回执、未收回执工作的落实。

（5）负责单证、应收运费的及时收取与整理的管理工作。

（6）负责运费入库率的完成。

（7）负责营收报表的编制工作。

（8）负责运费及回执收取情况的查询。

（9）负责应付运费明细整理工作。

7.1.2 工作流程图如下图所示。

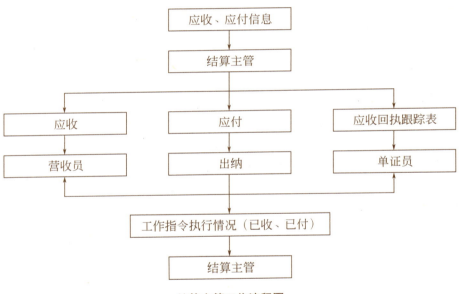

结算主管工作流程图

7.1.3 单证传递。

（1）接收调度组《应收账款明细表》一式二份，并传递到营收员。

（2）接收调度组《应收回执跟踪表》一式二份，并传递到单证员。

（3）接收调度组《应付运费明细表》一式二份，并传递到出纳员。

（4）接收营收员《已收运费明细表》，并进行已收信息处理。

（5）接收单证员《已收回执明细表》，并进行已收信息处理。

（6）接收出纳员《已付运费明细表》，并进行已付信息处理。

注：出纳员由结算组自行安排。

7.2 营收员

7.2.1 职责。负责应收账款的收讫，并完成营收入库率90%。

7.2.2 工作流程图如下图所示。

续表

××公司标准文件		××有限公司 配送中心业务规范	文件编号××-××-××	
版本	第×/×版		页 次	第×页

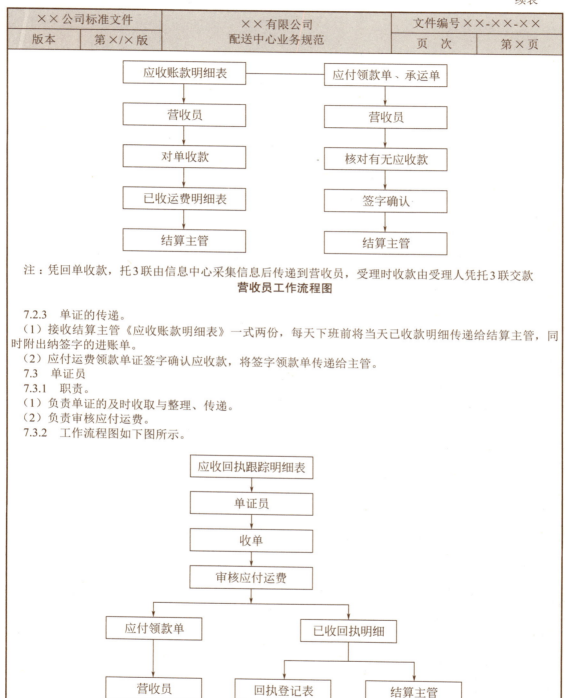

营收员工作流程图

注：凭回单收款，托3联由信息中心采集信息后传递到营收员，受理时收款由受理人凭托3联交款

7.2.3 单证的传递。
（1）接收结算主管《应收账款明细表》一式两份，每天下班前将当天已收款明细传递给结算主管，同时附出纳签字的进账单。
（2）应付运费领款单证签字确认应收款，将签字领款单传递给主管。

7.3 单证员
7.3.1 职责。
（1）负责单证的及时收取与整理、传递。
（2）负责审核应付运费。
7.3.2 工作流程图如下图所示。

单证员工作流程图

××公司标准文件		××有限公司 配送中心业务规范	文件编号××-××-××		
版本	第×/×版		页 次		第×页

7.3.3 单证的传递。
(1) 将审核的应付款（承运单）及相对应的领款单签字传递给营收员。
(2) 接收结算主管《应收回执跟踪表》一式二份，将已收取回执传递结算主管。
(3)《回执登记表》一式两份，一份留存，一份随回执传递到相对应始发区域。始发区域收到核对后，将《回执登记表》反传到回执发出的结算组。
(4) 本区域回执按受理单位汇总登记。
7.3.4 单证收讫时间。
(1) 500公里内的回执5天内收讫。
(2) 1000公里内的回执10天内收讫。
(3) 1000公里以上的回执15天内收讫。
7.4 出纳员
7.4.1 职责。
(1) 严格遵守会计法律、法规及公司各项财物管理制度。
(2) 严格按公司制订的成本费用开支标准办理日常收、付业务。
(3) 负责审核原始凭证，并在公司财务部规定的时间内传递凭证。
(4) 负责资金、各种有价证券的安全。
7.4.2 工作流程图如下图所示。

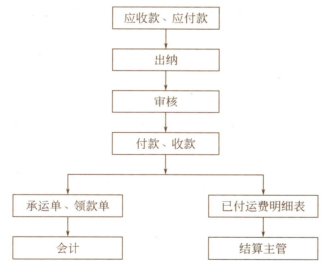

出纳员工作流程图

7.4.3 单证传递。
(1) 承运单三联、领款单，付款后传递给会计（领款单上必须有营收员、结算主管、部门经理签字方可付款）。
(2) 已付运费明细表（即应付运费明细表在已付栏确认，作为已付明细表）传递给结算主管。
8 理货组职责及作业流程规范
8.1 理货主管
8.1.1 职责。
(1) 负责按工作指令分类管理（按入库分类明细表分类）。
(2) 负责货物的进出库管理。
(3) 负责有票无货或有货无票的货物，与始发区域联系，进行处理。

续表

××公司标准文件		××有限公司 配送中心业务规范	文件编号××-××-××	
版本	第×/×版		页　次	第×页

（4）负责配送中心商务事故的申报（按公司商务事故处理程序办理），并落实事故责任人。
（5）负责将完成出入库工作指令后的信息及时传递给调度组。
（6）负责"配送计划"的实施。
（7）负责装卸工的工作安排及管理。
（8）负责叉车司机的工作安排。

8.1.2　工作流程图。
（1）到达工作流程如下图所示。

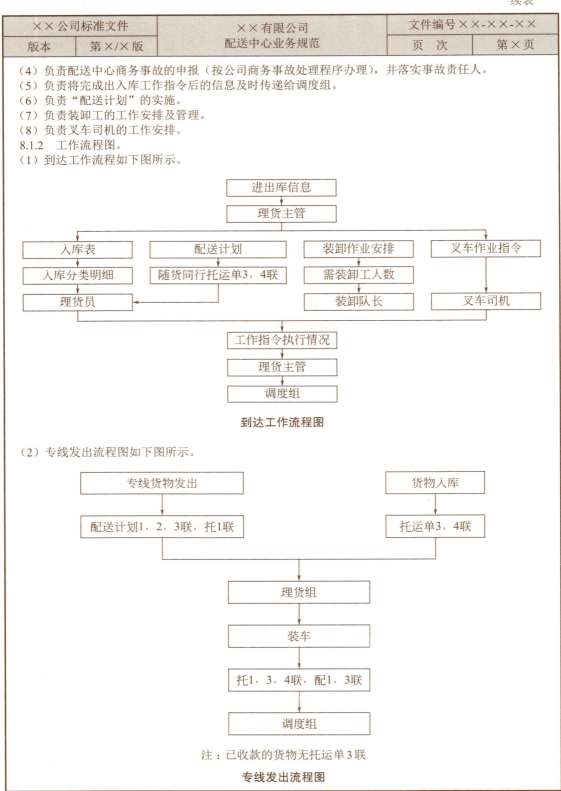

到达工作流程图

（2）专线发出流程图如下图所示。

注：已收款的货物无托运单3联

专线发出流程图

续表

××公司标准文件		××有限公司 配送中心业务规范	文件编号××-××-××	
版本	第×/×版		页 次	第×页

8.1.3 单证传递。
（1）入库表、入库分类明细表传递给理货员。
（2）配送计划和随货同行的托运单3、4联传递给理货员（到达货物）。
（3）配送计划一式三联，2联理货员留存，1、3联传递到调度组。
（4）托运单1、3、4联传递至调度组（专线发出）。
8.1.4 工作计划执行时间。当天的工作指令必须完成。
8.2 理货员
8.2.1 职责
（1）负责货物进、出库清点。
（2）负责入库货物的安全。
（3）负责"配送计划"的装、配载工作的实施，即合理、安全。
（4）负责发出货物的分类及贴标工作。
8.2.2 工作流程图如下图所示。

```
              出入库指令
           ┌──────┴──────┐
        到达货物          专线发出
        ┌──┴──┐         ┌──┴──┐
    配送计划表  入库表   托运单1联  托运单3,4联
        │      │          │          │
      托3,4联 入库分类明细 货物发出   货物入库
           └──────┬──────┘
                 理货员
                  │
            审核车辆、单、货
           ┌──────┴──────┐
          装车            卸车
           │              │
         签字确认        签字确认
           │              │
      配1,3联,托1,3,4     入库表
      联随货同行单证    分类入库明细表
           └──────┬──────┘
                理货主管
```

理货员工作流程图

续表

××公司标准文件		××有限公司配送中心业务规范	文件编号××-××-××	
版本	第×/×版		页 次	第×页

8.2.3 单证传递。
(1) 签字确认的配送计划（1、3联）、随货同行托运单（1、3、4联）传递给理货主管（专线发出）。
(2) 签字确认的配送计划（1、3联）、随货同行托运单（3、4联）传递给理货主管（到达货物分流）。
(3) 签字确认的入库表、分类入库明细表传递给理货主管。
8.2.4 盘库。下班前将单与物，盘点核对。
8.3 叉车司机
8.3.1 职责。
(1) 负责库区内外需要叉车作业货物的装卸工作。
(2) 负责车辆的维护与保养，按叉车使用要求作业。
8.3.2 工作流程图如下图所示。

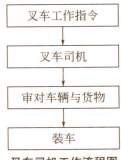

叉车司机工作流程图

8.4 配送司机
8.4.1 职责。
(1) 负责三检查（出车前、出车中、收车后），负责车辆的保养与维修。
(2) 负责车容、车貌的保洁。
(3) 负责接受调度工作指令及指令的完成。
(4) 负责所送货物、回执或款项的收取工作的完成。
8.4.2 工作流程图如下图所示。

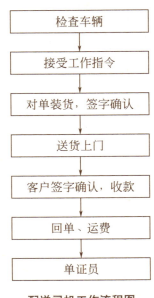

配送司机工作流程图

××公司标准文件		××有限公司 配送中心业务规范	文件编号××-××-××	
版本	第×/×版		页次	第×页

续表

8.4.3 工作要求。
（1）车辆完好率必须达到95%。
（2）车辆工作率必须达到90%。
（3）车辆月总行程必须达到6000公里。

9 机务职责及作业流程规范
9.1 机务管理员职责
9.1.1 确保公司车辆维修保养计划落实，负责对所属公司车辆的维修工作。
9.1.2 负责轮胎的管理工作，正确使用延长轮胎使用里程，做好行驶里程的记载及台账工作。
9.1.3 严格执行维修管理、燃料管理、轮胎管理的有关规定。
9.1.4 负责车辆票证工作的办理及车辆年审、补证工作的落实，确保车辆证件齐全。
9.1.5 确保车辆小修不过夜及时抢修，保证维修质量，确保车辆完好率。
9.1.6 负责公司所属车辆机械事故的分析、检测、维修。
9.1.7 做好驻外车辆回本地年审、维修、保养工作，做到保质保量。
9.1.8 具体办法按机务轮胎管理制度执行。
9.1.9 负责营运车辆和配送车辆的考核。

9.2 工作流程图
9.2.1 车辆维修工作流程图如下图所示。

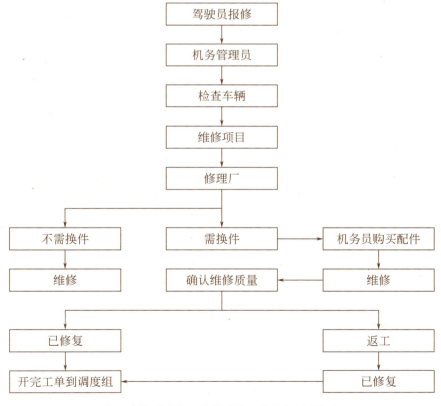

注：小修不过夜，确保质量，确保车辆完好率
车辆维修工作流程图

续表

××公司标准文件		××有限公司 配送中心业务规范	文件编号××-××-××	
版本	第×/×版		页　次	第×页

9.2.2　轮胎的管理流程如下图所示。

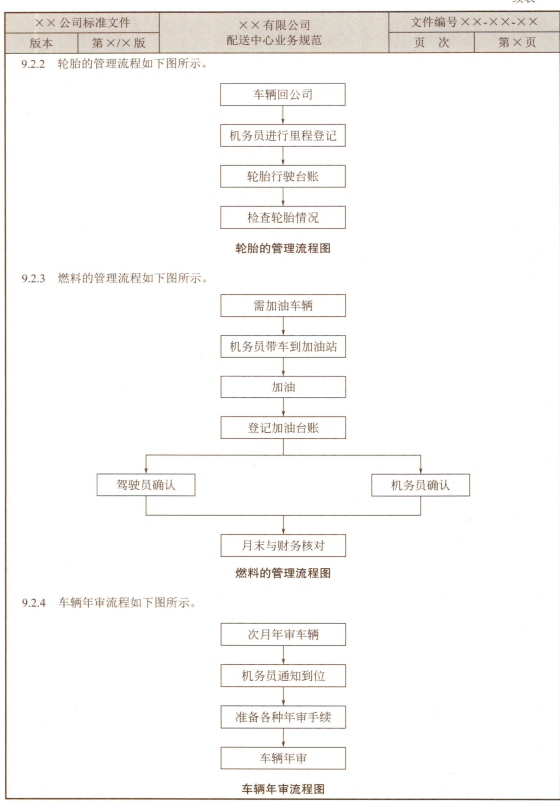

轮胎的管理流程图

9.2.3　燃料的管理流程如下图所示。

燃料的管理流程图

9.2.4　车辆年审流程如下图所示。

车辆年审流程图

续表

××公司标准文件		××有限公司 配送中心业务规范	文件编号××-××-××	
版本	第×/×版		页次	第×页

9.2.5 车辆保养流程如下图所示。

车辆保养流程图

9.2.6 车辆考核流程如下图所示。

车辆考核流程图

9.3 单证的传递
9.3.1 车辆维修的维修项目传修理厂。
9.3.2 车辆完好的完好单传调度组。
9.3.3 车辆燃料登记明细表（月末）传公司财务部。
9.3.4 车辆年审通知单传相关部门责任人。
9.3.5 车辆一级维护、二级维护通知单传责任人。
9.3.6 驾驶员考核统计表传公司人力资源部和财务部。

拟订		审核		审批	

制度13：配送中心订货信息员作业指导书

××公司标准文件		××有限公司 配送中心订货信息员作业指导书	文件编号××-××-××	
版本	第×/×版		页次	第×页

1 目的
规范信息员工作流程，减少各环节票据传递的差错及丢失，确保信息流畅通。

2 适用范围
适用于配送中心订货信息管理员的信息管理工作。

续表

××公司标准文件		××有限公司配送中心订货信息员作业指导书	文件编号××-××-××	
版本	第×/×版		页　次	第×页

3　职责

3.1　对微机软、硬件及耗材负责。

3.2　负责商品出入库及各种票据的生成、受理、审核、传递等工作。

3.3　负责订货及仓库内商品品类和库存量的控制。

3.4　负责盘点更新工作，确保微机账与实物相符。

3.5　负责信息保密安全工作。

4　上岗条件

4.1　培训考试合格后上岗。

4.2　具有中专以上文化水平。

4.3　懂得微机养护知识，熟悉信息员作业流程。

5　工作步骤

5.1　订货。

5.1.1　信息管理员通过以下信息分析后，采用自动订货加人工修改的方式生成《配送中心商品订货验收单》。

（1）依据门店销售数量、库存数量和要货计划。

（2）依据总部仓库库容、库存数量、调拨数量、订货周期。

（3）依据供方供货能力。

5.1.2　按柜组装订《配送中心商品订货验收单》通知供方准时送货。

5.2　票据审核。仔细核对《配送中心商品订货验收单》或《送货单》上的供方名称、商品名称、规格、单位、条形码、价格及实收数量等内容，填写不合格（负责人未签字、字迹不清等）的一律拒绝维护录入。

5.3　维护流程。

5.3.1　新商品要维护商品名称、代码、规格、进价、条形码、货号，维护新商品名称时要尽量维护其全称，维护规格时，应先维护重量或容积（克数或毫升数），再维护每箱中所含的包（盒）数，最后维护每包（盒）所含的个数，维护单位时，应维护其最小的销售单位。

5.3.2　没有条形码的同类相似商品，要维护其厂名和商标名，以避免混淆。一码多品的要在条形码前加"*"号，一品多码的要维护最新的条形码。

5.3.3　新供方要维护供货商名称、地址、电话以及联系人。

5.4　总部审核录入。

5.4.1　票据与系统内存数据核对。

（1）审核票物与系统内存单位是否一致，如有差异，应换算调整。

（2）规格不符（在促销期间，换新包装）应查明原因，及时换算调整。换算的结果以不降低库存金额为目的，否则此商品拒绝录入并确定门店最小点单数量。

（3）进价不符。

——票据所列商品进价低于本系统进价的，一律按票据进价录入。

——票据所列商品进价高于本系统进价的一律按本系统进价录入。

——当进价变动时，除非商品部授权同意，并有书面单据及部门经理的签字确认，否则信息员一律执行"从低不从高"的原则。

——不含税商品录入时，应在未含税进价基础上乘以1.17。含税低的商品录入时，应补齐差率。

（4）信息员录入实收数量时要询问供方实送数量。

5.4.2　核对无误后，打印《配送中心商品验收单》，盖章后，将业务联传供方或业务员，财务联、《配送中心商品订货验收单》、《送货单》装订登记后传财务部。

5.4.3　业务联或财务联丢失进行补单时，须经仓库验收员、供方、财务部、信息员四方确认后，方可履行补单手续。

5.5　门店审核录入。

5.5.1　门店票据填写要认真，必须将门店、日期、单号、供货商名称、商品名称、编码、规格、数量、单位、单价、金额、合计及收货人、送货人、店长签字等内容填写齐全，否则信息员一律拒绝录入。不合格票据注明原因后传回门店。当日票据必须当日录完。

5.5.2　门店审核录入过程和总部审核录入过程相同。

5.6　票据的修改。

××公司标准文件		××有限公司	文件编号××-××-××	
版本	第×/×版	配送中心订货信息员作业指导书	页　次	第×页

5.6.1　如果发生票据不符情况，要进行修改。
5.6.2　《配送中心商品订货验收单》、《送货单》修改时须经仓库验收员、供方分别确认后修改。
5.7　调拨。
5.7.1　按商品配置表规定的数量及各门店要货数量，按配送路线的先后顺序及时准确地打印《配送中心商品配货单》。
5.7.2　按门店电话打印各门店调拨急需商品的《配送中心商品配货单》并注明"加急"。
5.7.3　新商品调拨按商品部要求打印《配送中心商品配货单》。
5.7.4　门店要货数量超过日销量的3倍或没有要货的要打电话问明原因后打印《配送中心商品配货单》。
5.7.5　门店不按最小包装或不按倍数要货以及要货数量大于配送中心库存数量的商品，修改后重新打印《配送中心商品配货单》。
5.7.6　按批发客户的要求打印《客户批发单》。
5.7.7　打印完毕在《配送中心商品配货单》上注明各店票据数量。
5.8　返库。
5.8.1　审核附有仓库验收员签字的门店《配送中心退货单》是否规范。
5.8.2　当商品编码与名称不符时，应以实物名称或条形码为准。
5.8.3　当商品单价或退货总金额不符时，应查明原因，不得随意更改。
5.8.4　核对无误后，按实收数量打印《配送中心配货单（数量金额为负数）》。
5.8.5　每天将仓库管理员差错商品及时打印《配送中心配货单（数量金额为负数）》。
5.8.6　门店拒收和配货差错商品应按验收后的配货单上的标注及大库各组长的确认意见打印《配送中心调拨单（数量金额为负数）》。
5.8.7　《配送中心调拨单（数量金额为负数）》3日内下传各门店，财务联《配送中心退货单》装订后3日内传财务部。
5.8.8　对于仓库管理员上传的有差错的《客户批发单》，要及时打印《客户批发单（数量金额为负数）》，核准《客户批发单》页数后，打印《批发收款单》交客户到财务部盖章。
5.9　返厂。
5.9.1　审核仓库验收员所填《退货单》是否规范。
5.9.2　所退商品与本系统内存进价不同时，按"退高不退低"的原则。当名称与编码不符时，也依据上述原则打印《配送中心商品验收单（数量金额为负数）》，打印完后，要与《退货单》仔细核对，防止丢漏，盖章后业务联交供方，财务联与《退货单》登记、装订后传财务部。
5.10　仓库盘点。
5.10.1　每月24日中午12:00之后，信息员一律拒绝来货录入。
5.10.2　将各门店传来的要货数据在24日上午8:00前全部打印出并传给仓库管理员，在26日中午12:00前将票据通过司机传递给各门店。
5.10.3　每月24日下午开始查核所有门店退货单、门店配货单是否全部打印完毕。
5.10.4　与财务部以及各门店核对票据，如有差错，应查明原因，双方确认后再行更改。
5.10.5　每月25日下午3:00开始录入盘点单，录入过程中盘点单数量与微机内存数量不符时信息员要用"△"来提示仓库管理员复盘，仓库管理员将复盘结果写在初盘结果的后面。
5.10.6　每月28日配合信息部更新盘点结果。
5.11　每天与仓库管理员核对《配送中心商品配货单》数量，做好小盘点。
5.12　每天查阅总部下发的信息和门店上传的信息。

6　质量记录
6.1　《配送中心商品验收单》。
6.2　《配送中心商品配货单》。
6.3　《客户批发单》。

拟订		审核	审批

制度14：配送中心验收员作业指导书

××公司标准文件		××有限公司 配送中心验收员作业指导书	文件编号××-××-××	
版本	第×/×版		页　次	第×页

1　目的

规范仓库验收员工作流程，使商品管理工作专业化、标准化、简单化，从而减少商品损耗、流失和票据的差错、丢失，以确保物流的畅通。

2　适用范围

适用于配送中心验收作业管理，门店验收管理参照执行。

3　职责

3.1　负责商品、赠品的验收、贴码、可追溯性记录。
3.2　负责不合格商品的隔离、验收、储存、分拣、盘点、返库、返厂。
3.3　负责周转箱验收、盘点。
3.4　负责促销品海报制作。
3.5　负责各门店信息反馈单的审核。
3.6　负责与各部门协调、沟通。
3.7　确保账物相符及票据传递及时。
3.8　负责卫生区清洁。

4　工作步骤

4.1　验收。

4.1.1　验收员要根据商品部的《配送中心商品订货验收单》（有业务员签字）和供方送货单接收商品，只有票票相符后，方可进行下一步物票对应检验流程。

4.1.2　验收员和供方一起进行票物相符的对应审核。《配送中心商品订货验收单》和送货单字迹模糊、涂改的一律拒收，如果验收员认为拒收会影响销售，可报商品部审批后由验收员与供方重新填写《配送中心商品订货验收单》。

4.1.3　外包装检查。

（1）检查各种标识是否清楚。
（2）检查商品的生产日期、保质期、规格、品名及注意事项。
（3）是否有奖品、赠品、奖券。
（4）分清并牢记商品的防潮湿、防晒、防污染、防踏、防碎、防倒置、温度极限及堆放高度等储存条件要求。

4.1.4　对于拆箱和外包装有破损、有污渍的商品一律拒收。

4.1.5　拆箱检查。

（1）检查包装箱内是否有合格证。
（2）检查商品标签与容器是否分离、易脱落。
（3）检查外包装箱标识与内容商品标识（包括生产日期、保质期、执行标准、品名、质量、规格、数量、单位等）是否一致。
（4）检查赠品、奖品、奖券是否齐全。
（5）对严重瘪罐、胀罐、渗液、有异味异物、霉蛀、锈蚀、商标脱落、标识模糊不清、真空漏气的商品，一律拒收。

4.1.6　感官检验。

（1）食用商品做色、香、味、形的检查，发现异常及时检出，或送计量化验中心做必要的理化和卫生检验。日用百货商品作外观检查。
（2）对于酒、饮料以及易碎品的检查要增加开箱的数量。

4.1.7　保质期为一年以下（包括一年）的商品，入库日期距生产日期不得超过保质期的三分之一，保质期在1年以上的商品，入库日期距生产日期不得超过6个月，不符合上述规定的商品必须由经理签字方可入库。仓库验收员在《配送中心商品订货验收单》上必须填写商品的生产日期、保质期、规格、实收数量以及实际接货日期。

4.1.8　商品品项不符。《配送中心商品订货验收单》与送货实物品项不一致时，如果不同部分属于新增商品的，必须经商品部同意，补办手续后方可接收。如果不同部分不属于新增商品的（除促销、畅销品外）一律按商品部《配送中心商品订货验收单》实际数量接收。

续表

××公司标准文件		××有限公司 配送中心验收员作业指导书	文件编号××-××-××	
版本	第×/×版		页 次	第×页

4.1.9　品名不符。《配送中心商品订货验收单》与实物不符,除了是简、全称不同或可以修改的错误外,一律按不同品项进行处理。

4.1.10　规格、单位不符。规格、单位不符时,除可以修改的错误外,一律按不同品项予以处理。

4.1.11　数量不符。

(1) 代销商品送货数量少于订单数量的,可以依送货数量验收。送货数量多于《配送中心商品订货验收单》数量的(除畅销品外),多出部分一律拒收。

(2) 经销商品一律按送货单数量验收。

4.1.12　票据与实物不符需修改时,验收员要问明送货人原因后执行修改,并由双方签字。

4.1.13　抽检。

(1) 对供方所送批商品的上、中、下、左、右不同部位进行抽检。

(2) 抽检率按《商品检验规程》的规定执行。

(3) 对需要计量检验或卫生化验的商品通知计量化验中心进行检验或化验。

4.1.14　待检。

(1) 验收员未验收签字之前,所有商品均处于待检状态。

(2) 送计量化验中心检验及检验结果不明确亦视为待检。

(3) 待检商品要储存在待检区内,并与其他商品有明显的区分。待检时间不得超过48小时。

4.1.15　验收无误后,验收员必须在《配送中心商品订货验收单》上填写生产日期、保质期、实收数量(以最小销售单位计数),严禁以打"√"等方法代替数字,没有送货的必须写"0",不得空白或打"×"。规格变化的要注明最新规格。

4.1.16　验收员在《配送中心商品订货验收单》上签字后取样品送信息员处录入,录入商品要及时装箱。

4.1.17　奖品、赠品与促销品的验收按上述流程进行,并制作促销海报。

4.1.18　验收员在验收过程中,一旦验收失误(如接错货、少接货或是接了不合格品时),要及时与商品部联系,尽量将损失追回,若不能追回,损失由仓库验收员承担。

4.1.19　将验收合格的商品按入库单打码。

4.2　商品返库流程。

4.2.1　门店所退商品如不符合有关规定,验收员一律拒收,其中包括以下商品。

(1) 供方不给退换的商品。

(2) 由于门店储存不当造成的过期商品。

(3) 鼠咬、开箱不慎划破的商品。

(4) 重量不足的破损商品。

(5) 直接入店的商品。

(6) 所带促销品未随商品返回的商品。

(7) 能二次销售的有码商品。

(8) 外包装破损的商品。

4.2.2　门店退货时,应将合格品与不合格品分类装箱。《配送中心退货单》各项目应填写齐全、字迹清晰、不得涂改,必须有店长、商品部、司机签字,验收员方可接收。

4.2.3　验收员严格核对《配送中心退货单》上的商品编码、品名、数量、规格是否与实物相符,《配送中心退货单》与实物不符时,验收员要查明原因,不得随意更改,如确需更改,应和门店取得联系并征得同意后方可更改。将合格品存放于合格品区,不合格品入不合格品库。

4.2.4　在验收过程中,验收员必须在《配送中心退货单》上填写实收数量,严禁以打"√"等方法代替数字,没有退货的必须写"0"不得空白或打"×"。验收员验收无误后签字,并负责将《配送中心退货单》登记后传递给信息员。

4.2.5　验收员按《送货信息反馈单》严格核对周转箱数量、拧货、未付、少付、多付、过期、残损、涨袋等内容,发现问题及时与门店联系,审核完毕签字传信息部。

4.2.6　促销商品退货时,促销奖品和赠品要随退货商品一起退回。

4.3　商品返厂流程。

4.3.1　不合格品库内商品要按所对应的供方进行储存。

续表

××公司标准文件		××有限公司 配送中心验收员作业指导书	文件编号××-××-××	
版本	第×/×版		页次	第×页

4.3.2 验收员先将退换货整理好，分清是代销商品还是经销商品，以便供方送货时及时办理退换货手续（代销商品原则上只退货，不换货）。一般情况下，先退货，后接货，如果供方不收退货，验收员拒绝在《配送中心商品订货验收单》上签字。

4.3.3 经销商品要进行退换货时，验收员与供方共同核对退货商品，在《退货单》上填写商品的名称、规格、数量、编码、条形码等内容，并在《配送中心商品订货验收单》上注明"附有退货单页数"字样，退货时如果没有《配送中心商品订货验收单》，验收员必须亲自将《退货单》送给信息员。

4.3.4 将退货商品核对无误后，经业务员批准，供方、验收员双方签字，并将《退货单》送至信息员处打印《配送中心商品验收单（数量金额为负数）》。

4.3.5 《退货单》一式二份，为便于日后查找和核对，验收员要留有第一联。

4.3.6 对不能与供方退换的商品要进行内部报残处理。

4.4　盘点。

4.4.1 供方送货时间为每月的24日中午12:00前，此后来货仓库予以拒收（跨地区送货除外）。

4.4.2 每月25日盘点不合格品、赠品，查对各种有关商品出、入库票据，并将票据传递给信息员。

5 相关文件

《商品检验规程》。

6 质量记录

6.1 《配送中心商品订货验收单》。
6.2 《退货单》。
6.3 《配送中心退货单》。
6.4 《送货信息反馈单》。

拟订		审核		审批	

制度15：配送中心商检员作业指导书

××公司标准文件		××有限公司 配送中心商检员作业指导书	文件编号××-××-××	
版本	第×/×版		页次	第×页

1 目的

规范仓库商检员工作流程，使商品管理工作专业化、标准化、简单化，从而减少商品损耗、流失和票据的差错、丢失，以确保物流的畅通。

2 适用范围

适用于配送中心商检作业管理。

3 职责

3.1 负责配货区商品的抽检、二次封箱。
3.2 负责统计整箱数量，填写《送货信息反馈单》。
3.3 负责相关票据传递。
3.4 负责协调沟通工作。
3.5 负责不合格商品的隔离及处理。

4 工作步骤

4.1 商检员每天按配送路线将托盘、各门店标识牌摆放好。
4.2 按库管员配货顺序将配货区内各门店商品分别整理好，整箱和周转箱分别码放整齐。
4.3 按《配送中心调拨单》对库管员分拣质量进行抽检，发现拧货、少付、多付、不合格商品要及时纠正，并填写《配货抽检记录》。
4.4 统计整箱、周转箱数量填写《送货信息反馈单》（一式三联），并注明周转箱号码。
4.5 按各门店《送货信息反馈单》与司机交接装车。
4.6 将《配送中心调拨单》、《送货信息反馈单》装订后，传信息部。

5 质量记录

5.1 《配送中心调拨单》。
5.2 《送货信息反馈单》。
5.3 《配货抽检记录》。

拟订		审核		审批	

制度16：配送中心管理员作业指导书

××公司标准文件		××有限公司 配送中心管理员作业指导书	文件编号××-××-××	
版本	第×/×版		页 次	第×页

1 目的

规范仓库管理员工作流程，使商品管理工作专业化、标准化、简单化，从而减少商品损耗、流失和票据的差错、丢失，以确保物流的畅通。

2 适用范围

适用于配送中心仓库管理员作业流程。

3 职责

3.1 对仓库储存的商品、设备及安全负责。
3.2 负责商品、赠品的出入库验收、储存、搬运、包装、防护、配送及传递票据工作。
3.3 负责仓库内商品检验和试验状态的标识、保护、检查工作。
3.4 负责商品标识的保护、检查及商品的可追溯性记录。
3.5 负责不合格品的标识、隔离及处理。
3.6 确保商品数量与账面相符。
3.7 保持库区卫生。

4 工作步骤

4.1 搬运。
4.1.1 将验收合格商品搬运到储存区，进行储存。
4.1.2 所有商品的搬运都要遵照商品的自身要求，并要轻拿轻放不得倒置。
4.1.3 高档贵重品、易碎品、软包装品搬动时要精力集中，小心注意。
4.1.4 较重商品及外包装易损的商品，仓库管理员要用双手抱住商品的底部搬运。
4.2 储存。
4.2.1 库内储存的所有商品都要按商品定位图存放在指定库区，离地（上货架或木排）离墙，并不得倒置。
4.2.2 日配食品的储存须根据商品的冷冻、冷藏条件进行分类储存，易污染商品的储存必须与其他商品隔离。
4.2.3 有堆放高度标准的要严格按标准码放，没有堆放高度标准的要根据具体情况合理码放。总之，堆放高度以不损坏商品为原则。
4.2.4 配货区内商品摆放要整齐有序，各库区要保持卫生清洁，库存商品要精心养护，每天抽检，填写《商品抽检记录》。
4.3 包装。均采用无毒、无污染的纸箱及周转箱包装。
4.4 防护。配送中心仓库划分为食品库、非食品库、冷冻库、冷藏库和不合格品库五个库区。
4.5 分拣。
4.5.1 仓库管理员要严格按配送路线、配送时间的先后领取《配送中心商品调拨单》进行配货，发货时严格遵守"先进先出"原则。
4.5.2 当库存实物少于《配送中心商品调拨单》数量时，应与信息员联系，查明原因，不得随意更改或打"×"，票物相符时打"√"，打"×"商品要注明原因，并按《配送中心商品调拨单》配货顺序注明周转箱号码，周转箱内商品要摆放整齐，不得超高，液体商品不得倒置。
4.5.3 如《配送中心商品调拨单》规格与实物规格不同，但价格相同时，应按"发小不发大"的原则配货，价格不同时应注明实发数量。商品名称、条形码不符时，必须查明原因并确认后方可配货。
4.5.4 仓库管理员依据《客户批发单》配货，完毕后等单子上传信息管理员，并按加盖财务公章的《客户批发单》发货。
4.5.5 赠品、促销品发货时要在《配送中心商品调拨单》上注明数量及搭赠方式。
4.5.6 《配送中心商品调拨单》上规格和最小包装有错误的，要按商品的实际规格和最小包装配货，然后在《配送中心商品调拨单》上更改数量并注明原因以提醒门店。
4.5.7 重单时，仓库管理员只配其中一张《配送中心商品调拨单》，另一张作废销毁。调拨数量过大的商品应与信息员联系后配货。同一种商品在同一张《配送中心商品调拨单》上出现两次，应按第一次调拨数量配货。
4.5.8 配货过程中要仔细检查每种商品，防止不合格商品流入门店。
4.5.9 配货完毕后，仓库管理员要在每一张调拨单上签字，登记后投入票据筐内，并 将商品搬运到配货区内，按所配门店摆放整齐。

××公司标准文件		××有限公司 配送中心管理员作业指导书	文件编号××-××-××	
版本	第×/×版		页　次	第×页

4.5.10　对仓库管理员配货和门店验货出现的差错，超过3天不再处理，后果自负，以提高配货效率，减少配货差错。

4.6　盘点。

4.6.1　仓库管理员将24日中午12:00前接到的所有《配送中心商品调拨单》所列商品配出，把储存区的商品分别整理，查对各种有关商品出、入库的票据，并将票据传递给信息员，做好盘点前的准备工作。

4.6.2　仓库在每月25日上午8:00正式盘点。仓库管理员要按照盘点工作单如实准确地填写盘点结果，对盘点中出现的短长应及时与信息员、商品部以及各门店联系，并通过信息员及业务员查明原因，如确系仓库管理员造成的，损失由仓库管理员自负。

4.6.3　仓库管理员将盘点单交信息员进行盘点录入，录入过程中盘点单数量与微机内存数量不符时信息员要用"△"来提示仓库管理员复盘，复盘后将复盘结果写在初盘结果的后面。

4.6.4　仓库主任检查各组盘点结果，对数额差距大的商品要进行抽盘并查明原因。

4.6.5　仓库管理员将库存商品品种数合计后在盘点单上签字。

4.6.6　配送中心按门店销售总额的0.3‰来考核每一组仓库管理员，超出部分由仓库管理员自负。

5　相关文件

《商品检验规程》。

6　质量记录

6.1　《配送中心商品调拨单》。

6.2　《商品抽检记录》。

6.3　《客户批发单》。

拟订		审核		审批	

制度17：配送中心库管分拣员作业指导书

××公司标准文件		××有限公司 配送中心库管分拣员作业指导书	文件编号××-××-××	
版本	第×/×版		页　次	第×页

1　目的

规范库管分拣员工作流程，使商品管理工作专业化、标准化、简单化，从而减少商品损耗、流失和票据的差错、丢失，以确保物流的畅通。

2　适用范围

适用于配送中心仓库分拣员作业管理。

3　职责

3.1　对仓库储存的商品和设备及安全负责。

3.2　负责商品、赠品的出入库验收、储存、搬运、包装、防护、分拣及传递票据等工作。

3.3　负责仓库内商品检验和试验状态的标识、保护、检查工作。

3.4　负责商品标识的保护、检查及商品的可追溯性记录。

3.5　负责不合格品的标识、隔离及处理。

3.6　确保实物与账面相符。

3.7　保持库区卫生。

4　工作步骤

4.1　搬运。

4.1.1　将验收合格货品搬运到储存区，进行储存。

4.1.2　所有商品的搬运都要遵照商品的自身要求，并要轻拿轻放不得倒置。

4.1.3　高档贵重品、易碎品、软包装品搬动时要精力集中，小心注意。

4.1.4　较重商品及外包装易损的商品，仓库分拣员要用双手抱住商品的底部搬运。

4.2　储存。

4.2.1　库内储存的所有商品都要按商品定位图存放在指定库区，离地（上货架或木排）离墙，并不得倒置。

××公司标准文件		××有限公司 配送中心库管分拣员作业指导书	文件编号××-××-××	
版本	第×/×版		页次	第×页

4.2.2 日配食品的储存须根据商品的冷冻、冷藏条件进行分类储存,易污染商品的储存必须与其他商品隔离。
4.2.3 有堆放高度标准的要严格按标准码放,没有堆放高度标准的要根据具体情况合理码放。总之,堆放高度以不损坏商品为原则。
4.2.4 配货区内商品摆放要整齐有序,各库区要保持卫生清洁,库存商品要精心养护,每天抽检,填写《商品抽检记录》。
4.3 包装均采用无毒、无污染的纸箱或周转箱包装。
4.4 防护。配送中心仓库划分为食品库、副食饮料库、日化库、日杂库、临时储存库、赠品库、贵重商品和不合格品(退货)库8个库区。
4.5 分拣。分拣作业依仓库管理员要求执行。
4.6 盘点。盘点作业依仓库管理员要求执行。
5 相关文件
《商品检验规程》。
6 质量记录
6.1 《配送中心商品调拨单》。
6.2 《商品抽检记录》。
6.3 《客户批发单》。

拟订		审核		审批	

制度18:配送中心冷藏配送作业指导书

××公司标准文件		××有限公司 配送中心冷藏配送作业指导书	文件编号××-××-××	
版本	第×/×版		页次	第×页

1 目的
确保冷冻、冷藏商品在配送过程中的鲜度。
2 范围
适用于冷藏配送司机作业管理。
3 工作步骤
3.1 配送司机执行配送任务时,应提前对冷藏车进行检查,并启动制冷装置,使车厢温度处于受控温度状态,以满足冷藏商品的鲜度要求。
3.2 配送司机应根据所配送的冷藏、冷冻商品的类别及其规定的温度要求,调节车厢温度,使其满足商品的鲜度要求。
3.3 配送司机根据配送路线装车配送。商品堆放时,应留有冷气通道,严禁将冷气排放孔堵住,以确保商品的冷藏效果。
3.4 中途制冷设备发生故障时,要及时检修,不能排除故障时,要立即请求援助,确保商品免受损害。
3.5 司机与门店进行交付时,应以最快速度进行交付。严禁在货仓门开启的情况下长时间交付。
3.6 由于司机原因造成商品损坏自负。
4 相关文件
《配送司机作业指导书》。
5 记录
《车辆行驶登记表》。

拟订		审核		审批	

制度19：配送中心验收退货员作业指导书

××公司标准文件		××有限公司 配送中心验收退货员作业指导书	文件编号××-××-××	
版本	第×/×版		页　次	第×页

1　目的
　　规范仓库验收管理人员工作流程，使商品管理工作专业化、标准化、简单化，从而减少商品损耗、流失和票据的差错、丢失，以确保物流的畅通。
2　适用范围
　　适用于配送中心验收作业管理。
3　职责
　　3.1　负责商品、赠品的验收、贴码和可追溯性记录。
　　3.2　负责不合格商品的隔离、验收、储存、分拣、盘点、返库、返厂。
　　3.3　负责周转箱验收、盘点。
　　3.4　负责促销品海报制作。
　　3.5　负责与各部门协调、沟通。
　　3.6　确保账物相符及票据传递及时。
　　3.7　负责卫生区清洁。
4　工作步骤
　　4.1　验收。验收流程具体见配送中心验收员作业指导书中验收部分内容。
　　4.2　商品返库流程。具体流程参照验收员作业指导书内容。
5　相关文件
　　《商品检验规程》。
6　质量记录
　　6.1　《配送中心商品订货验收单》。
　　6.2　《退货单》。
　　6.3　《配送中心退货单》。
　　6.4　《送货信息反馈单》。

拟订		审核		审批	

制度20：配送中心司机配送员作业指导书

××公司标准文件		××有限公司 配送中心司机配送员作业指导书	文件编号××-××-××	
版本	第×/×版		页　次	第×页

1　目的
　　规范司机的工作程序，提高配送效率，降低配送成本，并确保票据传递及时、准确。
2　适用范围
　　适用于司机配送员的作业管理。
3　职责
　　3.1　负责人身及车辆的安全。
　　3.2　负责票据的传递及实物的配送。
　　3.3　负责门店商品的退换。
　　3.4　负责不合格商品的验收。
　　3.5　负责公司CI形象的宣传与维护。
4　上岗条件
　　4.1　具有初中以上文化程度。
　　4.2　掌握车辆维修和保养技术，懂得商品知识和相关法律、法规以及公司的有关规定。
　　4.3　身体健康。
5　工作流程
　　5.1　规定。
　　　5.1.1　维修车辆要提前申请。

续表

××公司标准文件	××有限公司	文件编号××-××-××	
版本	第×/×版	配送中心司机配送员作业指导书	页 次	第×页

5.1.2 出车前认真仔细检查车况，确保车辆正常运行。
5.1.3 确保车辆外观、货仓、驾驶室清洁卫生。
5.1.4 车辆在公司院内行驶车速不得超过15公里/小时，不得大脚轰油门，不得开音响，不得鸣号。
5.1.5 根据自己所配送的路线按先后顺序装车。
5.2 验证。
5.2.1 根据自己的配送路线到信息部领取《配送中心商品调拨单》及需传递的票据并签字。
5.2.2 按《送货信息反馈单》验收整箱数量、周转箱数量。
5.3 搬运、配送。
5.3.1 严格按照《搬运、储存、包装、防护和交付控制程序》进行搬运、防护、交付工作，装车时店与店之间商品必须隔离，防止串货。
5.3.2 根据商品的自身要求搬运及装车，并采用箱式货车进行配送。
5.3.3 按"重在下，轻在上"的原则码放，防止因码放不当造成商品的破损。
5.3.4 配送按路线图行驶，途中要注意车辆、人员及商品的安全，防止因驾驶不当造成商品的损坏及丢失。
5.4 交付。
5.4.1 在规定的时间内准时到达各门店，如遇特殊情况不能准时到达，必须提前打电话通知。
5.4.2 到达门店后，车辆停放不得影响顾客的通行。
5.4.3 要使用文明用语：您好、对不起、请稍候、还有其他事吗等。
5.4.4 按《送货信息反馈单》将实物和票据交付给值班店长。
5.4.5 审核门店《送货信息反馈单》内容。
（1）审核各门店周转箱数量是否相符，如缺少必须让门店打欠条。
（2）多付、残损、拧货、过期、涨袋商品全部带回。
（3）票物不相符时要查明原因及时采取措施。
（4）在交付过程中出现的破损由配送司机负责。
（5）上传或下传的票据不得超过3日。
5.4.6 对门店拒收商品，司机要无条件接回，交仓库管理员入库。
5.4.7 核对无误后，双方在《送货信息反馈单》上签字。
5.4.8 将《送货信息反馈单》回执联交验收员验收，其他票据及时传递给信息员和财务部。
5.4.9 在交付过程中出现的其他问题或门店服务要求，配送司机必须在3日内解决。
5.5 退货。
5.5.1 门店《配送中心退货单》，各项内容要填写清楚、不得涂改，经商品部确认签字后方可办理，办理时间不得超过3日。商品部通知紧急退货的商品，要按信息员打印的退货通知单在规定的时间内为门店办理完毕。
5.5.2 检查滞销商品是否是合格品。
5.5.3 检查促销赠品是否齐全。
5.5.4 调货一律按退货作业流程办理。
5.6 其他工作。
5.6.1 外部门用车必须经领导同意后方可出车。
5.6.2 及时维修保养车辆，无配货任务时，将车辆整齐地停放在停车场内，随时待命出发。
5.6.3 为加盟店服务时要见财务章后送货。

6 相关文件
《搬运、储存、包装、防护和交付控制程序》。

7 质量记录
7.1 《配送中心商品调拨单》。
7.2 《配送中心退货单》。
7.3 《车辆行驶登记表》。
7.4 《送货信息反馈单》。

拟订		审核		审批	

制度 21：配送中心后勤管理制度

××公司标准文件		××有限公司 配送中心后勤管理制度	文件编号××-××-××	
版本	第×/×版		页次	第×页

1 目的

为了加强配送中心食堂、卫生、物品领用、商品安全管理工作，特制订本管理制度。

2 适用范围

适用于配送中心。

3 管理规定

3.1 食堂管理制度

配送中心食堂是企业内部食堂，以"服务员工、提高员工膳食质量"为主要目标，以保本微利为原则，做好食堂工作，为此特制订以下规定。

3.1.1 食堂供饭时间：中餐为11:15～12:15，晚餐为17:00～18:00。

3.1.2 员工对伙食质量有异议，可以通过正常渠道反映意见，禁止与食堂工作人员发生争吵。

3.1.3 食堂实行的是凭充值卡售饭制度，首次充值时需缴纳制卡工本费15元，退卡时卡内现金及工本费一并退还员工。

3.1.4 在充值时，现金必须当面点清，发现长短纠正。

3.1.5 员工在售饭时发现售饭金额有异议，应及时向总务做出反映，总务需做好登记，了解核实后予以返现。

3.1.6 员工买饭时要依次排队，在人员众多时，要有人维持秩序。

3.1.7 员工就餐完毕后，要自觉地把餐具带离餐桌，集中存放到指定地点。

3.1.8 外来人员就餐需购买客饭券。外来配送驻点人员购买充值卡时需支付10%搭伙费。

3.1.9 对食堂的账务管理，实行采购、出纳、会计三者分离记账管理制度。

3.1.10 每月底进行实物盘点，出具实物账和食堂月盈亏报表。

3.1.11 充值卡充值时间为周一至周六。

3.1.12 需食堂提供晚餐的部组主管要在当日下午3:00以前打食堂电话报饭，确定晚餐吃饭人数，逾期不候。

3.2 卫生管理制度

为加强库区的环境卫生，提高员工在库区的工作质量，使库区始终保持一个干净、整洁的工作环境，为此特作如下要求。

3.2.1 每天工作完毕后（包括装车结束后），将所有托盘堆放整齐并放置规定的位置（高度不超过8个）。

3.2.2 货架前端不允许堆放商品。

3.2.3 工作结束后，手动液压车用毕后，每个班组必须集中统一放置，不得乱放。

3.2.4 拣货时对收货时作为固定用途的封箱带，不得随意地丢弃在拣货区地面，应丢弃统一规定的地方。

3.2.5 装车时，对用于固定商品的封箱带，不得随意丢弃在月台和地下，统一由装车人员集中后，丢弃在垃圾箱内。

3.2.6 每天工作结束后，将拣货位、收货区、集货区、查询仓的托盘、商品整理整齐，并打扫周边的环境卫生，保持库区的整洁。

3.2.7 各小组的扫帚、拖把、水桶、垃圾桶必须统一放置，堆放整齐，严禁将上述各项卫生用具乱放置。

3.2.8 所有驾驶叉车（电动搬运车）的员工，必须始终保持车辆的整洁，做到每天擦洗干净，不得带病行驶。

3.2.9 所有工作场所，必须保持工作期间整齐、干净，所在小组地上无纸屑、包装带等杂货。

3.2.10 严禁在库区内乱丢杂物、随地大小便、吐痰。

3.3 物品领用制度

为加强物流配送中心的物品管理，严格领用手续，开源节流，杜绝浪费，根据公司审计部及财务部的相关要求和规定，为加强配送中心的物品及财务管理，规范物品领用手续，监管好各类物品的进出，特制订本制度。

3.3.1 配送中心总务员从公司领入的各类物品，必须及时做好台账记录，每月对大件物品（封箱带、打印纸等价值高的物品）库存进行一次盘点。

××公司标准文件		××有限公司 配送中心后勤管理制度	文件编号××-××-××	
版本	第×/×版		页次	第×页

3.3.2　各部组须指定一人到总务处领用物品，领用物品时必须填表申领，领用后总务须及时入账登记。
3.3.3　加强对物品收入的监管工作，凡由配送中心代收的各类费用须加强监管，比如物品费、加班费等的收入。
3.3.4　对物品的出售须指定专人负责收款，款项由监管人开具工作联系单，由总务去公司上交财务部，回执由监管人存档。
3.3.5　对代售的供应商送货单、彩色封箱带，由总务统一向公司领取，出售人售完后由监管人开具工作联系单向总务再次领取。
3.3.6　要规范各类押金的管理，总务须将收取的各类押金上报监管人，对离职员工的退款须由监管人签字后方可退款。
3.3.7　对上述各项进出款项监管人须及时做好台账，以便核查。
3.4　商品安全
3.4.1　供应商送货的商品必须从各库收货月台的门进入，收货月台的门原则上商品只进不出，若有差错需要出库处理，必须有收货现场负责人确认，方可出库。赠品仓的商品由赠品仓进库。
3.4.2　东装货月台2号门至18号门、西装货月台19号门至22号门，以及西装货月台24号门至52号门除运输部发货装车以及配送中心各库之间的商品转仓外，一律不准任何商品进出库。
3.4.3　供应商退货或换货的商品西区商品由西装货月台53号门出库，东区商品由东装货月台1号门出库，自动库商品由西装货月台23号门出库，同时商品出库必须有配送中心相关负责人员陪同。
3.4.4　赠品仓商品由赠品仓进出库，出库须有赠品仓人员陪同。
3.4.5　商品出库必须有以下出库凭证，方可出库。
（1）供应商退货商品出库，必须凭转仓单以及销售单退货，供应商换货商品出库，必须凭有效单据。
（2）配送中心各仓之间的转仓商品出库必须凭转仓单出库。
（3）其余商品出库必须凭主任及主任以上的管理人员签发的出仓凭证。
3.4.6　商品出仓，除运输部发货装车以及配送中心各库之间的商品转仓外的任何出库商品，相关人员必须配合及提供相关出库凭证，保安有权检查。

拟订		审核		审批	

制度22：设备人为损坏处罚标准

××公司标准文件		××有限公司 设备人为损坏处罚标准	文件编号××-××-××	
版本	第×/×版		页次	第×页

1　目的
为了保证工作人员能够正确使用设备，不造成人为损坏，特制订本标准。
2　适用范围
适用于配送中心的工作人员。
3　管理规定
　3.1　财产损坏责任人、各级管理人员需要及时上报财产损失，对故意隐瞒不报的责任人将加重处罚。
　3.2　损坏RF的需按照维修单位开具的维修单价格进行赔偿：维修费用在500元以下的全赔，高于500元的按（500+超500以上金额×30%）赔偿，2000元封顶。
　3.3　丢失RF的按照全额赔偿。
　3.4　凡撞坏所有卷闸门（含消防卷闸门）和消防柱、框、门的，必须按修理价的20%～60%，进行赔偿。
　3.5　凡驾驶前移式叉车、电动搬运车等机械设备的，由于操作不当，或不按规定行驶，造成车辆本身和库区设施设备损坏的，按修理价的20%～60%进行赔偿。
　3.6　对除上诉情况外的财产损毁或遗失，责任人要承担财产损失赔偿责任，损失金额在100元以下的全赔，高于100元按（100+超100以上金额×30%）赔偿。
　3.7　驾驶员发生的安全事故若有财产损失，参照驾驶员《安全行车责任书》的有关规定执行。
　3.8　外来供应商人员对损坏配送中心财产的依据本制度执行。

拟订		审核		审批	

制度23：配送中心工作差错处罚规定

××公司标准文件		××有限公司 配送中心工作差错处罚规定	文件编号××-××-××	
版本	第×/×版		页次	第×页

1 目的

为提高工作质量，减少工作差错，提高上道工序为下道工序服务的意识，督促员工主动自觉发现工作差错，降低主观差错率，更好为门店服务，特制订本办法（统计时段为：本月26日到次月25日）。

2 适用范围

适用于配送中心工作人员。

3 管理规定

3.1 对于员工本人及时发现的差错，并能积极汇报主管，采取相应措施，将差错控制在本组范围内，未造成任何损失的，则不进行扣款。

3.2 配送中心报到一个月之内新员工的差错以教育为主，不进行扣款，但是差错的情况作为定岗的依据之一。

3.3 不同班组的换岗，一个月内产生的差错减半处理。

3.4 各班组帮忙人员产生的差错扣款减半处理（支持组拣货工种发生的差错也同样减半处理）。

3.5 差错造成商品损失无法追回的，确定责任人的则按商品短少金额扣款，最大扣款金额200元封顶（除驾驶员、装卸工外）。

3.6 差错造成额外运输费用支出的（商品未丢失），根据情节严重情况赔偿金额20～200元。

3.7 因操作不当造成的商品损坏，按照商品含税进价的10%进行扣款。

3.8 拣货组员工自开更正单每人每月从第三笔（不含第三笔）开始按照拣货组工作差错进行扣款。

3.9 因供应商进货堆垛串码导致拣同一系列不同口味商品时的串码不记为主观差错，但整板串发和拣货件数为一件除外。因贴码出错导致商品发错的，同样不记为主观差错。

3.10 对于不愿意按扣款规定一星期内交纳扣款的，由监察部上报配送中心人力资源管理员按原扣款金额两倍处理。

3.11 查询仓、快客仓员工差错根据本组的规章制度报营运监察部执行。

3.12 差错扣款本着公平公正的原则，必须是查实的情况下方可扣款。

3.13 监察部负责将差错情况按月进行组内公布。

3.14 对于员工、主管等反应的差错，监察部不及时进行处理的，对相关监察部人员按照20元/次进行处理。

3.15 差错率将作为管理人员及员工绩效评定的重要依据。

3.16 工作差错内容及扣款规定见下表。

工作差错内容及扣款规定

管理人员		
序号	工作差错内容	扣款规定
1	包庇员工差错，不及时向相关部门及上级反映	20元/次
2	有意隐瞒现场发生的重大工作差错，不及时上报	20元/次
3	未按时完成领导安排的工作任务造成工作差错的	20元/次
4	未按流程规定完成工作任务造成工作差错的	20元/次
信息室		
序号	工作差错内容	扣款规定
1	不按工作规定操作影响其他环节作业	20元/次
2	因人为因素信息下发不及时影响仓库运作	20元/次
3	团购加错门店、数量等	20元/次
4	未按时完成领导安排的工作任务造成工作差错	20元/次
5	未按规定操作造成工作差错的（如运输开单未减甩货等）	20元/次

××公司标准文件		××有限公司 配送中心工作差错处罚规定	文件编号××-××-××	
版本	第×/×版		页　次	第×页

续表

订货部		
序号	工作差错内容	扣款规定
1	不按规定操作影响其他环节作业	20元/次
2	订单下错规格、单据类型、数量、备注等影响其他环节作业	20元/次
3	订货不合理引起的退货、转仓，以及影响仓库正常运作	20元/次
4	由于订货时间差导致的邮报商品零库存（新进订货员一个月内不扣罚，3个月内减半扣款10元/次）	20元/次
5	未按时完成领导安排的工作任务造成工作差错	20元/次
收货组		
序号	工作差错内容	扣款规定
1	商品数量多收、少收	10元/次
2	新品包装规格、条码不符错收	20元/次
3	整托商品全部错收、串收（包装规格、条码等）	20元/次
4	未经收货主管许可，擅自挂单隔夜的	20元/次
拣货组		
序号	工作差错内容	扣款规定
1	被本组外发现有完全拆零商品多发、少发、串发	5元/次
2	被本组外发现中包装发货商品多发、少发、串发	5元/次
3	被本组外发现整件商品多发、少发、串发	10元/次
4	拣货商品堆放高度超过2米且件数超过50件或堆垛不规范引起的商品倒塌（除发进货时的原托盘商品外）	5元/次
5	被集货组查实的作业托盘店名、件数不写或错写（包含书写不工整）	5元/次
6	盘点人对盘点结果不认真反映、不及时处理	5元/次
7	被发现需要搬运托盘到位而未搬运或者搬运出错的	5元/次
支持组		
序号	工作差错内容	扣款规定
1	将商品件数有差异的托盘上架	10元/次
2	被拣货组发现商品多补、少补、错补	10元/次
3	补货不到位，影响拣货工作	10元/次
4	将新货直接补在外部，而未将生产日期靠前的及时移到外部	10元/次
5	补货未按先进先出造成商品过发货保质期	20元/次

××公司标准文件		××有限公司 配送中心工作差错处罚规定	文件编号××-××-××	
版本	第×/×版		页 次	第×页

续表

搬运组		
序号	工作差错内容	扣款规定
1	被发车员、集货员查实的搬运人员托盘集货区域搬错	10元/次
2	因搬运不当引起商品损坏	按商品含税进价的10%予以扣款
3	门店挂牌、翻牌不及时	10元/次
4	错拉带货商品导致门店发错的	10元/次
运输组（包括兄弟运输队）		
序号	工作差错内容	扣款规定
1	门店交接时发现商品件数短少，无法追回	两个装卸工的，驾驶员承担50%，两个装卸工各承担25%；一个装卸工的，驾驶员承担60%，装卸工承担40%；无装卸工的，驾驶员承担100%（第三方物流落实到车队即可）
2	运输拼车，出现门店之间串货，最终商品追回的	20元/次（驾驶员）
3	运输拼车，出现门店之间串货，最终商品无法追回的	两个装卸工的，驾驶员承担50%，两个装卸工各承担25%；一个装卸工的，驾驶员承担60%，装卸工承担40%；无装卸工的，驾驶员承担100%（第三方物流落实到车队即可）
4	装卸过程及运输中产生的破损	责任明确的，责任人承担，不明确的，驾驶员和装卸工各承担50%
5	对于门店的退货商品交接时发现的商品短少	两个装卸工的，驾驶员承担50%，两个装卸工各承担25%；一个装卸工的，驾驶员承担60%，装卸工承担40%；无装卸工的，驾驶员承担100%（第三方物流落实到车队即可）
6	在门店货物退出交接完毕二天内未将商品带回配送中心	按100元/天·店扣款
7	司机运输回单三天内未返回（包括第三方物流）	每张延迟回单处以10元扣款，之后每增加一天加扣5元（情况严重的停止该运输单位的运费结算）
8	发车员未监督导致商品错装、多装的，驾驶员没及时发现，一直错送到门店但最终追回的	20～200元/次（驾驶员一并扣款）
9	发车员甩货而未在装车单上注明	10元/次
10	发车员未按调度员安排，擅自留货不装的	10元/次
11	发车员未核对出装车托盘单错误	10元/次
12	需要托盘进车厢装车的，托盘数超过三块以上的（包含第三块）	10元/次
13	整车错送门店，门店收进的	驾驶员200元/次（第三方物流落实到车队即可）
14	差错造成商品损失无法追回的	按商品短少金额扣款
15	引起门店投诉的	查实100元/次

续表

××公司标准文件		××有限公司 配送中心工作差错处罚规定	文件编号××-××-××	
版本	第×/×版		页次	第×页

续表

集货组		
序号	工作差错内容	扣款规定
1	集货人员未发现托盘件数差异,托盘显示集货区域与托盘所在集货区域不一致,而导致错运商品到门店的	10元/次
2	集货人员发现商品破损、件数差异未及时处理影响发车进度(仓储人员不在无法调换除外)	10元/次
3	集货人员发现件数差异、破损等未处理,导致驾驶员甩货而未将商品送往门店的(仓储人员不在无法调换除外)	10元/次
赠品仓、物品仓		
序号	工作差错内容	扣款规定
1	仓库人员自身原因导致邮报、赠品不能按时送达门店导致门店投诉的	20元/次
2	后续被查实因托盘放错导致门店送错的	20元/次
3	未按邮件清单分配商品	10元/次
4	未督导供应商及时粘贴易碎品标志、赠品标识的	5元/次
5	被集货组查实托盘件数有差异的	5元/次

拟订		审核		审批	

制度24：物流运输管理制度

××公司标准文件		××有限公司 物流运输管理制度	文件编号××-××-××	
版本	第×/×版		页次	第×页

1 目的

为确保物流运输"安全、及时、准确、经济",按照运输车辆集中管理、分散使用结合的办法加强物流运输管理,特制订本制度。

2 适用范围

适用于物流运输。

3 管理规定

3.1 货物通知、提货和装运

3.1.1 调度员接到货运通知和登记时,要验明各种运输单据,及时安排接货。

3.1.2 调度员按商品要求、规格、数量填写运输派车单交运输员。

3.1.3 运输员领取任务后,需认真核对各种运输单据,包括发票、装箱单、提单、检验证等,问明情况,办理提货。

3.1.4 提货。

(1) 运输员提货时,首先按运输单据查对箱号和货号,然后对施封带、苫盖、铅封进行认真检查,确认无误后,由运输员集体拆箱并对商品进行检验。

(2) 提取零担商品时需严格检查包装质量,对开裂、破损包装内的商品要逐件点验。

××公司标准文件		××有限公司	文件编号××-××-××	
版本	第×/×版	物流运输管理制度	页次	第×页

（3）提取特殊贵重商品要逐个进行检验。注意易燃、易碎商品有无异响和破损痕迹。
（4）提货时做好与货运员现场交接和经双方签字的验收记录。
（5）对包装异常等情况，要做出标记，单独堆放。
（6）在提货过程中发现货损、货差、水渍、油渍等问题要分清责任，并向责任方索要"货运记录"或"普遍记录"，以利办理索赔。

3.1.5 装运。
（1）运输员在确保票实无误，或对出现的问题处理后，方可装车。
（2）装车要求严格按商品性质、要求、堆码层数的规定，平稳装车码放。做到喷头正确、箭头向上、大不压小、重不压轻、固不压液；易碎品单放；散破包装在内，完好包装在外；苫垫严密，捆扎牢固。

3.2 商品运输、卸货与交接
3.2.1 运输员必须按规定地点卸货。如货运方有其他要求需向调度员讲明，以便重新安排调整。
3.2.2 卸货时按要求堆放整齐，方便点验。
3.2.3 定位卸货要轻拿轻放，根据商品性质和技术要求作业。
3.2.4 交货时，运输员按货票向接货员一票一货交代清楚，并由接货员签字，加盖货已收讫章。
3.2.5 货物移交后，运输员将由接货员在临时入库通知单或入店票上签字、盖章的票据交储运业务部，业务部及时转各商店办理正式入店手续。
3.2.6 若运输货物移交有误，要及时与有关部门联系。
3.2.7 运输任务完成后，运输员需在派车单上注明商品情况，连同铅封交收货单位。
3.2.8 在运输中，因运输人员不负责任发生问题，按场内有关规定处理。

3.3 商品运输安排与申报
3.3.1 储运部需根据业务合理安排运输。
3.3.2 本市商品原则上两天内运回，最迟不超过3天。
3.3.3 储运部办理运输手续时需如实登记发运货物品名、规格、数量、性质、收货单、地点、联系人、电话、邮政编码、时间和要求等，并填写清楚。

3.4 运单的传递与统计
3.4.1 传递运输单据要按传递程序进行，做到统计数字准确、报表及时。
3.4.2 调度员要认真核对汽车运输单据，发现差错、遗漏和丢失要及时更正、补填，按规定时间交统计员。
3.4.3 统计员根据运输单据，做好各项经济指标的统计、造册、上报与存档工作。

3.5 运输费用收取
3.5.1 先付款后发货：运费由财务部根据里程统一收费。
3.5.2 货到付款：货到指定地点后，联系指定收货人，对方核对无误后，在《物流运单》签字确认后，运输员收取本次物流运费，回公司后，及时把本次运费上交财务部。

3.6 奖惩管理规定
3.6.1 奖励条件。
（1）全年驾驶无事故。
（2）全年运输货物无丢失、无损坏。
（3）发现并能及时制止重大错误行为的发生，避免公司遭受经济损失。
（4）工作认真负责，恪守职责，遵守公司各项规章制度。
（5）积极进取，努力钻研。对仓库的管理，提出合理化的建议，为公司开源节流做出贡献者。
（6）在安全检查评比中，消灭重大事故，一般事故的四项频率均不超过公司下达的指标的车队，车队长、安全员、车管员、调度员每人奖励200元。
（7）在每季度车辆安全技术检查评比中，保养质量达90分以上的车辆，奖励主管司机50元，连续四个季度均达到90分以上者，年终加奖100元。

3.6.2 处罚标准。
（1）承运司机未按要求时间把货送到用户手中，影响用户生产，每晚一天罚款200元。
（2）承运司机不得私自将承运的货物转主或委托其他车辆运输，如果发生上述情况罚款500～1000元，视情节拒付运费。
（3）承运司机在整个承运过程中有倒换、盗窃所运物等行为者，要按零部件价格的3～5倍进行罚款，赔偿零件损失。

续表

××公司标准文件		××有限公司 物流运输管理制度	文件编号××-××-××	
版本	第×/×版		页次	第×页

（4）在承运过程中对承运货物造成丢失、损失、锈蚀等，视情况予以200～1000元罚款，根据情节对丢失和损失的零件进行赔偿。

（5）承运车辆在运输过程中，由于交通事故和临时故障不能按时间要求到达目的地，在出事后2小时内不能及时向公司汇报的罚款500元/次，汇报后也要视情况罚款100～500元，如果造成绞大影响，可加重处罚。

（6）承运司机不能按要求传递票据或将票据涂改或损坏，罚款100～200元，如果丢失视影响程度进行罚款。

（7）承运司机到达运送目的地，要热情服务和交接，协助卸车，如因工作服务态度不好，用户反映强烈，视情况罚款100～500元。

（8）轻微事故（直接经济损失200元以下）：负同等以上责任，赔偿30%～40%经济损失，取消5000公里安全里程。

（9）一般事故（直接经济损失200元以上，30000元以下）：负一定、次要责任，停驾五至十天，赔偿10%～20%经济损失，取消6000公里至1万公里安全里程；负同等以上责任停驾10～30天，赔偿30%～40%经济损失，取消1万～6万公里安全里程。

（10）重大事故（直接经济损失30000元以上100000元以下）：负一定、次要责任，停驾1～3个月，赔偿10%～20%经济损失，取消20万～30万公里安全里程（属死亡事故，取消30万～50万公里）；负同等以上责任，停驾3个月以上，赔偿30%～40%经济损失，取消全部安全里程，货运事故损失赔偿限额，同等责任以下最高不超过1000元，主要责任以上最高不超过2000元。

（11）特大事故：凡负有责任的，停驾半年以上，取消全部安全里程。

（12）驾驶员在一年内累计发生三宗同等以上交通责任事故，每宗直接经济损失5000元以上者或发生交通死亡事故负同等责任以上者，取消其在本公司的驾车资格。

拟订		审核		审批	

第三节　物流配送管理表格

表格1：发货计划表

发货计划表见表10-2。

表10-2　发货计划表

收货人：　　　　　　　　　　　　　　　　　　　月　　日

序号	运输公司	到达地点	发货内容	发运时间	到达时间	货物交付情况	送货单号	出仓单号	备注

表格2：发货安排计划表

发货安排计划表见表10-3。

表10-3　发货安排计划表

序号	客户	计划发货数量/箱	产品	物流负责人	通知发货日期	发货日期	备注
合计							

制表人：

表格3：月度配送计划表

月度配送计划表见表10-4。

表10-4　月度配送计划表

年　　　月

日期	货物名称	品种	规格	数量	送达地	运输要求	装卸要求	送货时间	备注
1									
2									
3									
…									

表格4：配送业务订货单

配送业务订货单见表10-5。

表10-5　配送业务订货单

订货单编号：　　　　　　　　　　　　　　　订货日期：

供货人名称		接货人名称		交货日期	
供货人地址		接货人地址		交货地点	
供货人联系方式		接货人联系方式		付款条件	
配送货物信息					
货物名称	货物规格	货物单位		货物数量	备注

填写人员：　　　　　　　　　　　　　　　　审核人员：

表格5：配送货物调运单

配送货物调运单见表10-6。

表10-6　配送货物调运单

填表人：　　　　　　　　　　　　　　　　　　　填写日期：___年___月___日

拨货单位		地址		电话	
收货单位		地址		电话	
拨货通知单		号码		日期	
核定退货文号		号码		日期	
运输工具		承运人		运出日期	
车号		押运人		到达日期	

货物编号	货物名称	规格	单位	应拨数量	实拨数量	实收数量	单价	总价	包装	备注

发货人			发货主管复核	
收货人			收货主管复核	

表格6：配送成品交运单

配送成品交运单见表10-7。

表10-7　配送成品交运单

交运日期：___年___月___日　　　　　　　　　　本单编号：

客户名称			交货地点		
卡别	正常或取消	N正常；L取消	异动代号及原因	FA代加工；GS冲销预收款；FB发票属发货库；HQ样品赠送；GB调拨；CG预收款；HT送厂外加工	
	发货库		收货库		
	公司		客户编号		
	销售别		发票号码		

生产通知单		产品编号	产品名称	规格	单位	数量	单价	金额	备注
号码	项次								

客户签收		签收日期	___年___月___日

表格7：货源动态表

货源动态表见表10-8。

表10-8 货源动态表

专线：　　　　　　　　　　　　　年　　月　　日

项目 \ 受理员				
货名				
件数				
重量				
装货地				
联系人				
要求到达时间				
备注				

调度：　　　　　　　　　　　　　主管：

表格8：提货通知单

提货通知单见表10-9。

表10-9 提货通知单

司机：　　　　　　　车号：　　　　　　　时间：

提货地	联系人	联系电话
货名	规格及数量	结算方式
到达地	服务方式	运输费用
要求提货到达时间		

调度：　　　　　　　　　　　　　主管：

表格9：拣货单

拣货单见表10-10。

表10-10　拣货单

拣货单号码：								拣货时间：		
顾客名称：								拣货人员：		
								审核人员：		
								出货日期：　　年　　月　　日		
序号	储位号码	商品名称	商品编码	包装单位			拣取数量		备注	
				整托盘	箱	单件				

表格10：拣货清单

拣货清单见表10-11。

表10-11　拣货清单

序号	拣货类型	拣货名称	拣货数量	拣货编号	拣货时间	签字

表格11：配送中心拣货单

配送中心拣货单见表10-12。

表10-12　配送中心拣货单

拣货单编号：_____　　　　订单编号：_____

用户名称				地址				电话		
出货日期						出货货位号				
拣货日期	年　月　日 至 　年　月　日							拣货人		
核查时间	年　月　日 至 　年　月　日							核查人		
序号	储位号码	商品名称	规格型号	商品编码		包装单位			数量	备注
						箱	整托盘	单件		
备注										

托运人（签章）　　　　　　　　　　　　承运人（签章）
日期：____年____月____日　　　　　　日期：____年____月____日

表格12：配送效率调查表

配送效率调查表见表10-13。

表10-13　配送效率调查表

填表人：　　　　　　　　　　　填表日期：　　　　年　　月　　日

调查项目	进货	验货	保管	分拣	加工	分类	集货	装车
作业数量								
作业人员								
作业时间								
作业场所								
设备数量								

表格13：门店团购要货清单

门店团购要货清单见表10-14。

表10-14　门店团购要货清单

店号：			店名：			填单日期：　年　月　日		
团购客户名称　：					客户性质（新、老）：			
到货时间要求：								
序号	编码		商品名称	计量单位		要货件数	要货数量	备注
1								
2								
3								
4								
门店联系人：				联系电话：				
团购接待人：				团购课长：			理货课长：	
50件以上需要店长确认：								
注：1.以上表格作为门店向配送中心开展团购要货的工作联系单。 2.表中必须填写团购客户相关信息，并备注客户新老性质。 3.表中必须经相关负责人签字确认，负责人需要了解相关订货信息，以防重复订货。 4.单品定货数量在50件以上的需要门店店长签名确认，否则视同联系单无效。 5.特殊要求，写在备注栏，如搭赠、商品颜色、促销装等。								

表格14：转单收货清单

转单收货清单见表10-15。

表 10-15　转单收货清单

店号：　　　　　店名：　　　　　　　　日期：

序号	编码	商品名称	计量单位	规格	实收件数	实收数量	单价（不含税进价）
1							
2							
3							
4							

门店联系人：　　　　门店联系电话：　　　　盖章：

表格15：统配送带货交接单（非正式商品交接单）

统配送带货交接单（非正式商品交接单）见表10-16。

表 10-16　统配送带货交接单（非正式商品交接单）

发货门店：　　　　　　　　　　　制单日期：

物料分类	品名	件数	
配送中心统配赠品			制单人签字：
其他			
	总件数		
联系方式：			

表格16：赠品仓带货交接单

赠品仓带货交接单见表10-17。

表 10-17　赠品仓带货交接单

收货方：　　　　　　　　　　　制单日期：

物品分类	品名		件数	
大档赠品				司机签字：
供应商赠品				
积分				
物料	供应商	配送中心		制单人签字：
查询退货				
调剂商品				
信息、维修				
企划用品				门店签字：
带货	供应商	补货		
	总件数			

表格17：物料交接单（非正式商品交接单）

物料交接单（非正式商品交接单）见表10-18。

表10-18 物料交接单（非正式商品交接单）

发货门店： 　　　　　制单日期：

物料分类	品名	件数	制单人签字：
配送中心发货			
供应商带货			驾驶员签字：
补货			
门店调剂			
总件数			
联系方式：			

表格18：施封扣登记台账

施封扣登记台账见表10-19。

表10-19 施封扣登记台账

序号	日期	牌号	施封扣号	使用状（打√）					收部字	防部字	送司机字
				到店封	店退	空返回	去下一店	其他状况			

表格19：门店退回配送中心单据汇总单

门店退回配送中心单据汇总单见表10-20。

表10-20 门店退回配送中心单据汇总单

店号：　　　店名：　　　日期： 年 月 日

序号	物品分类	配送接收部门	件数	接收者签字及备注	驾驶员签名：
1	查询退货（含查询、调剂、调拨、贵重商品及邮件退货等）	查询仓			
2	赠品、信息设备、维修商品及设备等	赠品仓			车号：
3	洗洁精桶等物料	物料仓			
4	单货不符	质管部			
5	信件	运输部信息组			门店制单人：
6	其他				
总件数					
门店备注：					
注：此单一式三联，第一联门店留存，第二联和第三联经各个接收部门签字后，分别由运输部和驾驶员留存					

表格20：贵重商品流转单

贵重商品流转单见表10-21。

表10-21　贵重商品流转单

门店编码：　　　　　　门店名称：　　　　　　交接日期：

序号	商品码	商品名称	发货数量	拣货责任人	运输责任人	门店交接人	实收数量	商品是否完好

说明：1.此单据1式3联，作贵重商品各环节责任交接使用，拣货组1联，门店1联，运输责任人和门店交毕后随车带回1联留存。

2.各环节交接时需当面确认商品数量和商品是否完好，签字确认后出现任何问题由责任人负责。

3.盛放商品的纸箱需要回收，带回交拣货组仓库。

表格21：门店归还常温配送周转箱交接单

门店归还常温配送周转箱交接单见表10-22。

表10-22　门店归还常温配送周转箱交接单

店号：　　　　　　店名：　　　　　　日期：　　年　　月　　日

序号	周转箱号	序号	周转箱号	序号	周转箱号
1		5		9	
2		6		10	
3		7		11	
4		8		12	
填单人		车号		驾驶员	
配送签收	实收		只周转箱	配送签收人	

注：此单据一式三联，第一联配送中心留存，第二联驾驶员留存，第三联门店留存。

表格22：周转箱无需当车带回通知单

周转箱无需当车带回通知单见表10-23。

表10-23　周转箱无需当车带回通知单

店号：　　　　　　店名：　　　　　　日期：　　年　　月　　日

序号	周转箱号	序号	周转箱号	序号	周转箱号
1		5		9	
2		6		10	
3		7		11	
4		8		12	
配送填单人		车号		驾驶员	
门店签收	实收		只周转箱	门店签收人	

注：此单据一式三联，第一联配送中心留存，第二联驾驶员留存，第三联门店留存。

表格23：货物运输通知单

货物运输通知单见表10-24。

表10-24 货物运输通知单

编号：＿＿＿＿＿　　　　　　　　通知日期：＿＿＿年＿＿＿月＿＿＿日

客户名称				联系电话		
地　　址						
运 输 货 品 列 表							
货品名称		规格	数量	单价	金额	备注
中文	英文					
金额总计		人民币（大写）＿＿＿万＿＿＿仟＿＿＿佰＿＿＿拾＿＿＿元整				
运 输 要 求						
1. 交货日期：自签订本单后＿＿＿＿天内或＿＿＿＿年＿＿＿＿月＿＿＿＿日以前 2. 交货地点： 3. 交货单号码： 4. 发票号码：						
通知人员签字		运输主管签字			运输人员签字	

表格24：汽车货物运输单

汽车货物运输单见表10-25。

表10-25 汽车货物运输单

开票单位（盖章）：　　　　开票人：　　　　承运驾驶员：　　　　填写日期：

托运人		地址		电话		
发货人		地址		电话		
收货人		地址		电话		
付货人		地址		电话		
约定起运时间		约定到达时间		运输工具		
装货地点		卸货地点		计费里程		
品名及规格	包装形式	件数	体积：长×宽×高/厘米	件重/千克	重量/吨	保险、保价价格	货物等级	计费项目	
								运费	装卸费
合计金额 ||| 人民币＿＿＿万＿＿＿仟＿＿＿佰＿＿＿拾＿＿＿元整						
托运记载事项		付款人银行账号			承运人记载事项			承运人银行账号	

托运人签章：　　　　　　　　　　　承运人签章：
＿＿＿＿＿＿年＿＿＿月＿＿＿日　　＿＿＿＿＿＿年＿＿＿月＿＿＿日

表格25：交运物品清单

交运物品清单见表10-26。

表 10-26　交运物品清单

发站：　　　　　　　　　　　　　　　运单号码：

货件编号	包装	详细内容			件数或尺寸	重量	价值/元
		物品名称	材质	新旧程度			

托运人盖章或签字：_____　　　　　　填写日期：____年___月___日

表格26：货物运输记录表

货物运输记录表见表10-27。

表 10-27　货物运输记录表

运输起点			运输终点	
运输起止时间	_____年___月___日___时至_____年___月___日___时			
逾期时间/天			逾期罚款	
运输里程/公里			运输重量/吨	
短损情况/吨				
公路	铁路		海运	空运
运输费用			获赔金额	
装卸费用			报损金额	
承运者签字				
备注				

表格27：货物运输月报表

货物运输月报表见表10-28。

表 10-28　货物运输月报表

填表人：　　　　　　　　　填写日期：_____年___月___日

运输类别	实际工作天数	输送来回次数	输送个数	输送重量	输送距离	移动率	单位作业量

表格28：车辆使用申请表

车辆使用申请表见表10-29。

表10-29　车辆使用申请表

填表人：			日期：＿＿＿年＿＿月＿＿日	
使用时间		自＿＿月＿＿日＿＿时＿＿分至＿＿月＿＿日＿＿时＿＿分		
使用目的			目的地	
用车日志				
开车前检查	车辆四周	刮伤	□有　□无	
		后视镜	□有　□无	
		胎压	□正常　□不正常	
		爆裂	□有　□无	
		备胎及千斤顶	□有　□无	
	车底	漏水	□是　□否	
		漏机油	□是　□否	
	引擎	机油	□适量　□不足（补充）	
		冷却水量	□适量　□不足（补充）	
	驾驶座	喇叭	□佳　□不佳	
		灯类	□佳　□不佳	
		雨刷	□佳　□不佳	
指针所示距离			出发	回到公司
自＿＿＿公里至＿＿公里，计＿＿公里			＿＿日＿＿时＿＿分	＿＿日＿＿时＿＿分
补给机油、汽油		机油＿＿升	汽油＿＿＿升	
车辆启动后查出异状		□有　□无		

表格29：运输派车通知单

运输派车通知单见表10-30。

表10-30　运输派车通知单

客户名称		需车时间	＿＿年＿＿月＿＿日＿＿时＿＿分	
需车类型		预计返回	＿＿年＿＿月＿＿日＿＿时＿＿分	
司机及送货人员				
需车事由	目的地	货品名称及规格		数量
客户验收意见：				
		客户签名：＿＿＿＿	日期：＿＿＿年＿＿月＿＿日	
出入公司时间	出：＿＿年＿＿月＿＿日＿＿时＿＿分		门卫签字	
	入：＿＿年＿＿月＿＿日＿＿时＿＿分		门卫签字	

表格30：车辆调度登记表

车辆调度登记表见表10-31。

表10-31　车辆调度登记表

日期	发出时刻	调度命令			调度员姓名	传达人姓名	接受命令人姓名	阅读时刻（签名）
		编号	受令及抄知处所	任务				

表格31：物流配送车辆加油记录表

物流配送车辆加油记录表见表10-32。

表10-32　物流配送车辆加油记录表

编号：			时段：	年　月	
车牌号码			车型		
加油日期	司机（经办人）	加油前油量指数	所加油量	油费	最终审批人
共有		次	油料费用总额		

表格32：物流配送中心交通违章登记表

物流配送中心交通违章登记表见表10-33。

表10-33　物流配送中心交通违章登记表

填表人：				年　月　日					
部门	姓名	性别	驾龄	进公司日期	罚款金额	事故类别	发生时间	地点	

表格33:车辆事故报告表

车辆事故报告表见表10-34。

表10-34 车辆事故报告表

报告时间:

事故发生时间	___年___月___日___时___分			
事故发生地点				
事故发生车辆牌号				
事故发生种类	1.人车相撞(□轻伤 □住院 □重伤 □病危 □死亡) 2.车辆本身(□颠覆 □冲撞 □冲出路外 □零件损坏 □其他) 3.车辆间相撞(□擦撞 □追撞 □冲撞 □其他)			
事故发生车辆情况				
驾驶员姓名		车辆同行人员		
见证人员姓名				
当事人		对方		
姓名		个人	车辆	
所属部门		姓名	司机姓名	
车种及年份		个人住址	公司名称	
证件号码		证件号码	联系方式	
驾照号码		联系方式	车种及年份	
保险公司		个人情况说明	车牌号码	
保险单号			驾照号码	
损失金额明细			损失金额	
备注				

表格34:物流配送中心车辆请修表

物流配送中心车辆请修表见表10-35。

表10-35 物流配送中心车辆请修表

表单编号:　　　　　　　　　　　　　　日期:　　年　　月　　日

车号		请修前里程数		请修申请人	
请修项目	1.				
	2.				
	3.				
损坏原因					
预算金额					
修理厂家				咨询电话	
审核意见					
管理部门		审核部门		总经理签字	
主管		主管			
经办人		经办人			

表格35：车辆保养维修记录表

车辆保养维修记录表见表10-36。

表10-36　车辆保养维修记录表

年度：

日期	保养、维修	项目	原因	所花费用	保养前路码表数	经手人（签字）	主管（签字）

 学习总结

通过本章的学习，我对物流配送管理有了以下几点新的认识：

1.＿＿＿＿＿＿＿＿＿＿＿＿＿＿＿＿＿＿＿＿＿＿＿＿＿＿＿＿＿＿＿＿＿

2.＿＿＿＿＿＿＿＿＿＿＿＿＿＿＿＿＿＿＿＿＿＿＿＿＿＿＿＿＿＿＿＿＿

3.＿＿＿＿＿＿＿＿＿＿＿＿＿＿＿＿＿＿＿＿＿＿＿＿＿＿＿＿＿＿＿＿＿

我认为根据本公司的实际情况，应制订以下制度和表格：

1.＿＿＿＿＿＿＿＿＿＿＿＿＿＿＿＿＿＿＿＿＿＿＿＿＿＿＿＿＿＿＿＿＿

2.＿＿＿＿＿＿＿＿＿＿＿＿＿＿＿＿＿＿＿＿＿＿＿＿＿＿＿＿＿＿＿＿＿

3.＿＿＿＿＿＿＿＿＿＿＿＿＿＿＿＿＿＿＿＿＿＿＿＿＿＿＿＿＿＿＿＿＿

我认为本章的内容不够全面，还需补充以下方法、制度和表格：

1.＿＿＿＿＿＿＿＿＿＿＿＿＿＿＿＿＿＿＿＿＿＿＿＿＿＿＿＿＿＿＿＿＿

2.＿＿＿＿＿＿＿＿＿＿＿＿＿＿＿＿＿＿＿＿＿＿＿＿＿＿＿＿＿＿＿＿＿

3.＿＿＿＿＿＿＿＿＿＿＿＿＿＿＿＿＿＿＿＿＿＿＿＿＿＿＿＿＿＿＿＿＿